职业技能等级认定学练丛书

铁路线路工(普速)

中国铁路呼和浩特局集团有限公司　编

中国铁道出版社有限公司

2024年·北 京

内 容 简 介

本书为"职业技能等级认定学练丛书"之一,系根据"国家职业标准""铁路特有工种技能培训规范"等编写,具有较强针对性和实效性。本书由铁路线路工初级工、中级工、高级工、技师和高级技师技能等级认定题目组成,每个等级有问答题 100 题、实作题 20 题。本书实用性强,对铁路线路工各级岗位具有指导意义。

本书可供铁路线路工培训、自学使用。

图书在版编目(CIP)数据

铁路线路工. 普速/中国铁路呼和浩特局集团有限公司编. —北京:中国铁道出版社有限公司,2024.1
(职业技能等级认定学练丛书)
ISBN 978-7-113-30710-3

Ⅰ.①铁… Ⅱ.①中… Ⅲ.①铁路线路-职业技能-鉴定-教材 Ⅳ.①U21

中国国家版本馆 CIP 数据核字(2023)第 222975 号

书　　名:**铁路线路工(普速)**
作　　者:中国铁路呼和浩特局集团有限公司

责任编辑:赵昱萌　　　编辑部电话:(010)51873626　　　电子邮箱:crphzym@163.com
封面设计:刘　莎
责任校对:苗　丹
责任印制:樊启鹏

出版发行:中国铁道出版社有限公司(100054,北京市西城区右安门西街 8 号)
网　　址:http://www.tdpress.com
印　　刷:三河市宏盛印务有限公司
版　　次:2024 年 1 月第 1 版　2024 年 1 月第 1 次印刷
开　　本:787 mm×1 092 mm　1/16　印张:19.5　字数:416 千
书　　号:ISBN 978-7-113-30710-3
定　　价:110.00 元

编 委 会

前　言

　　为进一步提高铁路职工教育培训的针对性和实效性,大力促进全局职工队伍岗位技能达标,2015年劳动和卫生部组织专业技术人员编写了"铁路特有工种操作技能鉴定学练丛书"。该丛书为同期职业技能鉴定培训提供了有力的支撑,在铁路高技能人才培养选拔、落实全员持证上岗制度和确保运输生产安全稳定发展方面发挥了重大的作用。

　　随着我国铁路建设的持续发展,新技术、新设备不断更新应用,铁道行业标准、《铁路技术管理规程》等规章标准相应提升变化,丛书的范围和内容已经不能适应新时代铁路职工职业技能等级认定培训学习需求,急需进行修订完善和扩充拓展。

　　党的二十大报告要求,深入实施人才强国战略。为落实二十大精神,集团公司在技能人才队伍培养方面推出了一系列的新举措。其中,丛书修订完善作为一项重要工作进行落实,在对62个铁路特有工种进行修订完善的基础上,将丛书拓展为90个铁路特有工种和8个通用工种,并更名为"职业技能等级认定学练丛书"。

　　"职业技能等级认定学练丛书"在编写内容上力求体现以"优化职业活动为导向,以提升职业技能为核心"为指导思想,以"国家职业标准""铁路特有工种技能培训规范""高速铁路岗位培训规范"等为标准,以客观评价职工操作技能水平为目标,力求知识的系统性、连贯性和精炼性,突出针对性、典型性和适用性。

　　"职业技能等级认定学练丛书"是铁路职工职业等级认定操作技能考试前培训和自学教材,对职工各类在职教育和考试也有重要的参考价值。

　　"职业技能等级认定学练丛书"的编写是一项系统性、全面性的工作,工作难度比较大。在丛书的编写和审定过程中得到了集团公司职教部、各业务部及有关单位的大力支持和帮助,在此表示感谢! 由于编写水平有限,加之时间仓促,恳请读者提出宝贵意见和建议。

中国铁路呼和浩特局集团有限公司

2023 年 9 月

目 录

第一部分 初 级 工

第二部分 中 级 工

第三部分　高　级　工

第四部分　技　师

第五部分　高级技师

第一部分 初 级 工

1. 矫直钢轨前应做好哪些工作,矫直钢轨后应满足哪些标准?

答:(1)矫直钢轨前,应测量确认硬弯的位置、形状和尺寸,确定矫直点和矫直量,避免矫后硬弯复原或产生新弯。(2)矫直钢轨后用 1 m 直尺测量,允许速度不大于 120 km/h 地段,矢度不得大于 0.5 mm。允许速度大于 120 km/h 地段,矢度不得大于 0.3 mm。

2. 简述普速铁路设置位移观测桩的要求。

答:位移观测桩必须预先埋设牢固,桥上位移观测桩应设置在固定端(调节器设置位移观测桩除外),内侧距线路中心应不小于 3.1 m。在轨条就位或轨条拉伸到位后,应立即进行标记。标记应明显、耐久、可靠。

3. 简述高锰钢整铸辙叉重伤标准中,对辙叉纵向水平裂纹一侧裂纹长度的规定。

答:(1)辙叉心一侧裂纹长度超过 100 mm 时,为辙叉重伤。(2)辙叉翼一侧裂纹长度超过 80 mm 时,为辙叉重伤。(3)轮缘槽一侧裂纹长度超过 200 mm 时,为辙叉重伤。

4. 使用钢轨倒棱器应注意哪些事项?

答:(1)向左扳动手柄时另一只手应扶住右支架,不要扶住棘轮扳手,否则容易损坏棘轮扳手。(2)左、右轴上的螺母不要拧得太紧,以免影响棘轮扳手工作。(3)注意保护刀片,避免磕碰。

5. 试述线路上作业设置移动停车信号防护的程序。

答:(1)驻站联络员确认作业调度命令,并向施工(维修)负责人、现场防护员传达。(2)施工(维修)负责人通知现场防护员按规定设置移动停车信号。(3)施工(维修)负责人确认已按规定设置好移动停车信号后,发出作业命令。

6. 请画出在单线区间线路上施工时,使用移动停车信号的防护图。

答:单线区间线路施工时,如图 1-1 所示。

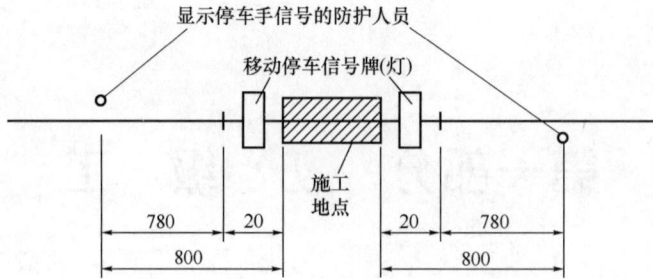

图 1-1 （单位：m）

7. 混凝土 T 梁钢支架(钢横梁)作业通道放置轨枕或桥枕应符合哪些规定？

答：(1)无声屏障地段，在满足均布荷载 4.0 kN/m² 、步行板集中荷载 1.5 kN 承载力的条件下，每 3 m 范围内放置混凝土轨枕或复合桥枕不得超过 1 根，木枕或木桥枕不得超过 2 根，且必须紧靠挡砟墙放置，支承的钢支架(钢横梁)不少于 2 个。(2)有声屏障地段，严禁堆载，8 级及以上大风天气严禁人员在作业通道上作业、通行、避车以及存放工机具。(3)严禁放置钢轨。(4)桥上作业时，必须由专人负责检查，确保有效控制堆载重量。

8. 试述线路上作业撤除移动停车信号防护的程序。

答：(1)施工(维修)负责人组织确认线路达到放行列车条件(外单位施工的还需工务段安全监督员确认)。(2)施工(维修)负责人通知现场防护员撤除移动停车信号，并确认已经撤除。(3)施工(维修)负责人通知驻站联络员办理线路开通手续。

9. 简述垫砟起道的作业要求。

答：垫砟起道时，一次垫入的厚度不得超过 20 mm，抬起高度不得超过 50 mm，两台起道机应同起同落。垫砟作业每撬长度不得超过 6 根枕，并随垫随填，夯实道床。

10. 50 kg/m 钢轨，12 号道岔，辙叉前长 1 849 mm、后长 2 708 mm，试求辙叉前开口量及后开口量是多少？

解：辙叉前开口量＝辙叉前长/N＝1 849/12＝154(mm)

辙叉后开口量＝辙叉后长/N＝2 708/12＝226(mm)

答：辙叉前开口量为 154 mm，辙叉后开口量为 226 mm。

11. 简述路肩整修的技术标准及要求。

答：(1)清除路肩上的杂草。(2)用与路肩顶面相同的土壤填平路肩，形成不超过 1∶20 的可以向外流水的缓坡。(3)清理路肩上的弃土，在路堤地段弃于边坡下面，在路堑地段将弃土运出路堑范围。

12. 钢轨钻孔应满足哪些要求?

答:(1)钢轨钻孔位置应在螺栓孔中心线上,且必须倒棱。(2)两螺栓孔的净距不得小于大孔径的 2 倍。(3)其他部门需在钢轨上钻孔或加装设备时,必须征得工务设备管理单位的同意,并有工务人员现场监督。

13. 起道作业收工时,顺坡率应满足哪些要求?

答:允许速度不大于 120 km/h 的线路不应大于 2.0‰,允许速度为 120(不含)～160 km/h 的线路不应大于 1.0‰,允许速度大于 160 km/h 的线路不应大于 0.8‰。

14. 简述使用单轨小车的安全事项。

答:(1)小车使用前应进行状态检查,确认小车状态良好。在有轨道电路的线路上或道岔上运行时,应有绝缘车轴。(2)单轨小车原则上不得在邻近站台的一侧钢轨上推行。

15. 简述搬运及装卸重物时的作业要求。

答:搬运及装卸重物时,应尽量使用机械作业;人力操作时,应统一指挥,动作一致;夜间应有充足的照明。用滑行钢轨装卸钢梁及其他重型机械设备时,滑行钢轨应支撑牢固,坡度适当,滑行前方严禁站人,后方应有保险缆绳。

16. 液压起拨道器保养与检修有哪些要求?

答:(1)日常保养主要是检查各部件有无裂纹,铰接的转动部位应经常加油润滑。(2)定检。每两个月对起拨道器应进行一次检修,清洗油泵、油路及工作油缸,更换液压油,检修并更换磨耗的零件和密封件。

17. 液压方枕器日常保养应注意哪些事项?

答:(1)每日作业完毕后,应擦拭灰尘污垢,将活塞缩入油缸内,不得外露。(2)每工作 50 h,应将油箱内的油液倒出,经沉淀过滤和清洗滤油器后,再重新加入油箱。(3)定期更换密封圈,检修液压系统和更换磨损零件。

18. 在轨道电路区段进行天窗点外作业时,应严格执行哪些规定?

答:(1)养路工机具、轨道检查仪、轨距尺等,均必须有与轨道电路的绝缘装置。(2)取放工具、抬运金属料具时,不得搭接两股钢轨、绝缘接头、引入线或轨距杆。

19. 简述容许速度不大于 160 km/h 的线路,捣固作业完毕后的作业标准及质量要求。

答:(1)作业之后要及时回填、夯拍,以恢复道床阻力。(2)道床饱满、坚实、均匀、整齐,无杂草,边坡一致,砟肩符合要求。(3)道床顶面应低于轨枕顶面 20～30 mm。

20. 试述铺设无缝线路缓冲区钢轨接头的验收标准。

答:(1)两根钢轨轨顶面及内侧面要求平齐,误差不得大于 1 mm。(2)轨缝大小符合规定要求,在设计锁定轨温范围内测量,误差不应大于 2 mm。(3)使用 M24 的 10.9 级螺栓,数量齐全,涂油,扭矩应保持 900～1 100 N·m,扭矩不足者不得超过 8%。

21. 简述检查道岔支距的操作方法。

答:(1)对点看数:一手扶住尺头,用支距尺滑块带钩的一侧的尺头(或有路徽的一侧)对准支距点,侧头看计划支距数值。(2)后手轻摇:后手轻轻地前后摇动,使支距尺的两个触点靠紧钢轨作用边。(3)推动滑块、读数:推动滑块,读取游标上 0 刻度所对的主尺数值,并记录。(4)起身拉块:起身,拉出滑块为测量下一点做准备。

22. 简述调高垫板的使用要求。

答:调高垫板应垫在橡胶垫板与轨枕顶面之间,每处调高垫板不得超过 2 块,总厚度不得超过 10 mm。使用调高扣件的混凝土枕、混凝土宽枕,每处调高垫板不得超过 3 块,总厚度不得超过 20 mm(大调高量扣件除外)。

23. 简述整修排水沟的作业方法和步骤。

答:(1)拆除原圬工砌体,凿除松动部分,用清水洗干净后再进行补砌。(2)翻修基础时要夯实地基。(3)对于冲刷比较严重的部位也可以灌注混凝土。(4)完工后用湿润草袋(帘)盖好,浇水养生不少于 7 天。

24. 线路或道岔防爬锁定作业的质量标准。

答:(1)防爬器位置安装正确。(2)承力木与枕木或防爬器与承力木离缝不超过 2 mm。(3)防爬器打紧不松动。(4)穿销通过铁垫板不能顶动枕木。(5)堆放道砟不超过轨面 25 mm。

25. 安全监督员对营业线施工安全监控要做到"四清楚","四清楚"指的是什么?

答:(1)清楚作业起止地段及起止时间。(2)清楚作业内容及影响安全范围。(3)清楚作业的安全措施。(4)清楚紧急情况下的应急处置措施。

26. 试述采用插入法铺设跨区间和区间无缝线路的要求。

答:(1)换轨作业中,在新铺单元轨节与已铺相邻单元轨节之间,铺设临时缓冲轨。(2)相邻单元轨节的锁定轨温不符合设计要求时,应先放散应力,然后与插入轨焊接,使锁定轨温符合设计要求。(3)焊接后,应视具体情况调整插入段前后各 100 m 范围的钢轨温度应力。

27. 简述锯轨作业的方法及步骤。

答:(1)复核钢轨长度。(2)安装砂轮片,检查护罩。(3)试转 30 s 再锯轨。(4)先从轨头侧面上棱下锯,接近轨底。(5)锯轨时不宜用力过猛,不宜长时间接触钢轨。(6)锯轨完毕,卸掉锯轨机。(7)检查锯轨质量。

28. 调整轨缝作业中,松卸螺栓、扣件等联结零件的方法是什么?

答:(1)打松影响钢轨串动的防爬器,起下个别影响钢轨串动的道钉或松动扣件、轨距杆螺栓。(2)不拆开接头调整轨缝时,松开需串动钢轨接头两端的螺栓至弹簧垫圈松弛为止。(3)拆开接头调整轨缝时,松开接头一端的螺栓,卸下接头另一端的螺栓。

29. 提高钢轨接头现场焊接精度的措施有哪些?

答:(1)加大对轨工作控制力度。(2)严格控制接头的上拱度,不能太高。(3)采用精打磨机进行精细打磨,不合格接头必须重新处理,保证其作用面精度符合要求,以改善轮轨接触关系,减小钢轨件作用面不平顺对列车的影响。

30. 简述钢轨倒棱器的操作方法。

答:(1)旋转棘轮扳手,使其离开垂直向上的位置,向左扳动手柄,带动左支架顺时针旋转,使刀片之间的距离扩大,使其能够从轨顶插入。(2)将刀片对准轨腰部的轨孔一侧,向右扳动手柄,帮助左支架逆时针旋转,使刀片从另一侧压紧在轨孔上,并自动锁死。(3)分别扳动棘轮扳手 10 次左右,即可将轨孔倒出 $1\times45°$ 的倒角。(4)倒角后向左扳动手柄,将倒棱器打开,取出倒棱器。

31. 简述混凝土枕挡肩修补的质量要求。

答:(1)挡肩的斜坡与原轨枕斜坡相符,抹面光滑,无凸凹不平。(2)环氧树脂砂浆配合比恰当,抗压强度够,化学性能稳定。(3)环氧树脂浆加热到 100 ℃ 以上时,不软化,不发黏。(4)修理挡肩后的扣件应符合标准。

32. 电子轨距尺现场标定应注意哪些事项?

答:(1)为保证现场校准的准确度,在校准时应等待 AD 显示值稳定,且跳动范围小于 1 个 AD 字时进行校准。(2)现场校准只适用于水平测量发生偏差过大时临时校准修正,它只是修正超高测量的固有偏差,不能替代系统标定,如果轨距尺发生严重碰撞,可能会严重影响测量准确度,应及时返回指定单位进行检修和标定。(3)现场校准应尽量在平直线路进行,且同一位置,严禁在坡道、曲线处进行现场校准。

33. 试述在允许速度 $v_{max}\leq120$ km/h 线路上,使用小型打磨机打磨钢轨的作业标准。

答:(1)工作边肥边,用 1 m 直尺测量小于 0.5 mm。(2)焊缝凹陷,用 1 m 直尺测量小于 0.5 mm。(3)钢轨母材轨顶面凹陷或马鞍形磨耗,用 1 m 直尺测量矢度小于 0.5 mm。(4)轨头打磨范围内不得出现蓝色、黑色氧化层。

34. 内燃钢轨钻孔机钻孔作业应注意哪些事项?

答:(1)按规定穿戴和使用防护用品。(2)线上钻孔时,应按规定设置防护。(3)不得"带病"使用机械,线上作业发生故障时应及时停机下道检修。(4)手动进给应缓慢、均匀,防止钻头折断。(5)钻孔时应不间断供给冷却液。

35. 简述单根更换混凝土枕作业的质量标准。

答:(1)运搬和更换时防止损坏轨枕及螺栓。(2)补充和更换缺少、失修零配件,扣件扭矩要达到标准。(3)新枕位置要正确,必须与轨道中心垂直,间距偏差及歪斜不超过规定。(4)轨道几何尺寸应符合《普速铁路线路修理规则》作业验收标准。换枕后 3~5 天应再养护捣固一遍。

36. 简述方正轨枕作业的质量标准。

答:(1)轨枕间距应符合《普速铁路线路修理规则》规定每公里轨枕配置根数的间距标准。(2)轨枕间距偏差或偏斜:正线及到发线不得大于 50 mm,其他站线不得大于 60 mm,铝热焊缝距轨枕边缘不小于 40 mm。(3)方正轨枕作业后高低、水平、三角坑应符合作业验收容许偏差管理值标准。

37. 简述轨道检查仪日常保养的基本内容。

答:(1)轨道检查仪操作人员每日作业完毕后应及时擦拭仪器,清除灰尘,对有关部件进行调整。(2)清洁各测量轮,清除每个走行轮、里程轮、测量轮上的油污。(3)对机械轴部位进行轮滑检测,伸缩轴涂上润滑油。(4)对各部件紧固状态检查。(5)对电池及笔记本电脑进行充电。

38. 普速铁路线路在哪些情况下应进行轨缝调整?

答:(1)原设置的每千米线路轨缝总误差,25 m 钢轨地段超过 80 mm,12.5 m 钢轨地段超过 160 mm,绝缘接头轨缝小于 6 mm 时。(2)轨缝严重不均匀。(3)线路爬行超过 20 mm。(4)轨温在规定的调整轨缝轨温限制范围以内时,出现连续 3 个及以上瞎缝或轨缝大于构造轨缝。

39. 哪些作业应办理临时封锁手续,设置移动停车手信号防护?

答:(1)危及行车安全的突发性灾害的紧急抢修。(2)钢轨、辙叉或夹板折断后的紧急处理。(3)线路胀轨的紧急处理。(4)更换重伤钢轨、辙叉或联结零件等紧急处理。(5)其他危及行车安全的故障处理。

40. 日常应加强可动心轨辙叉道岔哪些部件的检查、维修?

答:(1)防松螺母的位置、扭矩和上下螺母间隙。(2)滑床板及护轨垫板的弹片、弹片销钉、短心轨转向轴线顶铁的位置、方向和间隙。(3)钢枕的位置、钢枕塑料垫板及胶垫的位置、钢枕立柱螺栓的扭矩、钢枕上垫板的位置。(4)长心轨与短心轨联结螺栓的扭矩。

41. 尖轨降低值测量仪测量时应注意哪些事项?

答:(1)禁止使仪器坠落或敲击仪器。(2)禁止按压支腿横梁。(3)禁止在规定环境条件外使用仪器。(4)液晶显示屏和操作面板,不可被划破或有其他损伤,请小心使用。(5)仪器出现故障,须及时联系厂商,勿擅自拆卸。

42. 安全监督员对营业线施工安全监控要做到"三到位","三到位"指的是什么?

答:(1)于开工前1 h到位,并在作业单位的签到簿上签到。(2)对作业的全过程监控到位,做到作业不停止,监督检查不间断。(3)作业责任要到位,发现问题要及时填发安全整改通知书,发现危及行车安全的问题要立即停止作业,并指导做好安全防护。

43. 简述钢轨机械钻孔作业的技术标准。

答:(1)螺栓孔径:＋1.0 mm,0 mm。(2)螺栓孔壁粗糙度 Ra 值:25 μm。(3)螺栓位置(中心螺栓孔中心位置上下、接头螺栓孔至轨端距离、两相邻螺栓孔中心距离):±1.0 mm。(4)螺栓孔倒棱:倒角为 0.8 mm×45°～0.8 mm×45°。

44. 轨道加强设备伤损达到哪些标准,应有计划地修理或更换?

答:(1)轨距杆折断或丝扣损坏,螺帽、垫圈、铁卡损坏或作用不良。(2)轨撑损坏或作用不良。(3)防爬器折损,穿销不紧或作用不良。(4)防爬支撑断面小于 110 cm² ,损坏、腐朽或作用不良。

45. 混凝土扣件伤损达到哪些标准,应有计划地修理或更换?

答:(1)螺旋道钉折断、浮起,螺帽或螺杆丝扣损坏,严重锈蚀。(2)垫圈损坏或作用不良。(3)弹条、扣板(弹片)损坏或不能保持应有的扣压力。(4)扣板、轨距挡板严重磨损、锈蚀,扣板、轨距挡板前后离缝超过 2 mm。(5)挡板座、铁座损坏或作用不良。(6)预埋套管损坏。

46. 扣件预埋套管失效时应及时采用相同型号套管进行修复,修复时应满足哪些要求?

答:(1)取出失效套管时,不得伤及套管周围钢筋,且油渍或油脂不得污染孔壁。(2)失效套管取出后,应清除混凝土枕孔内残渣,并用高压风吹净。(3)应在孔内注入或在新套管外壁涂敷适量的锚固胶。(4)植入的新套管定位应准确。(5)新套管锚固强度应达到抗拔力要求后方可安装扣件。(6)采用的修复方案及锚固胶应提前进行试验,确定修复工艺参数。

47. 简述用 1 m 平直尺和塞尺检查钢轨焊缝顶面平直度的方法。

答:(1)当焊缝位置轨顶面凸起时,将 1 m 平直尺放在轨顶面纵向中心线位置,平直尺的

0 刻度紧贴在钢轨顶面焊缝中心位置,用塞尺量取平直尺的另一端与轨顶面最大缝隙的一半就是其正平直度值。(2)当焊缝位置的轨顶面凹下时,将 1 m 平直尺放在轨顶面纵向中心线位置,平直尺 0 刻度对正焊缝,平直尺两端紧贴在轨顶纵向的中心线位置,用塞尺量取的最大缝隙值就是其负平直度值。

48. 简述钢轨轻重伤标准中,对钢轨顶面擦伤的规定。

答:不同速度段标准不同:(1)允许速度 $v_{max}>160$ km/h 时,钢轨顶面擦伤超过 0.5 mm 时为轻伤,超过 1 mm 时为重伤。(2)120 km/h$<v_{max}\leqslant160$ km/h 时,钢轨顶面擦伤超过 0.5 mm 时为轻伤,超过 1 mm 时为重伤。(3)允许速度 $v_{max}\leqslant120$ km/h 时,钢轨顶面擦伤超过 1 mm 时为轻伤,超过 2 mm 时为重伤。

49. 简述普通单开道岔检查作业的基本步骤。

答:(1)校准量具。(2)确定道岔直、曲标准股。(3)目视道岔方向和高低,必要时用弦线测量。(4)按顺序检查道岔的轨距、水平、查照、护背等。(5)检查支距。(6)检查道岔爬行。(7)检查岔后连接曲线正矢。(8)检查道岔联结零件及主要部位的有关尺寸。

50. 简述鉴别钢轨硬弯采用的"一看、二查、三量、四照、五判断"方法的内容。

答:(1)一看:距钢轨弯曲处 10～15 m,背向阳光,采取立、蹲、俯三种姿势,反复观察,确认硬弯。(2)二查:凡用拨道、改道方法不能彻底整治的钢轨弯曲为钢轨硬弯。(3)三量:在弯曲处用 1 m 直尺测量,矢度大于 0.5 mm 的为钢轨硬弯。(4)四照:对照工长检查记录,看轨距、方向变化情况,如变形次数多且有规律,可认定为钢轨硬弯。(5)五判断:目视确定硬弯的始终点,用拉弦或钢直尺测定硬弯的最大矢度及位置,用油漆或石笔标明范围,用箭头标明矫直方向。

51. 简述无砟轨道精调作业的基本步骤。

答:(1)精调时先确定基准轨,将基准轨轨向、高低调整到位后,再依据基准轨通过轨距、水平调整另一股钢轨。(2)精调作业完成后,当日对几何尺寸进行复核、记录偏差值,复核扣件扭矩,记录调整区段的扣件、垫板型号,建立台账。当一个单元精调作业完成后,应及时安排轨道测量仪进行复测。

52. 简述油漆刷新线路、信号标志的作业步骤。

答:(1)新埋设的标志(或旧标志),应先用钢丝刷将表面的灰土擦拭干净,对标志牌面上的坑洼用较稠的石灰粉涂刷嵌满,对较大的表面孔洞或标志牌边角缺损,可用水泥修补。(2)调好油漆,在标志面上薄薄地均匀涂刷一遍,稍干后再涂刷一遍,不能一次涂刷过厚,以免油漆起皮。(3)待底漆完全干燥后,即可用特制模板印制标志牌上的文字、数字和图形。

53. 简述安装接头螺栓的作业步骤。

答:用扳手尖端串入夹板螺孔和钢轨螺孔内使其对齐对正,然后穿入全部螺栓,拧紧。紧固螺栓时,直线上钢轨接头 6 孔螺栓,先上紧最外侧 2 个螺栓,再上紧中间 2 个螺栓,剩下 2 个最后上紧。在曲线上,则先紧最外 2 个螺栓,再上紧次外 2 个螺栓,最后上紧中间 2 个螺栓。全部螺栓上紧后应复紧一遍。

54. 简述拆卸接头螺栓的作业步骤。

答:使用螺丝扳手卸螺栓时,两脚站在被卸螺帽的另一侧,两脚跟相距 300～400 mm,呈 90°角,两脚掌踏在夹板边缘的轨枕上,上体前屈,将螺丝扳手嵌入螺帽后,两手握柄用力旋转。使用活口螺丝扳手时,前脚踏在轨枕上,离轨底约 50 mm 左右,后脚踏在后一根轨枕上,离钢轨底约 50 mm。一手持扳手,一手支撑在钢轨面上。

55. 简述使用冲击式手持捣固镐捣固的作业要求。

答:(1)将汽油门开至最大,把镐头插入石砟进行捣固作业。(2)捣固间歇时可将油门调小至怠速,但不要长时间怠速运转,长时间间歇时应停机。(3)不用时,将捣镐手把平放于地面,以免损坏汽油机。(4)作业过程中发现机械故障时或异常现象时,必须停机下道检查。(5)停机时先将油门关至最小,再按停机按钮。

56. 简述道床夯实机使用前的准备工作。

答:(1)检查火花塞等各连接处是否松脱。(2)检查冷却空气通道是否被堵死,避免运转中发生过热现象。(3)检查空气滤清器是否脏污,若不清洁,将严重影响进气质量,导致汽油机运转不良,而且浪费燃料。(4)检查火花塞间隙是否在 0.6～0.7 mm。(5)轻拉启动器 2～3 次,观察汽油机运转是否正常。

57. 使用冲击式手持捣固镐捣固应注意哪些事项?

答:(1)捣固时,不要使捣镐和钢轨、轨枕相碰。(2)不要在大雨中使用机器。(3)加油时应关闭发动机,注意安全,勿使燃油溢出。(4)使用汽油或机油时,应参照机械的技术参数,并严格标号,避免损坏机器。(5)加油时,不要加注过量。(6)重新启动机器时,若油箱内残留有油,必须将燃油摇晃至均匀,否则将导致启动困难。(7)不用时,将捣固机直立靠墙或平放于地面,避免磕碰汽油机。

58. 简述混凝土枕线路安装扣件作业的具体内容。

答:(1)安放防磨垫板、胶垫板和垫片或尼龙挡座。(2)在垫片(尼龙挡座)上放铁座(轨距挡板)。(3)安放扣板(或轨距挡板)时,注意扣板(或轨距挡板)与底轨的密贴,如有缝隙,要翻转或调换,整正垫片(尼龙挡座)及扣板(轨距挡板)位置,使之放置正确。(4)套上双簧垫圈或弹条。(5)加垫平垫圈。(6)上螺帽,将螺母拧紧,使之达到扭矩要求。

59. 简述双头内燃机动螺栓扳手的操作方法。

答：(1)将汽油机油门开启至额定转速正常运转(安装油门自动加速装置除外)。(2)旋松螺母的操作方法：将换向操纵杆下压，当工作套筒反向旋转后即可将套筒操纵杆套入螺栓螺母，旋松螺母。(3)拧紧螺母时操作方法：将换向操纵杆上抬，当工作套筒正向旋转后即可将套筒操纵杆下压套入螺栓螺母，拧紧螺母。

60. 简述整正轨缝作业的质量标准。

答：(1)轨缝均匀，无瞎缝，无大轨缝。(2)接头应相对，正线及到发线直线误差不超过40 mm，曲线误差不超过40 mm加缩短量的1/2，其他站线直线误差不超过60 mm，曲线误差不超过60 mm加缩短量的1/2，相错式曲线接头相错不少于3 m。(3)接头螺栓扭矩按《普速铁路线路修理规则》规定执行。(4)因调整轨缝引起的有关项目的变动，要符合各单项技术作业标准。

61. 在线路上进行作业时应遵守哪些规定？

答：(1)多人一起作业时应统一指挥，相互间应保持一定的安全距离，防止工具碰撞伤人。(2)多组捣固机械同时捣固时，前后距离不得小于3 m，走行应保持同步。(3)在道岔地段作业，未采取安全措施情况下，人员不得将手、脚放在道岔尖轨与基本轨、可动心轨与翼轨间，避免道岔扳动时挤伤。(4)木枕、木岔枕改道打道钉时严禁锤击钢轨，不准用捣镐打道钉。分组打道钉时，前后距离应不小于6根木枕。在无作业通道的桥面上作业时，起钢轨外口道钉，应站在道心内侧并使用专用起钉器或弯头撬棍等特制工具。(5)翻动钢轨时，必须使用翻轨器，不得使用撬棍翻动钢轨。使用撬棍拨道时，应插牢撬棍，听从指挥，统一行动，严禁骑压或肩扛撬棍拨道。

62. 简述无砟轨道精调测量及调整量计算的基本步骤。

答：(1)采用轨道测量仪对轨道逐个扣件节点进行连续测量。(2)根据测量数据，对轨道精度和线形进行综合分析评价，确定需要调整的区段。(3)进行调整量模拟试算，并对轨道线形进行优化，形成调整量表。(4)根据调整量表和扣件型号，选配合适的调整配件，并在表中详细记录安装位置、方向。

63. 简述用绳正法拨正曲线的基本要求。

答：(1)曲线两端直线轨向不良，应事先拨正，两曲线间直线段较短时，可与两曲线同时拨正。(2)在外股钢轨上用钢尺丈量，每10 m设置1个测点(曲线头尾是否在测点上不限)。(3)在风力较小条件下，拉绳测量每个测点的正矢，测量3次，取其平均值。(4)按绳正法计算拨道量，计算时不宜为减少拨道量而大量调整计划正矢。(5)设置拨道桩，按桩拨道。

64. 简述线路改道作业的基本要求。

答：(1)改道时，木枕地段应使铁垫板外肩靠贴轨底边，混凝土枕地段应调整不同号码扣板、轨距挡板、挡板座。同时应修理和更换不良扣件。(2)螺纹道钉改道时，应用木塞填满钉孔，钻孔后旋入道钉，严禁锤击螺纹道钉。(3)改道的前后作业程序应紧密衔接，应按改道量将钢轨拨正，严禁利用道钉或扣件挤动钢轨。

65. 简述成段更换钢轨的质量标准。

答：(1)换入的钢轨需确认无重伤，钢轨断面应一致，长度应与计划尺寸相符。(2)轨缝合理，接头错差量需符合《普速铁路线路修理规则》有关规定。(3)接头错牙在正线及到发线上不超过 1 mm，在其他站线上不超过 2 mm，焊缝接头在线路开通前进行钢轨探伤，焊缝平直度达到要求。(4)扣件、零部件齐全、有效，扭矩达标。(5)轨距、方向、轨距变化率符合《普速铁路线路修理规则》规定。(6)线路标志清晰、准确、完整。

66. 轨道检查仪检查线路时拼装应注意哪些事项？

答：(1)大梁和侧臂的结合面必须清理干净，不允许存有沙粒或其他杂质。(2)大梁必须按标识、编号与侧臂的标识、编号对号入座，不允许错接。(3)大梁插入侧臂定位销孔时应小心轻推，严禁用其他工具用力敲击。(4)大梁和侧臂对接后必须用两锁紧手轮将其锁紧，不允许在未锁紧的情况下上道工作。(5)注意拼装时的操作顺序。

67. 简述线路垫板作业的质量标准。

答：(1)调高垫板应垫在橡胶垫板与轨枕顶面之间，每处调高垫板不得超过 2 块，总厚度不得超过 10 mm。使用调高扣件的混凝土枕、混凝土宽枕，每处调高垫板不得超过 3 块，总厚度不得超过 20 mm(大调高量扣件除外)。(2)垫板位置正确，无偏斜、无串动。(3)Ⅰ型、Ⅱ型弹条(小阻力)扣件的弹条中部前端下颚与轨距挡板离缝作业后不应大于 1 mm，Ⅲ型弹条小圆弧内侧与预埋铁座端部应相距 8～10 mm，扣板(弹片)扣件扭矩应保持 80～140 N·m。(4)由垫板作业造成其他项目超限，要同步整正，质量要满足各项目技术标准的要求。

68. 试述道岔起道作业的基本内容。

答：(1)准备：手工捣固时，根据起道量进行扒砟，压打道钉，拧紧扣件，起出影响捣固的防爬木撑。混凝土枕道岔禁止手工捣固，需使用小型捣固机械进行捣固。(2)指挥起道：全面起道时，按计划起道量结合看轨面进行，先起标准股，重点起道时，指挥起道机放置在指定位置，看道人员一般距起道机不少于 20 m，目视标准股钢轨外侧轨头下颚线，用手势指挥上道。(3)对水平：起标准股和对水平可多机同时起道，既有利于轨面平顺，又节省打塞人员。对水平应力求对平，对特殊部位(如接头、叉心)，通过车辆较频繁时，一般视具体情况，水平可做适当调整。(4)捣固：捣固人员可根据施工负责人画出的重点捣固记号进行加强捣固，一般为接头、杆件、叉心和空吊板等处。(5)先捣主线，捣好后再将侧线道床扒开捣固。

69. 简述打磨轨端肥边的作业方法与步骤。

答:(1)调查轨缝:若轨缝不足 10 mm,应适当调大轨缝,以利打磨。(2)匀缝:松开接头、中间扣件和防爬设备,做匀缝处理。(3)打磨机试运转。(4)打磨:沿钢轨轨端肥边开始,接触要轻,用力要均匀,适时调整进轮角度,往复运动,均匀打磨。(5)观察打磨进度和打磨线条质量,直至轨端肥边彻底磨掉,线条顺直。(6)倒角:在轨端与轨面处磨成45°夹角,预防轨端肥边快速形成。(7)调整轨缝:轨缝达到规定要求,兼顾前后轨缝均匀,复紧扣件,锁定钢轨。

70. 简述垫板整治钢轨水平的作业程序。

答:(1)上道前,检查工具。(2)按规定设好防护。(3)按工作量进行分工安排并确定标准股。(4)松开轨枕螺栓,用起道机抬起钢轨,用小铁铲铲松胶垫。(5)垫板:将调高垫板垫在胶垫板下,若胶垫板损坏,应同时更换。松开起道机,放下钢轨。(6)拧紧螺栓,上好扣件。拧紧螺栓时,注意轨距小时,先紧内口,轨距大时,先紧外口。(7)质量回检,要达到作业验收标准。其他项目也要符合规定要求。(8)作业完毕,清点人员、整理现场料具,撤除防护。

71. 道岔各零部件有哪些伤损或病害,应有计划地进行修理或更换?

答:(1)各种螺栓、连杆、顶铁和间隔铁损坏、变形或作用不良,顶铁和轨腰离缝大于2 mm。(2)滑床板损坏、变形或滑床台磨耗大于3 mm。(3)轨撑损坏、松动,轨撑与轨头下颚或轨撑与垫板挡肩离缝大于2 mm。(4)护轨垫板折损。(5)钢枕和钢枕垫板下胶垫及防切垫片损坏、失效。(6)弹片、销钉、挡板损坏。弹片与滑床板挡肩离缝、挡板前后离缝大于2 mm,销钉帽内侧距滑床板边缘大于5 mm。(7)其他各种零件损坏、变形或作用不良。

72. 简述工电联合整治道岔,整治尖轨跟接头的作业内容。

答:(1)更换严重磨损的尖轨跟端间隔铁和接头螺栓。(2)更换严重磨损、脱焊的尖轨跟端大垫板。(3)整治尖轨跟端螺孔磨耗,加装套圈,控制尖轨前后串动,保持轨缝。(4)整治尖轨跟端错牙。(5)尖轨跟端双头螺栓扭矩适中,不宜过紧,防止扳动尖轨时不同步、不灵活。

73. 简述清筛整理道床的作业步骤。

答:(1)清筛:宜采用分段倒筛法,两人为一组,每组间隔至少 4 根轨枕。清筛方法:先在轨枕头外开一个豁口扒筛,将清砟倒在后面路肩上,接着扒筛第二个轨枕孔,把清砟回填到第一个轨枕孔。依次前进,循序倒筛。清挖时应做好排水坡。(2)整理、夯实:筛完一孔,回填一孔,夯实拍平。(3)清土:筛出的碎石污土弃置到路肩以外。(4)转移污土。(5)整理道床:道床应饱满、均匀、整齐,道砟不足时要及时补充。

74. 简述小型养路机具捣固作业的程序。

答:(1)准备工机具,检查工机具状态。(2)按规定设置防护。(3)捣固。①捣固方法(手持电镐):两手轻扶手把,使电镐与轨枕边缘呈45°角,以后逐渐增大到80°角。捣固中需将镐体向四周摆动,以提高效率和质量。②排镐顺序:由钢轨底部,分别向两侧捣固,再由两侧向轨底捣固,最后一镐要在轨底。捣固长度不少于 400 mm。③捣固时间:捣固密实度的大小取决于捣固时间的长短。木枕地段由轨底向两侧应逐渐减少捣固时间;混凝土地段应均匀捣固。用4 个镐捣固时,一般每面在 40~60 s 之间。(4)捣固过程中如有缺砟情况时应及时补砟,保持轨枕盒道砟饱满,保证捣固质量。(5)转移。捣固完一根轨枕后,提起电镐转移到下一根轨枕。一撬捣固结束后,应关闭机器,转移到下一作业地点。(6)质量回检。(7)清点工机具,撤除防护。

75. 简述钢轨铝热焊接的作业程序。

答:(1)准备工具材料。(2)按规定设置防护。(3)钢轨铝热焊接。拧紧焊轨两端 15 m 扣件,安装导线,切轨,换轨,轨端除锈处理,固定待焊轨,轨缝校正,模具安装,封泥封箱,检查坩埚,装入焊剂,钢轨预加热,点火及浇注,拆模及推瘤。(4)撤除连接导线后打磨。(5)标注铝热焊缝标记。(6)作业质量回检。(7)清点人员、工具、材料,撤除防护,开通线路。

76. 简述混凝土枕线路螺栓涂油的作业程序。

答:(1)准备工料具。(2)按规定设好防护。(3)卸扣件:用螺栓扳手卸下螺帽,取下扣件,摆放整齐。(4)清扫及检查:用钢丝刷清除螺栓丝扣积锈,用小扁铲铲除承轨槽上泥土、油垢,然后检查各部件有无伤损,如发现伤损应更换。(5)涂油:螺栓丝扣要全部涂油。(6)安装扣件。(7)质量回检。(8)清点工料具,撤除防护,撤出现场。

77. 简述混凝土枕道岔改道作业的质量标准。

答:(1)道岔轨距、支距等几何尺寸必须符合《普速铁路线路修理规则》中作业验收容许偏差管理值的规定。(2)直股标准股方向顺直,其他部位轨距递减率符合规定。(3)查照间隔在有客车运行的线路上不得小于 1 391 mm,在仅运行货车的线路上不得小于 1 388 mm,道岔护背距离不得大于 1 348 mm,翼轨间隔和护轨间隔不应大于 1 370 mm。(4)消灭超过 1 mm 的接头错牙,打磨超过 1 mm 的钢轨肥边。(5)扣件位置正确,与轨底缝隙不大于 1 mm,作用良好,扭矩符合有关规定。(6)各螺栓、杆件、零配件、防爬设备等无缺损、失效和不符合标准。

78. 简述机具拨道的作业程序。

答:(1)上道前,要检查使用的拨道器性能是否良好(在负荷作用下有无漏油,溢流阀是否完好)。(2)设好防护,上道作业。(3)安放拨道器:两人分股同向,用扒碎叉适当拨出轨底下道砟,放入拨道器。(4)拨动线路:调整回油阀,拨道,眼观指挥者手势,前后扳动摇杆,当指挥者打出拨道完毕的手势后立即停止摇动。(5)撤出转移拨道器,调整回油阀,取出拨道器。(6)根据需要转移。(7)作业完毕,质量回检。(8)质量符合规定后,撤除防护。

79. 简述普速铁路道岔内钢轨折断的紧急处理。

答：发生道岔尖轨、基本轨、心轨或翼轨折断时应立即封锁线路，进行紧急处理。(1)断缝位于尖轨与基本轨、可动心轨与翼轨密贴段范围外，且能加固时，处理方法和放行列车条件同钢轨折断处理。(2)断缝位于尖轨与基本轨、可动心轨与翼轨密贴段范围以外不能加固或断缝位于尖轨与基本轨、可动心轨与翼轨密贴范围内，且直股或曲股之一可单独放行列车时，根据现场实际情况，确认道岔开向，工务紧固，电务确认尖轨及心轨密贴状态，道岔应现场加锁或控制台单锁（具体加锁办法由铁路局集团公司规定），限速放行列车，并派人看守、检查、确认，直股和曲股均不能放行列车时，应进行永久处理。

80. 液压直轨器保养应注意哪些事项？

答：(1)保持油质清洁。如发现油质不洁、吸油不畅时，须拆下油箱，先用清洗剂或工业酒精清洗油路，再加注清洁的10～20号机油。(2)拆检吸油阀时，先卸下油泵，取密封垫及钢球进行清洗及检修。拆检出油阀时，可拧下后盖底部的六角螺栓，再取出钢球、弹簧进行清洗及检修。拆检放油阀时，可拧开放油阀，再取出密封橡胶圈及钢球进行清洗和检修。

81. 在电气化铁路线路上作业，应遵守哪些规定？

答：(1)起道作业：两股钢轨同时起道时，一次作业起道量不得超过30 mm，且两股钢轨起道量相差不得超过11 mm；调整曲线超高时，单股起道量不得超过11 mm。起道量超出上述规定时，应事先通知供电单位调查确认接触网设备调整工作量并配合作业。起道后轨面高度超出原轨面标准线30 mm时，由工务、供电部门共同确认，并由铁路局集团公司批准。起道作业时，隧道、下承式桁架桥和拱桥、斜拉桥、悬索桥应满足建筑限界要求。(2)拨道作业：线路中心位移一次不超过30 mm，一侧拨道量年累计不得大于120 mm，并满足建筑限界和线间距要求。拨道量超出上述规定时，应事先通知供电部门调查确认，满足调整要求后配合作业。桥梁上线路一侧拨道量年累计不得大于60 mm，且线路中心与桥梁中心的偏差值符合以下要求：线路允许速度 $v_{max} \leqslant 120$ km/h 地段，钢梁不得大于50 mm，圬工梁不得大于70 mm，线路允许速度 120 km/h$< v_{max} < 200$ km/h 地段，钢梁、圬工梁不得大于50 mm。(3)清除危石、爆破作业可能影响接触网及行车安全时，应有供电部门人员配合；有碍接触网及行车安全时，应先停电后作业。

82. 普速铁路区段长轨列车运行应遵守哪些规定？

答：(1)长轨列车固定编组，运行按专列办理，如有附挂车辆应挂在尾部。在不危及本列安全的情况下，禁止使用紧急制动；一旦使用紧急制动，应在前方车站停车，随车人员要全面检查确认长轨列车和长轨装载状态。长轨列车不得溜放和通过驼峰线。(2)重车情况下，在经过300～500 m 半径曲线时，限速45 km/h，在经过300 m 以下半径曲线或侧向通过9号及以下道岔时，限速25 km/h。(3)长轨列车收轨速度不宜超过5 km/h，卸轨速度不超过15 km/h。(4)长轨装车时，轨端应平齐，最外侧钢轨应按照固定编组长度装载，短轨不得装在外侧。

500 m编组的长轨列车每一层外侧的长轨轨端伸出最外方滚道梁为2.0～2.5 m,且距离安全门不得小于2 m;其他位置和长度的长轨在滚道梁上的悬伸长度按比例调整,且悬伸长度不小于1 m。装载完毕后应采用便携式轮重测定仪测量偏重、偏载。长轨未经横向及纵向锁定,不得开车。

83. 道岔尖轨、可动心轨有哪些伤损或病害,应及时修理或更换?

答:(1)尖轨尖端与基本轨或可动心轨尖端与翼轨间隙大于1 mm,短心轨与叉跟尖轨尖端间隙大于1.5 mm。(2)尖轨、可动心轨侧弯造成轨距不符合规定。(3)尖轨、可动心轨顶面宽50 mm及以上断面处,尖轨顶面低于基本轨顶面、可动心轨顶面低于翼轨顶面2 mm及以上。(4)尖轨、可动心轨顶面宽50 mm及以下断面处,尖轨顶面高于基本轨顶面、可动心轨顶面高于翼轨顶面2 mm及以上。(5)尖轨、可动心轨工作面伤损,继续发展,轮缘有爬上尖轨、可动心轨的可能。(6)内锁闭道岔两尖轨相互脱离时,分动外锁闭道岔两尖轨与连接装置相互分离或外锁闭装置失效时。(7)其他伤损达到钢轨轻伤标准时。

84. 简述普速铁路钢轨(焊缝)折断时紧急处理后的放行列车条件。

答:(1)当钢轨断缝不大于50 mm时,应立即进行紧急处理。(2)紧急处理时,应先在断缝两侧轨头非工作边做出标记,标记间距离约为8 m,并准确丈量两标记间的距离和轨头非工作边一侧的断缝值,做好记录。(3)在断缝处上好夹板或胶包夹板,用急救器固定。(4)在断缝前后各50 m拧紧扣件,并派人看守,放行列车速度不超过15 km/h。(5)如断缝小于30 mm时,放行列车速度不超过25 km/h。(6)有条件时应在原位焊复,否则应在轨端钻孔,上好夹板或胶包夹板,拧紧接头螺栓,然后可适当提高行车速度。(7)重载铁路钢轨断缝小于30 mm时,使用夹板或胶包夹板钻孔加固,至少拧紧4个接头螺栓(每端2个),放行列车速度不得超过45 km/h。

85. 简述钢轨精磨机的操作方法。

答:(1)启动发动机前,应先检查机器的各部状态是否良好,将机器置于钢轨上,保证砂轮离钢轨面3 mm以上再启动发动机。(2)砂轮可以上下调节高度,可以手动调节,也可以用电控开关调节。手动调节时,手轮每转一圈,砂轮进给量为1 mm。(3)随着发动机的启动,用电控开关将砂轮设置到所需打磨的深度(根据钢轨附近的情况进行调整)。深度调节好后锁紧深度锁紧螺母,防打磨时松动,造成打磨过深。(4)升高打磨砂轮,直到达到钢轨的最高凸出点位置。(5)当机器在打磨点附近往复打磨时,用手动调节开关控制砂轮的进给量。往复打磨必须进行收刀和进刀,行至终点收刀完毕,反向运行开进刀。(6)当打磨钢轨两侧面和圆弧角时,用机架偏移手轮进行调节,使机器偏转,以满足所需要的打磨角度。(7)对凸出点打磨时,可不移动机器对凸点进行打磨。精打磨时,必须保持小进刀量,并保持机器的匀速往复运动。打磨应遵循从轨顶面到圆弧角再到钢轨侧面的顺序进行。(8)关闭机器时,应先将砂轮置于高出轨面3 mm高度以上。

86. 简述混凝土枕线路改道的作业程序。

答:(1)上道前,检查工具。(2)按规定设好防护。(3)调查画撬:用轨距尺仔细检查轨距,并写在轨底或枕木上。将超限处所画好撬(轨距、顺坡、方向),站在 20 m 左右观察方向,并以直的一股作为标准股。(4)调换扣板或轨距挡板:调换标准股扣板或轨距挡板,调整或更换大小胶垫,使各有关部分相互靠贴,调换时防止挤动钢轨。(5)改正对面股:卸掉撬内里外侧螺帽,调换扣板或轨距挡板,使各有关部分互相靠贴。(6)拧紧螺栓:安装垫圈螺帽,扣板扣件扭矩保持在 80~140 N·m,Ⅰ型、Ⅱ型弹条(小阻力)扣件的弹条中部前端下颚与轨距挡板离缝作业后不应大于 1 mm。Ⅲ型弹条小圆弧内侧与预埋铁座端部应相距 8~10 mm,改道处所的扣件螺栓,当天下班前应进行一次复紧。(7)回检:检查轨距与扣件状态,复紧扣件螺栓。(8)作业完毕,质量回检。(9)清点人员、料具,撤除防护,撤出现场。

87. 简述方正轨枕的作业程序。

答:(1)准备工具,按规定设好防护。(2)调查:在需要方正的轨枕上画出标记和方正方向,做出记录。(3)扒道砟:扒开方动一侧的道砟,用镐尖刨松枕底边缘。(4)松动扣件或道钉:松动扣件或冒起道钉,使轨枕更容易移动。(5)撤除防爬设备:松动有碍方动的防爬器或轨距杆,取出有碍方动的支撑。(6)方动轨枕:安设方枕器,将轨枕方至正确位置。(7)方正后拧紧扣件至规定扭矩,或打紧道钉并消灭浮离钉。(8)安装防爬设备:打紧防爬器,安装防爬支撑,上好轨距杆,必要时应整修或更换新支撑。(9)将刨松的一侧道床道砟用镐尖串实并平整道床。(10)质量回检。(11)清理现场,清点工具,撤除防护。

88. 简述更换道岔护轨的作业程序。

答:(1)准备工具材料,核对新旧护轨信息。(2)按规定设置防护。(3)拆卸护轨螺栓,拨出旧护轨,同时检查护轨垫板是否有扩孔变形,若存在扩孔变形,同步更换护轨垫板。(4)螺栓扣件涂油。在卸下的护轨螺栓、轨枕扣件及螺杆上均匀涂油。(5)安装新护轨。调整好轮缘尺寸,根据辙叉的轨距、查照间隔、护背距离来适当增加或减少护轨插片。(6)复紧护轨螺栓至规定扭矩。(7)作业质量回检。按作业验收标准进行质量回检,同时检查作业区域内的工机具、材料,防止遗漏,严格执行"工完料清"制度。(8)换下旧护轨定置回收。把换下的护轨拨到定置地点放好,并打上明显的伤损标记,待回收(有能力回收的,应安排立即回收)。(9)撤除防护,开通线路。

89. 简述更换接头夹板的作业程序。

答:(1)天窗点内设好防护。(2)起钉、卸螺栓。起接头道钉,并插入木片,或卸掉轨枕扣件。将接头螺栓卸掉,顺序为先 1、3、5 位,后 2、4、6 位。(3)更换夹板。卸下接头夹板螺栓,取下夹板,清除钢轨上的污垢、铁锈,给螺栓丝扣、夹板与钢轨接触面涂油,检查钢轨是否有裂纹。确认钢轨无损伤,装上新夹板。(4)上接头螺栓。对中夹板孔和钢轨螺栓孔,穿入全部螺栓。直线 6 孔夹板先拧紧 1、6、3、4 位螺栓,再拧 2、5 位螺栓;曲线 6 孔夹板先拧 1、6、5、2 位螺栓,后拧3、4位螺栓。(5)钉道钉或上好扣件。木枕:将换前起下的道钉钉入,50 kg/m及以下钢轨道钉反向钉入,60 kg/m钢轨道钉正常钉入。混凝土枕:清除轨枕上的污垢,对螺栓涂油,安装扣件,拧紧螺栓。(6)捣固。检查接头轨距及有无错牙、暗坑、吊板,如有超限应进行整修、捣固作业,找平接头,保持接头平顺。(7)清点人员、料具。(8)撤除防护,撤离现场。

90. 简述接头螺栓及夹板涂油的作业程序。

答:(1)按规定设好防护,检查作业工具。(2)起出道钉或卸下扣板:用撬棍采用三起三垫办法起下夹板两侧道钉,并及时插入木片。混凝土枕卸下夹板两侧扣板,取出的道钉或扣件应摆放整齐。(3)卸螺栓:按前后顺序间隔卸下螺栓。卸下螺栓和垫圈放在固定位置上,卸螺栓顺序:先1、3、5位,后2、4、6位。(4)卸夹板:夹板要用撬棍撬开,不得用锤直接敲打。卸下后先将内部积土和积锈清扫干净,放的位置要距钢轨有适当距离,不要妨碍钢轨去锈涂油。(5)除锈与检查:用钢丝刷及小扁铲除去夹板、钢轨孔周围及螺栓上的积锈、油垢,并认真检查钢轨及夹板有无伤损,如有伤损需进行更换。(6)涂油:用油刷将螺丝扣件面涂油,夹板与钢轨接触面上均涂上油层。(7)上夹板及螺栓:上夹板时,首先使夹板孔与钢轨螺栓孔对中,再穿入螺栓。上螺栓的顺序:直线6孔夹板先拧紧1、6、3、4位螺栓,再拧2、5位螺栓;曲线6孔夹板先拧1、6、5、2位螺栓,后拧3、4位螺栓。(8)复拧:螺栓全部上完以后,再普遍拧紧,使之达到规定扭矩。(9)打道钉或上扣板:按打道钉或上扣件技术要求打齐道钉或上好扣板。(10)作业完毕,质量回检。(11)清点人员、料具,撤除防护,撤出现场。

91. 简述清理侧沟的作业程序。

答:(1)按规定设置防护。(2)测量:沟内存水量较大及积物较多时,在清理侧沟前测量侧沟纵坡,确定工作量。(3)打边桩,拉边桩线。按边桩线、标准断面尺寸用镐、铲开挖清理。(4)除草:用铲子铲除沟底杂草及沟边的边坡杂草,可以保留边坡草的草根。(5)清理侧沟内积物并运出:侧沟应根据测出纵坡进行清理。侧沟和盲沟、泄水孔出口处应认真清理,使流水畅通,无杂草淤塞物。在清理侧沟时,不得把淤泥、泥土和垃圾抛弃在路堑边坡上,应运到适当处所(严禁用弃土垫平路肩)。(6)清理时不要破坏侧沟标准断面及纵坡,如侧沟有干砌或浆砌块石时,在清理积物时不要破坏圬工体。(7)用水准仪复核纵向坡度,修正沟底,达到技术标准。(8)清点人员、工具、材料,撤除防护,撤离现场。

92. 简述线路或道岔防爬锁定的作业程序。

答:(1)准备工料具,按规定设好防护。(2)按《普速铁路线路修理规则》表3.8.2—1、表3.8.2—2画好防爬设备安设点,并散布好防爬器及石撑。(3)根据已画好的安设点,用耙或铲将要安装防爬器位置的道砟清开,以能顺利垫入承力木和安装防爬器为宜。堆放的道砟不能超过轨面25 mm。(4)将承力木和防爬器依次紧靠枕木安装好,并穿穿销。以同样方法安装好另一股钢轨的防爬器,用道钉锤轮流打紧穿销。如防爬器与钢轨空隙过大时,可在防爬器与钢轨接触的另一面加铁丝调整,间隙的大小以穿销穿过整个防爬器而销尖不接触铁垫板为宜。(5)安装好后,逐孔依次量取枕木孔净距,以确定支撑长短及垫木厚度。在距离轨底边350 mm道心扒开道砟,并清平整理,安入支撑,支撑应平整,并低于枕木面10~20 mm,与前后支撑在一连线上,一端紧靠枕木,另一端与枕木的缝垫片塞满塞牢。一组支撑安完后,清理整平石砟,并清扫钢轨、枕木面。(6)清点工具,撤除防护。

93. 简述人工打磨钢轨的作业标准。

答:(1)用1 m钢直尺或电子平直仪核对钢轨不平顺的高点逐步开始打磨,由高点逐步往外两头拉,同步观看磨削火花情况判断轨面平直度,同时进行钢轨平直度测量,保证打磨质量。(2)砂轮每进一次,整个轨面打磨一遍,以确保轨面弧度与原来保持一致,防止一次打磨量过大,打磨作业应循序渐进。(3)轨面打磨,在轨面打磨进行轨头仿形打磨受到其他设备阻碍无法完全仿形时,应用角向或道岔打磨机配合进行仿形打磨,共同完成轨头仿形打磨。(4)在打磨尖轨、长心轨竖切部分非工作边时,尖轨、长心轨转换到可打磨位置后,打磨机在竖切部分终点倾斜45°角,精细调整砂轮进给量,进给量调好后由竖切终点向尖轨尖端方向推行打磨,竖切部分全长范围内为一个往返行程,往返打磨至符合技术要求。(5)短心轨非工作边,采用角向打磨机,对竖切部分全长范围内的肥边,往返打磨至符合技术要求。(6)钢轨内侧工作边应平顺,无明显凸凹。(7)鞍形磨耗打磨位置要正确,打磨后轨面要平顺,无凹陷。(8)钢轨母材轨顶面凹陷、接头马鞍形磨耗、钢轨接头内侧错牙用1 m直尺测量,符合《普速铁路线路修理规则》的规定。

94. 试述调整轨缝作业的技术标准。

答:(1)在夏季前或冬季前安排调整轨缝作业。(2)不得有3个连续瞎缝或大于构造轨缝18 mm,绝缘轨缝不得小于6 mm。轨缝应设置均匀。(3)在每节轨上,接头相差量不超过3 mm,并应左右、前后抵消,在两股钢轨上累计相差量不得大于15 mm。(4)扣板(弹片)扣件扭矩应保持在80~140 N·m,Ⅰ型、Ⅱ型弹条(小阻力)扣件的弹条中部前端下颚与轨距挡板离缝作业后不应大于1 mm。Ⅲ型弹条小圆弧内侧与预埋铁座端部应相距8~10 mm。(5)使用液压轨缝调整器调整轨缝时,25 m轨每次串动一根,12.5 m钢轨每次串动不超过两根,应预留轨缝。

95. 液压起拨道器保养应注意哪些事项?

答:(1)工作油液,应根据使用地区的气候条件和季节来确定,夏季选40号机油,冬季选20号机油较为适宜。(2)加入的机油应经过过滤,保持清洁,不得有污物、水分混入,一般可根据使用情况3~6个月更换一次,平时如发现储油过少,应随时补充。(3)油液太脏时,要清洗油箱及整个液压系统,清洗时应注意不要用棉纱擦拭油箱及液压件配合面。(4)维护和清洗时,一般不要动安全溢流阀,如安全溢流阀发生故障,检修后,则应调定压力在(58±1)MPa、(48±1)MPa、(38±1)MPa范围内,调定压力时,可利用油缸座后M12 mm×1.5 mm螺纹孔安装压力表进行检测。(5)起拨道器不得与其他机具互相碰撞或倒置,以免碰坏或泄油。

96. 试述线路、道岔上垫入或撤出冻害垫板的作业要求。

答：线路、道岔上垫入或撤出冻害垫板作业时，在正线、到发线上，顺坡长度应为：允许速度不大于 120 km/h 线路不应小于冻起高度的 600 倍，允许速度为 120（不含）～160 km/h 线路不应小于冻起高度的 1 200 倍，允许速度大于 160 km/h 线路不应小于冻起高度的 1 600 倍，在其他站线上，顺坡长度不应小于冻起高度的 400 倍。线路上冻起高度超过 20 mm 时，两端顺坡之间应有不短于 10 m 的过渡段，其坡度应与线路坡度一致。辙叉及转辙部分不得有变坡点。

97. 简述道口故障（事故）处理的要求。

答：道口发生故障时，必须按照"先防护、后处理"的原则办理；有遮断信号机立即让其显示红灯；有道口无线报警装置的应立即启用，向接近列车发出警报；如为轨道电路区段，可使用短路设备或短路铜线构成短路，使信号机显示红灯；有直通车站电话或列车无线调度电话，立即通知车站或司机，如区间有相互联控的道口，可让其代设置停车信号防护。如无上述设备或条件时，由铁路局集团公司规定具体防护办法。对违反道口通行规定、扰乱交通秩序、损坏设备等肇事行为及发生道口事故时，应立即通知铁路公安部门处理。发现未经同意擅自设置道口或者人行过道的，应及时报告铁路公安机关依法处理。

98. 简述整治钢轨错牙的作业步骤。

答：作业以两人配合为宜。（1）测量错牙接头及其前后的轨缝，以判断是否需进行轨缝调整。（2）检查钢轨接头错牙量。（3）锁定钢轨：拧紧前后两节钢轨的扣件，打紧防爬器。（4）卸下接头两根轨枕扣件。（5）卸下接头螺栓和夹板。（6）对螺栓、夹板和钢轨涂油。（7）根据接头错牙量的大小选择适当厚度的垫圈（垫片），垫于夹板与钢轨之间，或垫于低错轨端的夹板与钢轨之间。（8）安装夹板和接头螺栓，并拧紧接头螺栓。（9）若接头错牙仍未完全消除，则应拆开接头，调整垫圈（三角铁垫片）的厚度重新垫入。（10）检查轨距、水平。若轨距、水平误差超限，应进行改道和捣固。（11）安装接头两根轨枕的扣件，并拧紧。

99. 简述内燃钢轨钻孔机钻孔的作业步骤。

答：（1）检查钻孔机：机油、汽油、动力机温是否正常，各紧固件、钻头是否紧固。（2）将定位架调整到与钢轨类型相匹配。（3）发动机器，运转 30 s，观察机械运转是否正常，冷却水水路是否畅通。（4）用角尺、直钢尺在钢轨腹部中和轴上准确划出各螺孔位置（用定位架配合钻孔时应划出轨端位置）。线上夹板加固时，第一螺孔至轨端尺寸应加 4 mm。（5）钻孔机上架扶正、紧固。（6）发动钻孔机，接通冷却剂。（7）钻孔：钻孔时应严格控制进钻速度，待完全钻通后方可退出。关闭油门开关，怠速撤出，转移钻孔机钻另一螺孔，至最后一孔。（8）停机：将钻孔机撤出。（9）复查各螺孔位置。（10）倒棱：用倒棱器对所钻螺孔逐孔倒棱。

100. 试述双块式和轨枕埋入式无砟道床结构及主要技术要求。

答：（1）路基地段道床结构由双块式轨枕（或长枕）、道床板、支承层或底座等部分组成。道床板为纵向连续式或分块式钢筋混凝土结构,纵向连续式道床板在支承层上构筑,分块式道床板在钢筋混凝土底座上构筑。曲线超高在路基基床表层上设置。(2)桥梁地段道床结构由双块式轨枕(或长枕)、道床板、隔离层、底座及凹槽周围弹性垫层等部分组成。道床板、底座沿线路纵向分块构筑。道床板与底座间设置隔离层,底座设置限位凹槽,凹槽侧立面设弹性垫层。底座通过梁体预埋套筒植筋或预埋钢筋与桥梁连接。曲线超高在底座上设置。(3)隧道地段道床结构由双块式轨枕(或长枕)、道床板等部分组成,道床板为纵向连续式或分块式钢筋混凝土结构。道床板在隧道仰拱回填层(有仰拱隧道)或底板(无仰拱隧道)上构筑。曲线超高在道床板上设置。(4)双块式轨枕、长枕不得有裂缝,道床板混凝土不得有横向或竖向贯通裂缝。(5)底座不得有横向或竖向贯通裂缝。(6)路基地段支承层不得有竖向贯通裂缝,支承层与道床板、路基基床表层间应密贴。(7)排水通道应保持通畅,道床板表面不得积水。

S1　埋设及刷新线路标志作业

一、考场准备

坡度标 1 块,公里标 1 块。按规定设置防护。配合人员 1 人。

二、材料工具准备

序　号	名　　称	规　格	数　量	备　注
1	铁锹		1 把	
2	镐头		1 把	
3	钢丝刷		1 把	
4	扁油刷		1 把	
5	字模		2 套	坡度、公里标各 1 套
6	油漆		若干	颜色黑、白
7	石笔		若干	

三、考核要求

1. 被认定人入场后,首先由考评员告知题目和工作量,其次由被认定人检查准备工具,当被认定人告知考评员可以开始时,由考评员开始计时。考核时间为 60 min。

2. 工作量:埋设公里标及坡度标各 1 个。

3. 考核过程中被认定人出现未设防护上道、严重磕碰手脚以及其他不安全因素时终止考试,成绩为零。

4. 考核完毕后,由被认定人在评分表上签字确认。

5. 配合人员除在被认定人的指挥下抬运公里标、坡度标作业以外,不得从事其他作业。

四、考核评分

1. 考评人员 3 名以上。

2. 评分程序及规则:考评员根据被认定人操作情况对照计分标准在评分表上记录评分。

3. 算分方法:采用百分制,满分 100 分,60 分及以上为及格。

五、铁道行业职业技能认定铁路线路工初级工实作技能考核评分记录表

单位:_____ 姓名:_____ 性别:_____ 准考证号:_____ 工种:_____ 级别:_____

试题名称:埋设及刷新线路标志作业

考核时间:60 min

操作开始时间: 时 分　　　　　　　　　　操作结束时间: 时 分

项　　目	考核内容及评分标准	扣分因素及扣分	得　分
操作程序 (40分)	1. 工具、材料准备齐全,检查工具状态是否良好。必要工具缺一件扣2分		
	2. 散布标志。装、运、卸标志时,应轻装轻放,防止损坏。放置时,应将埋设端尽量放于埋设处,但不要影响作业		
	3. 挖坑及取出标志。应用铁锹将旧标志四周围土挖开(土质坚硬时,可先用镐刨松),土要暂时集中于基坑附近。当挖至露出标志底时,即可拔出旧标志,并将坑底清理至埋设深度		
	4. 设置标志。将标志放入挖好的坑内,按规定准确调好位置和高度,扶正后,向标志四周填土。填一定厚度时进行夯实,然后再填再夯,直至填夯至应有高度,最后将余土等杂物清扫干净		
	5. 刷新标志。用钢丝将表面的灰土擦拭干净;调好油漆,在标志面上薄薄地均匀涂刷一遍,稍干后再涂刷一遍。不能一次涂刷过厚,以免油漆起皮。待底漆完全干燥后,即可用特制模板印制标志牌上的文章、数字和图形		
	6. 作业结束,清点工具		
	程序不对扣10分,每漏一项扣5分		
作业质量 (40分)	1. 线路标志(单线按计算里程方向设在线路左侧,在双线区段各设于本线列车运行方向的左侧)埋设位置错误,每个扣10分。内侧距线路中心小于3.1 m,每个扣10分		
	2. 公里标露出地面500 mm,坡度标露出地面600 mm,其误差超过±10 mm,每个扣5分		
	3. 标志安反或损坏,每个扣10分		
	4. 标志外观不符合底漆、面漆要光滑无毛孔,四边要平直,四角必须垂直,不允许有毛边和圆角要求,每个扣10分		
	5. 标志上的字体、字体位置、字体大小、数字间距和上下边对齐不符合要求,每项扣5分		
工具使用 (10分)	1. 损坏工具,每件扣5分		
	2. 摆放工具不整齐,扣5分		
作业安全 (10分)	1. 未按规定穿戴、使用劳保用品,扣5分		
	2. 下道后未撤除防护,扣10分		
考核时间	作业在60 min内完成。每超时1 min扣5分,超过5 min停止考核。 用时　　min		
合计得分			

考评员签名:　　　　　　　　　被认定人:　　　　　　　　　年　月　日

S2　鉴定失效轨枕（混凝土枕）作业

一、考场准备

混凝土枕线路各 200 m。按规定设置防护。

二、材料工具准备

序　号	名　称	规　格	数　量	备　注
1	石笔		1支	
2	毛笔		1把	
3	塞尺		1把	
4	钢板尺	150 mm 及以上	1把	
5	油漆		1小桶	白色

三、考核要求

1. 被认定人入场后，首先由考评员告知题目和工作量，其次由被认定人检查准备工具，当被认定人告知考评员可以开始时，由考评员开始计时。考核时间为 30 min。

2. 工作量：鉴定混凝土枕线路 200 m。

3. 考核过程中被认定人出现未设防护上道、严重磕碰手脚以及其他不安全因素时终止考试，成绩为零。

4. 考核完毕后，由被认定人在评分表上签字确认。

四、考核评分

1. 考评人员 3 名以上。

2. 评分程序及规则：考评员根据被认定人操作情况对照计分标准在评分表上记录评分。

3. 算分方法：采用百分制，满分 100 分，60 分及以上为及格。

五、铁道行业职业技能认定铁路线路工初级工实作技能考核评分记录表

单位：_____ 姓名：_____ 性别：_____ 准考证号：_____ 工种：_____ 级别：_____

试题名称：鉴定失效轨枕(混凝土枕)作业

考核时间：30 min

操作开始时间： 时 分 操作结束时间： 时 分

项 目	考核内容及评分标准	扣分因素及扣分	得 分
操作程序 (40分)	1. 工具、材料准备齐全,检查工具状态是否良好。必要工具缺一件扣2分		
	2. 调查工作量		
	3. 根据轨枕状态,准确判断失效轨枕形式,并用油漆标记		
	4. 作业结束,清点工具		
	程序不对扣10分,每漏一项扣5分,每漏一根扣5分		
作业质量 (40分)	1. 失效轨枕判断错误、标记错误,每根扣10分		
	2. 浪费油漆每处扣5分		
工具使用 (10分)	1. 损坏工具,每件扣5分		
	2. 摆放工具不整齐,扣5分		
作业安全 (10分)	1. 未按规定穿戴、使用劳保用品,扣5分		
	2. 下道后未撤除防护,扣10分		
考核时间	作业在30 min内完成。每超时1 min扣5分,超过5 min停止考核。 用时 min		
合计得分			

考评员签名： 被认定人： 年 月 日

S3 整修路肩作业

一、考场准备

木枕或混凝土枕线路一段。按规定设置防护。

二、材料工具准备

序 号	名 称	规 格	数 量	备 注
1	铁锹		1把	
2	石砟叉		1把	

三、考核要求

1. 被认定人入场后,首先由考评员告知题目和工作量,其次由被认定人检查准备工具,当被认定人告知考评员可以开始时,由考评员开始计时。考核时间为40 min。

2. 工作量：整修路肩10 m(双侧)。

3. 考核过程中被认定人出现未设防护上道、严重磕碰手脚以及其他不安全因素时终止考试,成绩为零。

4. 考核完毕后,由被认定人在评分表上签字确认。

四、考核评分

1. 考评人员 3 名以上。

2. 评分程序及规则:考评员根据被认定人操作情况对照计分标准在评分表上记录评分。

3. 算分方法:采用百分制,满分 100 分,60 分及以上为及格。

五、铁道行业职业技能认定铁路线路工初级工实作技能考核评分记录表

单位:＿＿＿＿　姓名:＿＿＿＿　性别:＿＿＿＿　准考证号:＿＿＿＿　工种:＿＿＿＿　级别:＿＿＿＿

试题名称:整修路肩作业

考核时间:40 min

操作开始时间:　时　分　　　　　　　　　操作结束时间:　时　分

项　　目	考核内容及评分标准	扣分因素及扣分	得　分
操作程序 (40分)	1. 工具、材料准备齐全,检查工具状态是否良好。必要工具缺一件扣2分		
	2. 用叉子将散落在路肩上的道砟扔上道床		
	3. 用铁锹铲除路肩杂草,铲平土岗,防止水停滞在路基面上。铲下的草不要堆于坡顶,会妨碍排水		
	4. 用铁锹将路肩面上或裂缝中的浮土清理干净。路肩上如有裂缝,应先从上面用铁锹在可能达到的深度内进行清理,然后再用与其相同的土壤或不易透水的土壤填塞,并要仔细夯实。不宜使用砂或者使用任何其他易于透水的材料来填塞裂缝		
	5. 路肩不平时,应用与路基顶面相同的土壤填补,并进行夯实。禁止在黏性土壤的路肩上,用砂或旧砟填补坑洼		
	6. 用铁锹修平路肩,修正流水坡度		
	7. 清除铲下的杂草与浮土。不论是从路肩铲下的土,还是道床中清筛出的脏土,在路堤地段应弃于边坡下面,在路堑地段应运出路堑范围以外		
	8. 作业结束,清点工具		
	程序不对扣 5 分,每漏一项扣 5 分		
作业质量 (40分)	1. 整平后的路肩,未达到平整、坚实、无积水、无裂缝和杂草要求,每项扣 10 分		
	2. 路肩整平后未有向外不超过1:20的流水缓坡,扣 10 分		
	3. 道床坡脚不整齐,扣 10 分		
工具使用 (10分)	1. 损坏工具,每件扣 5 分		
	2. 摆放工具不整齐,扣 5 分		
作业安全 (10分)	1. 未按规定穿戴、使用劳保用品,扣 5 分		
	2. 下道后未撤除防护,扣 10 分		
考核时间	作业在 40 min 内完成。每超时 1 min 扣 5 分,超过 5 min 停止考核。 用时　　min		
合计得分			

考评员签名:　　　　　　　　被认定人:　　　　　　　　年　月　日

S4　整理道床作业

一、考场准备

木枕或混凝土枕单线线路一段。按规定设置防护。

二、材料工具准备

序　　号	名　　称	规　格	数　量	备　　注
1	扫帚		1 把	
2	石砟叉		1 把	
3	道镐		1 把	

三、考核要求

1. 被认定人入场后,首先由考评员告知题目和工作量,其次由被认定人检查准备工具,当被认定人告知考评员可以开始时,由考评员开始计时。考核时间为 20 min。

2. 工作量:整理道床 10 m。

3. 考核过程中被认定人出现未设防护上道、严重磕碰手脚以及其他不安全因素时终止考试,成绩为零。

4. 考核完毕后,由被认定人在评分表上签字确认。

四、考核评分

1. 考评人员 3 名以上。

2. 评分程序及规则:考评员根据被认定人操作情况对照计分标准在评分表上记录评分。

3. 算分方法:采用百分制,满分 100 分,60 分及以上为及格。

五、铁道行业职业技能认定铁路线路工初级工实作技能考核评分记录表

单位:＿＿＿＿　姓名:＿＿＿＿　性别:＿＿＿　准考证号:＿＿＿＿　工种:＿＿＿　级别:＿＿＿＿

试题名称:整理道床作业

考核时间:20 min

操作开始时间:　时　分　　　　　　　　　操作结束时间:　时　分

项　　目	考核内容及评分标准	扣分因素及扣分	得　分
操作程序 (40分)	1. 工具、材料准备齐全,检查工具状态是否良好。必要工具缺一件扣2分		
	2. 回填轨枕头外侧及道心道砟。混凝土枕线路的道心回填道砟时,要力求均匀饱满		
	3. 回填边坡道砟。回填道床边坡道砟时,应将散乱石砟整好,并保持道床前后均匀,边坡整齐,不要把泥土及杂草带入道床		

续上表

项　　目	考核内容及评分标准	扣分因素及扣分	得　分
操作程序 (40分)	4. 夯实道床。保持道砟稳定，并要仔细夯实，不宜使用砂或者使用任何其他易于透水的材料来填塞裂缝		
	5. 清除轨枕及钢轨上的砂土		
	6. 作业结束，清点工具		
	程序不对扣5分，每漏一项扣5分		
作业质量 (40分)	1. 整理后，不符合木枕线路道床顶面应低于枕木顶面20 mm，混凝土枕线路不符合轨底处道床顶面应低于轨枕顶面20～30 mm，Ⅰ型混凝土枕中部道床应掏空，其顶面低于枕底不得小于20 mm，长度为200～400 mm，并自凹槽端部向外做成1:1的坡度，Ⅱ型和Ⅲ型混凝土枕中部道床可不掏空，但应保持疏松的要求，每处扣10分		
	2. 无缝线路不符合砟肩堆高0.15 m的要求，每处扣10分		
	3. 整理后不符合"道床应饱满、均匀，回填后坡脚整齐，无杂草，做到'三平六道线'"的要求，扣10分		
	4. 钢轨、轨面上有石砟，每处扣5分		
工具使用 (10分)	1. 损坏工具，每件扣5分		
	2. 摆放工具不整齐，扣5分		
作业安全 (10分)	1. 未按规定穿戴、使用劳保用品，扣5分		
	2. 下道后未撤除防护，扣10分		
考核时间	作业在20 min内完成。每超时1 min扣5分，超过5 min停止考核。 用时　　min		
合计得分			

考评员签名：　　　　　　　被认定人：　　　　　　　年　月　日

S5　接头螺栓涂油作业

一、考场准备

普通线路一段（带有普通接头）。按规定设置防护。

二、材料工具准备

序　号	名　称	规　格	数　量	备　注
1	长效油脂		1桶	
2	接头螺栓	根据现场情况确定	若干	
3	垫圈	根据现场情况确定	若干	
4	接头螺帽	根据现场情况确定	若干	
5	活口扳手	450 mm	1把	
6	扭矩扳手		1把	
7	钢丝刷		1把	

序 号	名 称	规 格	数 量	备 注
8	油刷		1把	
9	油桶		1个	
10	锂电扳手		1把	

三、考核要求

1. 被认定人入场后,首先由考评员告知题目和工作量,其次由被认定人检查准备工具,当被认定人告知考评员可以开始时,由考评员开始计时。考核时间为 20 min。

2. 工作量:接头螺栓涂油 1 个。

3. 考核过程中被认定人出现未设防护上道、严重磕碰手脚以及其他不安全因素时终止考试,成绩为零。

4. 考核完毕后,由被认定人在评分表上签字确认。

四、考核评分

1. 考评人员 3 名以上。

2. 评分程序及规则:考评员根据被认定人操作情况对照计分标准在评分表上记录评分。

3. 算分方法:采用百分制,满分 100 分,60 分及以上为及格。

五、铁道行业职业技能认定铁路线路工初级工实作技能考核评分记录表

单位:_____ 姓名:_____ 性别:_____ 准考证号:_____ 工种:_____ 级别:_____

试题名称:接头螺栓涂油作业

考核时间:20 min

操作开始时间: 时 分　　　　　　　　操作结束时间: 时 分

项 目	考核内容及评分标准	扣分因素及扣分	得 分
操作程序 (40分)	1. 工具、材料准备齐全,检查工具状态是否良好。必要工具缺一件扣2分		
	2. 按松一、涂一、紧一的方法松卸接头螺栓		
	3. 除锈检查、更换失效接头螺栓及垫圈		
	4. 涂油		
	5. 上螺栓		
	6. 复紧螺栓		
	7. 回检		
	8. 作业结束,清点工具		
	程序不对扣 5 分,每漏一项扣 5 分		

续上表

项　目	考核内容及评分标准	扣分因素及扣分	得　分
作业质量 （40分）	1. 不符合"最高、最低轨温差小于或等于 85 ℃地区,普通线路接头螺栓扭矩 50 kg/m 钢轨及以下不小于 400 N·m,60 kg/m 钢轨及以上不小于 500 N·m;最高、最低轨温差大于 85 ℃地区,普通线路接头螺栓扭矩50 kg/m 钢轨及以下不小于 600 N·m,60 kg/m 钢轨及以上不小于 700 N·m;无缝线路接头螺栓扭矩达到 900～1 100 N·m"的要求,每项扣 5 分		
	2. 有浪费油时,每处扣 5 分		
工具使用 （10分）	1. 损坏工具,每件扣 5 分		
	2. 摆放工具不整齐,扣 5 分		
作业安全 （10分）	1. 未按规定穿戴、使用劳保用品,扣 5 分		
	2. 下道后未撤除防护,扣 10 分		
考核时间	作业在 20 min 内完成。每超时 1 min 扣 5 分,超过 5 min 停止考核。 用时　　min		
合计得分			

考评员签名:　　　　　　　　　被认定人:　　　　　　　年　月　日

S6　更换混凝土枕胶垫作业

一、考场准备

混凝土枕线路一段(不少于 25 m)。按规定设置防护。

二、材料工具准备

序　号	名　称	规　格	数　量	备　注
1	长效油脂		1桶	
2	胶垫	根据现场情况确定	若干	
3	联结零件	根据现场情况确定	若干	
4	丁字扳手或锂电扳手		1把	
5	活口扳手	450 mm	1把	
6	石砟叉、镐耙		各1把	
7	起拨道器		1台	
8	轨距尺		1把	
9	扁铲		1把	
10	石笔		1支	

三、考核要求

1. 被认定人入场后,首先由考评员告知题目和工作量,其次由被认定人检查准备工具,当被认定人告知考评员可以开始时,由考评员开始计时。考核时间为 40 min。

2. 工作量:连续更换对股 10 根轨枕胶垫。

3. 考核过程中被认定人出现未设防护上道、严重磕碰手脚以及其他不安全因素时终止考试,成绩为零。

4. 考核完毕后,由被认定人在评分表上签字确认。

四、考核评分

1. 考评人员 3 名以上。

2. 评分程序及规则:考评员根据被认定人操作情况对照计分标准在评分表上记录评分。

3. 算分方法:采用百分制,满分 100 分,60 分及以上为及格。

五、铁道行业职业技能认定铁路线路工初级工实作技能考核评分记录表

单位:_____ 姓名:_____ 性别:_____ 准考证号:_____ 工种:_____ 级别:_____

试题名称:更换混凝土枕胶垫作业

考核时间:40 min

操作开始时间: 时 分   操作结束时间: 时 分

项 目	考核内容及评分标准	扣分因素及扣分	得 分
操作程序 (40分)	1. 工具、材料准备齐全,检查工具状态是否良好。必要工具缺一件扣 2 分		
	2. 校对轨距尺,水平误差不超过 1 mm		
	3. 调查工作量。在橡胶垫板压溃或变形(两侧压宽合计:厚度为 7 mm 的橡胶垫板超过 15 mm,厚度为 10 mm 的橡胶垫板超过 20 mm)的失效胶垫处画上更换标记		
	4. 扒砟。扒砟深度以能放入起拨道器为宜		
	5. 松扣件。除满足作业轨温条件外,60 kg/m 及以上钢轨不得超过 7 根枕,50 kg/m 及以下钢轨不得超过 5 根枕。把需更换胶垫的里外侧两套扣件螺帽松起一定高度,使起拨道器抬起钢轨时新旧胶垫可自由抽出和串入		
	6. 抬起钢轨。起道高度以能抽串胶垫为宜,起道时,注意放平起拨道器,位置适宜		
	7. 抽换胶垫。抽旧胶垫时,大胶垫与承轨台、轨底脱离可直接抽出,如大胶垫与承轨台、轨底粘住,必须用小铁铲铲离。有调高垫板时一起抽出。垫入新胶垫时,应垫入同类型新的大胶垫,如有调高垫板抽出,要连同调高垫板一起垫好。发现新、旧胶垫厚度有明显差异时,应先测量水平,垫入新胶垫后,调高垫板可适当调整		
	8. 松起拨道器		
	9. 紧扣件。测量轨距,整理扣件,拧紧轨枕螺栓。当轨距小时,应先紧里口螺栓,反之则先紧外口螺栓		
	10. 质量回检,整理道床		
	11. 作业结束,清点工具		
	程序不对扣 5 分,每漏一项扣 5 分		

续上表

项　　目	考核内容及评分标准	扣分因素及扣分	得　分
作业质量 （40分）	1. 不符合"胶垫、垫板位置正确，无窜动，大小胶垫歪斜不超过2 mm"的要求，每块扣10分		
	2. 轨道几何尺寸不符合作业验收标准，每处扣10分		
	3. 不符合"扣板（弹片）扣件扭矩应保持在80～140 N·m，Ⅰ型、Ⅱ型弹条（小阻力）扣件的弹条中部前端下颚与轨距挡板离缝作业后不应大于1 mm，Ⅲ型弹条小圆弧内侧与预埋铁座端部应相距8～10 mm"的要求，每套扣5分		
工具使用 （10分）	1. 损坏工具，每件扣5分		
	2. 摆放工具不整齐，扣5分		
作业安全 （10分）	1. 未按规定穿戴、使用劳保用品，扣5分		
	2. 下道后未撤除防护，扣10分		
考核时间	作业在40 min内完成。每超时1 min扣5分，超过5 min停止考核。 用时　　min		
合计得分			

考评员签名：　　　　　　　　被认定人：　　　　　　　　年　月　日

S7　垫撤调高垫板作业

一、考场准备

混凝土枕线路一段（不少于25 m）。按规定设置防护。

二、材料工具准备

序　号	名　称	规　格	数　量	备　注
1	长效油脂		1桶	
2	胶垫	根据现场情况确定	若干	
3	调高垫板	根据现场情况确定	若干	
4	联结零件	根据现场情况确定	若干	
5	丁字扳手或锂电扳手		1把	
6	活口扳手	450 mm	1把	
7	石砟叉、镐把		各1把	
8	起拨道器		1台	
9	轨距尺		1把	
10	扁铲		1把	
11	石笔		1支	

三、考核要求

1. 被认定人入场后,首先由考评员告知题目和工作量,其次由被认定人检查准备工具,当被认定人告知考评员可以开始时,由考评员开始计时。考核时间为 40 min。

2. 工作量:垫撤调高垫板不超过 6 根轨枕(单股)。

3. 考核过程中被认定人出现未设防护上道、严重磕碰手脚以及其他不安全因素时终止考试,成绩为零。

4. 考核完毕后,由被认定人在评分表上签字确认。

四、考核评分

1. 考评人员 3 名以上。

2. 评分程序及规则:考评员根据被认定人操作情况对照计分标准在评分表上记录评分。

3. 算分方法:采用百分制,满分 100 分,60 分及以上为及格。

五、铁道行业职业技能认定铁路线路工初级工实作技能考核评分记录表

单位:_____ 姓名:_____ 性别:_____ 准考证号:_____ 工种:_____ 级别:_____

试题名称:垫撤调高垫板作业

考核时间:40 min

操作开始时间: 时 分   操作结束时间: 时 分

项　目	考核内容及评分标准	扣分因素及扣分	得　分
操作程序 (40分)	1. 工具、材料准备齐全,检查工具状态是否良好。必要工具缺一件扣 2 分		
	2. 校对轨距尺,水平误差不超过 1 mm		
	3. 调查工作量		
	4. 扒砟。扒砟深度以能放入起拨道器为宜		
	5. 分发垫板。根据调查的调整量分发不同厚度的调高垫板		
	6. 松扣件。除满足作业轨温条件外,60 kg/m 及以上钢轨不得超过 7 根轨枕,60 kg/m 及以下钢轨不得超过 5 根轨枕		
	7. 起道。起道高度以能放入垫板为宜,起道时,注意放平起拨道器,位置适宜		
	8. 垫垫板。插垫板时用小铲铲松胶垫,更换损坏胶垫,将垫板垫在轨底与大胶垫之间,数量不超过 2 块,厚度不超过 10 mm		
	9. 松起拨道器		
	10. 拧紧扣件。测量轨距,整理扣件(失效扣件应更换),拧紧轨枕螺栓,当轨距小时,应先紧里口螺栓,反之则先紧外口螺栓		
	11. 质量回检,整理道床		
	12. 作业结束,清点工具		
	程序不对扣 5 分,每漏一项扣 5 分		

项　目	考核内容及评分标准	扣分因素及扣分	得　分
作业质量 （40分）	1. 不符合"胶垫、垫板位置正确，无窜动，大小胶垫歪斜不超过 2 mm，调高垫板应垫在轨底与橡胶垫板之间，每处调高垫板不得超过 2 块，总厚度不得超过 10 mm，使用调高扣件的混凝土枕、混凝土宽枕和整体道床，每处调高垫板不得超过 3 块，总厚度不得超过 25 mm（大调高量扣件除外）"的要求，每处扣 10 分		
	2. 轨道几何尺寸不符合作业验收标准，每处扣 10 分		
	3. 不符合"扣板（弹片）扣件扭矩应保持在 80～140 N·m，Ⅰ型、Ⅱ型弹条（小阻力）扣件的弹条中部前端下颚与轨距挡板离缝作业后不应大于 1 mm，Ⅲ型弹条小圆弧内侧与预埋铁座端部应相距 8～10 mm"的要求，每套扣 5 分		
工具使用 （10分）	1. 损坏工具，每件扣 5 分		
	2. 摆放工具不整齐，扣 5 分		
作业安全 （10分）	1. 未按规定穿戴、使用劳保用品，扣 5 分		
	2. 下道后未撤除防护，扣 10 分		
考核时间	作业在 40 min 内完成。每超时 1 min 扣 5 分，超过 5 min 停止考核。 用时　　min		
合计得分			

考评员签名：　　　　　　　　　被认定人：　　　　　　　　　年　　月　　日

S8　更换混凝土枕普通夹板作业

一、考场准备

普通线路接头 2 个。按规定设置防护。配合人员 1 人。

二、材料工具准备

序　号	名　　称	规　格	数　量	备　　注
1	长效油脂		1 桶	
2	接头螺栓、夹板	根据现场情况确定	若干	
3	垫圈或垫片	根据现场情况确定	若干	
4	接头螺帽	根据现场情况确定	若干	
5	接头扣件	根据现场情况确定	1 把	
6	活口扳手	450 mm	1 把	
7	扭矩扳手		1 把	
8	钢丝刷		1 把	
9	棉纱		适量	
10	小油桶		1 个	
11	扁油刷		1 把	
12	丁字扳手或锂电扳手		1 把	
13	塞尺		1 把	

三、考核要求

1. 被认定人入场后,首先由考评员告知题目和工作量,其次由被认定人检查准备工具,当被认定人告知考评员可以开始时,由考评员开始计时。考核时间为 30 min。

2. 工作量:更换混凝土枕普通线路接头夹板 2 块。

3. 考核过程中被认定人出现未设防护上道、严重磕碰手脚以及其他不安全因素时终止考试,成绩为零。

4. 考核完毕后,由被认定人在评分表上签字确认。

5. 配合人员除在被认定人的指挥下协助扶正夹板作业以外,不得从事其他作业。

四、考核评分

1. 考评人员 3 名以上。

2. 评分程序及规则:考评员根据被认定人操作情况对照计分标准在评分表上记录评分。

3. 算分方法:采用百分制,满分 100 分,60 分及以上为及格。

五、铁道行业职业技能认定铁路线路工初级工实作技能考核评分记录表

单位:_____　姓名:_____　性别:_____　准考证号:_____　工种:_____　级别:_____

试题名称:更换混凝土枕普通夹板作业

考核时间:30 min

操作开始时间:　时　分　　　　　　　操作结束时间:　时　分

项　　目	考核内容及评分标准	扣分因素及扣分	得分
操作程序 (40分)	1. 工具、材料准备齐全,检查工具状态是否良好。必要工具缺一件扣2分		
	2. 卸扣件。卸掉接头两侧轨枕扣件		
	3. 卸接头螺栓。卸螺栓顺序为 1、3、5、2、4、6		
	4. 卸夹板。用扳手尖端或撬棍撬出夹板		
	5. 除锈检查。清除螺栓和夹板上的积锈污垢,检查夹板、钢轨有无伤损、裂纹,螺栓有无失效		
	6. 涂油。对螺栓螺纹部分全面涂油,在夹板和钢轨两者接触面上均匀涂油		
	7. 上夹板及接头螺栓。扣入新夹板,用螺栓先将夹板孔穿顺,再穿入全部螺栓。直线地段上紧固顺序 1、6、3、4、2、5,曲线地段上紧固顺序 1、6、5、2、3、4		
	8. 上扣件		
	9. 质量回检		
	10. 作业结束,清点工具		
	程序不对扣 5 分,每漏一项扣 5 分		

项 目	考核内容及评分标准	扣分因素及扣分	得 分
作业质量 (40分)	1. 轨面及内侧错牙不符合"正线、到发线不大于 1 mm,其他站线不大于 2 mm"的要求,每处扣 5 分。当错牙大于 3 mm 时每处扣 20 分		
	2. 不符合"最高、最低轨温差小于或等于 85 ℃地区,普通线路接头螺栓扭矩 50 kg/m 钢轨及以下不小于 400 N·m,60 kg/m 钢轨及以上不小于 500 N·m,最高、最低轨温差大于 85 ℃地区,普通线路接头螺栓扭矩 50 kg/m 钢轨及以下不小于 600 N·m,60 kg/m 钢轨及以上不小于 700 N·m,无缝线路接头螺栓扭矩达到 900~1 100 N·m"的要求,每项扣 5 分		
	3. 不符合"扣板(弹片)扣件扭矩应保持在 80~140 N·m,Ⅰ型、Ⅱ型弹条(小阻力)扣件的弹条中部前端下颚与轨距挡板离缝作业后不应大于 1 mm,Ⅲ型弹条小圆弧内侧与预埋铁座端部应相距 8~10 mm"的要求,每套扣 5 分		
工具使用 (10分)	1. 损坏工具,每件扣 5 分		
	2. 摆放工具不整齐,扣 5 分		
作业安全 (10分)	1. 未按规定穿戴、使用劳保用品,扣 5 分		
	2. 下道后未撤除防护,扣 10 分		
考核时间	作业在 30 min 内完成。每超时 1 min 扣 5 分,超过 5 min 停止考核。 用时 min		
合计得分			

考评员签名: 被认定人: 年 月 日

S9 更换安装轨距杆作业

一、考场准备

有轨距杆的线路一段。按规定设置防护。

二、材料工具准备

序 号	名 称	规 格	数 量	备 注
1	长效油脂		1桶	
2	轨距杆	根据现场情况确定	若干	
3	活口扳手	450 mm	若干	
4	扭矩扳手		1把	
5	钢丝刷		1把	
6	小油桶		1个	
7	扁油刷		1把	
8	轨距尺		1把	
9	石砟叉		1把	
10	镐耙		1把	

三、考核要求

1. 被认定人入场后,首先由考评员告知题目和工作量,其次由被认定人检查准备工具,当被认定人告知考评员可以开始时,由考评员开始计时。考核时间为 30 min。

2. 工作量:更换安装轨距杆 2 根。

3. 考核过程中被认定人出现未设防护上道、严重磕碰手脚以及其他不安全因素时终止考试,成绩为零。

4. 考核完毕后,由被认定人在评分表上签字确认。

四、考核评分

1. 考评人员 3 名以上。

2. 评分程序及规则:考评员根据被认定人操作情况对照计分标准在评分表上记录评分。

3. 算分方法:采用百分制,满分 100 分,60 分及以上为及格。

五、铁道行业职业技能认定铁路线路工初级工实作技能考核评分记录表

单位:_____ 姓名:_____ 性别:_____ 准考证号:_____ 工种:_____ 级别:_____
试题名称:更换安装轨距杆作业
考核时间:30 min
操作开始时间: 时 分 操作结束时间: 时 分

项 目	考核内容及评分标准	扣分因素及扣分	得 分
操作程序 (40分)	1. 工具、材料准备齐全,检查工具状态是否良好。必要工具缺一件扣2分		
	2. 调查工作量。在轨距杆折断或丝扣损坏、螺帽、垫圈、铁卡损坏或作用不良处画上更换标记		
	3. 散布材料。根据工作量调查散发材料到安装位置,轨道电路区段应使用绝缘轨距杆,安装绝缘轨距杆时,上道前需由电务部门检测并进行标记,检测合格后方可上道安装		
	4. 扒砟。扒开需更换轨距杆处的石砟,扒砟深度及长度以能顺利抽出和安入轨距杆为准		
	5. 抽换轨距杆。抽换轨距杆可从一端抽出,亦可从道心抽出,具体以现场实际情况为准。安装时应对两端螺纹段全部涂油,先上紧一端,再上另一端。经检查轨距符合规定后,用加长扳手复紧螺帽。轨距杆装好后应尽量保证两端留出的螺纹丝扣长度大致相等		
	6. 质量回检,整理道床		
	7. 作业结束,清点工具		
	程序不对扣5分,每漏一项扣5分		
作业质量 (40分)	1. 不符合轨距杆螺帽、垫圈、铁卡齐全有效或作用良好的要求,扣10分		
	2. 不符合"轨距杆应紧靠轨枕一侧,卡头紧贴轨底,螺栓紧固"的要求,每项扣10分		
	3. 轨距不符合规定要求,每处扣10分		
	4. 浪费油料,每处扣5分		

项　目	考核内容及评分标准	扣分因素及扣分	得　分
工具使用 （10分）	1. 损坏工具，每件扣5分		
	2. 摆放工具不整齐，扣5分		
作业安全 （10分）	1. 未按规定穿戴、使用劳保用品，扣5分		
	2. 下道后未撤除防护，扣10分		
考核时间	作业在30 min内完成。每超时1 min扣5分，超过5 min停止考核。 用时　　min		
合计得分			

考评员签名：　　　　　　　　被认定人：　　　　　　　　　年　月　日

S10　直线线路手工检查作业

一、考场准备

直线线路200 m。按规定设置防护。配合人员2人。

二、材料工具准备

序　号	名　称	规　格	数　量	备　注
1	轨距尺		1把	
2	盒尺	5 m	1把	
3	检查锤		1把	
4	弦线		1根	
5	钢板尺	150 mm及以上	1把	
6	塞尺		1把	
7	石笔		1支	
8	线路检查记录本或答题卡		1本(张)	

三、考核要求

1. 被认定人入场后，首先由考评员告知题目和工作量，其次由被认定人检查准备工具，当被认定人告知考评员可以开始时，由考评员开始计时。考核时间为25 min。

2. 工作量：手工检查直线线路100 m。

3. 考核过程中被认定人出现未设防护上道、严重磕碰手脚以及其他不安全因素时终止考试，成绩为零。

4. 考核完毕后，由被认定人在评分表上签字确认。

5. 配合人员除在被认定人的指挥下配合拉弦线作业以外，不得从事其他作业。

四、考核评分

1. 考评人员 3 名以上。

2. 评分程序及规则:考评员根据被认定人操作情况对照计分标准在评分表上记录评分。

3. 算分方法:采用百分制,满分 100 分,60 分及以上为及格。

五、铁道行业职业技能认定铁路线路工初级工实作技能考核评分记录表

单位:_____ 姓名:_____ 性别:_____ 准考证号:_____ 工种:_____ 级别:_____

试题名称:直线线路手工检查作业

考核时间:25 min

操作开始时间: 时 分　　　　　　　　　　　　　操作结束时间: 时 分

项　　目	考核内容及评分标准	扣分因素及扣分	得　分
操作程序 (40分)	1. 工具、材料准备齐全,检查工具状态是否良好。必要工具缺一件扣2分		
	2. 校核轨距尺,水平误差不超过 1 mm		
	3. 确定基准股,顺里程方向,一般直线地段以左股为基准股		
	4. 检查高低、轨向(100 m 范围内,测量弦线可延伸到 100 m 范围外)。在待检查线路前后 20~30 m 处目测高低、轨向,并使用弦线测量找出高低、轨向最大值一处,记录对应的枕号和峰值		
	5. 检查轨距、水平。按"先轨距、后水平"的顺序在规定的检查点上测量,将实测轨距和水平的数值写在记录本或答题卡上		
	6. 在检查过程中,随时注意检查轨枕、接头、钢轨伤损、联结零件、空吊板、线路外观等		
	7. 作业结束,清点工具		
	程序不对扣5分,最大高低、轨向每漏一项扣10分,轨距、水平每缺少一个数据扣3分,其他每漏一项扣5分		
作业质量 (40分)	1. 线名、行别、轨号、检查日期、检查人员姓名等要素记录齐全,每漏一项扣3分		
	2. 最大高低、轨向位置错误(误差3根及以上或未标明位置),每项扣10分。位置5分(误差1根枕范围内不扣分,2根枕扣3分),数值5分(误差±1 mm 范围内不扣分,2 mm 扣3分,大于2 mm 不得分)		
	3. 轨距、水平测量数值不正确(误差±1 mm 范围内不扣分),每处扣3分		
	4. 检查水平时符号写反(不含误差范围内正负),每处扣10分		
	5. 记录填写不清、有涂改,每处扣3分		
工具使用 (10分)	1. 损坏工具,每件扣5分		
	2. 摆放工具不整齐,扣5分		
作业安全 (10分)	1. 未按规定穿戴、使用劳保用品,扣5分		
	2. 下道后未撤除防护,扣10分		
考核时间	作业在 25 min 内完成。每超时 1 min 扣 5 分,超过 5 min 停止考核。 用时　　min		
合计得分			

考评员签名:　　　　　　　　　　被认定人:　　　　　　　　　　年　　月　　日

S11 混凝土枕扣件螺栓涂油作业

一、考场准备

混凝土枕线路一段。按规定设置防护。

二、材料工具准备

序　号	名　称	规　格	数　量	备　注
1	长效油脂		1桶	
2	轨距挡板	根据现场情况确定	若干	
3	弹条	根据现场情况确定	若干	
4	扣件螺帽	根据现场情况确定	若干	
5	丁字扳手或锂电扳手		1把	
6	扭矩扳手		1把	
7	轨距尺		1把	
8	钢丝刷		1把	
9	油刷		1把	
10	油桶		1个	
11	套筒扳手	$\phi24\ mm$	1把	

三、考核要求

1. 被认定人入场后，首先由考评员告知题目和工作量，其次由被认定人检查准备工具，当被认定人告知考评员可以开始时，由考评员开始计时。考核时间为 30 min。

2. 工作量：涂油 6 根混凝土枕(对股)。

3. 考核过程中被认定人出现未设防护上道、严重磕碰手脚以及其他不安全因素时终止考试，成绩为零。

4. 考核完毕后，由被认定人在评分表上签字确认。

四、考核评分

1. 考评人员 3 名以上。

2. 评分程序及规则：考评员根据被认定人操作情况对照计分标准在评分表上记录评分。

3. 算分方法：采用百分制，满分 100 分，60 分及以上为及格。

五、铁道行业职业技能认定铁路线路工初级工实作技能考核评分记录表

单位:_____ 姓名:_____ 性别:_____ 准考证号:_____ 工种:_____ 级别:_____

试题名称:混凝土枕扣件螺栓涂油作业

考核时间:30 min

操作开始时间: 时 分　　　　　　　　操作结束时间: 时 分

项　目	考核内容及评分标准	扣分因素及扣分	得　分
操作程序 (40分)	1. 工具、材料准备齐全,检查工具状态是否良好。必要工具缺一件扣2分		
	2. 松、卸扣件。按"隔二卸一"的方法进行		
	3. 修理损坏丝杆、更换失效扣件		
	4. 清扫除锈		
	5. 螺栓涂油		
	6. 安装扣件		
	7. 检查轨距,紧扣件		
	8. 作业结束,清点工具		
	程序不对扣5分,每漏一项扣5分		
作业质量 (40分)	1. 扣件应保持齐全、位置正确、作用良好,不符合要求每套5分		
	2. 油润不良,每套扣5分		
	3. 不符合扣板(弹片)扣件扭矩应保持在80～140 N·m,Ⅰ型、Ⅱ型弹条(小阻力)扣件的弹条中部前端下颚与轨距挡板离缝作业后不应大于1 mm,Ⅲ型弹条小圆弧内侧与预埋铁座端部应相距8～10 mm的要求,每套扣5分		
	4. 浪费油料,每处扣5分		
工具使用 (10分)	1. 损坏工具,每件扣5分		
	2. 摆放工具不整齐,扣5分		
作业安全 (10分)	1. 未按规定穿戴、使用劳保用品,扣5分		
	2. 下道后未撤除防护,扣10分		
考核时间	作业在30 min内完成。每超时1 min扣5分,超过5 min停止考核。 用时　　min		
合计得分			

考评员签名:　　　　　　　　被认定人:　　　　　　　　年　月　日

S12　使用作业标防护作业

一、考场准备

单线或双线区间线路一段(1 000 m以上)。按规定设置防护。

二、材料工具准备

序 号	名 称	规 格	数 量	备 注
1	信号旗		2面	1红、1黄
2	信号灯	三色	1盏	夜间、不良天气使用
3	喇叭		1个	
4	对讲机		1台	与机车同频率
5	短路铜线	2 m	2条	自动闭塞区间
6	作业标		2(4)个	单线2个、双线4个

三、考核要求

1. 被认定人入场后,首先由考评员告知题目和工作量,其次由被认定人检查准备工具,当被认定人告知考评员可以开始时,由考评员开始计时。考核时间为 30 min。

2. 工作量:在单线或双线线路(1 000 m 以上)设置作业标防护。

3. 考核过程中被认定人出现未设防护上道、严重磕碰手脚以及其他不安全因素时终止考试,成绩为零。

4. 考核完毕后,由被认定人在评分表上签字确认。

四、考核评分

1. 考评人员 3 名以上。

2. 评分程序及规则:考评员根据被认定人操作情况对照计分标准在评分表上记录评分。

3. 算分方法:采用百分制,满分 100 分,60 分及以上为及格。

五、铁道行业职业技能认定铁路线路工初级工实作技能考核评分记录表

单位:_____ 姓名:_____ 性别:_____ 准考证号:_____ 工种:_____ 级别:_____

试题名称:使用作业标防护作业

考核时间:30 min

操作开始时间: 时 分 操作结束时间: 时 分

项 目	考核内容及评分标准	扣分因素及扣分	得 分
操作程序 (40分)	1. 工具、材料准备齐全,检查工具状态是否良好。必要工具缺一件扣2分		
	2. 在距施工地点两端各 500～1 000 m 处路肩上设置作业标,双线在线路外侧,单线在列车运行方向左侧		
	3. 防护员站立在瞭望条件好,并且使作业人员能听到的位置防护。双线同时作业,在作业地段两端 500～1 000 m 防护,单线作业在靠近列车到来方向一端防护		
	4. 瞭望条件不良时增设联络员		
	5. 防护员加强瞭望		
	6. 作业影响设备使用时,需事先在"行车设备检查登记簿"上登记		
	7. 作业结束,清点工具		
	程序不对扣 10 分,每漏一项扣 10 分		

项　　目	考核内容及评分标准	扣分因素及扣分	得　分
作业质量 （40分）	1. 未持证上岗防护，扣20分		
	2. 站立位置不符合"便于瞭望列车，并能与现场通视"的要求，扣5分		
	3. 擅离岗位或做与防护工作无关之事，扣20分		
	4. 设置位置错误，扣10分。设置不牢，扣5分		
工具使用 （10分）	1. 损坏工具，每件扣5分		
	2. 摆放工具不整齐，扣5分		
作业安全 （10分）	1. 未按规定穿戴、使用劳保用品，扣5分		
	2. 下道后未撤除防护，扣10分		
考核时间	作业在30 min内完成。每超时1 min扣5分，超过5 min停止考核。 用时　　min		
合计得分			

考评员签名：　　　　　　　　被认定人：　　　　　　　　年　月　日

S13　混凝土枕线路改道作业

一、考场准备

混凝土枕线路25 m。按规定设置防护。

二、材料工具准备

序　号	名　　称	规　格	数　量	备　注
1	长效油脂		1桶	
2	扣板或轨距挡板	根据现场情况确定	若干	
3	轨距调整块（三角铁片）	根据现场情况确定	若干	
4	垫片、螺帽	根据现场情况确定	若干	
5	轨距尺		1把	
6	丁字扳手或锂电扳手		1把	
7	扭矩扳手		1把	
8	改道器或起拨道器		1台	
9	活口扳手	450 mm	1把	
10	套筒扳手	ϕ24 mm	1个	
11	石砟叉		1把	
12	石笔		1支	

三、考核要求

1. 被认定人入场后，首先由考评员告知题目和工作量，其次由被认定人检查准备工具，当被认定人告知考评员可以开始时,由考评员开始计时。考核时间为 20 min。

2. 工作量:改道不超过 6 根轨枕(单股)。

3. 考核过程中被认定人出现未设防护上道、严重磕碰手脚以及其他不安全因素时终止考试,成绩为零。

4. 考核完毕后,由被认定人在评分表上签字确认。

四、考核评分

1. 考评人员 3 名以上。

2. 评分程序及规则:考评员根据被认定人操作情况对照计分标准在评分表上记录评分。

3. 算分方法:采用百分制,满分 100 分,60 分及以上为及格。

五、铁道行业职业技能认定铁路线路工初级工实作技能考核评分记录表

单位:_____ 姓名:_____ 性别:_____ 准考证号:_____ 工种:_____ 级别:_____

试题名称:混凝土枕线路改道作业

考核时间:20 min

操作开始时间: 时 分　　　　　　操作结束时间: 时 分

项　　目	考核内容及评分标准	扣分因素及扣分	得　分
操作程序 (40分)	1. 工具、材料准备齐全,检查工具状态是否良好。必要工具缺一件扣2分		
	2. 确定标准股与画撬。直线以方向好的一股为标准股,改正对面股,曲线以外股为标准股,改正里股		
	3. 卸扣件,整修螺杆。如遇扣件螺杆歪斜、丝扣滑牙失效,要进行整修		
	4. 改正轨距。使用改道器或起拨道器将轨距调整到理想位置并锁定		
	5. 调整零配件。用调整挡板(或扣板)、挡板座号码等方法调好钢轨位置		
	6. 装扣件。螺栓涂油,按顺序装上扣件,使各部分的零配件相互靠贴		
	7. 紧扣件。如轨距由大改小,可先拧外侧轨枕螺栓,再拧内侧轨枕螺栓;由小改大,则先拧内侧轨枕螺栓,再拧外侧轨枕螺栓		
	8. 质量回检。先检查轨距和扣板弹条状态是否符合标准,再用长扳手复紧螺栓,使扭矩达到标准		
	9. 整理道床		
	10. 作业结束,清点工具		
	程序不对扣10分,每漏一项扣5分		
作业质量 (40分)	1. 轨距、轨向不符合标准,每根扣5分		
	2. 零部件位置不符合要求,每处扣5分		
	3. 扣件扭矩、间隙不符合要求,每套扣5分		
工具使用 (10分)	1. 损坏工具,每件扣5分		
	2. 摆放工具不整齐,扣5分		

项　目	考核内容及评分标准	扣分因素及扣分	得　分
作业安全 （10分）	1. 未按规定穿戴、使用劳保用品，扣5分		
	2. 下道后未撤除防护，扣10分		
考核时间	作业在20 min内完成。每超时1 min扣5分，超过5 min停止考核。 用时　　min		
合计得分			

考评员签名：　　　　　　　被认定人：　　　　　　　　年　月　日

S14　方正轨枕作业

一、考场准备

待方正轨枕的无缝线路一段。按规定设置防护。

二、材料工具准备

序　号	名　称	规　格	数　量	备　注
1	方枕器		1台	
2	丁字扳手或锂电扳手		1把	
3	活口扳手	450 mm	1把	
4	石砟叉		1把	
5	手持式捣固镐		1台	
6	镐耙		1把	
7	撬棍		1根	
8	盒尺	2 m	1把	
9	轨距尺		1把	
10	方尺		1把	
11	轨温计		1个	

三、考核要求

1. 被认定人入场后，首先由考评员告知题目和工作量，其次由被认定人检查准备工具，当被认定人告知考评员可以开始时，由考评员开始计时。考核时间为40 min。

2. 工作量：方正轨枕2根。

3. 考核过程中被认定人出现未设防护上道、严重磕碰手脚以及其他不安全因素时终止考试，成绩为零。

4. 考核完毕后，由被认定人在评分表上签字确认。

四、考核评分

1. 考评人员3名以上。

2. 评分程序及规则：考评员根据被认定人操作情况对照计分标准在评分表上记录评分。

3. 算分方法:采用百分制,满分 100 分,60 分及以上为及格。

五、铁道行业职业技能认定铁路线路工初级工实作技能考核评分记录表

单位:_____ 姓名:_____ 性别:_____ 准考证号:_____ 工种:_____ 级别:_____

试题名称:方正轨枕作业

考核时间:40 min

操作开始时间: 时 分 操作结束时间: 时 分

项 目	考核内容及评分标准	扣分因素及扣分	得 分
操作程序 (40分)	1. 工具、材料准备齐全,检查工具状态是否良好。必要工具缺一件扣 2 分		
	2. 校核量具		
	3. 测量轨温,确认是否符合作业轨温条件		
	4. 调查画撬。检查轨枕间距,将间距不符合要求、歪斜或间距有特殊要求的轨枕,在轨枕上画出方动标记		
	5. 扒开道床。扒开轨枕方动方向一侧的道砟至枕底,用镐尖刨松枕底边缘		
	6. 松动扣件。松开阻碍轨枕移动的扣件或道钉,有轨道加强设备阻碍作业时应将其拆下		
	7. 方正轨枕。将方枕器安置在轨枕移动方向相反一侧的钢轨外侧枕盒内,摇动方枕器拨杆,将轨枕方正到正确位置。一次不能方正到位可采取方枕器后加垫板办法进行再次方正。难以方动时应再次清理方动方向一侧的枕底道砟,不得用锤击打轨枕,并应适量串实枕底道砟		
	8. 拧紧扣件。轨枕方正到位后,拧紧扣件螺栓,对卸下扣件地段,要检查轨距后,再上好扣件;恢复拆除的轨道加强设备		
	9. 复查回检,整理道床		
	10. 作业结束,清点工具		
	程序不对扣 10 分,每漏一项扣 5 分		
作业质量 (40分)	1. 不符合"正线、到发线轨枕位置、间距偏差或偏斜不大于 50 mm,其他站线轨枕位置、间距偏差或偏斜不大于 60 mm,正线及到发线道岔岔枕位置或间距偏差不大于 40 mm(钢轨为 20 mm),其他站线道岔岔枕位置或间距偏差不大于 50 mm"的要求,每根扣 5 分		
	2. 允许速度不大于 160 km/h 线路,铝热焊缝距轨枕边小于 40 mm,每根扣 10 分		
	3. 方正轨枕作业后,几何尺寸不符合作业验收标准,每处扣 5 分		
	4. 扣件螺栓扭矩均不符合《普速铁路线路修理规则》规定,每处扣 5 分		
工具使用 (10分)	1. 损坏工具,每件扣 5 分		
	2. 摆放工具不整齐,扣 5 分		
作业安全 (10分)	1. 未按规定穿戴、使用劳保用品,扣 5 分		
	2. 下道后未撤除防护,扣 10 分		
考核时间	作业在 40 min 内完成。每超时 1 min 扣 5 分,超过 5 min 停止考核。 用时 min		
合计得分			

考评员签名: 被认定人: 年 月 日

S15 手持式捣固镐捣固作业

一、考场准备

混凝土枕线路一段。按规定设置防护。配合人员 1 人。

二、材料工具准备

序 号	名 称	规 格	数 量	备 注
1	起拨道器		1 台	
2	镐耙		1 把	
3	手持式捣固镐		1 台	
4	石砟叉		1 把	
5	轨距尺		1 把	

三、考核要求

1. 被认定人入场后，首先由考评员告知题目和工作量，其次由被认定人检查准备工具，当被认定人告知考评员可以开始时，由考评员开始计时。考核时间为 40 min。

2. 工作量：捣固不超过 6 根轨枕。

3. 考核过程中被认定人出现未设防护上道、严重磕碰手脚以及其他不安全因素时终止考试，成绩为零。

4. 考核完毕后，由被认定人在评分表上签字确认。

5. 配合人员除在被认定人的指挥下配合抬运捣固搞作业以外，不得从事其他作业。

四、考核评分

1. 考评人员 3 名以上。

2. 评分程序及规则：考评员根据被认定人操作情况对照计分标准在评分表上记录评分。

3. 算分方法：采用百分制，满分 100 分，60 分及以上为及格。

五、铁道行业职业技能认定铁路线路工初级工实作技能考核评分记录表

单位：_____ 姓名：_____ 性别：_____ 准考证号：_____ 工种：_____ 级别：_____

试题名称：手持式捣固镐捣固作业

考核时间：40 min

操作开始时间： 时 分 操作结束时间： 时 分

项 目	考核内容及评分标准	扣分因素及扣分	得 分
操作程序 （40分）	1. 工具、材料准备齐全,检查工具状态是否良好。必要工具缺一件扣2分		
	2. 校核量具		
	3. 扒道床。根据起道量,可适当扒出轨枕盒内道砟		
	4. 捣固姿势。两脚站在被捣固轨枕前或后的两根相邻轨枕上,捣固时,首先使用捣固镐与轨枕垂线呈45°角,随后角度逐渐增大		
	5. 捣固顺序。为加强轨底,先将镐头放在轨底处捣固,以后再向两边移动进行捣固,最后再向轨底中间方向捣固		
	6. 捣固时间。捣固时间与起道量有关,一般不少于40 s。根据现场实际情况,掌握好捣固时间,保证捣固质量		
	7. 回填道砟。根据捣固情况,及时回填捣固地段道砟		
	8. 质量回检,整理道床		
	9. 作业结束,清点工具		
	程序不对扣10分,每漏一项扣5分		
作业质量 （40分）	1. 捣固范围不符合钢轨中心至两侧距离为 400～500 mm 要求,每根扣5分		
	2. 捣固强度均衡。不符合"钢轨与胶垫之间应密贴,空隙不超过2 mm"的要求,每根轨枕扣10分。对轨枕、扣件、导线等造成伤损,每处扣10分		
工具使用 （10分）	1. 损坏工具,每件扣5分		
	2. 摆放工具不整齐,扣5分		
作业安全 （10分）	1. 未按规定穿戴、使用劳保用品,扣5分		
	2. 下道后未撤除防护,扣10分		
考核时间	作业在40 min内完成。每超时1 min扣5分,超过5 min停止考核。 用时 min		
合计得分			

考评员签名： 被认定人： 年 月 日

S16 测量钢轨磨耗作业

一、考场准备

有侧磨曲线线路 250 m。按规定设置防护。

二、材料工具准备

序　号	名　称	规　格	数　量	备　注
1	钢轨磨耗(轮廓)测量仪		1台	
2	石笔		1支	
3	记录本或答题卡		1本(张)	

三、考核要求

1. 被认定人入场后,首先由考评员告知题目和工作量,其次由被认定人检查准备工具,当被认定人告知考评员可以开始时,由考评员开始计时。考核时间为 20 min。

2. 工作量:曲线地段每 25 m 各测 1 处上下股垂直磨耗、侧面磨耗,波浪形磨耗测 1 处。

3. 考核过程中被认定人出现未设防护上道、严重磕碰手脚以及其他不安全因素时终止考试,成绩为零。

4. 考核完毕后,由被认定人在评分表上签字确认。

四、考核评分

1. 考评人员 3 名以上。

2. 评分程序及规则:考评员根据被认定人操作情况对照计分标准在评分表上记录评分。

3. 算分方法:采用百分制,满分 100 分,60 分及以上为及格。

五、铁道行业职业技能认定铁路线路工初级工实作技能考核评分记录表

单位:＿＿＿＿　姓名:＿＿＿＿　性别:＿＿＿＿　准考证号:＿＿＿＿　工种:＿＿＿＿　级别:＿＿＿＿

试题名称:测量钢轨磨耗作业

考核时间:20 min

操作开始时间:　时　分　　　　　　　　　操作结束时间:　时　分

项　目	考核内容及评分标准	扣分因素及扣分	得　分
操作程序 (40分)	1. 工具、材料准备齐全,检查工具状态是否良好。必要工具缺一件扣2分		
	2. 工作量调查		
	3. 使用测量仪器进行测量		
	4. 对伤损钢轨进行标记		
	5. 作业结束,清点工具		
	程序不对扣10分,每漏一项扣5分		
作业质量 (40分)	1. 测量部位不正确,每处扣5分		
	2. 测量数据误差大于 1 mm,每处扣5分		
	3. 错判,每处扣5分		
	4. 对重伤轨未提出更换,每根扣20分		

项　　目	考核内容及评分标准	扣分因素及扣分	得　分
工具使用 （10分）	1. 损坏工具，每件扣5分		
	2. 摆放工具不整齐，扣5分		
作业安全 （10分）	1. 未按规定穿戴、使用劳保用品，扣5分		
	2. 下道后未撤除防护，扣10分		
考核时间	作业在20 min内完成。每超时1 min扣5分，超过5 min停止考核。 用时　　min		
合计得分			

考评员签名：　　　　　　　　　　　被认定人：　　　　　　　　年　月　日

S17　断轨应急处置的紧急处理作业

一、考场准备

无缝线路一段。按规定设置防护。配合人员3人。

二、材料工具准备

序　号	名　　称	规　格	数　量	备　注
1	腊包（或普通)夹板	根据现场情况确定	2块	
2	急救器	根据现场情况确定	2套	
3	活口扳手	450 mm	1把	
4	扭矩扳手		1把	
5	双头内燃扳手		1台	
6	镐耙		1把	
7	轨距尺		1把	
8	锂电扳手		1把	
9	短路铜线	2 m	2条	
10	塞尺		1把	
11	钢卷尺	30 m	1把	
12	轨温计		1个	

三、考核要求

1. 被认定人入场后，首先由考评员告知题目和工作量，其次由被认定人检查准备工具，当被认定人告知考评员可以开始时，由考评员开始计时。考核时间为30 min。

2. 工作量：无缝线路应急处置断轨1处。

3. 考核过程中被认定人出现未设防护上道、严重磕碰手脚以及其他不安全因素时终止考试,成绩为零。

4. 考核完毕后,由被认定人在评分表上签字确认。

5. 配合人员除在被认定人的指挥下配合复紧扣件及扶正夹板作业以外,不得从事其他作业。

四、考核评分

1. 考评人员 3 名以上。

2. 评分程序及规则:考评员根据被认定人操作情况对照计分标准在评分表上记录评分。

3. 算分方法:采用百分制,满分 100 分,60 分及以上为及格。

五、铁道行业职业技能认定铁路线路工初级工实作技能考核评分记录表

单位:_____ 姓名:_____ 性别:_____ 准考证号:_____ 工种:_____ 级别:_____

试题名称:断轨应急处置的紧急处理作业

考核时间:30 min

操作开始时间: 时 分　　　　　　　　　　操作结束时间: 时 分

项　　目	考核内容及评分标准	扣分因素及扣分	得　分
操作程序 (40分)	1. 工具、材料准备齐全,检查工具状态是否良好。必要工具缺一件扣2分		
	2. 检查。检查断轨处断缝值(小于或等于 50 mm)及钢轨其他伤损,并做好 8 m 距离标记		
	3. 测量轨温,根据作业轨温情况,锁定两端线路 50 m,防止断缝变化		
	4. 扒砟。断轨处枕盒需扒开适量的道砟		
	5. 上急救器。在断缝处安装同型夹板,并用急救器固定,并拧紧急救器螺栓		
	6. 安装纵向连线短路铜线,看红光带是否消失		
	7. 上扣件,并复紧断缝前后各 50 m 线路扣件		
	8. 质量回检。用轨距尺检查断缝及其前后的轨距、水平,用塞尺检查工作边和钢轨顶面有无错牙		
	9. 派人看守		
	10. 作业结束,清点工具,开通线路,放行列车速度不超过 15 km/h。如断缝小于 30 mm 时,放行列车速度不超过 25 km/h。重载铁路钢轨断缝小于 30 mm 时,使用夹板或臌包夹板钻孔加固,至少拧紧 4 个接头螺栓(每端 2 个),放行列车速度不得超过 45 km/h		
	程序不对扣 10 分,每漏一项扣 5 分		
作业质量 (40分)	1. 轨面及内侧错牙不符合"正线、到发线不大于 1 mm,其他站线不大于 2 mm"的要求,每处扣 5 分。当错牙大于 3 mm 时每处扣 20 分		
	2. 未拧紧急救器螺栓,每根扣 10 分		
	3. 不符合"扣板(弹片)扣件扭矩应保持在 80～140 N·m,Ⅰ型、Ⅱ型弹条(小阻力)扣件的弹条中部前端下颚与轨距挡板离缝作业后不应大于 1 mm,Ⅲ型弹条小圆弧内侧与预埋铁座端部应相距 8～10 mm"的要求,每套扣 5 分		

项 目	考核内容及评分标准	扣分因素及扣分	得 分
工具使用 (10分)	1. 损坏工具,每件扣5分		
	2. 摆放工具不整齐,扣5分		
作业安全 (10分)	1. 未按规定穿戴、使用劳保用品,扣5分		
	2. 无缝线路未执行三测轨温制度,扣10分		
	3. 下道后未撤除防护,扣10分		
考核时间	作业在30 min内完成。每超时1 min扣5分,超过5 min停止考核。 用时　　min		
合计得分			

考评员签名:　　　　　　　　　被认定人:　　　　　　　　年　月　日

S18　测量焊缝平直度作业

一、考场准备

无缝线路一段(含4个焊缝接头)。按规定设置防护。

二、材料工具准备

序 号	名 称	规 格	数 量	备 注
1	平直尺	1 m	1把	
2	塞尺		1把	
3	石笔		1支	
4	记录本(答题卡)		1本(张)	

三、考核要求

1. 被认定人入场后,首先由考评员告知题目和工作量,其次由被认定人检查准备工具,当被认定人告知考评员可以开始时,由考评员开始计时。考核时间为20 min。

2. 工作量:测量4个焊缝接头的顶面和内侧工作边的平直度。

3. 考核过程中被认定人出现未设防护上道、严重磕碰手脚以及其他不安全因素时终止考试,成绩为零。

4. 考核完毕后,由被认定人在评分表上签字确认。

四、考核评分

1. 考评人员3名以上。

2. 评分程序及规则:考评员根据被认定人操作情况对照计分标准在评分表上记录评分。

3. 算分方法:采用百分制,满分100分,60分及以上为及格。

五、铁道行业职业技能认定铁路线路工初级工实作技能考核评分记录表

单位:_____ 姓名:_____ 性别:_____ 准考证号:_____ 工种:_____ 级别:_____

试题名称:测量焊缝平直度作业

考核时间:20 min

操作开始时间: 时 分　　　　　　　　　　操作结束时间: 时 分

项 目	考核内容及评分标准	扣分因素及扣分	得 分
操作程序 (40分)	1. 工具、材料准备齐全,检查工具状态是否良好。必要工具缺一件扣2分		
	2. 工作量调查		
	3. 使用测量工具进行测量		
	4. 对不符合平直度标准的焊缝进行标记		
	5. 作业结束,清点工具		
	程序不对扣10分,每漏一项扣5分		
作业质量 (40分)	1. 测量部位不正确,每处扣5分		
	2. 测量数据误差大于0.1 mm,每处扣5分		
	3. 标记错误,每处扣5分		
	4. 对不符合平直度标准的焊缝未提出重新焊接,每处扣20分		
工具使用 (10分)	1. 损坏工具,每件扣5分		
	2. 摆放工具不整齐,扣5分		
作业安全 (10分)	1. 未按规定穿戴、使用劳保用品,扣5分		
	2. 下道后未撤除防护,扣10分		
考核时间	作业在20 min内完成。每超时1 min扣5分,超过5 min停止考核。 用时 min		
合计得分			

考评员签名:　　　　　　　　　被认定人:　　　　　　　　　年 月 日

S19　曲线线路手工检查作业

一、考场准备

半径不小于300 m的曲线。按规定设置防护。配合人员2人。

二、材料工具准备

序 号	名 称	规 格	数 量	备 注
1	轨距尺		1把	
2	弦线		1根	
3	直角钢板尺		1把	
4	曲线检查记录簿(答题卡)		1本(张)	

序　号	名　　称	规　格	数　量	备　注
5	石笔		1 支	
6	盒尺	5 m	1 把	
7	检查锤		1 把	
8	塞尺		1 把	

三、考核要求

1. 被认定人入场后,首先由考评员告知题目和工作量,其次由被认定人检查准备工具,当被认定人告知考评员可以开始时,由考评员开始计时。考核时间为 50 min。

2. 工作量:手工检查一条半径不小于 300 m 的曲线。

3. 考核过程中被认定人出现未设防护上道、严重磕碰手脚以及其他不安全因素时终止考试,成绩为零。

4. 考核完毕后,由被认定人在评分表上签字确认。

5. 配合人员除在被认定人的指挥下配合拉弦线作业以外,不得从事其他作业。

四、考核评分

1. 考评人员 3 名以上。

2. 评分程序及规则:考评员根据被认定人操作情况对照计分标准在评分表上记录评分。

3. 算分方法:采用百分制,满分 100 分,60 分及以上为及格。

五、铁道行业职业技能认定铁路线路工初级工实作技能考核评分记录表

单位:_____ 姓名:_____ 性别:_____ 准考证号:_____ 工种:_____ 级别:_____

试题名称:曲线线路手工检查作业

考核时间:50 min

操作开始时间:　时　分　　　　　　　　　　　操作结束时间:　时　分

项　　目	考核内容及评分标准	扣分因素及扣分	得　分
操作程序 (40 分)	1. 工具、材料准备齐全,检查工具状态是否良好。必要工具缺一件扣 2 分		
	2. 校核轨距尺,水平误差不超过 1 mm		
	3. 确定基准股:水平以曲下股为基准,轨向以曲上股为基准		
	4. 检查曲线头、尾位置,判别是否存在"鹅头"或反弯,两端直线段几何尺寸是否有偏差		
	5. 检查轨距、水平、轨向、高低、三角坑和递减顺坡率,测量曲线正矢		
	6. 检查钢轨磨耗、接头状态,轨枕失效、歪斜、零配件缺损失效以及线路爬行情况。检查道床、路肩、外观和排水设备,最后看标记和标志是否齐全、准确、清晰等		
	7. 作业结束,清点工具		
	程序不对扣 10 分,每漏一项扣 5 分,每缺少一个数据扣 3 分		

续上表

项 目	考核内容及评分标准	扣分因素及扣分	得 分
作业质量 (40分)	1. 线名、行别、轨号、检查日期、检查人员姓名等要素记录齐全,每漏一项扣3分		
	2. 检查水平、轨向时符号写反(不含误差范围内正负),每处扣10分		
	3. 各项检测数据误差大于1 mm,检测位置大于1根枕,每处扣3分		
	4. 记录填写不清、有涂改,每处扣3分		
工具使用 (10分)	1. 损坏工具,每件扣5分		
	2. 摆放工具不整齐,扣5分		
作业安全 (10分)	1. 未按规定穿戴、使用劳保用品,扣5分		
	2. 下道后未撤除防护,扣10分		
考核时间	作业在50 min内完成。每超时1 min扣5分,超过5 min停止考核。 用时 min		
合计得分			

考评员签名:　　　　　　　　被认定人:　　　　　　　　年　月　日

S20　单线区间施工使用移动停车信号防护作业

一、考场准备

单线区间线路一段(1 000 m以上)。按规定设置防护。

二、材料工具准备

序 号	名 称	规 格	数 量	备 注
1	信号旗		2面	1红、1黄
2	信号灯	三色	1盏	夜间、不良天气使用
3	喇叭		1个	
4	对讲机		1台	与机车同频率
5	短路铜线	2 m	2条	自动闭塞区间
6	移动停车信号牌(灯)		2个(盏)	

三、考核要求

1. 被认定人入场后,首先由考评员告知题目和工作量,其次由被认定人检查准备工具,当被认定人告知考评员可以开始时,由考评员开始计时。考核时间为20 min。

2. 工作量:在单线区间线路(1 000 m以上)施工设置移动停车信号防护。

3. 考核过程中被认定人出现未设防护上道、严重磕碰手脚以及其他不安全因素时终止考试,成绩为零。

4. 考核完毕后,由被认定人在评分表上签字确认。

四、考核评分

1. 考评人员 3 名以上。

2. 评分程序及规则：考评员根据被认定人操作情况对照计分标准在评分表上记录评分。

3. 算分方法：采用百分制，满分 100 分，60 分及以上为及格。

五、铁道行业职业技能认定铁路线路工初级工实作技能考核评分记录表

单位：_____　姓名：_____　性别：_____　准考证号：_____　工种：_____　级别：_____

试题名称：单线区间施工使用移动停车信号防护作业

考核时间：20 min

操作开始时间：　时　分　　　　　　　　　操作结束时间：　时　分

项　目	考核内容及评分标准	扣分因素及扣分	得 分
操作程序 （40分）	1. 工具、材料准备齐全，检查工具状态是否良好。必要工具缺一件扣2分		
	2. 在距施工地点两端各20 m处线路上设置移动停车信号牌（灯）		
	3. 人员站立在瞭望条件好，并距施工地点两端各800 m处路肩上显示停车手信号		
	4. 瞭望条件不良时增设联络员		
	5. 防护员加强瞭望		
	6. 作业影响设备使用时，需事先在"行车设备检查登记簿"上登记		
	7. 作业结束，清点工具		
	程序不对扣10分，每漏一项扣10分		
作业质量 （40分）	1. 未持证上岗防护，扣20分		
	2. 站立位置不符合便于瞭望列车并能与现场通视的要求，扣5分		
	3. 擅离岗位或做与防护工作无关之事，扣20分		
	4. 设置位置错误，每个扣10分。设置不牢，每个扣5分		
工具使用 （10分）	1. 损坏工具，每件扣5分		
	2. 摆放工具不整齐，扣5分		
作业安全 （10分）	1. 未按规定穿戴、使用劳保用品，扣5分		
	2. 下道后未撤除防护，扣10分		
考核时间	作业在20 min内完成。每超时1 min扣5分，超过5 min停止考核。 用时　　min		
合计得分			

考评员签名：　　　　　　　　　　被认定人：　　　　　　　　　　年　月　日

第二部分 中 级 工

1. 当线路出现连续碎弯并有胀轨迹象时,应采取哪些措施?

答:当线路出现连续碎弯并有胀轨迹象时,必须派专人监视,观测轨温和线路方向的变化。若碎弯继续扩大,应采取限速或封锁措施,并进行紧急处理。

2. 起道作业收工时,顺坡率应满足哪些要求?

答:允许速度不大于 120 km/h 的线路不应大于 2.0‰,允许速度为 120(不含)～160 km/h 的线路不应大于 1.0‰,允许速度大于 160 km/h 的线路不应大于 0.8‰。

3. 接头夹板伤损达到哪些标准应及时更换?

答:(1)折断。(2)中间两螺栓孔范围内裂纹:正线、到发线有裂纹;其他站线平直及异型夹板超过 5 mm,双头及鱼尾型夹板超过 15 mm。(3)其他部位裂纹发展到螺栓孔。(4)胶接绝缘夹板性能不良。

4. 简述道岔大修作业中轨距的验收标准。

答:(1)轨距符合作业验收标准。(2)轨距变化率(不含规定的递减率)允许速度大于 120 km/h 正线不得大于 1‰,允许速度不大于 120 km/h 正线及到发线不得大于 2‰,其他站线不得大于 3‰。

5. 50 kg/m 钢轨,12 号道岔,辙叉前长 1 849 mm、后长 2 708 mm,试求辙叉前开口量及后开口量是多少?

解:辙叉前开口量=辙叉前长/N=1 849/12=154(mm)

辙叉后开口量=辙叉后长/N=2 708/12=226(mm)

答:辙叉前开口量为 154 mm,辙叉后开口量为 226 mm。

6. 简述合金钢组合辙叉磨耗测量仪的使用方法。

答:将测量仪架在需要测量位置的翼轨上,使两支座与翼轨轨顶面及侧面贴合,移动游动标尺至磨耗的翼轨或心轨上方,向下推动高度标尺,使其尖端与翼轨或心轨相接,读取高度值,减去翼轨或心轨不同部位理论降低值,即为实际垂直磨耗数值。

7. 简述调整道岔各部间隔尺寸的主要内容。

答:主要调查尖轨非工作边与基本轨工作边之间的最小距离,护轨间隔和翼轨间隔的距离,辙叉心轮缘槽宽度和护轨平直部分轮缘槽宽度,可动心轨提速道岔还需测量辙叉心咽喉尺寸、翼轨与心轨在各对应部位的距离,并将偏差值在现场做出标记。

8. 试述道岔维修整理作业包括的内容。

答:(1)回检找细:对照维修作业验收标准,消灭道岔几何尺寸偏差。(2)整修零部件,道岔配件涂油。(3)均匀整理道床,清除杂草,外观整洁。(4)整修路肩,疏通排水。(5)补齐标志,刷新标记。

9. 线路上哪些地方(处所)不得有钢轨接头,否则应将其焊接、冻结或胶接?

答:(1)桥长在 20 m 及以下的明桥面上。(2)允许速度大于 120 km/h 区段的钢梁明桥面上。(3)钢梁端、无砟无枕梁端、拱桥温度伸缩缝和拱顶处前后各 2 m 范围内,纵横梁连接处距横梁边缘 0.6 m 范围内。(4)设有调节器的钢梁,在温度跨度(由一孔钢梁的固定支座至相邻梁固定支座或桥台挡砟墙的长度)范围内。(5)平交道口铺面范围内。

10. 简述道岔和调节器尖轨或基本轨有伤损时,应如何处理。

答:道岔和调节器尖轨或基本轨伤损时,宜同时更换尖轨和基本轨。如单独更换尖轨时,在更换前应校核尖轨几何尺寸,更换后应进行基本轨、尖轨顺坡打磨,保证换后符合技术标准。

11. 试述道岔起道作业调查工作量及安排作业计划的内容。

答:(1)主要干线的正线道岔须做到抄平打桩起道。(2)无条件时,也应做到人工提前调查,将道岔及前后线路的各部起道量标记在轨腰上。重点起道时,标好坑洼头尾位置及钢轨低接头、拱腰、空吊板等捣固标记。全面调查技术设备和结构状态,合理安排作业计划。

12. 线路抄平作业有哪些安全注意事项?

答:(1)使用仪器时要轻拿轻放,中途转移时要防止仪器被碰撞。(2)不得用手和粗布擦拭镜头,应用绒布或擦镜纸擦拭。(3)在线路下部测量,来车时要扶住仪器,防止倾倒,过车后要检查仪器位置,确认对中整平后才能继续测量。

13. 试述更换道岔尖轨、基本轨、辙叉及护轨回检整理的项目。

答:(1)检查各部尺寸,复紧螺栓,压打道钉,按标准找细整修。(2)按规定要求串开口销,捆扎和封口,恢复刷新相关标记。(3)整理料具,清理现场。

14. 试述道岔拨道的质量标准。

答:(1)目视大方向良好,与前后线路道岔群连接顺直,连接曲线无"鹅头"和反弯。(2)拨后轨向、水平容许偏差管理值应满足《普速铁路线路修理规则》作业验收的要求。(3)道岔后有连接曲线时,拨道作业结合进行,作业后的有关结合尺寸应符合相关规定。

15. 在非自动闭塞的电气化区段上更换钢轨时,应遵守哪些规定?

答:(1)在同一地点同时更换两股钢轨时,无论该地段接触网是否停电,换轨前必须在被换钢轨两端轨节间纵向各设一条截面不小于 70 mm² 的铜导线。铜导线两端牢固夹持在相邻的轨底上,夹持位置应除锈,作业完毕后方准拆除接地线和铜导线。(2)更换一股钢轨时,换轨前应在被换钢轨两端轨节间纵向安设一条截面不小于 70 mm² 的铜导线。铜导线两端牢固夹持在相邻的轨底上,夹持位置应除锈,作业完毕后方准拆除铜导线。

16. 简述用于线路上的钢轨需要截断时的要求。

答:(1)用于线路上的钢轨需要截断时,应全断面垂直锯断;(2)严禁使用剁子及其他工具强行截断和冲孔;(3)除符合规定的处理线路故障方式外,严禁使用乙炔切割或烧孔。

17. 简述接头螺栓及垫圈伤损达到哪些标准,应及时更换?

答:(1)螺栓折断、变形,严重锈蚀、丝扣损坏或杆径磨耗超过 3 mm 不能保持规定的扭矩。(2)垫圈折断或失去弹性。

18. 发现胀轨跑道时,应采取哪些措施?

答:发现胀轨跑道时必须立即拦停列车,尽快采取措施,恢复线路,首列放行列车速度不得超过 15 km/h,并派专人看守、整修线路,逐步提高行车速度。

19. 试述线路日常保持状态中无砟轨道评定标准的扣分项点。

答:(1)双块式轨枕、长枕、混凝土支撑块Ⅲ级伤损。(2)道床板Ⅲ级伤损。(3)底座Ⅲ级伤损。(4)支承层Ⅲ级伤损。(5)预埋铁座失效。

20. 如何量取导曲线的支距?

答:道岔导曲线支距是指直股钢轨工作边按垂直方向量到导曲线外股工作边的距离。量取支距的方法是从导曲线起点在基本轨工作边上的投影点开始,按每 2 m 一个横距来排列,逐点量取到导曲线外股工作边的垂直距离,即为该点的支距。

21. 简述无缝线路应力放散的方法。

答:无缝线路应力放散可采用滚筒配合撞轨法,或滚筒结合拉伸配合撞轨法。滚筒配合撞轨法,是在设计锁定轨温范围内封锁线路,拆除扣件,每隔 5～6 m 撤除枕上橡胶垫板,同时垫入滚筒,配合适当撞轨,使长轨条正常伸缩,达到自由状态,然后撤出滚筒,装好橡胶垫板、扣件,锁定线路。滚筒结合拉伸器配合撞轨法是在轨温低于锁定轨温时,用前述方法放散,使长轨条达到自由状态,然后使用钢轨拉伸器拉伸长轨条,拉伸到位后锁定线路。

22. 简述捣固车起道捣固作业的要求。

答:捣固车一次起道量不宜超过 50 mm,起道量超过 50 mm 时应分次起道捣固;一次拨道量不宜超过 80 mm,曲线地段上挑、下压量应尽量接近。每次作业后应进行道床动力稳定。

23. 无缝线路方正轨枕作业轨温满足哪些条件方可作业?

答:无缝线路方正轨枕作业轨温条件,按实际锁定轨温计算。实际锁定轨温−20 ℃以下时,当日连续方正不超过 2 根,实际锁定轨温−20 ℃~−10 ℃和实际锁定轨温+10 ℃~+20 ℃时方正轨枕隔二方一,方正后捣固、恢复道床,逐根进行(配合起道除外),实际锁定轨温−10 ℃~+10 ℃时方正轨枕与普通线路相同,实际锁定轨温+20 ℃以上时禁止方正轨枕作业。

24. 电气化铁路区段对人员及机具安全有何要求?

答:在电气化区段通过或使用各种车辆、机具设备不得超过机车车辆限界。除牵引供电专业人员按规定作业外,任何人员及所携带的物件、作业工器具等须与牵引供电设备高压带电部分保持 2 m 以上的距离,与回流线、架空地线、保护线保持 1 m 以上距离,距离不足时,牵引供电设备须停电。在电气化区段作业时,长轨列车必须安装屏蔽装置,轨道吊必须安装限位装置。

25. 简述道岔运输与吊装的作业要求。

答:(1)尖轨与基本轨组件、辙叉组件、配轨、轨排等在运输过程中应采取措施防止产生塑性变形。(2)道岔吊装、运输和存放过程中不得损伤、污染道岔组件和零部件。(3)码放尖轨与基本轨组件、辙叉组件、配轨、轨排的场地应坚实平整,道岔钢轨件分类存放。

26. 简述调整轨缝的作业方法。

答:对作业地段的轨缝做全面调查,方法是使用楔形轨缝尺由轨缝外侧插入,测量每处轨缝值并做好记录。量取时应尽量避开轨端肥边,或对轨端肥边事先进行打磨。使用方尺测量两股钢轨直角错差量。接头错差有正负之分。一般以左股钢轨为准,沿着轨号顺编号方向,当右股往终端错动时,接头错差量为正,反之为负。

27. 垫砟起道作业应注意哪些事项?

答:垫砟起道时,一次垫入的厚度不得超过 20 mm,抬起高度不得超过 50 mm,两台起道机应同起同落。垫砟作业每撬长度不得超过 6 根枕,并随垫随填,夯实道床。

28. 成段更换钢轨有哪些安全注意事项?

答:(1)施工封锁时一定要确认封锁命令和封锁起讫时间,按规定设置防护后方能开工。(2)封锁前要充分做好各项准备工作。(3)抬运钢轨时,要统一指挥、动作一致,注意不伤手脚。

（4）使用工具要注意前后、左右人员安全。（5）在轨道电路区段,使用工具、材料时要防止搭电短路,造成红光带。

29. 试述线路日常保持状态中钢轨评定标准的扣分项点。

答:(1)钢轨接头顶面或内侧面错牙大于 2 mm。(2)轨缝大于构造轨缝或连续 3 个及以上瞎缝,普通绝缘接头轨缝小于 6 mm。(3)爬行量超过 20 mm,观测桩缺损、失效,无缝线路位移观测无记录。(4)轨端肥边大于 2 mm。(5)无缝线路钢轨折断未及时进行临时处理或插入短轨未及时进行永久性处理。(6)允许速度大于 120 km/h 线路钢轨焊缝凹陷超过 0.3 mm,其他线路超过 0.5 mm。

30. 无缝线路现场焊接应注意哪些事项?

答:(1)焊接宜采用具有拉伸、保压功能的焊接设备。(2)焊接作业轨温应不低于 0 ℃,且应避免大风和雨雪等不良天气,否则应采取相应措施。放行列车时,焊缝温度应低于 300 ℃。(3)现场焊接应对焊缝进行焊后热处理,并及时进行探伤检查,不符合质量要求的焊头,必须锯切重焊。

31. 简述大修地段与非大修地段的连接顺坡的要求。

答:应设在大修地段以外。其顺坡率为:允许速度不大于 120 km/h 线路不应大于 2.0‰,允许速度为 120(不含)~160 km/h 线路不应大于 1.0‰,允许速度大于 160 km/h 线路不应大于 0.8‰。

32. 线路胀轨跑道是如何形成的?

答:线路爬行和轨缝挤瞎是发生胀轨的基本原因,线路上有硬弯轨、方向不良及道砟不足是助长发生胀轨的原因。在瞎缝地段,进行减弱或破坏线路稳定的养路工作,更容易造成胀轨跑道。无缝线路发生胀轨跑道的原因是多方面的,也很复杂,主要有以下几方面:(1)锁定轨温偏低;(2)低温焊复断轨;(3)违章作业造成锁定轨温变化等。

33. 简述普速线路混凝土轨枕安装扣件的程序。

答:(1)安放挡座(铁座或小胶垫)。(2)安放扣板要注意扣板与轨底如有缝隙,要调换扣板型号,调整挡座(铁座或小胶垫位置),使之放置正确,扣件达到"三密贴"。(3)安装弹条或 70 型套上双簧垫圈。(4)加垫平垫圈(60 型)。(5)上螺帽,将螺母拧紧达到扭矩要求:扣板(弹片)扣件扭矩应保持 80~140 N·m,Ⅰ型、Ⅱ型弹条(小阻力)扣件的弹条中部前端下颚与轨距挡板离缝作业后不应大于 1 mm,Ⅲ型弹条小圆弧内侧与预埋铁座端部应相距 8~10 mm。

34. 普速铁路线路在哪些情况下应进行轨缝调整?

答:(1)原设置的每千米线路轨缝总误差,25 m 钢轨地段超过 80 mm,12.5 m 钢轨地段超过 160 mm,绝缘接头轨缝小于 6 mm 时。(2)轨缝严重不均匀。(3)线路爬行超过 20 mm。(4)轨温在规定的调整轨缝轨温限制范围以内时,出现连续 3 个及以上瞎缝或轨缝大于构造轨缝。

35. 请画出普速在双线区间一条线路施工时,使用移动停车信号的防护图。

答:

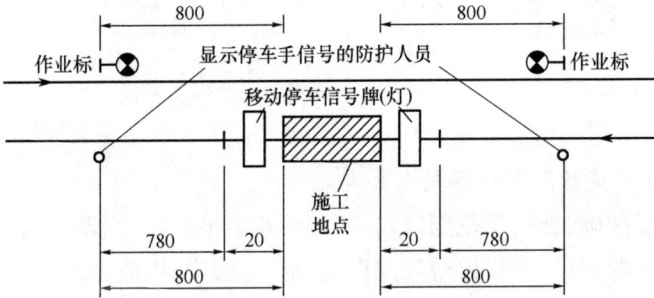

图 2-1 (单位:m)

36. 在站内线路上施工时,使用移动停车信号如何防护?

答:将施工线路两端道岔扳向不能通往施工地点的位置,并加锁或紧固,可不设置移动停车信号牌(灯)。当施工线路两端道岔只能通往施工地点的位置时,在施工地点两端各 50 m 处线路上,设置移动停车信号牌(灯)防护;如施工地点距离道岔小于 50 m 时,在该端警冲标相对处线路上,设置移动停车信号牌(灯)防护。

37. 请画出单线区间施工,根据线路速度等级使用移动减速信号的防护办法。

答:

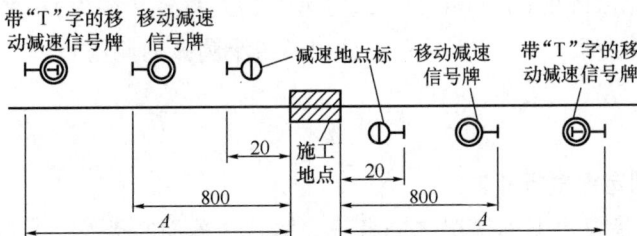

注:A 为不同线路允许速度的列车紧急制动距离(下同)。

图 2-2 (单位:m)

38. 请画出双线区间在一条线上施工,根据线路速度等级使用移动减速信号的防护办法。

答:

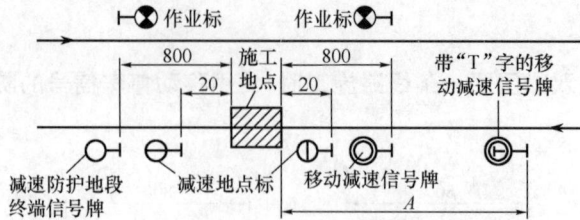

图 2-3 (单位:m)

39. 无缝线路的质量状态有哪些基本要求?

答:(1)锁定轨温准确,在规定范围以内。(2)线路锁定良好,钢轨无爬行。(3)线路方向良好,校直硬弯,拨正活弯。(4)道床保持规定肩宽、饱满、密实,堆高砟肩,排水良好。(5)整治路基翻浆、下沉、冻害,使其不影响线路稳定性。(6)位移观测桩齐备、牢固,定时观测分析。

40. 简述在道岔转辙及辙叉部分改道时的技术要求。

答:(1)在道岔转辙部分改道时,应将曲股基本轨弯折尺寸和尖轨侧弯整修好。(2)在辙叉部分改道时,应处理好查照间隔、护背距离和翼轨、护轨轮缘槽宽度之间的关系。(3)应用打磨钢轨肥边和间隔铁加垫片等方法调整好轮缘槽宽度。

41. 简述扣件涂油的质量标准。

答:(1)螺栓锈蚀清除彻底,丝杆涂油均匀。(2)小胶垫无缺损,扣件位置正确,顶严密靠。(3)各种型号扣件不得混杂使用,接头、中间和加宽的扣件应正确使用。(4)调整垫片无双垫,应使用规定的铁垫片、胶垫片,位置正确整齐。(5)扣件螺栓扭矩:扣板挡板应靠贴轨底边,扣板(弹片)扣件扭矩应保持在 $80\sim140$ N·m,Ⅰ型、Ⅱ型弹条(小阻力)扣件的弹条中部前端下颚与轨距挡板离缝作业后不应大于 1 mm,Ⅲ型弹条小圆弧内侧与预埋铁座端部应相距 $8\sim10$ mm。

42. 现场如何判定钢轨折断?

答:钢轨折断是指发生下列情况之一者:(1)钢轨全截面断裂。(2)裂纹贯通整个轨头截面。(3)裂纹贯通整个轨底截面。(4)允许速度不大于 160 km/h 区段钢轨顶面上有长度大于 50 mm 且深度大于 10 mm 的掉块,允许速度大于 160 km/h 区段钢轨顶面上有长度大于 30 mm 且深度大于 5 mm 的掉块。

43. 简述钢轨常见的接头病害。

答:(1)淬火钢轨端部的鞍形磨耗:磨耗深度一般为 $2.5\sim6$ mm,长度一般为 $200\sim$

300 mm,在铺设混凝土轨枕的地段比较明显,发展也较快。(2)低接头(或打塌):这种病害一般均发生在捣固不良地段,尤以曲线下股比较多见。(3)钢轨破损:主要是淬火区钢轨顶面剥落、掉块和螺栓孔裂纹。这种病害多数发生在淬火层分界处和轨端,以曲线上股多见。(4)夹板弯曲或破裂:主要是顶部中央出现细小裂纹,以后逐渐扩大。(5)混凝土轨枕破裂:主要发生在轨下断面。(6)道床板结、溜塌、翻浆冒泥:主要发生在铺设混凝土轨枕并有鞍形磨耗的地段。

44. 简述混凝土线路改道作业的质量标准。

答:(1)改道后的轨距、轨距变化率不得大于该地段轨道几何尺寸允许偏差管理值的作业验收标准。(2)胶垫、挡板座、扣板、弹条等零部件安装位置要正、靠、密。扣板与轨底及轨枕挡肩离缝不大于 2 mm。(3)改道必须兼顾小方向。(4)补充和更换损坏零部件。(5)改动轨距,要以调整零部件为主、加垫三角铁片为辅。三角铁片数量不得超过 1 片。轨枕位置不正确影响改道质量的,应方正或串动轨枕。(6)由于改道造成的方向不良,要及时拨正。

45. 钢轨轻重伤标准中,对钢轨轨端或轨顶面剥落掉块有何规定?

答:不同速度段标准不同:(1)允许速度 v_{max}>160 km/h 时,长度超过 15 mm 且深度超过 3 mm 时时为轻伤,长度超过 25 mm 且深度超过 3 mm 时为重伤。(2)120 km/h<允许速度 v_{max}≤160 km/h时,长度超过 15 mm 且深度超过 3 mm 时为轻伤,长度超过 25 mm 且深度超过3 mm时为重伤。(3)允许速度 v_{max}≤120 km/h 时,长度超过 15 mm 且深度超过 4 mm 时为轻伤,长度超过 30 mm 且深度超过 8 mm 时为重伤。

46. 普速铁路区段,本线作业人员避车应遵守哪些规定?

答:(1)距钢轨头部外侧距离不小于 2 m,设有避车台(洞)的桥梁(隧道)应进入避车台(洞)避车。(2)v_{max}≤60 km/h 时,不小于 500 m。(3)60 km/h<v_{max}≤120 km/h 时,不小于800 m。(4)120 km/h<v_{max}≤160 km/h 时,不小于 1 400 m。

47. 简述使用双头内燃扳手作业的要求。

答:(1)使用时扳动换向手柄至所需要的旋向(紧、松),扶持操作把,对准并套牢螺母,即对螺母进行冲击式的拧紧和松开。(2)在旋紧时,听见嗒嗒声即可松开操作把,如扭矩不够,可多冲击几次。(3)换向时注意必须先减小开油,使汽油机处于怠速状态,再进行松、紧换向。(4)作业时预留辅助人员,以便紧急时刻随时撤出线路。

48. 现场如何鉴定混凝土枕失效。

答:(1)观察轨枕是否有折断裂痕。(2)纵向通裂,用塞尺、直尺测量:挡肩顶角处缝宽大于1.5 mm,纵向水平裂缝基本贯通(缝宽大于 0.5 mm)。(3)横裂(或斜裂)接近环状裂纹,用塞尺、直尺测量:残余裂缝宽度超过 0.5 mm 或长度超过 2/3 枕高。(4)挡肩破损,接近失去支撑能力(破损长度超过挡肩长度的1/2)。(5)轨枕有严重掉块现象,影响钢轨或扣件正常安装及使用,或影响轨枕其他正常使用功能。

49. 简述轮缘槽宽度检查的标准。

答:(1)护轨平直部分轮缘槽标准宽度为42 mm,侧向轨距加宽时,侧向轮缘槽宽度等量加宽,容许误差为-1~+3 mm;缓冲段末端轮缘槽宽度不小于65 mm,侧向轨距加宽时,侧向缓冲段末端轮缘槽宽度等量加宽。(2)辙叉心轮缘槽标准宽度(测量位置按标准图或设计图规定)为46 mm(采用心轨加宽技术的辙叉应符合设计要求),容许误差为-1~+3 mm。轮缘槽宽度的量取位置与轨距量取位置相同。(3)斥离尖轨非工作边与基本轨工作边的最小距离为65 mm与轨距加宽值之和。

50. 简述线路上垫板作业的质量标准。

答:(1)调高垫板应垫在橡胶垫板与轨枕顶面之间,每处调高垫板不得超过2块,总厚度不得超过10 mm。使用调高扣件的混凝土枕、混凝土宽枕,每处调高垫板不得超过3块,总厚度不得超过20 mm(大调高量扣件除外)。(2)垫板位置正确,无偏斜、无串动。(3)Ⅰ型、Ⅱ型弹条(小阻力)扣件的弹条中部前端下颚与轨距挡板离缝作业后不应大于1 mm,Ⅲ型弹条小圆弧内侧与预埋铁座端部应相距8~10 mm,扣板(弹片)扣件扭矩应保持80~140 N·m。(4)由垫板作业造成其他项目超限,要同步整正,质量要满足各项目技术标准的要求。

51. 道岔基本轨有哪些伤损或病害,应及时修理或更换?

答:(1)曲股基本轨的弯折点位置或弯折尺寸不符合要求,造成轨距不符合规定。(2)基本轨垂直磨耗,50 kg/m及以下钢轨,在正线上超过6 mm,到发线上超过8 mm,其他站线上超过10 mm,60 kg/m及以上钢轨,在允许速度大于120 km/h的正线上超过6 mm,其他正线上超过8 mm,到发线上超过10 mm,其他站线上超过11 mm(33 kg/m及其以下钢轨由铁路局集团公司规定)。(3)其他伤损达到钢轨轻伤标准时。

52. 矫直钢轨有哪些安全注意事项?

答:(1)矫直钢轨作业必须办理封锁施工手续,设置移动停车信号防护。(2)矫直钢轨作业应严格执行"作业前、作业中、作业后测量轨温"制度。(3)矫直钢轨作业轨温应高于25 ℃,调查工作量时要在高温前进行。(4)铝热焊接头处禁止矫直钢轨作业。(5)上道前检查机具有无"带病"上道。(6)直轨器转移时,要注意不碰伤手脚。

53. 简述钢轨打磨前的调查作业项目(用1 m直尺与塞尺检查)。

答:(1)接头(含焊缝)高低、轨向不平顺、上下左右错牙。(2)低接头(捣垫不能解决的)。(3)死弯轨(矫直钢轨不能解决的)。(4)肥边(包括钢轨接头端面及侧面、尖轨、基本轨、辙叉等)。(5)焊缝轨底角(影响焊缝全断面探伤的处所)。(6)钢轨(或辙叉)磨耗、擦伤、掉块、鱼鳞纹等。

54. 整治普通接头钢轨病害有哪些安全注意事项?

答:(1)必须拆开接头时,须办理临时封锁手续,在规定的时间内恢复线路。(2)电源开关、插盒及导线要保持状态良好、牢固,配置触保器。(3)使用砂轮机时操作人员要戴防护镜、穿绝缘鞋。(4)经常检查砂轮片紧固度,适时更换过薄的砂轮片,以防击碎伤人。(5)轨端肥边打磨适宜安排在气温较低时作业。打磨绝缘接头必须执行相应安全措施。

55. 简述线路抄平作业的质量要求。

答:(1)置镜点应尽量保持前后视距离相等。(2)读取数值时,应随时消除视差,水准尺应垂直。(3)在烈日下测量时,应打伞遮蔽阳光,防止水准仪暴晒。(4)复核闭合差,其容许闭合差应小于$\pm 30\sqrt{L}$ mm,L为对应的线路长度(km)。(5)起道量计算如出现负数即为落道,线路上应尽量避免落道,要对前后起道量进行修正。

56. 简述钢轨切割机的切割方法。

答:首先切割钢轨头部,由于新砂轮片圆周不规矩,所以初切时应使砂轮片与钢轨轻微接触,待砂轮片磨圆后再逐渐加大切割力。切割时手握持操纵杆(柄)要不停顿地往复摆动,摆动频率为 60 次/min 左右,摆动幅度 150~200 mm,使砂轮片在轨头范围内来回移动。绝对不可停留在某一处,否则极易烧损砂轮片。切割轨腹时,摆动幅度可小一些,频率快一些。切割轨底时,将切割机扳至操作者一侧进行。

57. 简述更换道岔转辙部分基本轨的质量标准(容许速度为 160 km/h 及以下的线路)。

答:(1)直股基本方向顺直,用 10 m 弦量方向,正线及到发线道岔不超过 4 mm,其他站线道岔不超过 6 mm。(2)接头轨面及轨距线内侧的错牙不超过 1 mm。(3)基本轨作用边无肥边。(4)基本轨落槽,尖轨与基本轨密贴,轨距符合规定。弹条、轨距块与轨底密贴。立柱螺栓扭矩符合规定要求。

58. 简述绳正法计算拨正曲线的基本原理。

答:(1)曲线整正前后,应保持曲线两端直线方向不变,即必须使计划正矢总和等于现场正矢总和,亦即使曲线上各测点的正矢差总和等于零,其中,正矢差等于现场正矢减计划正矢。(2)曲线整正前后,应保持曲线两端直线位置不变,即应使曲线始、终点的拨量为零。

59. 简述更换道岔尖轨、基本轨、辙叉及护轨的质量标准。

答:(1)尖轨无损坏、无拱腰、无扭曲,补强螺栓无缺少、无松动。(2)钢轨件无损伤、无硬弯,尖轨和曲基本轨弯折位置正确,矢度尺寸符合要求。(3)开程、动程、尖轨跟轮缘槽符合技术要求。(4)尖轨在使用状态下,竖切部分和基本轨作用边密贴。(5)各部几何尺寸达标,联结零件齐全,作用良好,接头轨面和作用边错牙不超过 1 mm。

60. 简述成段调整轨缝的质量标准。

答:(1)轨缝应均匀,误差应不大于±2 mm。(2)接头位置正确,正线及到发线相错量不超过 40 mm,曲线不超过 40 mm 加缩短量的 1/2,相错式接头相错量不少于 3 m。(3)接头螺栓和中间扣件扭矩应符合《普速铁路线路修理规则》的有关规定。(4)防爬设备齐全,无失效,杆件、轨撑无歪斜、无松动。(5)由调整轨缝引起的有关项目的变动,应满足各单项技术作业标准要求。

61. 简述整治钢轨接头病害的作业标准。

答:(1)接头处无"支嘴",无轨端肥边,无坍塌接头,无低接头,无失效轨枕、无翻浆道床。接头错牙用 1 m 钢板尺测量,在正线及到发线上轨面及内侧错牙不超过 1 mm,在其他站线上轨面及内侧错牙不超过 2 mm。(2)扣板(弹片)扣件扭矩应保持在 80～140 N·m,Ⅰ型、Ⅱ型弹条(小阻力)扣件的弹条中部前端下颚与轨距挡板离缝作业后不应大于 1 mm,Ⅲ型弹条小圆弧内侧与预埋铁座端部应相距 8～10 mm。(3)轨枕间距偏差符合要求。正线及到发线线路不大于 50 mm,其他站线线路不大于 60 mm;正线及到发线道岔不大于 40 mm(钢枕为 20 mm),其他站线道岔不大于 50 mm。

62. 简述 T 形螺栓涂油作业程序。

答:(1)准备工料具。(2)按规定设置防护。(3)松开 T 形螺栓,除去螺栓上的油垢积锈,同时更换伤损(失效)螺栓。(4)螺栓涂油。(5)涂油完成后,拧紧螺栓。(6)作业质量回检,确认螺栓达到标准扭矩。(7)清点工料具,回收旧料。(8)撤除防护,开通线路。

63. 简述线路垫板作业的质量标准。

答:(1)调高垫板应垫在橡胶垫板与轨枕顶面之间,每处调高垫板不得超过 2 块,总厚度不得超过 10 mm。使用调高扣件的混凝土枕、混凝土宽枕,每处调高垫板不得超过 3 块,总厚度不得超过 20 mm(大调高量扣件除外)。(2)垫板位置正确,无偏斜、无串动。(3)Ⅰ型、Ⅱ型弹条(小阻力)扣件的弹条中部前端下颚与轨距挡板离缝作业后不应大于 1 mm,Ⅲ型弹条小圆弧内侧与预埋铁座端部应相距 8～10 mm,扣板(弹片)扣件扭矩应保持 80～140 N·m。(4)由垫板作业造成其他项目超限,要同步整正,质量要满足各项目技术标准的要求。

64. 线路抄平如何瞄准?

答:(1)首先进行目镜对光,使十字丝清晰。(2)瞄尺:用镜筒上的准星照准水准尺,当水准尺的影像进入望远镜视线后,将望远镜制动,再进行物镜对光,使水准尺的影像清晰,最后用微动螺栓使十字丝的竖丝靠近水准尺的影像。(3)清除视差:在瞄准工作做好之后,还要检查是否有十字丝视差存在。十字丝视差存在的原因是目标在望远镜内形成的像没有落在十字丝平面上,它对读数影响很大。清除视差的方法是再进行目镜和物镜对光。

65. 更换道岔尖轨、基本轨、辙叉及护轨有哪些安全注意事项？

答：(1)施工封锁时一定要确认封锁命令和封锁起讫时间,按规定设置防护后方能施工。(2)封锁前做好各项准备工作。(3)抬运钢轨、辙叉时,要统一指挥、动作一致,注意不伤手脚。(4)道岔施工人员集中,使用工具时要注意前后、左右人员安全。(5)在轨道电路区段,安放工具、材料要防止搭电短路,造成红光带。

66. 简述直轨器的使用、检查及安置作业的内容。

答：直轨器的使用应由经过培训合格、操作熟练的正式职工担任。使用前,要检查液压直轨器缸体油面是否满足工作状态要求,缸体与油路间是否漏油,油阀开关作用和柱塞泵推动活塞是否正常、良好,偏心轮调整是否活动自如,弯臂钩有无损伤,外形有无变异等。操作时,安置直轨器要做到垫平、摆正,即偏心轮、弯臂钩和柱塞泵处于同一平面,弯臂钩与直轨器左右横向又在一个平面,安放时须先垫平,防止作业后钢轨扭曲;摆正弯臂钩,对正钢轨矫直位置,钢轨矫直方向与安置弯臂钩朝向一致。

67. 如何鉴别钢轨硬弯？

答：一看:距钢轨弯曲处 10～15 m,背向阳光,采取立、蹲、俯三种姿势,反复观察,确认硬弯。二查:凡用拨道、改道方法不能彻底整治的钢轨弯曲为钢轨硬弯。三量:在弯曲处用 1 m 直尺测量,矢度大于 0.5 mm 的为钢轨硬弯。四照:对照工长检查记录,看轨距、方向变化情况,如变形次数多且有规律,可认定为钢轨硬弯。五判断:目视确定硬弯的始终点,用拉弦或钢直尺测定硬弯的最大矢度及位置,用油漆或石笔标明范围,用箭头标明矫直方向。

68. 简述矫直钢轨的步骤及方法。

答：(1)松扣件:在硬弯矫直部位松开不超过 5 个枕木头的道钉或扣件,硬弯距接头较近时,应松开接头螺栓。(2)上直轨器:垫平、摆正直轨器。(3)矫直:将弯臂钩对正硬弯始点,液压顶放在弯臂钩前端,每隔 200～250 mm 向前矫直一处。较长的硬弯需多点矫直时,应根据轨温及轨型适当预留回弹量,一般矫直量为硬弯矢度的 1.6～1.9 倍。(4)撤除直轨器:矫直到位后,要保压 5～10 s,松开油阀动作要缓和,以确保矫直效果。(5)拧扣件:先拨正非矫直股方向,然后改正轨距,补齐道钉或扣件,上好接头螺栓。

69. 简述打磨轨端肥边的作业方法与步骤。

答：(1)调查轨缝:若轨缝不足 10 mm,应适当调大轨缝,以利打磨。(2)匀缝:松开接头、中间扣件和防爬设备,做匀缝处理。(3)打磨机试运转。(4)打磨:沿钢轨轨端肥边开始,接触要轻,用力要均匀,适时调整进轮角度,往复运动,均匀打磨。(5)观察打磨进度和打磨线条质量,直至轨端肥边彻底磨掉,线条顺直。(6)倒角:在轨端与轨面处磨成 45°夹角,预防轨端肥边快速形成。(7)调整轨缝:轨缝达到规定要求,兼顾前后轨缝均匀,复紧扣件,锁定钢轨。

70. 在线路上进行作业时应遵守哪些规定?

答:(1)多人一起作业时应统一指挥,相互间应保持一定的安全距离,防止工具碰撞伤人。(2)多组捣固机械同时捣固时,前后距离不得小于 3 m,走行应保持同步。(3)在道岔地段作业,未采取安全措施情况下,人员不得将手、脚放在道岔尖轨与基本轨、可动心轨与翼轨间,避免道岔扳动时挤伤。(4)木枕、木岔枕改道打道钉时严禁锤击钢轨,不准用捣镐打道钉。分组打道钉时,前后距离应不小于 6 根木枕。在无作业通道的桥面上作业时,起钢轨外口道钉,应站在道心内侧并使用专用起钉器或弯头撬棍等特制工具。(5)翻动钢轨时,必须使用翻轨器,不得使用撬棍翻动钢轨。使用撬棍拨道时,应插牢撬棍,听从指挥,统一行动,严禁骑压或肩扛撬棍拨道。

71. 简述成段更换钢轨的质量标准。

答:(1)换入的钢轨需确认无重伤,钢轨断面应一致,长度应与计划尺寸相符。(2)轨缝合理,接头错差量需符合《普速铁路线路修理规则》有关规定。(3)接头错牙在正线及到发线上不超过 1 mm,在其他站线上不超过 2 mm,焊缝接头在线路开通前进行钢轨探伤,焊缝平直度达到要求。(4)扣件、零部件齐全、有效、扭矩达标。(5)轨距、方向、轨距变化率符合《普速铁路线路修理规则》规定。(6)线路标志清晰、准确、完整。

72. 简述无缝线路钢轨折断时紧急处理作业的要求。

答:(1)按规定设置防护并封锁线路。(2)当钢轨断缝不大于 50 mm 时,应立即进行紧急处理。(3)在断缝处上好夹板或臌包夹板,用急救器固定,在断缝前后各 50 m 拧紧扣件,并派人看守,放行列车速度不超过 15 km/h。如断缝小于 30 mm 时,放行列车速度不得超过 25 km/h。有条件时应在原位焊复,否则应在轨端钻孔,上好夹板或臌包夹板,拧紧接头螺栓,然后可适当提高行车速度。重载铁路钢轨断缝小于 30 mm 时,使用夹板或臌包夹板钻孔加固,至少拧紧 4 个接头螺栓(每端 2 个),放行列车速度不得超过 45 km/h。(4)紧急处理时,应先在断缝两侧轨头非工作边做出标记,标记间距离约为 8 m,并准确丈量两标记间的距离和轨头非工作边一侧的断缝值,做好记录。

73. 简述机具拨道的作业程序。

答:(1)上道前,要检查使用的拨道器性能是否良好(在负荷作用下有无漏油,溢流阀是否完好)。(2)设好防护,上道作业。(3)安放拨道器:两人分股同向,用扒砟叉适当拨出轨底下道砟,放入拨道器。(4)拨动线路:调整回油阀,拨道,眼观指挥者手势,前后扳动摇杆,当指挥者发出拨道完毕的手势后立即停止摇动。(5)撤出转移拨道器,调整回油阀,取出拨道器。(6)根据需要转移。(7)作业完毕,质量回检。(8)质量符合规定后,撤除防护。

74. 请画出在双线区间两条线路施工时,使用移动停车信号的防护图。

答:

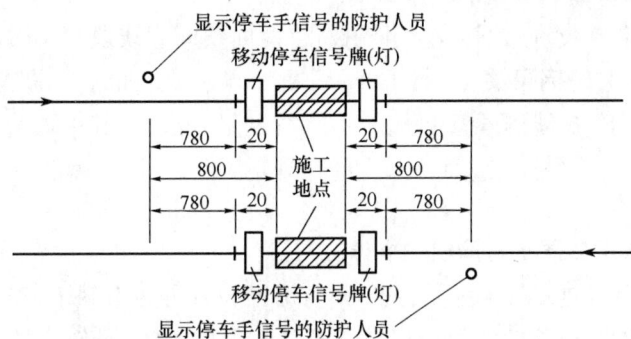

图 2-4　(单位:m)

75. 请画出双线区间两条线路同时施工,根据线路速度等级使用移动减速信号的防护图。

答:

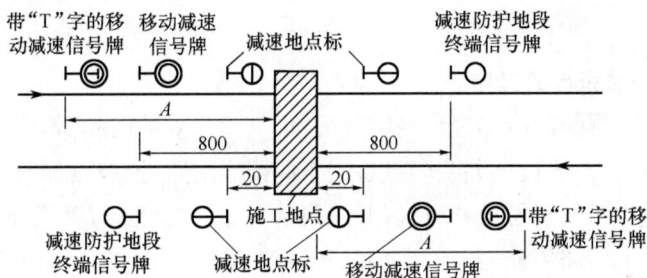

图 2-5　(单位:m)

76. 简述普速铁路道岔内钢轨折断的紧急处理要求。

答:(1)发生道岔尖轨、基本轨、心轨或翼轨折断时应立即封锁线路,进行紧急处理。(2)断缝位于尖轨与基本轨、可动心轨与翼轨密贴段范围外,且能加固时,处理方法和放行列车条件同钢轨折断处理。(3)断缝位于尖轨与基本轨、可动心轨与翼轨密贴段范围以外不能加固或断缝位于尖轨与基本轨、可动心轨与翼轨密贴范围内,且直股或曲股之一可单独放行列车时,根据现场实际情况,确认道岔开向,工务紧固,电务确认尖轨及心轨密贴状态,道岔应现场加锁或控制台单锁(具体加锁办法由铁路局集团公司规定),限速放行列车,并派人看守、检查、确认,直股和曲股均不能放行列车时,应进行永久处理。

77. 简述线路改道作业的基本要求。

答:(1)改道时,木枕地段应使铁垫板外肩靠贴轨底边,混凝土枕地段应调整不同号码扣板、轨距挡板、挡板座。同时应修理和更换不良扣件。(2)螺纹道钉改道时,应用木塞填满钉孔,钻孔后旋入道钉,严禁锤击螺纹道钉。(3)改道的前后作业程序应紧密衔接,应按改道量将钢轨拨正,严禁利用道钉或扣件挤动钢轨。

78. 简述用绳正法拨正曲线的基本要求。

答:(1)曲线两端直线轨向不良,应事先拨正;两曲线间直线段较短时,可与两曲线同时拨正。(2)在外股钢轨上用钢尺丈量,每 10 m 设置 1 个测点(曲线头尾是否在测点上不限)。(3)在风力较小条件下,拉绳测量每个测点的正矢,测量 3 次,取其平均值。(4)按绳正法计算拨道量,计算时不宜为减少拨道量而大量调整计划正矢。(5)设置拨道桩,按桩拨道。

79. 简述手持式钢轨局部打磨机的操作方法。

答:(1)检查打磨机电线的绝缘是否良好;打磨砂轮片是否有缺陷,安装是否正确;防护罩位置是否正确。防护罩与砂轮之间应保持 3 mm 的距离。(2)操作人员必须戴好防护眼镜。(3)用一只手抓住后手柄,另一只手抓住侧手柄,牢固握持工具,打开工具开关。(4)砂轮机启动后,检查砂轮机的旋转方向是否正确,只能使磨屑向下飞离砂轮。(5)在砂轮机旋转平稳后再进行磨削。通常情况下,直向砂轮机的砂轮片与磨削面保持垂直方向,角向砂轮机的砂轮片边缘应与磨削面保持约 15°。(6)打磨过程中应经常目测或用工具测量打磨程度,且用力不宜过大以免过度磨削。

80. 试述预防线路爬行的措施。

答:(1)及时补充、更换缺少和损坏的防爬设备,打紧失效的防爬器,整修失效的防爬支撑,发挥防爬设备的作用。对于已安装防爬设备仍不能锁定线路处,应增加防爬设备数量。(2)及时调整轨缝,按规定拧紧接头螺栓和轨枕扣件螺栓,打紧浮起道钉,对损坏的螺栓道钉和扣件及时更换和整修。(3)线路维修时应做好捣固和回填作业,保持轨枕盒内道砟丰满并夯实,保持线路平顺。(4)及时整治接头病害,减少列车对钢轨的冲击力。

81. 简述人工清筛道床的作业程序。

答:(1)清筛:宜采用分段倒筛法。两人为一组,每组间隔至少四根轨枕。方法是先在轨枕头外开一个豁口进行扒筛,将清砟倒在后面路肩上,接着扒筛第二个轨枕孔,把清砟回填到第一个轨枕孔依次进行,循环倒筛。清挖时,要做好排水坡。(2)整理、夯实:筛完一空,回填一空,夯实拍平。(3)清土:筛出的碎石污土弃置路肩之外。(4)转移污土。(5)整理道床:道床应饱满、均匀整齐。道砟不足时要及时补充。

82. 试述普速无缝线路发生钢轨折断进行临时处理的方法。

答:钢轨折损严重或断缝大于 50 mm、重载铁路钢轨断缝大于等于 30 mm,以及紧急处理后,不能立即焊接修复时,应封锁线路,切除伤损部分,两锯口间插入长度不短于 6 m 的同型钢轨,轨端钻孔,上接头夹板,用 10.9 级螺栓拧紧。在短轨前后各 50 m 范围内,拧紧扣件后,按正常速度放行列车,但不得大于 160 km/h。临时处理时,应先在断缝两侧轨头非工作边做出标记,标记间距离约为 8 m,并准确丈量两标记间的距离和轨头非工作边一侧的断缝值,做好记录。

83. 简述钢轨铝热焊作业,封锁点内现场的准备工作。

答:(1)检查焊剂及模具。根据焊接钢轨材质和型号检查焊剂及模具是否匹配。(2)轨端处理。开裂、掉块、压塌等伤损轨头必须切除;清洁钢轨,除锈、去油,轨端面应为色泽均匀的银灰色;轨端必须平整、垂直,无偏斜,用直角尺测量,垂直和水平偏斜度不得大于 1 mm。(3)调整轨缝宽度。按照焊剂生产厂家的工艺要求控制,同时应测量轨温,必要时采用拉伸器拉伸钢轨控制锁定轨温,并做好记录。(4)钢轨对正。必须使用功能全面、性能稳定的对轨架,对轨架要安设牢固、位置合适、便于调整。调整对轨架,用 1 m 直钢尺测量,焊缝处钢轨顶面为 1.5～2.0 mm(根据不同焊剂工艺确定),钢轨内侧作用边为 ±0.3 mm。

84. 简述无缝线路应力放散或调整的条件。

答:(1)实际锁定轨温不在设计锁定轨温范围以内。(2)锁定轨温不清楚或不准确。(3)跨区间、区间无缝线路相邻单元轨节之间的锁定轨温之差大于 5 ℃,同一区间内单元轨节的最高与最低锁定轨温之差大于 10 ℃;左右股钢轨锁定轨温之差,允许速度 160 km/h 及以下线路大于 5 ℃,允许速度 160 km/h 以上线路大于 3 ℃。(4)长轨节产生不正常的位移。(5)无缝道岔限位器顶死或两股尖轨相错量超过 20 mm。(6)夏季线路轨向严重不良,碎弯多。(7)通过测试,发现温度力分布严重不均。(8)因处理线路故障或施工造成实际锁定轨温超出设计锁定轨温范围或位移超限。(9)低温铺设轨条时,拉伸不到位或拉伸不均匀。

85. 道岔尖轨、可动心轨有哪些伤损或病害,应及时修理或更换?

答:(1)尖轨尖端与基本轨或可动心轨尖端与翼轨间隙大于 1 mm,短心轨与叉跟尖轨尖端间隙大于 1.5 mm。(2)尖轨、可动心轨侧弯造成轨距不符合规定。(3)尖轨、可动心轨顶面宽 50 mm 及以上断面处,尖轨顶面低于基本轨顶面、可动心轨顶面低于翼轨顶面 2 mm 及以上。(4)尖轨、可动心轨顶面宽 50 mm 及以下断面处,尖轨顶面高于基本轨顶面、可动心轨顶面高于翼轨顶面 2 mm 及以上。(5)尖轨、可动心轨工作面伤损,继续发展,轮缘有爬上尖轨、可动心轨的可能。(6)内锁闭道岔两尖轨相互脱离时,分动外锁闭道岔两尖轨与连接装置相互分离或外锁闭装置失效时。(7)其他伤损达到钢轨轻伤标准时。

86. 简述成段更换钢轨前的准备工作。

答:(1)配轨:确定换轨范围,分别丈量左右股换轨长度,合理选用换入钢轨,确保钢轨无伤损、硬弯,钢轨断面尺寸和类型符合要求。(2)放置新轨:将准备换入的钢轨按顺号运送到换轨地点。曲线地段按规定合理设置缩短轨。(3)连接钢轨组:将钢轨连接成一定长度的钢轨组,并根据轨温和钢轨长度合理设置轨缝。钢轨组长度一般为 300～500 m,直线地段可长一点,曲线地段宜短一点。(4)放置钢轨组:钢轨组可放在道心或枕木头上并进行固定,放置时应严格执行安规的有关规定。在高温季节放置的钢轨组,应安排专人定时加强巡查,防止钢轨组侵入限界。(5)曲线地段放置钢轨组时,应进行曲线空、搭头的计算,尽量避免封锁时钢轨组位移量过大。

87. 简述成段更换钢轨的方法和步骤。

答:(1)卸扣件。卸下中间扣件,卸掉与钢轨组对应的接头扣件。(2)拨出换下的钢轨:将换下的钢轨拨至轨道外侧,在混凝土地段,应将钢轨抬起至超过扣件螺栓高度再拨,避免碰伤扣件螺栓。拨出和拨入钢轨都是先标准股,后另一股。(3)拨入钢轨组:将换入的钢轨组拨至应有位置,并控制预留轨缝,普通线路立即联结接头,上紧螺栓;无缝线路地段要注意预留焊缝,轨缝不符要求时,可用液压匀缝器或拉伸器及时调整到位,加设轨缝片,先上紧一端扣件,固定钢轨位置。(4)安装扣件或焊接接头:钢轨到位后,先将其固定,再上好接头夹板或进行接头焊接。中间扣件先上标准股一侧,每隔5~6根轨枕上一组,一人看方向,一人拨正钢轨,其余1~2人将标准股固定,另一股量轨距并安装扣件。(5)施工结束,如需慢行,应按慢行条件设置防护。依据施工计划,在规定的时间内整修线路,使线路达到正常运行状态。

88. 简述更换道岔尖轨、基本轨、辙叉及护轨作业的基本步骤。

答:(1)设置防护,办理封锁施工登记,确认施工时间和封锁命令,设置移动停车信号防护。(2)拆卸接头、拉杆、横杆、轨撑等相关螺栓,卸下夹板。(3)电务人员将尖轨摇离基本轨,拆掉钢轨连接线和跳线。(4)起道钉,混凝土枕卸下扣件。(5)拨出旧轨和辙叉。(6)拨入新轨及新辙叉。(7)安装夹板,拧紧各部螺栓,打道钉或上扣件,按标准找细整修。(8)调整各部间隔尺寸,几何尺寸符合作业验收标准。(9)配合电务部门和车站进行调试,确认其状态良好。(10)撤除防护,同时驻站联络员办理销记手续,开通道岔。

89. 简述线路拨道的作业技术标准及要求。

答:(1)拨正后方向应达到《普速铁路线路修理规则》规定的作业验收容许偏差管理值的要求,曲线与直线连接处不得有反弯或"鹅头"。(2)拨正方向时,应注意各种建筑物和信号机的界限,在复线区段拨正轨向时,要满足线间距要求。(3)在拨道时,指挥者要根据拨道量大小、上挑下压、轨枕种类、道床情况因素预留一定回弹量,曲线一般情况为上挑多拨2~3 mm,下压多拨4~5 mm。(4)由于拨道引起轨缝、水平、防爬设备、道床发生变化或产生空吊板时,必须整修达到标准。(5)无缝线路曲线地段拨道,应尽量使上挑下压量相等,由曲线两端向中间拨。(6)电气化区段一次拨道作业后线路中心位移不得超过30 mm。一侧拨道年度累计不得大于120 mm,并不得侵入建筑限界。(7)桥梁上一侧拨道量年度累计不得大于60 mm,且要满足线路中心与桥梁中心的偏差,钢梁不大于50 mm,圬工梁不大于70 mm。线路允许速度120 km/h以上至小于等于200 km/h时,钢梁、圬工梁均不得大于50 mm,要注意防止偏心。(8)在轨道电路区段,拨道器不得放在电容枕、铝热焊缝及绝缘接头处,无缝线路地段,拨道器距焊缝不少于40 mm。

90. 简述道岔拨道作业的基本步骤及方法。

答:(1)准备:将调查处的拨道量标在相应的位置,两个点距离较远时,中间加点,并做好拨道量的顺坡计算,原则上每5 m设一个测量点,以拨道桩或相邻钢轨为固定参照物,计算出拨道后距离。(2)扒砟:拨动量超过 10 mm 时,枕木头石砟要掏松或扒空,清除影响拨道的防爬设备等障碍物,压打道钉,拧紧扣件。(3)粗拨:拨道负责人站立距离 80 m 左右,背向阳光,将拨道点与前后不动点的钢轨光带目视穿直,用手势指挥拨道;道岔拨道一般使用 3 台拨道器,前移方向一股均匀放置 2 台,另一股放在两台中间的相对处,呈品字形。拨道器操作手根据负责人的指挥手势同时拨动钢轨,并安排人员丈量道岔拨道量,放撬前先将离缝轨端的石砟夯实。(4)回检细拨:与粗拨道程序相同,拨道负责人站立距离保持 25 m 左右,目视钢轨作用边,找小弯拨直,并根据需要预留回弹量。(5)捣固:拨量较大或拨后影响轨面及水平时,要进行轨面捣固作业。(6)整平夯实:按要求整理夯拍道床,恢复防爬设备等。

91. 简述拔锚道岔螺栓的处理程序。

答:(1)调查损坏滑丝塑料套管,用记号标注在岔枕上,施工时只准单根把岔枕上联结螺栓、铁垫板、橡胶板全部撤除(每次施工隔六换一确保行车安全)。(2)用特制电钻(225 r/min 左右、钻头直径 40.5 mm)由上向下钻掉塑料套管内丝扣,下钻时要站稳姿势,握紧手柄,照准丝扣,均匀下钻,避免钻头碰到混凝土岔枕,以免损坏岔枕混凝土丝扣或碰断钻头。(3)用特制的扁铲、手锤凿出残留下的塑料套管,用尖嘴钳配合拔出。清净孔内杂物,确保新套管合理旋进。(4)用新塑料套管与新岔枕螺钉联结,中间要涂适量油脂和加上一个 30 mm 的垫圈,更换时塑料套管外壁涂上环氧树脂胶用扳手旋进岔枕螺栓孔内即可。(5)更换好塑料套管后取下新岔枕螺钉和垫圈,把铁垫板、橡胶板复位,待环氧树脂胶 24 h 后,按设计扭矩(250～300 N·m)复紧岔枕螺钉即可。严禁用加力扳手复紧岔枕螺钉。

92. 简述整治钢轨接头错牙的作业方法和步骤。

答:(1)调查错牙接头及其前后的轨缝,以判断是否需要进行轨缝调整。(2)锁定钢轨,拧紧前后两节钢轨的扣件,拧紧防爬设备。(3)卸下接头两根轨枕扣件。(4)卸下接头螺栓和夹板。(5)对螺栓、夹板和钢轨涂油。(6)根据接头错牙量的大小,选择适当厚度的垫圈(三角铁垫片),垫于夹板与钢轨之间。(7)安装夹板和接头螺栓,并拧紧接头螺栓。(8)若接头错牙仍未完全消除,则应重新拆开接头,调整垫圈(三角铁垫片)的厚度重新垫入。(9)检查轨距、水平,消灭偏差。(10)安装接头两根轨枕的扣件并拧紧。

93. 简述液压轨缝调整器的操作方法。

答:(1)先将液压轨缝调整器推置于需调轨缝的钢轨轨面上,前后夹钳体置于轨缝两端的轨头上,并使机具的连接轴套空间处对准需调的轨缝。(2)插好插销将机器连接好,推压拨叉组件,夹紧夹钳齿条。(3)拧松轨缝接头两端的钢轨扣件,减少拉伸时钢轨移动阻力。(4)关闭回油阀,摇动柱塞泵给油缸提供压力油液,使活塞杆伸出,通过夹在钢轨上的夹紧齿条推动两端钢轨分别向轨缝相反方向移动,完成轨缝增大的调整。(5)若是轨缝缩小的调整,将前后夹钳体倒向,前后夹钳体两端架上拉力框架,液压油缸的活塞杆伸出,通过拉力框架带动夹紧齿条拉动两端钢轨分别向轨缝方向移动,完成轨缝缩小的调整。(6)调整轨缝时,观察需调整轨缝的工作状态,达到轨缝调整要求后保压一段时间,复紧轨缝接头两端的钢轨扣件。(7)作业完成后,将机器轻轻拿下,放置于安全限界外。

94. 简述钢轨精磨机的操作方法。

答:(1)启动发动机前,应先检查机器的各部状态是否良好,将机器置于钢轨上,保证砂轮离钢轨面 3 mm 以上再启动发动机。(2)砂轮可以上下调节高度,可以手动调节,也可以用电控开关调节。手动调节时,手轮每转一圈,砂轮进给量为 1 mm。(3)随着发动机的启动,用电控开关将砂轮设置到所需打磨的深度(根据钢轨附近的情况进行调整)。深度调节好后锁紧深度锁紧螺母,防打磨时松动,造成打磨过深。(4)升高打磨砂轮,直到达到钢轨的最高凸出点位置。(5)当机器在打磨点附近往复打磨时,用手动调节开关控制砂轮的进给量。往复打磨必须进行收刀和进刀,行至终点收刀完毕,反向运行开进刀。(6)当打磨钢轨两侧面和圆弧角时,用机架偏移手轮进行调节,使机器偏转,以满足所需要的打磨角度。(7)对凸出点打磨时,可不移动机器对凸点进行打磨。精打磨时,必须保持小进刀量,并保持机器的匀速往复运动。打磨应遵循从轨顶面到圆弧角再到钢轨侧面的顺序进行。(8)关闭机器时,应先将砂轮置于高出轨面 3 mm 高度以上。

95. 简述调整轨缝作业的步骤。

答:(1)调查工作量,确定方案。现场调查测量轨缝、爬行、接头相错。确定轨缝调整量及方案,计算每根钢轨的串动量、串动方向。(2)安装连接导线。在电气化区段调整轨缝,在拉开的轨缝间预先装设纵向连接导线,纵向连接导线的长度应使钢轨接头间可能拉开 200 mm 以上。(3)调整电容枕。根据现场调查及计算结果,调整作业地段内由于钢轨串动需要调整的电容枕。(4)松卸螺栓、扣件等联结零件。(5)用轨缝调整器串动钢轨。由施工负责人指挥,按计算的钢轨串动量和串动方向进行串动钢轨。(6)安装拧紧联结零件。钢轨调整串动到位后,整正偏斜或更换失效胶垫,拧紧接头螺栓、紧固轨枕扣件及轨距杆螺栓,安装防爬设备。(7)确认钢轨跳线连接良好,撤除钢轨连接导线。(8)整修不合格处所。复查轨缝情况,整修不合格轨距、方向,同时注意轨距变化率符合标准,复紧接头螺栓,整修扭矩不达标的联结扣件。(9)作业质量回检。

96. 简述小型打磨机打磨钢轨肥边的作业方法和步骤。

答:(1)检查机械是否良好,并拧紧松动的紧固件。(2)检查油箱及振动油腔中存油是否充足,润滑状态是否良好。(3)检查电气开关及电气绝缘是否良好,并试运转 3~5 min,检查电机各部温升是否正常。(4)抬机上道,装上砂轮,发动汽油机。(5)一人负责推动打磨机,控制打磨机平衡,使砂轮能接触到钢轨的肥边部位。另一人负责操纵旋转螺杆控制打磨砂轮片的垂直和水平移动。(6)打磨时砂轮片应对准钢轨肥边部位,要控制一定的打磨量,应先少后多、由厚到薄,要防止打磨过量。

97. 简述内燃钢轨锯轨机锯轨的作业方法和步骤。

答:(1)检查锯轨机:机油、汽油、动力机温是否正常,各紧固件、砂轮片是否紧固。(2)发动机器,运转 30 s,观察机械运转是否正常。(3)在钢轨轨头顶面准确画出切割位置。(4)轨道电路和电气化区段线上锯轨前,应在被换钢轨两端轨节间纵向安设一条截面不小于 70 mm² 的铜导线。导线两端用夹子牢固夹持在相邻的轨底上,该连接线在换轨作业完毕后方可拆除。(5)锯轨机上轨,扶正并紧固。(6)锯轨时,应严格控制锯轨速度,待全断面垂直锯断后方可退出。(7)停机,将锯轨机撤出。(8)复查切割位置。(9)用砂轮机或锉刀将轨头、轨底"毛刺"清除,并对轨头切割端倒角。(10)清扫铁屑。

98. 简述无缝线路胀轨跑道的一般规律。

答:(1)钢轨温度压力偏高的地段容易发生胀轨跑道。①在固定区或固定区与伸缩区交界处的钢轨温度压力偏高,当道床阻力减少时容易发生胀轨跑道。②在容易发生压力峰的平交道口和无砟桥前,以及曲线始终端、竖曲线的坡底、制动地段等处所,钢轨温度压力局部偏高,容易发生胀轨跑道。(2)气温回升季节容易发生胀轨跑道。气温逐渐升高的季节,日间轨温接近于锁定轨温,在正常进行无缝线路养护维修作业时,由于日夜温差大,钢轨内部会产生较大的温度应力,影响线路的稳定,甚至发生胀轨跑道。

99. 简述无砟轨道精调前的准备工作。

答:(1)检查轨道测量仪、全站仪等测量仪器的工作状态。(2)根据轨道结构类型和设备数量,提前配备相应数量调整件。(3)测量前检查轨道应具备以下条件:①钢轨应无污染、低塌、掉块、硬弯等缺陷。②扣件应安装正确,弹条与轨距挡板应密贴,扣件扭矩符合设计要求。③轨下垫板应安装正确,无缺少、无空吊。④钢轨焊接接头平直度应符合标准要求。

100. 简述人工打磨钢轨的作业标准。

答:(1)用 1 m 钢直尺或电子平直仪核对钢轨不平顺的高点逐步开始打磨,由高点逐步往外两头拉,同步观看磨削火花情况判断轨面平直度,同时进行钢轨平直度测量,保证打磨质量。(2)砂轮每进一次,整个轨面打磨一遍,以确保轨面弧度与原来保持一致,防止一次打磨量过大,打磨作业应循序渐进。(3)轨面打磨,在轨面打磨进行轨头仿形打磨受到其他设备阻碍无法完全仿形时,应用角向或道岔打磨机配合进行仿形打磨,共同完成轨头仿形打磨。(4)在打磨尖轨、长心轨竖切部分非工作边时,尖轨、长心轨转换到可打磨位置后,打磨机在竖切部分终点倾斜45°角,精细调整砂轮进给量,进给量调好后由竖切终点向尖轨尖端方向推行打磨,竖切部分全长范围内为一个往返行程,往返打磨至符合技术要求。(5)短心轨非工作边,采用角向打磨机,对竖切部分全长范围内的肥边,往返打磨至符合技术要求。(6)钢轨内侧工作边应平顺,无明显凸凹。(7)鞍形磨耗打磨位置要正确,打磨后轨面要平顺,无凹陷。(8)钢轨母材轨顶面凹陷、接头马鞍形磨耗、钢轨接头内侧错牙用 1 m 直尺测量,符合《普速铁路线路修理规则》的规定。

S1 钢轨钻孔作业

一、考场准备

已固定好的 60 kg/m 钢轨 1 根。按规定设置防护。配合人员 1 人。

二、材料工具准备

序 号	名 称	规 格	数 量	备 注
1	内燃钢轨钻孔机		1 台	含常用工具
2	钻头	φ31 mm	2 个	
3	孔距定位尺		1 个	
4	注水桶		1 个	
5	钢丝刷		1 把	
6	倒棱器		1 个	
7	盒尺	2 m	1 把	
8	石笔		1 支	
9	刷子		1 把	

三、考核要求

1. 被认定人入场后,首先由考评员告知题目和工作量,其次由被认定人检查准备工具,当被认定人告知考评员可以开始时,由考评员开始计时。考核时间为 20 min。

2. 工作量:钢轨钻孔接头螺栓孔 3 个。

3. 考核过程中被认定人出现未设防护上道、严重磕碰手脚以及其他不安全因素时终止考试,成绩为零。

4. 考核完毕后,由被认定人在评分表上签字确认。

5. 配合人员除在被认定人的指挥下协助注水、抬机作业以外,不得从事其他作业。

四、考核评分

1. 考评人员 3 名以上。

2. 评分程序及规则:考评员根据被认定人操作情况对照计分标准在评分表上记录评分。

3. 算分方法:采用百分制,满分 100 分,60 分及以上为及格。

五、铁道行业职业技能认定铁路线路工中级工实作技能考核评分记录表

单位：_____　姓名：_____　性别：_____　准考证号：_____　工种：_____　级别：_____

试题名称：钢轨钻孔作业

考核时间：20 min

操作开始时间：　时　分　　　　　　　　　　　操作结束时间：　时　分

项　目	考核内容及评分标准	扣分因素及扣分	得　分
操作程序 （40分）	1. 工具、材料准备齐全，检查工具状态是否良好。必要工具缺一件扣2分		
	2. 安装孔距定位尺。根据轨端位置，安装孔距定位尺，将其固定在钢轨上拧紧		
	3. 安装钻孔机。安装时，应检查孔距定位尺端止是否与轨端对齐，并检查孔高定位板是否与轨腰及轨底上弧面靠紧。若有偏差应进行调整		
	4. 钻孔。在钻孔过程中，始终应有冷却水冷却钻头。钻完一个，后退手轮，将钻头退回，关闭油门开关，怠速撤出，换位后再钻第二个		
	5. 钻完后，卸下钢轨钻眼机和孔距定位尺，将钻孔机、注水筒等放置指定位置		
	6. 清扫铁屑，复查各螺孔位置		
	7. 倒棱。用倒棱器对所钻螺孔逐孔倒棱		
	8. 回收料具，清理场地		
	9. 作业结束，清点工具		
	程序不对扣10分，每漏一项扣5分。换位未关油门开关，每次扣10分		
作业质量 （40分）	1. 钻孔位置上下、左右偏差超过2 mm，每个扣5分		
	2. 螺孔间距偏差超过2 mm，每个扣5分		
	3. 倒棱尺寸不满足0.8～1.5 mm，倒角45°要求，每个扣5分		
	4. 孔边缘有裂纹、有毛刺，每个扣10分		
工具使用 （10分）	1. 损坏工具，每件扣5分		
	2. 卡钻，每次扣10分		
	3. 摆放工具不整齐，扣5分		
作业安全 （10分）	1. 未按规定穿戴、使用劳保用品，扣5分		
	2. 下道后未撤除防护，扣10分		
考核时间	作业在20 min内完成。每超时1 min扣5分，超过5 min停止考核。 用时　　min		
合计得分			

考评员签名：　　　　　　　　　　被认定人：　　　　　　　　　年　　月　　日

S2 道口故障处理及防护作业

一、考场准备

单线线路上有人看守道口一处。按规定设置防护。配合人员 2 人。

二、材料工具准备

序 号	名 称	规 格	数 量	备 注
1	信号灯		2 盏	置放于易取处
2	信号旗		4 面	3 红、1 黄,置放于易取处
3	口笛		1 个	置放于易取处
4	短路铜线	2 m	1 条	
5	防护杆		1 根	长 2 m,能插旗、挂灯
6	钟表		1 个	
7	钢丝绳		1 条	两端有套,能拉动机动车辆
8	小撬棍		1 根	
9	铁锹		1 把	
10	活口扳手		1 把	
11	斧子		1 把	
12	小铁铲		1 把	清理轮缘槽用
13	竹扫帚		1 把	
14	克丝钳		1 把	
15	绳子		2 条	栏杆故障时使用
16	列车无线调度电话		2 台	便携式、台式各 1 台
17	道口工交接班记录本		1 本	
18	看守道口故障排除考核表		1 本	
19	道口安全检查指导簿		1 本	
20	道口设备检修、停用及故障处理登记本		1 本	
21	短路闸刀使用登记本		1 本	
22	GSM-R 手持终端		1 部	

三、考核要求

1. 被认定人入场后,首先由考评员告知题目和工作量,其次由被认定人检查准备工具,当被认定人告知考评员可以开始时,由考评员开始计时。考核时间为 30 min。

2. 工作量:单线线路处理道口故障 1 处。

3. 考核过程中被认定人出现未执行"先防护、后处理"的原则、严重磕碰手脚以及其他不安全因素时终止考试,成绩为零。

4. 考核完毕后,由被认定人在评分表上签字确认。

5. 配合人员除在被认定人的指挥下协助处理故障作业以外,不得从事其他作业。

四、考核评分

1. 考评人员 3 名以上。

2. 评分程序及规则:考评员根据被认定人操作情况对照计分标准在评分表上记录评分。

3. 算分方法:采用百分制,满分 100 分,60 分及以上为及格。

五、铁道行业职业技能认定铁路线路工中级工实作技能考核评分记录表

单位:_____ 姓名:_____ 性别:_____ 准考证号:_____ 工种:_____ 级别:_____

试题名称:道口故障处理及防护作业

考核时间:30 min

操作开始时间: 时 分　　　　　　　　操作结束时间: 时 分

项　目	考核内容及评分标准	扣分因素及扣分	得　分
操作程序 (40分)	1. 工具、材料准备齐全,检查工具状态是否良好。必要工具缺一件扣2分		
	2. 通告。通知车站停止放行列车,或通告相邻道口代设防护		
	3. 关闭栏杆		
	4. 处理。列车拦停后,立即就近组织人力,利用道口备品,快速排除故障。如机动车在道口上灭火,可用道口备用的钢丝绳,请通过道口的机动车协助拉出道口。如畜力车牲畜在护轮轨处夹蹄时,先将牲畜解套分开,把畜力车推出道口外方,再用道钉锤向护轮轨喇叭口方向轻打牲畜蹄,使其脱离护轮轨。其他未叙述到的,应灵活机动地进行处理		
	5. 检查确认,清理场地。故障排除后,认真检查道口设备,确认安全,并清理场地		
	6. 作业结束,清点工具		
	程序不对扣10分,每漏一项扣10分		
作业质量 (40分)	1. 通告车站或相邻道口,联系用语不标准扣5分		
	2. 处理方法错误,扣20分		
工具使用 (10分)	1. 损坏工具,每件扣5分		
	2. 摆放工具不整齐,扣5分		
作业安全 (10分)	1. 未按规定穿戴、使用劳保用品,扣5分		
	2. 下道后未撤除防护,扣10分		
考核时间	作业在30 min内完成。每超时1 min扣5分,超过5 min停止考核。用时　　min		
合计得分			

考评员签名:　　　　　　　　　　被认定人:　　　　　　　年　月　日

S3 线路垫板作业

一、考场准备

混凝土枕线路一段(不少于 25 m)。按规定设置防护。配合人员 1 人。

二、材料工具准备

序　号	名　　称	规　格	数　量	备　注
1	长效油脂		1 桶	
2	调高垫板	根据现场情况确定	若干	
3	胶垫	根据现场情况确定	若干	
4	联结零件	根据现场情况确定	若干	
5	丁字扳手或锂电扳手		1 把	
6	活口扳手	450 mm	1 把	
7	石砟叉、镐耙		各 1 把	
8	起拨道器		1 台	
9	轨距尺		1 把	
10	扁铲		1 把	
11	石笔		1 支	

三、考核要求

1. 被认定人入场后,首先由考评员告知题目和工作量,其次由被认定人检查准备工具,当被认定人告知考评员可以开始时,由考评员开始计时。考核时间为 40 min。

2. 工作量:混凝土枕线路垫板不超过 6 根轨枕。

3. 考核过程中被认定人出现未设防护上道、严重磕碰手脚以及其他不安全因素时终止考试,成绩为零。

4. 考核完毕后,由被认定人在评分表上签字确认。

5. 配合人员除在被认定人的指挥下点撬作业以外,不得从事其他作业。

四、考核评分

1. 考评人员 3 名以上。

2. 评分程序及规则:考评员根据被认定人操作情况对照计分标准在评分表上记录评分。

3. 算分方法:采用百分制,满分 100 分,60 分及以上为及格。

五、铁道行业职业技能认定铁路线路工中级工实作技能考核评分记录表

单位:＿＿＿＿　姓名:＿＿＿＿　性别:＿＿＿＿　准考证号:＿＿＿＿　工种:＿＿＿＿　级别:＿＿＿＿

试题名称:线路垫板作业

考核时间:40 min

操作开始时间:　时　分　　　　　　　　　　操作结束时间:　时　分

项　目	考核内容及评分标准	扣分因素及扣分	得　分
操作程序 (40分)	1. 工具、材料准备齐全,检查工具状态是否良好。必要工具缺一件扣2分		
	2. 校对量具。轨距尺水平误差不超过1 mm		
	3. 调查工作量。(1)先选择标准股和画撬,一般以高的一股为标准股,俯身观测坑洼位置,准确画好每一撬的头尾。(2)测量标准股垫高量。用目视找出坑洼起止点,估测每根轨枕的轨面低洼量,同时估测轨枕空吊板量,用石笔将垫板的厚度写在轨枕上。(3)调查对面股工作量,一般标准股垫好后,用轨距尺测量对面股的水平,加上空吊板量,即为对面股的垫高量		
	4. 垫标准股。一般按照分发垫板、松扣件、起道、垫板、松起拨道器、扣件涂油、拧紧扣件顺序作业		
	5. 垫对面股。当轨距小时,应先紧里口,反之则先紧外口		
	6. 质量回检,整理道床		
	7. 作业结束,清点工具		
	程序不对扣10分,每漏一项扣5分		
作业质量 (40分)	1. 轨道几何尺寸不符合作业验收标准,每处扣10分		
	2. 不符合"胶垫、垫板位置正确,无串动,大小胶垫歪斜不超过2 mm;调高垫板应垫在轨底与橡胶垫板之间,每处调高垫板不得超过2块,总厚度不得超过10 mm;使用调高扣件的混凝土枕,每处调高垫板不得超过3块,总厚度不得超过25 mm(大调高量扣件除外)"的要求,每处扣5分		
	3. 不符合"扣板(弹片)扣件扭矩应保持在80~140 N·m,Ⅰ型、Ⅱ型弹条(小阻力)扣件的弹条中部前端下颚与轨距挡板离缝作业后不应大于1 mm,Ⅲ型弹条小圆弧内侧与预埋铁座端部应相距8~10 mm"的要求,每套扣5分		
工具使用 (10分)	1. 损坏工具,每件扣5分		
	2. 摆放工具不整齐,扣5分		
作业安全 (10分)	1. 未按规定穿戴、使用劳保用品,扣5分		
	2. 下道后未撤除防护,扣10分		
考核时间	作业在40 min内完成。每超时1 min扣5分,超过5 min停止考核。 用时　　min		
合计得分			

考评员签名:　　　　　　　　　被认定人:　　　　　　　年　月　日

S4 线路改道作业

一、考场准备

混凝土枕线路 25 m。按规定设置防护。配合人员 1 人。

二、材料工具准备

序 号	名 称	规 格	数 量	备 注
1	长效油脂		1桶	
2	扣板或轨距挡板	根据现场情况确定	若干	
3	尼龙挡座	根据现场情况确定	若干	
4	垫片、螺帽	根据现场情况确定	若干	
5	轨距尺		1把	
6	丁字扳手或锂电扳手		1把	
7	改道器或起拨道器		1台	
8	活口扳手	450 mm	1把	
9	套筒扳手	ϕ24 mm	1把	
10	石砟叉		1把	
11	石笔		1支	

三、考核要求

1. 被认定人入场后,首先由考评员告知题目和工作量,其次由被认定人检查准备工具,当被认定人告知考评员可以开始时,由考评员开始计时。考核时间为 40 min。

2. 工作量:混凝土枕线路改道不超过 6 根轨枕。

3. 考核过程中被认定人出现未设防护上道、严重磕碰手脚以及其他不安全因素时终止考试,成绩为零。

4. 考核完毕后,由被认定人在评分表上签字确认。

5. 配合人员除在被认定人的指挥下点撬作业以外,不得从事其他作业。

四、考核评分

1. 考评人员 3 名以上。

2. 评分程序及规则:考评员根据被认定人操作情况对照计分标准在评分表上记录评分。

3. 算分方法:采用百分制,满分 100 分,60 分及以上为及格。

五、铁道行业职业技能认定铁路线路工中级工实作技能考核评分记录表

单位:_____ 姓名:_____ 性别:_____ 准考证号:_____ 工种:_____ 级别:_____

试题名称:线路改道作业

考核时间:40 min

操作开始时间: 时 分 操作结束时间: 时 分

项 目	考核内容及评分标准	扣分因素及扣分	得 分
操作程序 (40分)	1. 工具、材料准备齐全,检查工具状态是否良好。必要工具缺一件扣2分		
	2. 校对量具。轨距尺水平误差不超过 1 mm		
	3. 调查工作量。先确定标准股:一般直线以方向好的一股,曲线以外股为标准股。先改标准股,后改对面股。再检查画撬:跨在钢轨上,目视前方20~30 m线路的轨向,确定改道的范围,用轨距尺逐根检查轨距,并将实量轨距标在轨枕上,在轨距变化率、轨距超限或需要调整轨距挡板的处所标记改动方向和改动量		
	4. 改正标准股。先松扣件,整修不良螺杆,再调整零配件,改正标准股方向。根据线路方向和扣板离缝情况,采用翻转扣板、调整尼龙挡座,并注意防止挤动钢轨、引起方向不良,若遇胶垫破损、歪斜、窜出,应先调换整正,若方向不良时,同时改正方向。最后螺栓除锈及涂油,拧紧扣件		
	5. 改正对面股。重复步骤4,并根据现场轨距情况,当轨距小时,应先紧里口,反之则先紧外口		
	6. 质量回检,整理道床		
	7. 作业结束,清点工具		
	程序不对扣 10 分,每漏一项扣 5 分		
作业质量 (40分)	1. 轨道几何尺寸不符合作业验收标准,每处扣 10 分		
	2. 不符合"胶垫、挡座、扣板、弹条等零部件安装位置要正、靠、密,扣板与轨底及轨枕挡肩离缝不大于 2 mm"的要求,每处扣 5 分		
	3. 不符合"扣板(弹片)扣件扭矩应保持在 80~140 N·m,Ⅰ型、Ⅱ型弹条(小阻力)扣件的弹条中部前端下颚与轨距挡板离缝作业后不应大于1 mm,Ⅲ型弹条小圆弧内侧与预埋铁座端部应相距 8~10 mm"的要求,每套扣 5 分		
工具使用 (10分)	1. 损坏工具,每件扣 5 分		
	2. 摆放工具不整齐,扣 5 分		
作业安全 (10分)	1. 未按规定穿戴、使用劳保用品,扣 5 分		
	2. 下道后未撤除防护,扣 10 分		
考核时间	作业在 40 min 内完成。每超时 1 min 扣 5 分,超过 5 min 停止考核。 用时 min		
合计得分			

考评员签名: 被认定人: 年 月 日

S5 单线区间施工使用移动减速信号防护作业

一、考场准备

单线区间线路一段(1 000 m以上)。按规定设置防护。

二、材料工具准备

序　号	名　　称	规　格	数　量	备　注
1	信号旗		2面	1红、1黄
2	信号灯	三色	1盏	夜间、不良天气使用
3	喇叭		1个	
4	对讲机		1台	与机车同频率
5	短路铜线	2 m	2条	自动闭塞区间
6	移动减速信号牌		2个	
7	减速地点标		2个	
8	带"T"字的移动减速信号牌		2个	

三、考核要求

1. 被认定人入场后,首先由考评员告知题目和工作量,其次由被认定人检查准备工具,当被认定人告知考评员可以开始时,由考评员开始计时。考核时间为25 min。

2. 工作量:在单线区间线路(1 000 m以上)施工设置移动减速信号防护。

3. 考核过程中被认定人出现未设防护上道、严重磕碰手脚以及其他不安全因素时终止考试,成绩为零。

4. 考核完毕后,由被认定人在评分表上签字确认。

四、考核评分

1. 考评人员3名以上。

2. 评分程序及规则:考评员根据被认定人操作情况对照计分标准在评分表上记录评分。

3. 算分方法:采用百分制,满分100分,60分及以上为及格。

五、铁道行业职业技能认定铁路线路工中级工实作技能考核评分记录表

单位:_____ 姓名:_____ 性别:_____ 准考证号:_____ 工种:_____ 级别:_____
试题名称:单线区间施工使用移动减速信号防护作业
考核时间:25 min
操作开始时间:　时　分　　　　　　　　操作结束时间:　时　分

项　　目	考核内容及评分标准	扣分因素及扣分	得　分
操作程序 (40分)	1. 工具、材料备齐全,检查工具状态是否良好。必要工具缺一件扣2分		
	2. 单线区间使用移动停车信号防护:在距施工地点两端各20 m处设置减速地点标,在距施工地点两端各800 m处设置移动减速信号牌,在距施工地点两端各"A"m(A为不同线路允许速度的列车紧急制动距离)处设置带"T"字的移动减速信号牌。均设在列车运行方向左侧路肩上		

续上表

项　　目	考核内容及评分标准	扣分因素及扣分	得　分
操作程序 (40分)	3. 作业结束,清点工具		
	程序不对扣10分,每漏一项扣10分。现场由考评员拟定速度等级,被认定人口述回答"A"的地点即可,回答错误扣10分		
作业质量 (40分)	1. 设置位置错误,每个扣10分		
	2. 设置方向错误,每个扣10分		
	3. 设置不牢、歪斜,每个扣5分		
工具使用 (10分)	1. 损坏工具,每件扣5分		
	2. 摆放工具不整齐,扣5分		
作业安全 (10分)	1. 未按规定穿戴、使用劳保用品,扣5分		
	2. 下道后未撤除防护,扣10分		
考核时间	作业在25 min内完成。每超时1 min扣5分,超过5 min停止考核。 用时　　　min		
合计得分			

考评员签名：　　　　　　　　　　被认定人：　　　　　　　　　　年　月　日

S6　双线区间一线施工使用移动减速信号防护作业

一、考场准备

双线区间线路一段(1 000 m以上)。按规定设置防护。

二、材料工具准备

序　号	名　　称	规　格	数　量	备　注
1	信号旗		2面	1红、1黄
2	信号灯	三色	1盏	夜间、不良天气使用
3	喇叭		1个	
4	对讲机		1台	与机车同频率
5	短路铜线	2 m	2条	自动闭塞区间
6	移动减速信号牌		1个	
7	减速防护地段终端信号牌		1个	
8	减速地点标		2个	
9	带"T"字的移动减速信号牌		1个	
10	作业标		2个	

三、考核要求

1. 被认定人入场后,首先由考评员告知题目和工作量,其次由被认定人检查准备工具,当

被认定人告知考评员可以开始时,由考评员开始计时。考核时间为 30 min。

2. 工作量:在双线区间(1 000 m 以上)一条线路施工,设置移动减速信号防护。

3. 考核过程中被认定人出现未设防护上道、严重磕碰手脚以及其他不安全因素时终止考试,成绩为零。

4. 考核完毕后,由被认定人在评分表上签字确认。

四、考核评分

1. 考评人员 3 名以上。

2. 评分程序及规则:考评员根据被认定人操作情况对照计分标准在评分表上记录评分。

3. 算分方法:采用百分制,满分 100 分,60 分及以上为及格。

五、铁道行业职业技能认定铁路线路工中级工实作技能考核评分记录表

单位:＿＿＿＿ 姓名:＿＿＿＿ 性别:＿＿＿＿ 准考证号:＿＿＿＿ 工种:＿＿＿＿ 级别:＿＿＿＿

试题名称:双线区间一线施工使用移动减速信号防护作业

考核时间:30 min

操作开始时间: 时 分 操作结束时间: 时 分

项　目	考核内容及评分标准	扣分因素及扣分	得　分
操作程序 (40分)	1. 工具、材料准备齐全,检查工具状态是否良好。必要工具缺一件扣2分		
	2. 在距施工地点两端各 20 m 处设置减速地点标,在距施工地点两端各 800 m 处设置移动减速信号牌和减速防护地段终端信号牌,在邻线上对应施工地点两端各 800 m 处设置作业标,在距施工地点"A"(A 为不同线路允许速度的列车紧急制动距离)处设置带"T"字的移动减速信号牌。均设在线路外侧路肩上		
	3. 作业结束,清点工具		
	程序不对扣10分,每漏一项扣10分。现场由考评员拟定速度等级,被认定人口述回答"A"的地点即可,回答错误扣10分		
作业质量 (40分)	1. 设置位置错误,每个扣10分		
	2. 设置方向错误,每个扣10分		
	3. 设置不牢、歪斜,每个扣5分		
工具使用 (10分)	1. 损坏工具,每件扣5分		
	2. 摆放工具不整齐,扣5分		
作业安全 (10分)	1. 未按规定穿戴、使用劳保用品,扣5分		
	2. 下道后未撤除防护,扣10分		
考核时间	作业在 30 min 内完成。每超时 1 min 扣5分,超过 5 min 停止考核。 用时　　min		
合计得分			

考评员签名: 被认定人: 年 月 日

S7　双线区间两线施工使用移动减速信号防护作业

一、考场准备

双线区间线路一段(1 000 m以上)。按规定设置防护。

二、材料工具准备

序　号	名　　称	规　格	数　量	备　注
1	信号旗		2面	1红、1黄
2	信号灯	三色	1盏	夜间、不良天气使用
3	喇叭		1个	
4	对讲机		1台	与机车同频率
5	短路铜线	2 m	2条	自动闭塞区间
6	移动减速信号牌		2个	
7	减速防护地段终端信号牌		2个	
8	减速地点标		2个	
9	带"T"字的移动减速信号牌		4个	

三、考核要求

1. 被认定人入场后,首先由考评员告知题目和工作量,其次由被认定人检查准备工具,当被认定人告知考评员可以开始时,由考评员开始计时。考核时间为30 min。

2. 工作量:在双线区间(1 000 m以上)两条线路同时施工,设置移动减速信号防护。

3. 考核过程中被认定人出现未设防护上道、严重磕碰手脚以及其他不安全因素时终止考试,成绩为零。

4. 考核完毕后,由被认定人在评分表上签字确认。

四、考核评分

1. 考评人员3名以上。

2. 评分程序及规则:考评员根据被认定人操作情况对照计分标准在评分表上记录评分。

3. 算分方法:采用百分制,满分100分,60分及以上为及格。

五、铁道行业职业技能认定铁路线路工中级工实作技能考核评分记录表

单位：＿＿＿ 姓名：＿＿＿ 性别：＿＿＿ 准考证号：＿＿＿ 工种：＿＿＿ 级别：＿＿＿

试题名称：双线区间两线施工使用移动减速信号防护作业

考核时间：30 min

操作开始时间： 时 分　　　　　　　　　操作结束时间： 时 分

项 目	考核内容及评分标准	扣分因素及扣分	得 分
操作程序 （40分）	1. 工具、材料准备齐全,检查工具状态是否良好。必要工具缺一件扣2分		
	2. 在距施工地点两端各20 m处设置减速地点标,在距施工地点两端各800 m处设置移动减速信号牌和减速防护地段终端信号牌,在距施工地点"A"(A为不同线路允许速度的列车紧急制动距离)处设置带"T"字的移动减速信号牌。均设在线路外侧路肩上		
	3. 作业结束,清点工具		
	程序不对扣10分,每漏一项扣10分。现场由考评员拟定速度等级,被认定人口述回答"A"的地点即可,回答错误扣10分		
作业质量 （40分）	1. 设置位置错误,每个扣10分		
	2. 设置方向错误,每个扣10分		
	3. 设置不牢、歪斜,每个扣5分		
工具使用 （10分）	1. 损坏工具,每件扣5分		
	2. 摆放工具不整齐,扣5分		
作业安全 （10分）	1. 未按规定穿戴、使用劳保用品,扣5分		
	2. 下道后未撤除防护,扣10分		
考核时间	作业在30 min内完成。每超时1 min扣5分,超过5 min停止考核。 用时　　min		
合计得分			

考评员签名：　　　　　　被认定人：　　　　　　　　　年　月　日

S8　检查单开道岔作业

一、考场准备

普速线路单开道岔一组。按规定设置防护。配合人员2人。

二、材料工具准备

序 号	名 称	规 格	数 量	备 注
1	轨距尺		1把	
2	支距尺		1把	
3	盒尺	5 m	1把	
4	检查锤		1把	

续上表

序　号	名　　称	规　格	数　量	备　注
5	弦线		1根	
6	塞尺、钢板尺		各1把	
7	石笔		1支	
8	道岔检查记录本(答题卡)		1本(张)	

三、考核要求

1. 被认定人入场后,首先由考评员告知题目和工作量,其次由被认定人检查准备工具,当被认定人告知考评员可以开始时,由考评员开始计时。考核时间为 25 min。

2. 工作量:检查普速线路单开道岔 1 组。

3. 考核过程中被认定人出现未设防护上道、严重磕碰手脚以及其他不安全因素时终止考试,成绩为零。

4. 考核完毕后,由被认定人在评分表上签字确认。

5. 配合人员除在被认定人的指挥下配合拉弦线作业以外,不得从事其他作业。

四、考核评分

1. 考评人员 3 名以上。

2. 评分程序及规则:考评员根据被认定人操作情况对照计分标准在评分表上记录评分。

3. 算分方法:采用百分制,满分 100 分,60 分及以上为及格。

五、铁道行业职业技能认定铁路线路工中级工实作技能考核评分记录表

单位:_____ 姓名:_____ 性别:_____ 准考证号:_____ 工种:_____ 级别:_____

试题名称:检查单开道岔作业

考核时间:25 min

操作开始时间:　时　分　　　　　　操作结束时间:　时　分

项　　目	考核内容及评分标准	扣分因素及扣分	得分
操作程序 (40分)	1. 工具、材料准备齐全,检查工具状态是否良好。必要工具缺一件扣2分		
	2. 校核轨距尺,水平误差不超过 1 mm		
	3. 确定标准股,以外直股和导曲线外股为标准股		
	4. 检查轨距、水平和查照护背等。按"先轨距、后水平"的顺序在规定的检查点上测量,将与规定标准的偏差值(查照护背记实测值)写在记录本或答题卡上		
	5. 检查支距和道岔爬行。用支距尺或方尺在顺坡终点接头处检查两接头的相错量,在尖轨尖端检查尖轨的直角相错量,用支距尺在规定检查点上逐点检查支距		

项 目	考核内容及评分标准	扣分因素及扣分	得 分
操作程序 (40分)	6. 在检查过程中,随时检查道岔各主要部位的有关尺寸和其他病害。主要部位包括尖轨的动程、尖轨非工作边与基本轨工作边的最小距离、滑床板的密贴情况、尖轨尖及竖切部分的密贴情况、辙叉部位轮缘槽宽度等;其他病害主要包括钢轨、轨枕、联结零件、轨道加强设备、道床、警冲标、标记、外观、路肩等		
	7. 作业结束,清点工具		
	程序不对扣10分,每漏一项扣5分,每缺少一个数据扣3分		
作业质量 (40分)	1. 站名、道岔编号、道岔型号、检查日期、检查人员姓名等要素记录齐全,每漏一项扣3分		
	2. 检查水平时符号写反(不含误差范围内正负),每处扣10分		
	3. 检查轨距、水平等测量数值误差大于1 mm,每处扣3分		
	4. 记录填写不清、有涂改,每处扣3分		
	5. 其他病害找错,每处扣5分		
工具使用 (10分)	1. 损坏工具,每件扣5分		
	2. 摆放工具不整齐,扣5分		
作业安全 (10分)	1. 未按规定穿戴、使用劳保用品,扣5分		
	2. 检查尖轨中时轨距尺未拿起而记录,扣5分		
	3. 手脚伸入尖轨与基本轨间,扣10分		
	4. 脚踏尖轨、钢轨及拉杆,每次扣2分		
	5. 下道后未撤除防护,扣10分		
考核时间	作业在25 min内完成。每超时1 min扣5分,超过5 min停止考核。 用时　　min		
合计得分			

考评员签名:　　　　　　　　　　被认定人:　　　　　　　　　年　月　日

S9　使用液压轨缝调整器作业

一、考场准备

25 m钢轨普通线路一段(100 m以上)。按规定设置防护。配合人员4人。

二、材料工具准备

序 号	名 称	规 格	数 量	备 注
1	活口扳手	450 mm	2把	
2	锂电扳手		1把	
3	丁字扳手		1把	
4	长套筒		2根	与扳手配套使用
5	道钉锤		3根	

序　号	名　　称	规　　格	数　量	备　注
6	撬棍		3根	
7	轨温计		1个	
8	扭矩扳手		1把	
9	轨缝调整器		1台	与线路钢轨配套

三、考核要求

1. 被认定人入场后,首先由考评员告知题目和工作量,其次由被认定人检查准备工具,当被认定人告知考评员可以开始时,由考评员开始计时。考核时间为 60 min。

2. 工作量:调整 3 个轨缝(25 m 轨)。

3. 考核过程中被认定人出现未设防护上道、严重磕碰手脚以及其他不安全因素时终止考试,成绩为零。

4. 考核完毕后,由被认定人在评分表上签字确认。

5. 配合人员除在被认定人的指挥下配合协同作业以外,不得从事其他作业。

四、考核评分

1. 考评人员 3 名以上。

2. 评分程序及规则:考评员根据被认定人操作情况对照计分标准在评分表上记录评分。

3. 算分方法:采用百分制,满分 100 分,60 分及以上为及格。

五、铁道行业职业技能认定铁路线路工中级工实作技能考核评分记录表

单位:＿＿＿＿　姓名:＿＿＿＿　性别:＿＿＿＿　准考证号:＿＿＿＿　工种:＿＿＿＿　级别:＿＿＿＿

试题名称:使用液压轨缝调整器作业

考核时间:60 min

操作开始时间:　时　分　　　　　　　　操作结束时间:　时　分

项　　目	考核内容及评分标准	扣分因素及扣分	得　分
操作程序 (40分)	1. 工具、材料准备齐全,检查工具状态是否良好。必要工具缺一件扣2分		
	2. 打松或卸下防爬器。根据钢轨串动方向,打松或卸下防爬器,将轨距杆螺栓松开		
	3. 冒起道钉或拧松扣件螺栓。根据需要将道钉冒起 1~2 mm,拧松扣件螺栓,同时拧松或卸下接头螺栓,松动夹板		
	4. 串动钢轨。两人操纵液压轨缝调整器,动作一致,来回摆动摇杆时,不要用力过猛,防止摇杆折断,同时油缸动程不得超过容许限度。由施工负责人指挥,按移动量大小,串动好钢轨,预留轨缝。25 m 钢轨每次串动 1 根,12.5 m 以下钢轨每次串动 2~3 根。打开回油阀,抬起手柄,松开楔铁推下一个作业地点		

项 目	考核内容及评分标准	扣分因素及扣分	得 分
操作程序 (40分)	5. 压打道钉、拧紧螺栓,钢轨串动好后,及时压打道钉,拧紧扣件螺栓,同时上好夹板螺栓		
	6. 安装和打紧防爬器,上紧轨距杆		
	7. 作业结束,清点工具		
	程序不对扣10分,每漏一项扣5分		
作业质量 (40分)	串动钢轨时未按预留轨缝尺寸一次串动合格,轨缝过大或过小,每次扣5分		
工具使用 (10分)	1. 损坏工具,每件扣5分		
	2. 摆放工具不整齐,扣5分		
作业安全 (10分)	1. 未按规定穿戴、使用劳保用品,扣5分		
	2. 下道后未撤除防护,扣10分		
考核时间	作业在60 min内完成。每超时1 min扣5分,超过5 min停止考核。 用时　　min		
合计得分			

考评员签名:　　　　　　　　被认定人:　　　　　　　　　年　月　日

S10　线下钢轨切割作业

一、考场准备

25 m钢轨普通线路一段(100 m以上)。按规定设置防护。配合人员1人。

二、材料工具准备

序 号	名 称	规 格	数 量	备 注
1	钢卷尺	30 m	1把	
2	钢板尺	150 mm及以上	1把	
3	石笔		1支	
4	钢轨切割机		1台	含常用工具
5	砂轮片		1片	
6	电源线		1根	
7	发电机		1台	
8	撬棍		1根	
9	锉刀		1把	
10	木片		若干	

三、考核要求

1. 被认定人入场后,首先由考评员告知题目和工作量,其次由被认定人检查准备工具,当

被认定人告知考评员可以开始时,由考评员开始计时。考核时间为 15 min。

2. 工作量:机械锯轨(1 个轨头)。

3. 考核过程中被认定人出现未设防护上道、严重磕碰手脚以及其他不安全因素时终止考试,成绩为零。

4. 考核完毕后,由被认定人在评分表上签字确认。

5. 配合人员除在被认定人的指挥下配合抬运机械作业以外,不得从事其他作业。

四、考核评分

1. 考评人员 3 名以上。

2. 评分程序及规则:考评员根据被认定人操作情况对照计分标准在评分表上记录评分。

3. 算分方法:采用百分制,满分 100 分,60 分及以上为及格。

五、铁道行业职业技能认定铁路线路工中级工实作技能考核评分记录表

单位:_____　姓名:_____　性别:_____　准考证号:_____　工种:_____　级别:_____

试题名称:线下钢轨切割作业

考核时间:15 min

操作开始时间:　时　分　　　　　　　　操作结束时间:　时　分

项　目	考核内容及评分标准	扣分因素及扣分	得　分
操作程序 (40 分)	1. 工具、材料准备齐全,检查工具状态是否良好。必要工具缺一件扣 2 分		
	2. 按考评员指定的尺寸在钢轨上标明,并画至轨底		
	3. 将应锯并已固定好的钢轨拨正、垫平		
	4. 锯轨。(1)放线,接电源。(2)安装新砂轮片,检查护罩。(3)锯轨机上轨,扶正并紧固。(4)发动锯轨机,试转 30 s 再锯轨。(5)先从轨头侧面上棱下锯,接近轨底。(6)锯轨时不宜用力过猛,不宜长时间接触钢轨。(7)锯轨完毕,停机,卸掉锯轨机。(8)用锉刀将轨头、轨底毛刺清除		
	5. 作业结束,清理场地,清点工料具		
	程序不对扣 10 分,每漏一项扣 5 分		
作业质量 (40 分)	1. 锯后长度误差超过 2 mm,扣 10 分		
	2. 锯后上下、左右偏斜超过 2 mm,扣 20 分		
	3. 锯截断面不垂直,扣 20 分		
工具使用 (10 分)	1. 损坏工具,每件扣 5 分		
	2. 摆放工具不整齐,扣 5 分		
作业安全 (10 分)	1. 未按规定穿戴、使用劳保用品,扣 5 分		
	2. 下道后未撤除防护,扣 10 分		
考核时间	作业在 15 min 内完成。每超时 1 min 扣 5 分,超过 5 min 停止考核。 用时　　min		
合计得分			

考评员签名:　　　　　　　　　被认定人:　　　　　　　　年　月　日

S11 断轨应急处置的紧急处理作业

一、考场准备

无缝线路一段。按规定设置防护。配合人员3人。

二、材料工具准备

序 号	名 称	规 格	数 量	备 注
1	臌包(或普通)夹板	根据现场情况确定	2块	与钢轨配套使用
2	急救器	根据现场情况确定	2套	与钢轨配套使用
3	活口扳手	450 mm	1把	
4	加力扳手		1把	
5	双头内燃扳手		1台	
6	镐耙		1把	
7	轨距尺		1把	
8	锂电扳手		1把	
9	短路铜线	2 m	1条	自动闭塞区间
10	塞尺		1把	
11	钢卷尺	30 m	1把	
12	轨温计		1个	

三、考核要求

1. 被认定人入场后,首先由考评员告知题目和工作量,其次由被认定人检查准备工具,当被认定人告知考评员可以开始时,由考评员开始计时。考核时间为30 min。

2. 工作量:无缝线路应急处置断轨1处。

3. 考核过程中被认定人出现未设防护上道、严重磕碰手脚以及其他不安全因素时终止考试,成绩为零。

4. 考核完毕后,由被认定人在评分表上签字确认。

5. 配合人员除在被认定人的指挥下配合复紧扣件及扶正夹板作业以外,不得从事其他作业。

四、考核评分

1. 考评人员3名以上。

2. 评分程序及规则:考评员根据被认定人操作情况对照计分标准在评分表上记录评分。

3. 算分方法:采用百分制,满分100分,60分及以上为及格。

五、铁道行业职业技能认定铁路线路工中级工实作技能考核评分记录表

单位:＿＿＿＿ 姓名:＿＿＿＿ 性别:＿＿＿＿ 准考证号:＿＿＿＿ 工种:＿＿＿＿ 级别:＿＿＿＿

试题名称:断轨应急处置的紧急处理作业

考核时间:30 min

操作开始时间: 时 分　　　　　　操作结束时间: 时 分

项 目	考核内容及评分标准	扣分因素及扣分	得 分
操作程序 (40分)	1. 工具、材料准备齐全,检查工具状态是否良好。必要工具缺一件扣2分		
	2. 检查。检查断轨处断缝值(≤50 mm)及钢轨其他伤损,并做好8 m距离标记		
	3. 测量轨温,根据作业轨温情况,锁定两端线路50 m,防止断缝变化		
	4. 扒砟。断轨处枕盒需扒开适量的道砟		
	5. 上急救器。在断缝处安装同型夹板,并用急救器固定,并拧紧急救器螺栓		
	6. 安装纵向连线短路铜线,看红光带是否消失		
	7. 上扣件,并复紧断缝前后各50 m线路扣件		
	8. 质量回检。用轨距尺检查断缝及其前后的轨距、水平,用塞尺检查工作边和钢轨顶面有无错牙		
	9. 派人看守		
	10. 作业结束,清点工具开通线路,放行列车速度不超过15 km/h。如断缝小于30 mm时,放行列车速度不超过25 km/h。重载铁路钢轨断缝小于30 mm时,使用夹板或臌包夹板钻孔加固,至少拧紧4个接头螺栓(每端2个),放行列车速度不得超过45 km/h		
	程序不对扣10分,每漏一项扣5分		
作业质量 (40分)	1. 轨面及内侧错牙不符合"正线、到发线不大于1 mm,其他站线不大于2 mm"的要求,每处扣5分。当错牙大于3 mm时每处扣20分		
	2. 未拧紧急救器螺栓,每根扣10分		
	3. 不符合"扣板(弹片)扣件扭矩应保持在80～140 N·m,Ⅰ型、Ⅱ型弹条(小阻力)扣件的弹条中部前端下颚与轨距挡板离缝作业后不应大于1 mm,Ⅲ型弹条小圆弧内侧与预埋铁座端部应相距8～10 mm"的要求,每套扣5分		
工具使用 (10分)	1. 损坏工具,每件扣5分		
	2. 摆放工具不整齐,扣5分		
作业安全 (10分)	1. 未按规定穿戴、使用劳保用品,扣5分		
	2. 无缝线路未执行三测轨温制度,扣10分		
	3. 下道后未撤除防护,扣10分		
考核时间	作业在30 min内完成。每超时1 min扣5分,超过5 min停止考核。 用时　　min		
合计得分			

考评员签名:　　　　　　　　　　被认定人:　　　　　　　　　　年　月　日

S12 手持式捣固镐捣固作业

一、考场准备

混凝土枕线路一段。按规定设置防护。配合人员1人。

二、材料工具准备

序 号	名 称	规 格	数 量	备 注
1	起拨道器		1台	
2	镐耙		1把	
3	手持式捣固镐		1把	
4	石砟叉		1把	
5	轨距尺		1把	

三、考核要求

1. 被认定人入场后,首先由考评员告知题目和工作量,其次由被认定人检查准备工具,当被认定人告知考评员可以开始时,由考评员开始计时。考核时间为40 min。

2. 工作量:捣固不超过6根轨枕。

3. 考核过程中被认定人出现未设防护上道、严重磕碰手脚以及其他不安全因素时终止考试,成绩为零。

4. 考核完毕后,由被认定人在评分表上签字确认。

5. 配合人员除在被认定人的指挥下配合抬运捣固搞作业以外,不得从事其他作业。

四、考核评分

1. 考评人员3名以上。

2. 评分程序及规则:考评员根据被认定人操作情况对照计分标准在评分表上记录评分。

3. 算分方法:采用百分制,满分100分,60分及以上为及格。

五、铁道行业职业技能认定铁路线路工中级工实作技能考核评分记录表

单位:＿＿＿＿＿ 姓名:＿＿＿＿＿ 性别:＿＿＿＿＿ 准考证号:＿＿＿＿＿ 工种:＿＿＿＿＿ 级别:＿＿＿＿＿

试题名称:手持式捣固镐捣固作业

考核时间:40 min

操作开始时间: 时 分　　　　　　　　操作结束时间: 时 分

项　　目	考核内容及评分标准	扣分因素及扣分	得 分
操作程序 (40分)	1. 工具、材料准备齐全,检查工具状态是否良好。必要工具缺一件扣2分		
	2. 校核量具		
	3. 扒道床。根据起道量,可适当扒出轨枕盒内道砟		

续上表

项　　目	考核内容及评分标准	扣分因素及扣分	得　分
操作程序 (40分)	4. 捣固姿势。两脚站在被捣固轨枕前或后的两根相邻轨枕上,捣固时,首先使用捣固镐与轨枕垂线呈45°角,以后逐渐增大		
	5. 捣固顺序。为加强轨底,先将镐头放在轨底处捣固,以后再向两边移动进行捣固,最后再向轨底中间方向捣固		
	6. 捣固时间。捣固时间与起道量有关,一般不少于40 s。根据现场实际情况,掌握好捣固时间,保证捣固质量		
	7. 回填道砟。根据捣固情况,及时回填捣固地段道砟		
	8. 质量回检,整理道床		
	9. 作业结束,清点工具		
	程序不对扣10分,每漏一项扣5分		
作业质量 (40分)	1. 捣固范围不符合钢轨中心至两侧距离为400～500 mm要求,每根扣5分		
	2. 捣固强度均衡。不符合"钢轨与胶垫之间应密贴,空隙不超过2 mm"的要求,每根轨枕扣10分。对轨枕、扣件、导线等造成伤损,每处扣10分		
工具使用 (10分)	1. 损坏工具,每件扣5分		
	2. 摆放工具不整齐,扣5分		
作业安全 (10分)	1. 未按规定穿戴、使用劳保用品,扣5分		
	2. 下道后未撤除防护,扣10分		
考核时间	作业在40 min内完成。每超时1 min扣5分,超过5 min停止考核。 用时　　 min		
合计得分			

考评员签名:　　　　　　　　　被认定人:　　　　　　　　　年　月　日

S13　更换混凝土枕普通夹板作业

一、考场准备

普通线路接头2个。按规定设置防护。配合人员1人。

二、材料工具准备

序　号	名　　称	规　格	数　量	备　注
1	长效油脂		1桶	
2	接头螺栓、夹板	由现场而定	若干	
3	垫圈或垫片	由现场而定	若干	
4	接头螺帽	由现场而定	若干	
5	接头扣件	由现场而定	1把	
6	活口扳手	450 mm	1把	

序　号	名　称	规　格	数　量	备　注
7	扭矩扳手		1把	
8	钢丝刷		1把	
9	棉纱		适量	
10	小油桶		1把	
11	扁油刷		1把	
12	丁字扳手或锂电扳手		1把	
13	塞尺		1把	

三、考核要求

1. 被认定人入场后,首先由考评员告知题目和工作量,其次由被认定人检查准备工具,当被认定人告知考评员可以开始时,由考评员开始计时。考核时间为 30 min。

2. 工作量:更换普通线路接头夹板 2 块。

3. 考核过程中被认定人出现未设防护上道、严重磕碰手脚以及其他不安全因素时终止考试,成绩为零。

4. 考核完毕后,由被认定人在评分表上签字确认。

5. 配合人员除在被认定人的指挥下协助扶正夹板作业以外,不得从事其他作业。

四、考核评分

1. 考评人员 3 名以上。

2. 评分程序及规则:考评员根据被认定人操作情况对照计分标准在评分表上记录评分。

3. 算分方法:采用百分制,满分 100 分,60 分及以上为及格。

五、铁道行业职业技能认定铁路线路工中级工实作技能考核评分记录表

单位:＿＿＿＿　姓名:＿＿＿＿　性别:＿＿＿＿　准考证号:＿＿＿＿　工种:＿＿＿＿　级别:＿＿＿＿

试题名称:更换混凝土枕普通夹板作业

考核时间:30 min

操作开始时间:　时　分　　　　　　　　　　操作结束时间:　时　分

项　目	考核内容及评分标准	扣分因素及扣分	得　分
操作程序 (40分)	1. 工具、材料准备齐全,检查工具状态是否良好。必要工具缺一件扣2分		
	2. 卸扣件。卸掉接头两侧轨枕扣件		
	3. 卸接头螺栓。卸螺栓顺序为 1、3、5、2、4、6		
	4. 卸夹板。用扳手尖端或撬棍撬出夹板		
	5. 除锈检查。清除螺栓和夹板上的积锈污垢,检查夹板、钢轨有无伤损、裂纹,螺栓有无失效		

项　目	考核内容及评分标准	扣分因素及扣分	得　分
操作程序 (40分)	6. 涂油。对螺栓螺纹部分全面涂油,在夹板和钢轨两者接触面上均匀涂油		
	7. 上夹板及接头螺栓。扣入新夹板,用螺栓先将夹板孔穿顺,再穿入全部螺栓。直线地段上紧固顺序1、6、3、4、2、5,曲线地段上紧固顺序1、6、5、2、3、4		
	8. 上扣件		
	9. 质量回检		
	10. 作业结束,清点工具		
	程序不对扣10分,每漏一项扣5分		
作业质量 (40分)	1. 轨面及内侧错牙不符合"正线、到发线不大于1 mm,其他站线不大于2 mm"的要求,每处扣5分。当错牙大于3 mm时每处扣20分		
	2. 不符合"最高、最低轨温差小于或等于85 ℃地区,普通线路接头螺栓扭矩50 kg/m钢轨及以下不小于400 N·m,60 kg/m钢轨及以上不小于500 N·m,最高、最低轨温差大于8 5℃地区,普通线路接头螺栓扭矩50 kg/m钢轨及以下不小于600 N·m,60 kg/m钢轨及以上不小于700 N·m;无缝线路接头螺栓扭矩达到900~1 100 N·m"的要求,每项扣5分		
	3. 不符合"扣板(弹片)扣件扭矩应保持在80~140 N·m,Ⅰ型、Ⅱ型弹条(小阻力)扣件的弹条中部前端下颚与轨距挡板离缝作业后不应大于1 mm,Ⅲ型弹条小圆弧内侧与预埋铁座端部应相距8~10 mm"的要求,每套扣5分		
工具使用 (10分)	1. 损坏工具,每件扣5分		
	2. 摆放工具不整齐,扣5分		
作业安全 (10分)	1. 未按规定穿戴、使用劳保用品,扣5分		
	2. 下道后未撤除防护,扣10分		
考核时间	作业在30 min内完成。每超时1 min扣5分,超过5 min停止考核。 用时　　min		
合计得分			

考评员签名:　　　　　　　　　　　被认定人:　　　　　　　　　　年　　月　　日

S14　使用小型打磨机打磨钢轨肥边作业

一、考场准备

钢轨有肥边的50 m线路一段。按规定设置防护。配合人员1人。

二、材料工具准备

序　号	名　　称	规　格	数　量	备　注
1	垂直打磨机		1 台	
2	轨距尺		1 把	
3	平直尺	1 m	1 把	
4	塞尺		1 把	
5	石笔		1 支	
6	活口扳手	450 mm	1 把	
7	工具锤		1 把	
8	砂轮		1 个	
9	游标卡尺		1 把	

三、考核要求

1. 被认定人入场后，首先由考评员告知题目和工作量，其次由被认定人检查准备工具，当被认定人告知考评员可以开始时，由考评员开始计时。考核时间为 40 min。

2. 工作量：打磨钢轨肥边 5 m。

3. 考核过程中被认定人出现未设防护上道、严重磕碰手脚以及其他不安全因素时终止考试，成绩为零。

4. 考核完毕后，由被认定人在评分表上签字确认。

5. 配合人员除在被认定人的指挥下协助抬运机器作业以外，不得从事其他作业。

四、考核评分

1. 考评人员 3 名以上。

2. 评分程序及规则：考评员根据被认定人操作情况对照计分标准在评分表上记录评分。

3. 算分方法：采用百分制，满分 100 分，60 分及以上为及格。

五、铁道行业职业技能认定铁路线路工中级工实作技能考核评分记录表

单位：_____　姓名：_____　性别：_____　准考证号：_____　工种：_____　级别：_____

试题名称：使用小型打磨机打磨钢轨肥边作业

考核时间：40 min

操作开始时间：　时　分　　　　　　　　　　　操作结束时间：　时　分

项　　目	考核内容及评分标准	扣分因素及扣分	得　分
操作程序 （40 分）	1. 工具、材料准备齐全，检查工具状态是否良好。必要工具缺一件扣 2 分		
	2. 校核量具		
	3. 调查打磨量。测量确定打磨部位及打磨量，并在轨腰上用石笔画上标记		

续上表

项　目	考核内容及评分标准	扣分因素及扣分	得　分
操作程序 (40分)	4. 抬机上道,打磨肥边。用力均匀,并要控制一定的打磨量,先少后多,由厚到薄。并经常检查轨面状态,防止打磨过量		
	5. 复查找细。复查打磨作业质量,对未达到标准的继续打磨。打磨测量结束后,用轨距尺检查打磨肥边后的轨距		
	6. 撤离机械。打磨作业后退回砂轮片,关机、抬机下道		
	7. 作业结束,清点工具		
	程序不对扣 10 分,每漏一项扣 5 分		
作业质量 (40分)	1. 轨面及内侧错牙不符合"正线、到发线不大于 1 mm,其他站线不大于 2 mm"的要求,每处扣 5 分。当错牙大于 3 mm 时每处扣 20 分		
	2. 不符合"120 km/h<线路允许速度 v_{max}≤200 km/h 时肥边小于 0.3 mm,线路允许速度 v_{max}≤120 km/h 时肥边小于 0.5 mm"的要求,每处扣 5 分		
	3. 轨距变化率(不含规定的递减率)不符合"120 km/h<线路允许速度≤200 km/h 线路小于 1‰、线路允许速度 v_{max}≤120 km/h 正线及到发线不大于 2‰,其他站线不大于 3‰"的要求,每处扣 5 分		
工具使用 (10分)	1. 损坏工具,每件扣 5 分		
	2. 摆放工具不整齐,扣 5 分		
作业安全 (10分)	1. 未按规定穿戴、使用劳保用品,扣 5 分		
	2. 下道后未撤除防护,扣 10 分		
考核时间	作业在 40 min 内完成。每超时 1 min 扣 5 分,超过 5 min 停止考核。 用时　　　min		
合计得分			

考评员签名:　　　　　　　　　　被认定人:　　　　　　　　　　　年　月　日

S15　整治钢轨接头错牙作业

一、考场准备

普通混凝土枕线路接头 2 个。按规定设置防护。配合人员 1 人。

二、材料工具准备

序　号	名　称	规　格	数　量	备　注
1	长效油脂		1 桶	
2	接头螺栓	根据现场情况确定	若干	
3	垫圈、错牙垫片	根据现场情况确定	若干	
4	接头螺帽	根据现场情况确定	若干	
5	接头扣件	根据现场情况确定	若干	

序　号	名　　称	规　格	数　量	备　注
6	丁字扳手或锂电扳手		1 把	
7	活口扳手	450 mm	1 把	
8	平直尺		1 把	
9	扭矩扳手		1 把	
10	钢丝刷		1 把	
11	小油桶		1 桶	
12	扁刷		1 把	
13	轨距尺		1 把	
14	塞尺		1 把	

三、考核要求

1. 被认定人入场后,首先由考评员告知题目和工作量,其次由被认定人检查准备工具,当被认定人告知考评员可以开始时,由考评员开始计时。考核时间为 30 min。

2. 工作量:整治钢轨接头错牙 1 处。

3. 考核过程中被认定人出现未设防护上道、严重磕碰手脚以及其他不安全因素时终止考试,成绩为零。

4. 考核完毕后,由被认定人在评分表上签字确认。

5. 配合人员除在被认定人的指挥下协助安装夹板和错牙垫片(垫圈)作业以外,不得从事其他作业。

四、考核评分

1. 考评人员 3 名以上。

2. 评分程序及规则:考评员根据被认定人操作情况对照计分标准在评分表上记录评分。

3. 算分方法:采用百分制,满分 100 分,60 分及以上为及格。

五、铁道行业职业技能认定铁路线路工中级工实作技能考核评分记录表

单位:_____　姓名:_____　性别:_____　准考证号:_____　工种:_____　级别:_____

试题名称:整治钢轨接头错牙作业

考核时间:30 min

操作开始时间:　时　分　　　　　　　　　　　　操作结束时间:　时　分

项　　目	考核内容及评分标准	扣分因素及扣分	得　分
操作程序 (40 分)	1. 工具、材料准备齐全,检查工具状态是否良好。必要工具缺一件扣 2 分		
	2. 校核量具		
	3. 调查工作量。测量错牙接头及其前后的轨缝,以判断是否需进行轨缝调整,检查钢轨接头错牙量		

项　　目	考核内容及评分标准	扣分因素及扣分	得　分
操作程序 (40分)	4. 卸下接头两根轨枕扣件		
	5. 卸下接头螺栓和夹板		
	6. 对螺栓、夹板和钢轨涂油		
	7. 根据错牙量的大小,选择适当厚度的垫圈或错牙垫片,垫于夹板与钢轨之间,或垫于低错轨端的夹板与钢轨之间		
	8. 上紧夹板和接头螺栓。若接头错牙仍未完全消除,则应重新拆开接头,调整垫圈(错牙垫片)的厚度重新垫入		
	9. 检查轨距、水平。若超限,应进行改道和捣固		
	10. 安装接头两根轨枕的扣件,并拧紧		
	11. 质量回检,清理场地		
	12. 作业结束,清点工具		
	程序不对扣10分,每漏一项扣5分		
作业质量 (40分)	1. 轨面及内侧错牙不符合"正线、到发线不大于1 mm,其他站线不大于2 mm"的要求,每处扣5分。当错牙大于3 mm时每处扣20分		
	2. 不符合"最高、最低轨温差小于或等于85 ℃地区,普通线路接头螺栓扭矩50 kg/m钢轨及以下不小于400 N·m,60 kg/m钢轨及以上不小于500 N·m,最高、最低轨温差大于85 ℃地区,普通线路接头螺栓扭矩50 kg/m钢轨及以下不小于600 N·m,60 kg/m钢轨及以上不小于700 N·m,无缝线路接头螺栓扭矩达到900～1 100 N·m"的要求,每项扣5分		
	3. 不符合"扣板(弹片)扣件扭矩应保持在80～140 N·m,Ⅰ型、Ⅱ型弹条(小阻力)扣件的弹条中部前端下颚与轨距挡板离缝作业后不应大于1 mm,Ⅲ型弹条小圆弧内侧与预埋铁座端部应相距8～10 mm"的要求,每套扣5分		
工具使用 (10分)	1. 损坏工具,每件扣5分		
	2. 摆放工具不整齐,扣5分		
作业安全 (10分)	1. 未按规定穿戴、使用劳保用品,扣5分		
	2. 下道后未撤除防护,扣10分		
考核时间	作业在30 min内完成。每超时1 min扣5分,超过5 min停止考核。 用时　　　min		
合计得分			

考评员签名:　　　　　　　　　　被认定人:　　　　　　　　　年　　月　　日

S16　线路检查评定作业

一、考场准备

普通混凝土枕线路接头2个。按规定设置防护。配合人员1人。

二、材料工具准备

序　号	名　　称	规　格	数　量	备　注
1	轨距尺		1把	
2	钢卷尺	5 m	1把	
3	检查锤		1把	
4	弦线		1根	
5	直角钢板尺		1把	
6	塞尺		1把	
7	石笔		1支	
8	线路检查记录本或答题卡		1本或1张	

三、考核要求

1. 被认定人入场后,首先由考评员告知题目和工作量,其次由被认定人检查准备工具,当被认定人告知考评员可以开始时,由考评员开始计时。考核时间为 40 min。

2. 工作量:检查线路 100 m,轨距、水平每 25 m 量 8 处。

3. 考核过程中被认定人出现未设防护上道、严重磕碰手脚以及其他不安全因素时终止考试,成绩为零。

4. 考核完毕后,由被认定人在评分表上签字确认。

5. 配合人员除在被认定人的指挥下协助拉弦线作业以外,不得从事其他作业。

四、考核评分

1. 考评人员 3 名以上。

2. 评分程序及规则:考评员根据被认定人操作情况对照计分标准在评分表上记录评分。

3. 算分方法:采用百分制,满分 100 分,60 分及以上为及格。

五、铁道行业职业技能认定铁路线路工中级工实作技能考核评分记录表

单位:_____　姓名:_____　性别:_____　准考证号:_____　工种:_____　级别:_____

试题名称:线路检查评定作业

考核时间:40 min

操作开始时间:　　时　　分　　　　　　　　　　　　　　操作结束时间:　　时　　分

项　　目	考核内容及评分标准	扣分因素及扣分	得　分
操作程序 (40分)	1. 工具、材料准备齐全,检查工具状态是否良好。必要工具缺一件扣 2 分		
	2. 校核轨距尺,水平正反两个方向不超过 1 mm		
	3. 确定基准股。直线以左股、曲线以曲下股为基准股		

项 目	考核内容及评分标准	扣分因素及扣分	得 分
操作程序 (40分)	4. 目测高低和轨向。在待检查线路前后 20～30 m 处目测高低、轨向,然后在检查轨距、水平的同时,每隔一定距离目测前后高低和轨向,必要时使用弦绳测量		
	5. 检查轨距、水平。按"先轨距、后水平"的顺序记录与规定标准的偏差值		
	6. 在检查过程中,随时注意检查轨枕、接头、钢轨伤损、联结零件、空吊板、线路外观等		
	7. 检查曲线正矢。此段线路内有曲线时,在检查完轨距、水平后,进行曲线的正矢测量,按既有桩点号依次用 20 m 弦在曲线上股钢轨内侧踏面下 16 mm 处测量。在量矢距时,尺子应垂直于弦线上与钢轨内侧踏面下 16 mm 处相贴,不能歪斜		
	8. 勾画超限处所。检查完后,对轨距、水平、三角坑、正矢等超限处所按给定标准进行勾画		
	9. 评定线路质量		
	10. 作业结束,清点工具		
	程序不对扣 10 分,每漏一项扣 5 分,每缺少一个数据扣 3 分		
作业质量 (40分)	1. 站名、道岔编号、道岔型号、检查日期、检查人员姓名等要素记录齐全,每漏一项扣 3 分		
	2. 检查水平时符号写反(不含误差范围内正负),每处扣 10 分		
	3. 检查轨距、水平、高低、轨向等测量数值误差大于 1 mm,每处扣 3 分		
	4. 其他病害找错,每处扣 5 分		
	5. 勾画错误,每处扣 5 分		
	6. 评定错误,扣 10 分		
	7. 记录填写不清、有涂改,每处扣 3 分		
工具使用 (10分)	1. 损坏工具,每件扣 5 分		
	2. 摆放工具不整齐,扣 5 分		
作业安全 (10分)	1. 未按规定穿戴、使用劳保用品,扣 5 分		
	2. 下道后未撤除防护,扣 10 分		
考核时间	作业在 40 min 内完成。每超时 1 min 扣 5 分,超过 5 min 停止考核。 用时　　 min		
合计得分			

考评员签名:　　　　　　　　　　被认定人:　　　　　　　　　　年　　月　　日

S17　道床边坡清筛作业

一、考场准备

待清筛道床边坡的线路一段。按规定设置防护。

二、材料工具准备

序　号	名　称	规　格	数　量	备　注
1	镐耙		1把	
2	筛子	孔径15～20 mm	1个	
3	皮斗		2个	
4	石砟叉		1把	
5	铁锹		1把	
6	扫帚		1把	

三、考核要求

1. 被认定人入场后,首先由考评员告知题目和工作量,其次由被认定人检查准备工具,当被认定人告知考评员可以开始时,由考评员开始计时。考核时间为30 min。

2. 工作量:清筛道床边坡1孔(一侧)。

3. 考核过程中被认定人出现未设防护上道、严重磕碰手脚以及其他不安全因素时终止考试,成绩为零。

4. 考核完毕后,由被认定人在评分表上签字确认。

四、考核评分

1. 考评人员3名以上。

2. 评分程序及规则:考评员根据被认定人操作情况对照计分标准在评分表上记录评分。

3. 算分方法:采用百分制,满分100分,60分及以上为及格。

五、铁道行业职业技能认定铁路线路工中级工实作技能考核评分记录表

单位:_____　姓名:_____　性别:_____　准考证号:_____　工种:_____　级别:_____

试题名称:道床边坡清筛作业

考核时间:30 min

操作开始时间:　　时　　分　　　　　　　　操作结束时间:　　时　　分

项　目	考核内容及评分标准	扣分因素及扣分	得　分
操作程序 (40分)	1. 工具、材料准备齐全,检查工具状态是否良好。必要工具缺一件扣2分		
	2. 扒开清砟。用叉子将钢轨头外轨枕盒内和道床边坡上的清洁浮砟扒到一边,以备回填道床时使用		
	3. 开口。用镐耙刨松道床边坡和钢轨外侧轨枕盒内的石砟,用叉子和铁丝筛筛出道砟,堆放在一边,以备回填道床时使用,用铁锹铲出脏污物到指定地点;开出倒筛道床的工作面(开口),工作面(豁口)宽约为0.8～1.1 m		
	4. 挖筛。用镐耙挖松钢轨外侧轨枕盒内的石砟,用叉子和铁丝筛筛出道砟,堆放在第二孔上,用铁锹铲出脏污物到指定地点,挖筛至规定尺寸,轨枕头外筛至路基面,并做好排水坡		

项　　目	考核内容及评分标准	扣分因素及扣分	得　分
操作程序 (40分)	5. 回填道床。将筛出的清砟回填在道床盒内		
	6. 补充均匀道砟，整理夯实道床		
	7. 质量回检		
	8. 清除弃砟、整理场地。扫除轨枕、扣件及钢轨上的泥土，并将弃砟、脏污物、弃土清出网外		
	9. 作业结束，清点工具		
	程序不对扣10分，每漏一项扣5分		
作业质量 (40分)	1. 清筛深度不足，扣20分，未做好排水顺坡，扣10分		
	2. 检查水平时符号写反(不含误差范围内正负)，每处扣10分		
	3. 不符合"全面均匀、平整作业范围及前后的道床，做到道床均匀饱满、边坡坡脚整齐，清筛后，道床宽度和坡度符合标准规定，边坡石砟必须均匀，达到'三平六道线'，即砟肩平、路肩平、边坡线间平，石砟坡脚两道线、肩砟两道线、枕头两道线"的要求，每项扣5分		
工具使用 (10分)	1. 损坏工具，每件扣5分		
	2. 摆放工具不整齐，扣5分		
作业安全 (10分)	1. 未按规定穿戴、使用劳保用品，扣5分		
	2. 下道后未撤除防护，扣10分		
考核时间	作业在30 min内完成。每超时1 min扣5分，超过5 min停止考核。 用时　　　min		
合计得分			

考评员签名：　　　　　　　　　被认定人：　　　　　　　　　年　月　日

S18　测量道岔磨耗作业

一、考场准备

有磨耗固定型道岔一组。按规定设置防护。

二、材料工具准备

序　号	名　　称	规　格	数　量	备　注
1	钢轨磨耗(轮廓)测量仪		1台	
2	叉心磨耗测量仪		1台	
3	石笔		1支	
4	记录本或答题卡		1本(张)	

三、考核要求

1. 被认定人入场后，首先由考评员告知题目和工作量，其次由被认定人检查准备工具，当被认定人告知考评员可以开始时,由考评员开始计时。考核时间为 20 min。

2. 工作量:测量磨耗直曲尖轨、基本轨各 1 处,导曲线轨 1 处,叉心 1 处。

3. 考核过程中被认定人出现未设防护上道、严重磕碰手脚以及其他不安全因素时终止考试,成绩为零。

4. 考核完毕后,由被认定人在评分表上签字确认。

四、考核评分

1. 考评人员 3 名以上。

2. 评分程序及规则:考评员根据被认定人操作情况对照计分标准在评分表上记录评分。

3. 算分方法:采用百分制,满分 100 分,60 分及以上为及格。

五、铁道行业职业技能认定铁路线路工中级工实作技能考核评分记录表

单位:＿＿＿＿ 姓名:＿＿＿＿ 性别:＿＿＿＿ 准考证号:＿＿＿＿ 工种:＿＿＿＿ 级别:＿＿＿＿

试题名称:测量道岔磨耗作业

考核时间:20 min

操作开始时间: 时 分 操作结束时间: 时 分

项 目	考核内容及评分标准	扣分因素及扣分	得 分
操作程序 (40分)	1. 工具、材料准备齐全,检查工具状态是否良好。必要工具缺一件扣 2 分		
	2. 工作量调查		
	3. 使用测量工具进行测量		
	4. 对伤损钢轨进行标记		
	5. 作业结束,清点工具		
	程序不对扣 10 分,每漏一项扣 10 分		
作业质量 (40分)	1. 测量部位不正确,每处扣 5 分		
	2. 测量数据误差大于 1 mm,每处扣 5 分		
	3. 错判,每处扣 10 分		
	4. 对重伤轨未提出更换,每处扣 20 分		
工具使用 (10分)	1. 损坏工具,每件扣 5 分		
	2. 摆放工具不整齐,扣 5 分		
作业安全 (10分)	1. 未按规定穿戴、使用劳保用品,扣 5 分		
	2. 下道后未撤除防护,扣 10 分		
考核时间	作业在 20 min 内完成。每超时 1 min 扣 5 分,超过 5 min 停止考核。 用时　　min		
合计得分			

考评员签名: 被认定人: 年 月 日

S19　检查对称道岔作业

一、考场准备

普速线路对称道岔一组。按规定设置防护。配合人员 2 人。

二、材料工具准备

序　号	名　称	规　格	数　量	备　注
1	轨距尺		1 把	
2	支距尺		1 把	
3	盒尺	5 m	1 把	
4	检查锤		1 把	
5	弦线		1 根	
6	塞尺、钢板尺		各 1 把	
7	石笔		1 支	
8	道岔检查记录本(答题卡)		1 本(张)	

三、考核要求

1. 被认定人入场后,首先由考评员告知题目和工作量,其次由被认定人检查准备工具,当被认定人告知考评员可以开始时,由考评员开始计时。考核时间为 30 min。

2. 工作量:检查对称道岔 1 组。

3. 考核过程中被认定人出现未设防护上道、严重磕碰手脚以及其他不安全因素时终止考试,成绩为零。

4. 考核完毕后,由被认定人在评分表上签字确认。

5. 配合人员除在被认定人的指挥下配合拉弦线作业以外,不得从事其他作业。

四、考核评分

1. 考评人员 3 名以上。

2. 评分程序及规则:考评员根据被认定人操作情况对照计分标准在评分表上记录评分。

3. 算分方法:采用百分制,满分 100 分,60 分及以上为及格。

五、铁道行业职业技能认定铁路线路工中级工实作技能考核评分记录表

单位:_____ 姓名:_____ 性别:_____ 准考证号:_____ 工种:_____ 级别:_____

试题名称:检查对称道岔作业

考核时间:30 min

操作开始时间:　时　分　　　　　　　　操作结束时间:　时　分

项　　目	考核内容及评分标准	扣分因素及扣分	得　分
操作程序 (40分)	1. 工具、材料准备齐全,检查工具状态是否良好。必要工具缺一件扣2分		
	2. 校核轨距尺,水平误差不超过1 mm		
	3. 确定标准股,导曲线以外股为标准股		
	4. 目测轨向和高低。站在道岔外方约50 m左右,先看道岔方向,后看前后高低,必要时用弦线量		
	5. 检查轨距、水平和查照护背等。按"先轨距、后水平"的顺序在规定的检查点上测量,将与规定标准的偏差值(查照护背记实测值)写在记录本或答题卡上		
	6. 检查支距和道岔爬行。用支距尺或方尺在顺坡终点接头处检查两接头的相错量,在尖轨尖端检查尖轨的直角相错量,用支距尺在规定检查点上逐点检查支距		
	7. 在检查过程中,随时检查道岔各主要部位的有关尺寸和其他病害。主要部位包括尖轨的动程、尖轨非工作边与基本轨工作边的最小距离、滑床板的密贴情况、尖轨尖及竖切部分的密贴情况、辙叉部位轮缘槽宽度等,其他病害主要包括钢轨、轨枕、联结零件、轨道加强设备、道床、警冲标、标记、外观、路肩等		
	8. 按给定标准勾画超限处所		
	9. 作业结束,清点工具		
	程序不对扣10分,每漏一项扣5分,每缺少一个数据扣3分		
作业质量 (40分)	1. 站名、道岔编号、道岔型号、检查日期、检查人员姓名等要素记录齐全,每漏一项扣3分		
	2. 检查水平时符号写反(不含误差范围内正负),每处扣10分		
	3. 检查高低、轨向、轨距、水平等测量数值误差大于1 mm,每处扣3分		
	4. 记录填写不清、有涂改,每处扣3分		
	5. 其他病害找错,每处扣5分		
	6. 错勾,每处扣5分		
工具使用 (10分)	1. 损坏工具,每件扣5分		
	2. 摆放工具不整齐,每处扣5分		
作业安全 (10分)	1. 未按规定穿戴、使用劳保用品,扣5分		
	2. 检查尖轨中时轨距尺未拿起而记录,扣5分		
	3. 手脚伸入尖轨与基本轨间,扣10分		
	4. 脚踏尖轨、钢轨及拉杆,每次扣2分		
	5. 下道后未撤除防护,扣10分		
考核时间	作业在30 min内完成。每超时1 min扣5分,超过5 min停止考核。 用时　　min		
合计得分			

考评员签名:　　　　　　　　　　被认定人:　　　　　　　　　　年　月　日

S20 混凝土枕螺纹道钉拔锚作业

一、考场准备

普速线路对称道岔一组。按规定设置防护。配合人员 2 人。

二、材料工具准备

序 号	名 称	规 格	数 量	备 注
1	拔锚机		1 台	含其配套工具
2	大锤		1 把	
3	小撬棍		1 根	
4	注水桶		1 个	
5	刷子		1 把	

三、考核要求

1. 被认定人入场后,首先由考评员告知题目和工作量,其次由被认定人检查准备工具,当被认定人告知考评员可以开始时,由考评员开始计时。考核时间为 15 min。

2. 工作量:拔锚混凝土枕螺纹道钉 2 个。

3. 考核过程中被认定人出现未设防护上道、严重磕碰手脚以及其他不安全因素时终止考试,成绩为零。

4. 考核完毕后,由被认定人在评分表上签字确认。

5. 配合人员除在被认定人的指挥下配合协助注水作业以外,不得从事其他作业。

四、考核评分

1. 考评人员 3 名以上。

2. 评分程序及规则:考评员根据被认定人操作情况对照计分标准在评分表上记录评分。

3. 算分方法:采用百分制,满分 100 分,60 分及以上为及格。

五、铁道行业职业技能认定铁路线路工中级工实作技能考核评分记录表

单位：_____ 姓名：_____ 性别：_____ 准考证号：_____ 工种：_____ 级别：_____

试题名称：混凝土枕螺纹道钉拔锚作业

考核时间：15 min

操作开始时间：　时　分　　　　　　　　　　　操作结束时间：　时　分

项　　目	考核内容及评分标准	扣分因素及扣分	得　分
操作程序 （40分）	1. 工具、材料准备齐全,检查工具状态是否良好。必要工具缺一件扣2分		
	2. 检查需拔锚螺纹道钉状态。如遇道钉严重歪斜,影响拔锚机拔锚作业,应提前将歪斜道钉整正		
	3. 将拔锚机架子固定在轨枕上		
	4. 安装拔锚机		
	5. 拔锚。用拔锚机对准螺孔中心均匀向下钻孔,边钻边注水,以免烧坏钻头,直至孔内断栓或失效螺栓钻透并被带出		
	6. 清孔。清除剩余残渣,清理钉孔,恢复原来的喇叭形		
	7. 作业结束,清点工具		
	程序不对扣10分,每漏一项扣10分		
作业质量 （40分）	1. 螺纹道钉取出时,损伤原孔每个扣20分		
	2. 拔锚后,钉孔脏污每个扣10分		
工具使用 （10分）	1. 损坏工具,每件扣5分		
	2. 摆放工具不整齐,扣5分		
作业安全 （10分）	1. 未按规定穿戴、使用劳保用品,扣5分		
	2. 下道后未撤除防护,扣10分		
考核时间	作业在15 min内完成。每超时1 min扣5分,超过5 min停止考核。 用时　　min		
合计得分			

考评员签名：　　　　　　　　　　被认定人：　　　　　　　　　　年　月　日

第三部分 高 级 工

1. 现场负责人确认故障、险情或自然灾害后,应如何处理?

答:现场负责人确认故障、险情或自然灾害后,立即向车站值班员(列车调度员)报告主要情况及影响范围、处置方案、行车限制条件。

2. 试述辙叉轨距不合标准的预防整治措施。

答:(1)拨正直股方向。(2)调整辙叉及护轨轮缘槽尺寸,使其符合标准。(3)打磨作用边肥边,焊补伤损心轨、翼轨。(4)整修查照间隔、护背距离、翼轨间隔、护轨间隔,使其符合规定。

3. 线路轨向不良应如何处理?

答:线路直线地段轨向不良,可用目测方法拨正。曲线地段轨向不良,可用绳正法测量、计算与拨正。如需改变曲线头尾位置、缓和曲线长度与圆曲线半径,应用仪器测量改动。

4. 试述矫正单开道岔尖轨、基本轨弯折量的作业(操作)方法和步骤。

答:(1)垫高放平。(2)消除硬弯和漫弯。(3)确定弯折位置。(4)弯折。(5)尖轨测量。(6)基本轨测量。(7)回检细弯。(8)存放。

5. 试述顶铁离缝或顶得过严的原因及整治方法。

答:(1)顶铁尺寸、型号不符,需调整。(2)顶铁位置安装不对,前后角度相反,上、下调面。(3)顶铁过紧时,抽掉少量插片或打磨顶铁端部。(4)顶铁有间隙,加垫调整插片。(5)适当调整轨距。

6. 预防、整治尖轨轧伤与侧面磨耗的措施有哪些?

答:(1)防止尖轨跳动及确保尖轨竖切部分与基本轨之间的密贴。(2)加长顶铁、使尖轨尖端不离缝。(3)将垂直磨耗超限的基本轨及时更换。(4)必要时安装防磨护轨,减少尖轨侧面磨耗。

7. 简述防止钢轨折断的措施。

答:(1)对高温锁定的无缝线路,要在设计锁定轨温范围内进行应力放散。(2)提高焊接质量,加强钢轨探伤。(3)整治焊缝病害。(4)加强防爬锁定。(5)提高线路质量,加强养护维修。

8. 简述线路上轨枕的修理方法。

答:(1)用削平、捆扎、腻缝等方法修理木枕。(2)用环氧树脂修补局部破损的混凝土枕。(3)用锚固法修理松动或失效的螺旋道钉。

9. 简述采用连入法铺设无缝线路作业的要求。

答:(1)换轨作业中,将新铺单元轨节的始端与已铺相邻单元轨节的终端直接焊连。(2)低温换轨作业中,轨条入槽后应先拉伸,使锁定轨温达到设计要求再进行焊接。(3)电气化区段如采用不停电换轨作业方法,使用待铺单元轨节作为接触网的临时回流通道时,钢轨胶接绝缘接头处必须设置临时连接线。

10. 铺设及整修道口作业时,有哪些安全注意事项?

答:(1)道口作业,必须设置专人防护,铺面作业必须申请施工在天窗点内作业。(2)抬运笨重物体,要先检查绳索、杆棒、动作协调,注意不伤手脚。(3)翻修道口,人员集中,应注意行人和车辆道路安全。

11. 胶接绝缘接头绝缘电阻不合格应如何处理?

答:(1)检查全断面夹板范围是否有异物接触,例如道砟过高而接触轨底或露出的绝缘层表面脏污,若是则应清除。(2)检查轨缝处的轨形端板是否完好,以及表面是否脏污,若是则应清除。(3)检查轨缝处轨顶端面是否有被车轮压出飞边,若有飞边应及时打磨清除。

12. 简述可动心轨辙叉道岔起道时的作业要求。

答:可动心轨辙叉道岔起道作业时,直、曲股应同时起平,保证可动心轨辙叉在一个平面上,并做好道岔前后及道岔曲股顺坡。道岔维修应使用机械捣固,加强接头、辙叉、尖轨弹性可弯段等部位和钢枕及其前后岔枕的道床捣固。

13. 整治普通接头钢轨病害有哪些安全注意事项?

答:(1)必须拆开接头时,须办理临时封锁手续,在规定的时间内恢复线路。(2)电源开关、插盒及导线要保持状态良好、牢固,配置触保器。(3)使用砂轮机时操作人员要戴防护镜、穿绝缘鞋。(4)经常检查砂轮片紧固度,适时更换过薄的砂轮片,以防击碎伤人。(5)轨端肥边打磨适宜安排在气温较低时作业。打磨绝缘接头必须执行相应安全措施。

14. 简述轨枕埋入式无砟道床中长枕与底座的伤损形式及等级的判定标准。

答:(1)长枕裂缝宽度超过 0.1 mm 时为Ⅰ级伤损,裂缝宽度超过 0.2 mm 时为Ⅱ级伤损,裂缝宽度超过 0.3 mm 时为Ⅲ级伤损。(2)底座裂缝宽度超过 0.2 mm 时为Ⅰ级伤损,裂缝宽度超过 0.3 mm 时为Ⅱ级伤损,裂缝宽度超过 0.5 mm 时为Ⅲ级伤损。

15. 起道作业收工时,顺坡率应满足哪些要求?

答:允许速度不大于 120 km/h 的线路不应大于 2.0‰,允许速度为 120(不含)～160 km/h 的线路不应大于 1.0‰,允许速度大于 160 km/h 的线路不应大于 0.8‰。

16. 简述混凝土枕挡肩修补的质量要求。

答:(1)挡肩的斜坡与原轨枕斜坡相符,抹面光滑,无凸凹不平。(2)环氧树脂砂浆配合比恰当,抗压强度够,化学性能稳定。(3)环氧树脂浆加热到 100 ℃ 以上时,不软化,不发黏。(4)修理挡肩后的扣件应符合标准。

17. 简述尖轨降低值测量仪日常保养的内容。

答:(1)仪器使用完毕后,先清洁,然后按原状放回包装箱内。(2)若要长时间存放仪器,需将各滑轨处涂刷防锈油,取下电池然后将仪器放入包装箱。(3)放在通风良好,温、湿度适宜的库房中。

18. 在非自动闭塞的电气化区段上更换钢轨时,应遵守哪些规定?

答:(1)在同一地点同时更换两股钢轨时,无论该地段接触网是否停电,换轨前必须在被换钢轨两端轨节间纵向各设一条截面不小于 70 mm² 的铜导线。铜导线两端牢固夹持在相邻的轨底上,夹持位置应除锈,作业完毕后方准拆除接地线和铜导线。(2)更换一股钢轨时,换轨前应在被换钢轨两端轨节间纵向安设一条截面不小于 70 mm² 的铜导线。铜导线两端牢固夹持在相邻的轨底上,夹持位置应除锈,作业完毕后方准拆除铜导线。

19. 试述线路上作业设置移动停车信号防护的程序。

答:(1)驻站联络员确认作业调度命令,并向施工(维修)负责人、现场防护员传达。(2)施工(维修)负责人通知现场防护员按规定设置移动停车信号。(3)施工(维修)负责人确认已按规定设置好移动停车信号后,发出作业命令。

20. 试述线路日常保持状态中无砟轨道评定标准的扣分项点。

答:(1)双块式轨枕、长枕、混凝土支撑块Ⅲ级伤损。(2)道床板Ⅲ级伤损。(3)底座Ⅲ级伤损。(4)支承层Ⅲ级伤损。(5)预埋铁座失效。

21. 道岔整治作业应如何控制轨距、固定轨向?

答:(1)更换失效岔枕。(2)整修扣件:木岔枕螺纹道钉齐全、有效,作用良好;混凝土岔枕预埋件螺栓无缺少、松动和失效。(3)控制道岔转辙部位横移:增设道岔加强设备,如木岔枕增设防横移铁、拉杆和设置钢轨地埋桩等措施控制横移和方向。

22. 简述减缓钢轨磨耗的措施。

答:(1)正确调整曲线外轨超高。(2)调整轨底坡。(3)加强线路维修。(4)整治接头病害。(5)定期做好钢轨润滑。(6)加强钢轨打磨。

23. 辊轮系统及其部件应满足哪些要求?

答:(1)辊轮安装与调整应符合铺设图要求,各零部件应保持齐全。(2)尖轨在闭合状态下,尖轨轨底与辊轮的间隙应为 1~2 mm,尖轨在斥离状态下,尖轨轨底与滑床台上表面的间隙应为 1~3 mm。(3)辊轮槽排水孔应保持畅通。(4)辊轮上、下部分联结螺栓松动、折断、缺失、破损时应及时修理或更换。

24. 尖轨降低值测量仪测量时应注意哪些事项?

答:(1)禁止使仪器坠落或敲击仪器。(2)禁止按压支腿横梁。(3)禁止在规定环境条件外使用仪器。(4)液晶显示屏和操作面板,不可被划破或有其他损伤,请小心使用。(5)仪器出现故障,须及时联系厂商,勿擅自拆卸。

25. 简述地锚拉杆养护维修的程序。

答:(1)松开钢轨桩一侧的卡头。如果是配合大机捣固作业,应将没有紧贴轨枕的地锚拉杆完全卸掉。(2)测试绝缘性能(配合电务进行)。(3)检查线路轨向并将线路方向不良的地段进行拨正,作业完成后,及时安装,以免线路发生变化。(4)将拉杆调整到与轨底平行。(5)复紧螺栓。严格控制螺栓拧紧的程度,保证在静态下钢轨不过分受力,避免由于松紧程度不一在列车冲击后形成方向不良,或者在动态下形成硬点。

26. 使用经纬仪校正线路方向有哪些安全注意事项?

答:(1)使用仪器时要轻拿轻放,中途转移时要防止碰撞。(2)不得用手和粗布擦拭镜头,应用绒布或擦镜纸擦拭。(3)在线路下部测量,来车时要扶住仪器,防止倾倒,过车后要检查仪器位置,确认对中整平后才能继续测量。

27. 简述线路大中修再用轨及配件的验收标准。

答:(1)钢轨无硬弯,接头轨面及内侧错牙不得大于 1 mm。(2)接头相错:直线不得大于40 mm,曲线不得大于 40 mm 加缩短轨缩短量的一半。(3)轨缝每千米总误差:25 m 钢轨不得大于 80 mm,12.5 m 钢轨不得大于 160 mm。(4)接头扣件涂油,扭矩达到标准。

28. 普速铁路道岔工电结合部整治作业有哪些安全注意事项?

答:(1)结合部整治,电务人员必须到现场配合。(2)进行每项整治作业,严格执行《普速铁路工务安全规则》规定的防护办法。(3)在活动部位作业,防止道岔扳动挤伤手脚。(4)使用各种机具设备,应严格按规定办理。(5)在轨道电路区段,工具、机具避免搭接电路,防止跳信号。

29. 曲线上钢轨是如何布置的?

答:钢轨接头应采用相对式联结方式。曲线地段外股应使用标准长度钢轨,内股应使用厂制缩短轨调整钢轨接头位置。剩余少量相错量,应利用钢轨长度误差量在曲线内调整,有困难时可在直线上调整。

30. 试述预防、整治焊缝病害的方法。

答:对高低接头、错口接头、马鞍形接头等缺陷接头,要用磨、焊、垫、捣、筛等方法综合整治。轨面要平顺,对超限的高低不平顺应及时打磨、焊补,使无缝线路钢轨顶面和内侧保持平整光滑。有严重缺陷者要锯掉重新焊接。

31. 使用电子(数显)轨距尺应注意哪些事项?

答:(1)测量仪是重要的线路测量设备,非专业人员严禁拆卸仪器。(2)为保证测量精度的长期稳定,不要快速拉动活动测头。(3)使用中应轻拿轻放,避免碰撞。(4)完成测量后,及时关闭电源。(5)校准完毕后将校准开关拨动到 OFF 状态,并重启电源。(6)严禁将该仪器放入水中浸泡,浸水后无法保证其正常工作。

32. 在道岔转辙部分、辙叉部分改道作业时,有何要求?

答:在道岔转辙部分改道时,应将曲股基本轨弯折尺寸和尖轨侧弯整修好。在辙叉部分改道时,应处理好查照间隔、护背距离和翼轨、护轨轮缘槽宽度之间的关系,应用打磨钢轨肥边和间隔铁加垫片等方法调整好轮缘槽宽度。

33. 简述胀轨跑道处理后的作业相关标准。

答:(1)线路的几何尺寸应符合《普速铁路线路修理规则》规定。(2)经处理后,限速通过,监视线路状态,发现异常,立即通知停车。(3)切开钢轨放散应力采用普通接头连接的线路,接头上下、左右错牙不超过 2 mm,接头螺栓扭力矩应达到 700～900 N·m。(4)切开钢轨放散应力采用焊接接头连接的线路,放行列车时,焊缝温度应低于 300 ℃,焊接接头平顺性用 1 m 直尺测量轨头作用边不大于±0.2 mm,顶面不大于 0.2 mm。

34. 简述使用小车时应遵守的规定。

答:(1)使用前应检查,确认状态良好。(2)作业前应明确小车作业范围、走行径路、使用安全风险及防范措施。(3)使用时应明确负责人和随车防护员,携带无线对讲设备及防护信号,配备足够的人员,可随时将小车撤出线路。(4)在有轨道电路地段使用时,应设置绝缘车轴或绝缘垫。(5)小车上道使用应由工务段、工务机械段审批,具体办法由铁路局集团公司制定。(6)应对小车编号,建立管理台账。日常应定点放置并加锁。

35. 试述道岔大修作业中无缝道岔的验收标准。

答:(1)锁定轨温准确,并在设计规定的锁定轨温范围内。(2)位移观测桩埋设齐全、牢靠,观测标记清楚,位移不得大于 5 mm。(3)锁定要求及侧线和渡线锁定长度符合《普速铁路线路修理规则》第 4.2.4 条的规定。(4)左右两股尖轨方正,相错量不超过 10 mm。

36. 简述道岔大修中岔枕的验收标准。

答:(1)间距误差不得超过 20 mm,配置符合要求。(2)无失效,无失修。(3)无连续空吊板;连续检查 50 头,空吊板不得超过 6%。(4)混凝土岔枕符合标准。

37. 简述胶接绝缘接头发生拉开离缝及胶接绝缘失效时的处理步骤。

答:胶接绝缘接头拉开时,应立即复紧两端各 50 m 范围内线路扣件,并尽快修复。绝缘失效时,应立即更换或采用现场胶接绝缘接头技术处理。

38. 内燃钢轨钻孔机钻孔作业应注意哪些事项?

答:(1)按规定穿戴和使用防护用品。(2)线上钻孔时,应按规定设置防护。(3)不得"带病"使用机械,线上作业发生故障时应及时停机下道检修。(4)手动进给应缓慢、均匀,防止钻头折断。(5)钻孔时应不间断供给冷却液。

39. 简述单根更换轨枕的作业标准。

答:(1)轨枕应与轨道中心线垂直,位置正确,间距误差和偏斜,正线及到发线不超过 50 mm,其他站线不超过 60 mm。(2)Ⅰ型混凝土枕中部道床应掏空,其顶面低于枕底不得小于 20 mm,长度应为 200~400 mm。Ⅱ型和Ⅲ型混凝土枕中部道床应填平,并不高于轨枕顶面。(3)轨道几何尺寸及扣件、道床、防爬设备等,符合《普速铁路线路修理规则》作业验收管理值标准规定。

40. 简述使用电子平直仪测量焊缝平直度的方法。

答:(1)连接计算机。(2)将电子平直仪放在轨顶或轨头工作边,中部靠近焊缝。(3)按开始键,测量将自动进行。(4)测量完成后,输出 1 m 范围内均布的 200 个数据,并自动计算出最大值和最小值等信息,最后形成数字文件储存起来。

41. 预防、整治尖轨跳动的措施有哪些?

答:(1)焊补或更换间隔铁、夹板、更换磨耗的双头螺栓。(2)增补整修跟部桥型垫板和防跳卡铁,进一步采取尖轨防跳措施,如在基本轨轨底增设尖轨防跳器,或将尖轨连杆两端安设防跳补强板,使其长出部分卡在基本轨轨底,以防尖轨跳动。(3)加强转辙部分枕下的捣固,尤其是加强接头及尖轨跟端的捣固。(4)调直拱腰的尖轨。

42. 简述更换道岔尖轨、辙叉及护轨的质量标准。

答:(1)尖轨无损坏、无拱腰、无扭曲,补强螺栓无缺少、无松动。(2)钢轨件无损伤、无硬弯,尖轨弯折位置正确,矢度尺寸符合要求。(3)开程、动程、尖轨跟轮缘槽符合技术要求。(4)尖轨在使用状态下,竖切部分和基本轨作用边密贴。(5)各部几何尺寸达标,联结零件齐全,作用良好,接头轨面和作用边错牙不超过 1 mm。

43. 砂轮片选用、储存及使用时应注意哪些事项?

答:(1)必须选用正规生产厂家的砂轮片,内部有尼龙加强网,安全线速度要求大于 70 m/s。(2)砂轮片应放置在干燥通风的地方,避免受潮,尽管如此,在雨季或潮湿的环境下,砂轮片也会吸潮,受潮的砂轮片硬度降低,切割时剧烈摆动,不但无法切割,而且容易破碎。干燥的方法是,电烘箱烘干(温度 50~60 ℃)或在太阳下曝晒数小时。(3)安装砂轮片前应检查砂轮片是否有裂纹,并用双手扭动砂轮片是否受潮变软。(4)新安装的砂轮片,由于各处回转半径不同,会出现跳动现象,此时,应注意不要用力过大,随着砂轮片的磨圆,跳动会很快消失,否则,跳动会加剧,而损坏砂轮片。

44. 简述轨道检查仪的拼装步骤。

答:(1)将大梁与侧臂从储藏箱中取出,并放置在平整的地面上。(2)连接航空插头将大梁法兰的定位销对准侧臂上的定位销孔,且轻推到位,同时旋转两锁紧手轮,将其锁紧。(3)将电池插入大梁上的电池座。(4)连接电源插头。(5)将推杆插入机架中部的推杆座,笔记本电脑装入推杆上的电脑托架。(6)连接数据采集显示器的串口通信电缆。

45. 简述道岔工电结合部整治的作业(操作)方法和步骤。

答:(1)清筛道床,全面调整道岔及其前后线路平纵断面。(2)均匀轨缝,消灭道岔爬行,道岔对方。(3)打磨尖轨、基本轨、叉心肥边和轨端肥边,整治接头错牙。(4)更换断裂、脱焊和磨耗严重的滑床板,整正压溃、歪斜垫板及胶垫。(5)配合电务调整尖轨动程。(6)整治尖轨与基本轨不密贴。

46. 调整曲线超高有哪些安全注意事项?

答:(1)无缝线路地段调整超高作业时,严格按无缝线路作业有关规定执行。(2)电气化线路区段,单股一次起道量超高 11 mm 时,必须先通知供电部门调查确认接触网设备调整工作量并配合作业。(3)起道作业时,隧道、下承式桁架桥和拱桥、斜拉桥不得超过建筑限界尺寸线。

47. 试述处理无缝线路胀轨跑道的质量标准。

答:(1)采用浇水降温时,其浇淋长度自胀轨跑道两端各 50~70 m,由外向内对两股钢轨同时浇水。(2)发现胀轨(预兆)经处理线路稳定后,可逐步提高行车速度。在轨温未明显下降前,不得提前撤离看守人员。(3)截断钢轨应急处理后,必须在 24 h 内按规定进行临时性或永久性处理。

48. 简述钢轨铝热焊冷打磨的技术要求。

答:(1)冷打磨。在浇注完成 1 h 左右进行冷打磨。(2)冷打磨接头平直度要求:用 1 m 直尺测量,钢轨及钢轨焊缝(接头)平直度,$v_{max} \geqslant 200$ km/h 地段钢轨顶面与工作边矢度应不大于 0.2 mm,轨底(焊筋)矢度应符合 $0 \sim +0.5$ mm 的标准。(3)120 km/h$< v_{max} < 200$ km/h 地段钢轨顶面和工作边矢度应不大于 0.3 mm,轨底(焊筋)矢度应符合 $0 \sim +0.5$ mm 的标准。(4)$v_{max} \leqslant 120$ km/h 地段钢轨顶面矢度应不大于 0.5 mm,轨底(焊筋)矢度应符合 $0 \sim +0.5$ mm 的标准。(5)焊缝上下角圆顺、整体光滑平顺,无棱角毛刺,便于探伤。

49. 简述铺设及整修道口作业的质量标准。

答:(1)道口铺面应平整、稳固,相邻道口板高度相差不超 5 mm,铺面高度不应超过钢轨顶面,钢轨头部外侧 50 mm 范围内,道口铺面应低于轨面 5 mm。(2)道口范围内,线路几何尺寸无超限。(3)护轨制作应符合《普速铁路线路修理规则》第 3.12.3 条的规定。(4)按规定埋设和刷新各项道口标桩。(5)其他各项技术要求必须符合道口设计规定。

50. 试述螺旋道钉锚固工艺的程序。

答:(1)清理好钉孔,恢复原来的喇叭形。(2)用粗砂将孔底封死并捣固,净留孔深不小于 160 mm。(3)摆正锚固架,控制螺纹道钉位置。(4)溶液一次灌够,但不宜太满。(5)将螺旋道钉顺锚固架左右旋转垂直插入,螺旋道钉的方(圆)应高出承轨台面,使用扣板扣件时高出 $5 \sim 8$ mm,使用弹条扣件时高出 $0 \sim 2$ mm。(6)外溢的溶液凝固后,应铲除干净。

51. 试述扣件预埋套管失效的修理方法。

答:扣件预埋套管失效时应及时采用相同型号套管进行修复,修复时应满足以下要求:(1)取出失效套管时,不得伤及套管周围钢筋,且油渍或油脂不得污染孔壁。(2)失效套管取出后,应清除混凝土枕孔内残渣,并用高压风吹净。(3)应在孔内注入或在新套管外壁涂敷适量的锚固胶。(4)植入的新套管定位应准确。(5)新套管锚固强度应达到抗拔力要求后方可安装扣件。(6)采用的修复方案及锚固胶应提前进行试验,确定修复工艺参数。

52. 试述整治尖轨跟接头应采取的措施。

答:(1)更换严重磨损的尖轨跟端间隔铁和接头螺栓。(2)更换严重磨损、脱焊的尖轨跟端大垫板。(3)整治尖轨跟端螺栓磨耗,加装套圈,控制尖轨前后窜动,保持轨缝。(4)整治尖轨跟端错牙。(5)尖轨跟双头螺栓扭矩适中,不宜过紧,防止扳动尖轨时不同步、不灵活。

53. 普速铁路无缝线路成段更换钢轨,换入和换出的长钢轨如何堆放?

答:无缝线路成段更换钢轨时,准备换入的长轨应放在道床砟肩上(无砟桥桥枕上),换出的长轨应放在道床砟肩上或道心,在桥梁上、道口、人行过道、平过道及信号机附近应有保持稳定和防止连电的措施。在道床砟肩上放置长轨时,要提前做好整平道砟、清障及轨旁设备防护等工作。道床砟肩不满足钢轨存放条件时,应采取枕木墩支垫或穿入短木枕等方式,确保钢轨放置稳固。准备换入的长轨长度不宜大于 2 000 m,换出的长轨长度不得大于 500 m。放置的长轨应保证顺直,并处于自由伸缩状态,不得有硬弯及端部翘头,相邻两根长轨的端部应错开。每约 100 m 应设置一处横向限位,长轨端部、曲线地段应适当加密。对放在道床砟肩上或道心的长轨还应派人巡检。

54. 预防、整治辙叉垂直磨耗和压溃的措施有哪些?

答:(1)加强辙叉底部捣固,特别是叉心和辙叉前后接头处的捣固。(2)借助于更换岔枕的机会,彻底加强辙叉底捣固。(3)在辙叉底岔枕顶面垫胶垫,以缓冲受力。(4)用竖螺栓扣板把辙叉固定在垫板上,加强辙叉的整体稳定性。(5)可在辙叉部位的岔枕上安设特制铁座,用弹条 I 型扣件固定辙叉位置。

55. 铺设无缝线路时,轨条装、运、卸作业应注意哪些事项?

答:(1)轨条装、运、卸作业严禁摔、撞,防止扭曲、翻倒,以免造成损伤和硬弯。(2)轨条装车时,应根据长轨列车运行途中线路的平面条件,严格控制轨条端头与长轨列车承轨横梁间的距离,防止运行途中轨条端头顶、撞横梁,并安装好间隔铁和分层紧固约束装置,防止轨条前后窜动和左右摆动。(3)长轨列车运行必须执行有关规定,防止紧急制动,并应由专人负责,做好运行监护、停车检查工作,确保运行安全。一旦使用紧急制动,应在前方车站停车,随车作业人员应对长轨列车状态和长轨装载状态进行全面检查。(4)卸轨前应整平砟肩、清除障碍物,轨条应卸在轨枕端头外,并采取措施防止侵入限界。

56. 试述曲线"鹅头"和反弯产生的原因。

答:(1)曲线方向不良多数发生在曲线头尾,曲线头尾向上股凸出,通常称为"鹅头",反之通常称为反弯。(2)产生"鹅头"的原因之一是养护不当,例如用目视代替拉绳拨道,目视时一般都习惯往上挑,从而破坏了直缓(缓直)点的正确位置,即使用拉绳法拨道,如方法(由曲线中点向两头拨)不正确也有可能破坏了直缓(缓直)点的正确位置。(3)另外,列车由直线进入曲线或由曲线驶向直线时,惯性力的冲击,也是造成"鹅头"的一个主要原因。

57. 试述曲线方向不良产生的原因。

答:(1)路基排水不良,翻浆冒泥,下沉、溜塌的病害,引起路基变化,致使曲线正矢、水平、高低、轨距也跟着变化。(2)拨道时凭经验、靠眼力,线路经常外拨,为减少拨道量,长期采用简易拨道法,造成误差积累产生曲线头尾方向不良。(3)整正线路方向,只单纯拨道,没有结合水平、高低的综合整治;拨道时,没有预留合适的回弹量,钢轨硬弯,接头错牙,轨底坡不一致,拨道前未均匀轨缝;拨道后不及时回填夯实道床;起道时放置起道机位置不当,捣固不均匀等引起方向不良。(4)线上材料腐朽,失效或不足,均促使曲线方向发生变化。

58. 道岔基本轨有哪些伤损或病害,应及时修理或更换?

答:(1)曲股基本轨的弯折点位置或弯折尺寸不符合要求,造成轨距不符合规定。(2)基本轨垂直磨耗,50 kg/m 及以下钢轨,在正线上超过 6 mm,到发线上超过 8 mm,其他站线上超过 10 mm,60 kg/m 及以上钢轨,在允许速度大于 120 km/h 的正线上超过 6 mm,其他正线上超过 8 mm,到发线上超过 10 mm,其他站线上超过 11 mm(33 kg/m 及其以下钢轨由铁路局集团公司规定)。(3)其他伤损达到钢轨轻伤标准时。

59. 电气化铁路对人员及机具安全有何要求?

答:除牵引供电专业人员按规定作业外,任何人员及所携带的物件、作业工器具等须与牵引供电设备高压带电部分保持 2 m 以上的距离,与回流线、架空地线、保护线保持 1 m 以上距离,距离不足时,牵引供电设备须停电。在电气化区段作业时,长轨列车必须安装屏蔽装置,轨道吊必须安装限位装置。

60. 简述无砟轨道精调作业的基本步骤。

答:(1)精调时先确定基准轨,将基准轨轨向、高低调整到位后,再依据基准轨通过轨距、水平调整另一股钢轨。(2)精调作业完成后,当日对几何尺寸进行复核、记录偏差值,复核扣件扭矩,记录调整区段的扣件、垫板型号,建立台账。当一个单元精调作业完成后,应及时安排轨道测量仪进行复测。

61. 安排维修计划时,应考虑哪些方面?

答:(1)无缝线路地段应根据季节特点、锁定轨温和线路状态,合理安排全年维修计划。在气温较低的季节,应安排锁定轨温较低或薄弱地段进行维修,在气温较高的季节,应安排锁定轨温较高地段进行维修。(2)高温时段不应安排影响线路稳定的作业。如必须进行维修作业时,应有计划地先放散后作业,并适时重新做好放散和锁定线路工作。临时补修,可采取调整作业时段的办法进行。(3)高温季节可安排矫直钢轨硬弯、钢轨打磨、焊补等作业。(4)在较低温度下,如需更换钢轨或夹板,可采用钢轨拉伸器进行。

62. 预防、整治道岔方向不良的措施有哪些?

答:(1)做好道岔前后 50 m 线路的整体维修,经常保持轨面平、方向顺。(2)做好直股基本轨方向,拨好道岔位置。(3)弯好曲基本轨弯折点,做好轨距加宽递减。(4)检查确认基本轨弯折量,按标准做好弯折段长度和矢量。(5)加强捣固作业,除按规定捣固外,还应根据道岔构造的特点进行适当加强。(6)补充夯实道床,道岔转辙部分设置转辙杆、连接杆,各枕木孔道砟应比岔枕顶面低 50~60 mm,并夯实道床。(7)加强各部零件的养护维修,充分发挥各种扣件固定钢轨位置的作用。

63. 使用水准测量仪时,如何进行瞄准调试?

答:仪器粗平之后,首先进行目镜对光,使十字丝清晰,然后松开望远镜,用镜筒上的准星照准水准尺,当水准尺的影像进入望远镜视场后,将望远镜制动,再进行物镜对光,使水准尺的影像清晰。最后用微动螺旋使十字丝的竖丝靠近水准尺的影像。在瞄准工作做完之后,还要检查是否有十字丝视差存在,如果有相对移动,就表明有视差存在,十字丝视差存在的原因是目标在望远镜内形成的像没有落在十字丝平面上。十字丝视差对读数影响很大,必须注意消除。

64. 普速铁路调节器应满足哪些技术要求?

答:(1)平面曲线和竖曲线地段不应设置调节器。(2)调节器应采用基本轨伸缩、尖轨锁定的结构。(3)基本轨始端、尖轨尖端至最近梁缝边的距离均不应小于 2 m。(4)护轨伸缩接头的最大伸缩量应与调节器设计伸缩量一致。(5)接续线钻孔位置应避开基本轨伸缩范围。(6)调节器及其前后线路扣件类型和螺栓扭矩应符合设计要求。(7)基本轨应按设计设置伸缩零点。

65. 简述钢轨折断处理的作业的相关标准。

答:(1)采取紧急措施设法修复,减少故障延时。(2)夹板与钢轨接触良好,急救器安设稳固,夹持力应达到 200 kN。(3)插入短轨的接头上下、左右错牙不超过 2 mm,接头螺栓扭矩应达到 700~900 N·m。(4)插入的短轨用普通接头连接,未焊接时线路允许速度不得大于 160 km/h。(5)临时处理或紧急处理时,应先在断缝两侧轨头非工作边做出标记,标记间距离约为 8 m,并准确丈量两标记间的距离和轨头非工作边一侧的断缝值,做好记录。(6)进行焊复处理时,应保持无缝线路锁定轨温不变,并要求焊接接头符合作业规定标准。(7)在线路上焊接时轨温不得低于 0 ℃,否则应采取相应保温措施;放行列车时,焊缝温度应低于 300 ℃。焊接接头平顺性用 1 m 直尺测量轨头作用边不大于±0.2 mm、顶面不大于 0.2 mm。

66. 简述混凝土枕道岔改道作业的质量标准。

答:(1)道岔轨距、支距等几何尺寸必须符合《普速铁路线路修理规则》中作业验收容许偏差管理值的规定。(2)直股标准股方向顺直,其他部位轨距递减率符合规定。(3)查照间隔在有客车运行的线路上不得小于 1 391 mm,在仅运行货车的线路上不得小于 1 388 mm,道岔护背距离不得大于 1 348 mm。翼轨间隔和护轨间隔不得大于 1 370 mm。(4)消灭超过 1 mm 的接头错牙,打磨超过 1 mm 的钢轨肥边。(5)扣件位置正确,与轨底缝隙不大于 1 mm,作用良好,扭矩符合有关规定。(6)各螺栓、杆件、零配件、防爬设备等无缺损、失效和不符合标准。

67. 桥上无缝线路养护维修应注意哪些事项？

答：(1)按照设计文件规定,保持扣件布置方式和拧紧程度。(2)单根抽换桥枕应在实际锁定轨温＋10 ℃～－20 ℃范围内进行,起道量不应超过 60 mm。(3)成段更换、方正桥枕等需要起道作业时,应在实际锁定轨温＋5 ℃～－15 ℃范围内进行。(4)对桥上钢轨焊缝应加强检查,发现伤损应及时处理。(5)桥上无缝线路应定期测量轨条的位移量,并做好记录。固定区位移量超过 10 mm 时,应及时上报工务段查明原因,及时处理。

68. 在线路上进行作业时应遵守哪些规定？

答：(1)多人一起作业时应统一指挥,相互间应保持一定的安全距离,防止工具碰撞伤人。(2)多组捣固机械同时捣固时,前后距离不得小于 3 m,走行应保持同步。(3)在道岔地段作业,未采取安全措施情况下,人员不得将手、脚放在道岔尖轨与基本轨、可动心轨与翼轨间,避免道岔扳动时挤伤。(4)木枕、木岔枕改道打道钉时严禁锤击钢轨,不准用捣镐打道钉。分组打道钉时,前后距离应不小于 6 根木枕。在无作业通道的桥面上作业时,起钢轨外口道钉,应站在道心内侧并使用专用起钉器或弯头撬棍等特制工具。(5)翻动钢轨时,必须使用翻轨器,不得使用撬棍翻动钢轨。使用撬棍拨道时,应插牢撬棍,听从指挥,统一行动,严禁骑压或肩扛撬棍拨道。

69. 简述机具拨道的作业程序。

答：(1)上道前,要检查使用的拨道器性能是否良好(在负荷作用下有无漏油,溢流阀是否完好)。(2)设好防护,上道作业。(3)安放拨道器:两人分股同向,用扒砟叉适当拨出轨底下道砟,放入拨道器。(4)拨动线路:调整回油阀,拨道,眼观指挥者手势,前后扳动摇杆,当指挥者发出拨道完毕的手势后立即停止摇动。(5)撤出转移拨道器,调整回油阀,取出拨道器。(6)根据需要转移。(7)作业完毕,质量回检。(8)质量符合规定后,撤除防护。

70. 试述采用预铺移设法成组更换单开道岔开通后,应达到的质量标准。

答：(1)道岔及前后线路方向要顺直,各部几何尺寸都要符合《普速铁路线路修理规则》关于道岔大修验收标准的要求。(2)道岔前后的过渡轨枕数量要符合《普速铁路线路修理规则》要求,当天施工不能达标的要及时安排计划完成。(3)道岔位置正确,渡线长度合理,方向顺直。更换不同类型的道岔,对岔后连接曲线必须同时整正达标。(4)道岔爬行量不得超过 20 mm,配轨符合《普速铁路线路修理规则》要求,轨缝合理,消除接头 1 mm 以上的错牙。(5)在架轨上组装道岔,转辙和心轨部分力争消除方向Ⅰ级以上超限,确保道岔组装和电务调试质量。

71. 试述曲线检查的作业(操作)方法和步骤。

答：(1)上道检查前,先确认检测量具是否规范、合格、有效,检查前先校对水平。(2)检查曲线头、尾位置,判别是否存在"鹅头"或反弯,两端直线段几何尺寸是否有偏差。(3)确定基准股:水平以曲下股为基准,轨向以曲上股为基准。(4)检查轨距、水平、轨向、高低、三角坑和递减顺坡率,测量曲线正矢。(5)检查钢轨磨耗、接头状态、轨枕失效、歪斜、零配件缺损失效,以及接头对方和线路爬行情况。(6)检查道床、路肩、外观和排水设备,最后看标记和标志是否齐全、准确、清晰。(7)将检查出来每个项目的数据(包括工作量)填写在指定记录簿相应的位置。(8)汇总分析:根据曲线状态检查结果,对偏差处所正确判定,认真分析该曲线存在的主要病害及状态质量,需要采取哪些针对性的方法和措施。

72. 简述道岔工电结合部可动心轨部位整治作业的内容。

答:(1)固定叉心位置,调整前后开口尺寸,改正轨距。(2)垫好咽喉部位宽度,改善长心轨与翼轨轨线的连接顺延。(3)配合电务调整心轨动程。(4)垫好长、短心轨间隔铁尺寸。(5)改正直、曲股翼轨间框架尺寸:一般采用拨道、改道和零配件调整来解决,特殊情况要测量翼轨弯折位置和矢度,必要时重新矫正,辅助方正岔枕位置,直、曲股翼轨间加装支距拉杆进行控制。(6)整正直向、侧向心轨竖切部分与翼轨间隙;道岔扳动时,短心轨活动灵活、靠贴。(7)消灭翼轨腰部顶铁与心轨的间隙。(8)更换断裂、脱焊和磨耗严重滑床板。修理整正压溃、歪斜垫板及胶垫。(9)消灭空吊板,全面调整几何尺寸。(10)整治心轨爬行,拧紧扣件,锁定钢轨。

73. 简述断轨(含焊缝)处理的质量标准。

答:(1)臌包夹板刨切面(斜面)应朝上,将臌包放置在伤损部位或焊缝中心。(2)臌包夹板使用急救器时,在其两端各上一个急救器,急救器螺栓必须由外向内钩。每放行一趟列车后,必须检查复拧。(3)插入钢轨与线路上使用钢轨类型一致,上下偏斜度、高低不平度不超过1 mm,接头错牙不超过1 mm。(4)锯轨时,应全断面垂直锯断。钢轨钻孔后必须倒棱。(5)焊缝打磨质量:工作边肥边和焊缝高低,速度超过120 km/h的线路区段,用1 m直尺测量应小于0.3 mm;速度不超过120 km/h的线路区段,要小于0.5 mm。

74. 试述道岔各部分轨距加宽递减的要求。

答:(1)尖轨尖端轨距加宽,允许速度不大于120 km/h的道岔应按不大于6‰的递减率递减至基本轨接头。(2)尖轨尖端与尖轨跟端轨距的差数,直尖轨应在尖轨全长范围内均匀递减,曲尖轨按标准图或设计图办理。(3)尖轨跟端直向轨距加宽向辙叉方向递减,距离为1.5 m。(4)导曲线中部轨距加宽,直尖轨时向两端递减至距尖轨跟端3 m处,距辙叉前端4 m处;曲尖轨时按标准图或设计图办理。(5)对口道岔尖轨尖端轨距递减:两尖轨尖端距离小于6 m,两尖端处轨距相等时不做递减,不相等时应从较大轨距向较小轨距均匀递减;两尖轨尖端距离大于6 m,允许速度不大于120 km/h的道岔应按不大于6‰的递减率递减,但中间应有不短于6 m的相等轨距段。(6)道岔前端与另一道岔后端相连时,允许速度不大于120 km/h线路,尖轨尖端轨距递减率不应大于6‰。如不能按6‰递减时,可将前面道岔的辙叉轨距加大为1 441 mm;仍不能解决时,旧有道岔可保留大于6‰的递减率。

75. 道岔各零部件达到哪些伤损或病害应有计划地进行修理或更换?

答:(1)各种螺栓、连杆、顶铁和间隔铁损坏、变形或作用不良,顶铁和轨腰离缝大于2 mm。(2)滑床板损坏、变形或滑床台磨耗大于3 mm。(3)轨撑损坏、松动,轨撑与轨头下颚或轨撑与垫板挡肩离缝大于2 mm。(4)护轨垫板折损。(5)钢枕和钢枕垫板下胶垫及防切垫片损坏、失效。(6)弹片、销钉、挡板损坏。弹片与滑床板挡肩离缝、挡板前后离缝大于2 mm,销钉帽内侧距滑床板边缘大于5 mm。(7)其他各种零件损坏、变形或作用不良。

76. 简述无缝道岔应满足的技术要求。

答:(1)可动心轨无缝道岔的钢轨接头除绝缘接头采用胶接绝缘接头外,其余接头应全部焊接;固定型道岔除绝缘接头采用胶接绝缘接头、高锰钢辙叉前后4个接头可采用冻结接头外,其余接头应全部焊接。固定型辙叉接头冻结应采用高强度螺栓,扭矩应保持1 100～1 400 N·m。(2)导轨、辙叉、心轨、翼轨的扣件扭矩应保持120～150 N·m,尖轨及其前后各25 m范围内的基本轨扣件扭矩应保持60～80 N·m。(3)道床保持饱满,扣件保持紧固状态,达到轨下基础稳定、纵向无爬行、横向无横移。(4)加强可动心轨道岔的心轨与翼轨锁定,以及联结件、钢轨接头螺栓的养护和紧固,防止尖轨爬行相错。

77. 试述检查对称道岔的作业程序。

答:(1)准备工具,按规定设置防护。(2)核准量具,轨距尺水平正反两个方向误差值不得大于1 mm。(3)目测轨向和高低,站在道岔外方约50 m左右,先看道岔方向,后看前后高低,必要时用弦线测量,如有超限和其他危及行车安全的病害(即零配件缺、损,基床、钢轨病害),填记在"轨向、高低及其他"栏中。(4)检查轨距、水平、查照护背、护轨间隔和翼轨间隔,在规定的检查点上,按"先轨距,后水平"的顺序记录与规定标准的偏差值,并按规定检查顺序及标准检查。(5)支距尺的检查应在定点位置上。(6)检查完后,对轨距、水平、支距、查照等超限处所进行勾画。(7)清点工具,撤除防护。

78. 简述更换钢轨接头夹板的技术质量标准。

答:(1)换入的夹板与钢轨类型一致,与钢轨接触部位全部靠贴。(2)钢轨接头顶面或内侧错牙用1 m直尺测量,在v_{max}>120 km/h线路不大于1 mm,在v_{max}≤120 km/h线路不大于2 mm。(3)43 kg/m钢轨接头8.8螺栓扭矩为600 N·m,50 kg/m钢轨接头10.9级螺栓扭矩为600 N·m,60 kg/m钢轨接头10.9级螺栓扭矩为700 N·m。(4)接头使用8级防松紧固件扭矩为400～600 N·m,接头使用10级防松紧固件扭矩为600～1 000 N·m,接头使用12级防松紧固件扭矩为900～1 100 N·m。

79. 简述道岔打磨机的操作方法。

答:(1)启动发动机前,应先检查机器的各部状态是否良好,将机具抬到要打磨的道岔部位上,放置平稳,保证砂轮离开打磨面再启动发动机。(2)横向移动台车,将砂轮磨头调整至需要打磨的面。(3)转动偏转手柄,偏转磨头架,使砂轮磨头偏转至需要打磨的圆弧面和斜面的倾斜角度。(4)转动升降手柄,上下调节磨头高度。(5)随着发动机的启动,压推台车将砂轮紧贴所需打磨的面,移动走行进行打磨,动作要协调,用力要均匀、平顺。(6)根据打磨侧面和圆弧面的倾斜角度,用偏移手轮调节机器磨头的斜角度,以满足所需要的打磨角度。(7)关闭机器时,应先横向移动台车,将砂轮磨头离开打磨面。

80. 简述无缝线路钢轨折断时紧急处理作业的要求。

答:(1)按规定设置防护并封锁线路。(2)当钢轨断缝不大于 50 mm 时,应立即进行紧急处理。(3)在断缝处上好夹板或臌包夹板,用急救器固定,在断缝前后各 50 m 拧紧扣件,并派人看守,放行列车速度不超过 15 km/h。如断缝小于 30 mm 时,放行列车速度不得超过 25 km/h。有条件时应在原位焊复,否则应在轨端钻孔,上好夹板或臌包夹板,拧紧接头螺栓,然后可适当提高行车速度。重载铁路钢轨断缝小于 30 mm 时,使用夹板或臌包夹板钻孔加固,至少拧紧 4 个接头螺栓(每端 2 个),放行列车速度不得超过 45 km/h。(4)紧急处理时,应先在断缝两侧轨头非工作边做出标记,标记间距离约为 8 m,并准确丈量两标记间的距离和轨头非工作边一侧的断缝值,做好记录。

81. 无缝道岔发生故障的处理。

答:(1)无缝道岔中尖轨、辙叉及钢轨发生重伤和磨耗需要更换时,应直接进行永久处理。当尖轨、钢轨损坏时,可临时更换普通尖轨、钢轨,采用夹板联结或冻结。当可动心轨辙叉损坏时,在岔枕上更换一组特制垫板,换入一根短轨,两端用夹板联结后冻结,开通直股,限速运行。在采取以上措施后,应尽快安排进行永久处理。(2)当焊缝发生重伤时,可先用夹板加固,而后进行永久处理。当焊缝发生折断时,可先锯掉焊伤或折断部分,插入长度 6 m 的短轨,用普通夹板或插入短轨头用长孔夹板联结,并根据现场实际情况限速。

82. 简述无缝线路应力放散或调整的条件。

答:(1)实际锁定轨温不在设计锁定轨温范围以内。(2)锁定轨温不清楚或不准确。(3)跨区间、区间无缝线路相邻单元轨节之间的锁定轨温之差大于 5 ℃,同一区间内单元轨节的最高与最低锁定轨温之差大于 10 ℃;左右股钢轨锁定轨温之差,允许速度 160 km/h 及以下线路大于 5 ℃,允许速度 160 km/h 以上线路大于 3 ℃。(4)长轨节产生不正常的位移。(5)无缝道岔限位器顶死或两股尖轨相错量超过 20 mm。(6)夏季线路轨向严重不良,碎弯多。(7)通过测试,发现温度力分布严重不均。(8)因处理线路故障或施工造成实际锁定轨温超出设计锁定轨温范围或位移超限。(9)低温铺设轨条时,拉伸不到位或拉伸不均匀。

83. 试述线路日常保持状态评定的作业程序。

答:(1)准备工具,按规定设置防护。(2)校准检查工具,检查轨距尺是否在核定周期内;水平正反两个方向误差值不得大于 1 mm。(3)目测高低和轨向:在检查轨距、水平行进的同时,每隔100～150 m目测前后高低和轨向,对超限的高低和轨向记录在"轨向、高低及其他"栏中。(4)检查轨距、水平:按"先轨距,后水平"的顺序记录与规定标准的偏差值。检查的顺序为本人的行进方向,并同时检查线路设备,发现有零配件缺损的、基床病害的要记录在"轨向、高低及其他"栏中。(5)检查曲线正矢,线路有曲线时,在检查完轨距、水平后,进行曲线的正矢测量。(6)检查钢轨接头错牙、轨端肥边、大缝、瞎缝、轨枕失效、联结零件缺少、松动或扭矩不符合规定、线路爬行、翻浆冒泥、路基、道口、标志。(7)勾画超限处所。(8)清点工具,撤除防护。

84. 简述更换道岔尖轨作业的技术标准。

答:(1)尖轨在第一拉杆中心处的设计动程:直尖轨为142 mm,曲尖轨为152 mm。AT型弹性可弯尖轨12号普通道岔为160 mm或180 mm,12号提速道岔为160 mm。18号道岔允许速度大于160 km/h时为160 mm,允许速度不大于160 km/h时为160 mm或180 mm。其他型号道岔按标准图或设计图办理。(2)斥离尖轨非工作边与基本轨工作边的最小距离为65 mm与轨距加宽值之和。(3)尖跟接头错牙用1 m的钢板尺测量,不超过1 mm。(4)尖轨部分各联结零件齐全,作用良好,限位器T形铁和U形铁之间的间隙符合前后各7 mm的要求。(5)尖轨跟端焊缝轨顶、侧面平直度误差,不得超过0.4 mm(行车容许速度大于或等于120 km/h时在0～0.3 mm之间)。铝热焊缝距轨枕边缘,线路允许速度不大于160 km/h线路不应小于40 mm,线路允许速度大于160 km/h线路不应小于100 mm。

85. 试述线路上作业设置或撤除移动停车信号防护的程序。

答:(1)设置移动停车信号:①驻站联络员确认作业调度命令,并向施工(维修)负责人、现场防护员传达。②施工(维修)负责人通知现场防护员按规定设置移动停车信号。③施工(维修)负责人确认已按规定设置好移动停车信号后,发出作业命令。(2)撤除移动停车信号:①施工(维修)负责人组织确认线路达到放行列车条件(外单位施工的还需工务段安全监督员确认)。②施工(维修)负责人向现场防护员下达撤除移动停车信号命令,并确认已经撤除。③施工(维修)负责人通知驻站联络员办理线路开通手续。

86. 日常应加强胶接绝缘接头的养护,出现哪些情况应及时处理?

答:应加强胶接绝缘接头的养护,做好胶接绝缘接头前后轨枕捣固、扣件紧固和轨端肥边打磨工作,发现下列情况时应及时处理。(1)胶层及端板破损。(2)扣件与夹板或螺栓可能接触、轨底道砟堆积过高等。(3)轨端出现肥边。(4)有漏电现象时。

胶接绝缘接头拉开时,应立即复紧两端各50 m线路的扣件,限速不超过160 km/h,并及时进行永久处理。发现绝缘失效时,应及时进行临时处理并在温度适宜时进行永久处理。

87. 简述普速无缝线路长钢轨折断进行永久处理的方法。

答:对紧急处理或临时处理的处所,应及时插入长度不短于7 m的同型钢轨进行焊复,恢复无缝线路轨道结构。(1)采用小型气压焊或移动式接触焊时,插入短轨长度应等于切除钢轨长度加上 2 倍顶锻量。先焊好一端,焊接另一端时,先张拉钢轨,使断缝两侧标记的距离等于原丈量距离减去断缝值加顶锻量后再焊接。(2)采用铝热焊时,插入短轨长度等于切除钢轨长度减去 2 倍预留轨缝值。先焊好一端,焊接另一端时,先张拉钢轨,使断缝两侧标记的距离等于原丈量距离减去断缝值后再焊接。(3)在线路上焊接时轨温不得低于 0 ℃,否则应采取相应保温措施;放行列车时,焊缝温度应低于 300 ℃。(4)进行焊复处理时,应保持无缝线路锁定轨温不变,并如实记录两标记间钢轨长度在焊复前后的变化量。(5)焊复时,如受封锁时间、轨温和气候条件等因素限制,张拉钢轨不到位时,应做详细记录,在轨温适宜时,申请计划,重新焊接,恢复原无缝线路锁定轨温。

88. 试述成段线路检查的作业程序。

答:(1)准备工具,按规定设置防护。(2)校正轨距尺,检查轨距尺是否在核定周期内,水平正反两个方向误差值不得大于 1 mm。(3)目测高低和轨向,在检查轨距、水平行进的同时,每隔 100～150 m 目测前后高低和轨向,对超限的高低和轨向记录在"轨向、高低及其他"栏中。(4)检查轨距、水平:按"先轨距、后水平"的顺序记录与规定标准的偏差值。发现有零配件缺损的、基床病害的要记录在"轨向、高低及其他"栏中。(5)线路有曲线时,在检查完轨距、水平后,进行曲线的正矢测量,按既有桩点号依次用 20 m 弦在曲线上股钢轨内侧踏面下 16 mm 处测量。将检查的正矢记录在"曲线检查记录簿"内。(6)勾画超限处所。(7)清点工具,撤除防护。

89. 简述无缝线路应力放散或调整作业的要求。

答:(1)无缝线路应力放散和调整施工前,应制订施工计划及安全措施,组织人力,备齐料具,充分做好施工准备。(2)无缝线路应力放散可根据具体条件采用滚筒配合撞轨法,或滚筒结合拉伸配合撞轨法。(3)应力放散前,应在单元轨拉伸端及每隔 100 m 左右设一位移观测点以观测钢轨纵向位移量,及时排除影响放散的障碍,单元轨两端、中部各设置 1 处轨温观测点。总放散量应达到计算数值,钢轨全长放散均匀,各轨温观测点的观测值平均结果作为作业轨温,根据锁定轨温准确计算各位移观测点的钢轨位移量并做标记。应力放散时,各位移观测点的钢轨位移应达到标记处,容许偏差为 ±1 mm。锁定轨温应准确。(4)无缝线路应力放散或调整后,应按实际锁定轨温及时修改有关技术资料和位移观测标记。

90. 试述检查单开道岔的作业程序。

答:(1)准备工具,按规定设置防护。(2)校准量具,轨距尺水平正反两个方向误差值不得大于 1 mm。(3)检查道岔。①目测方向和高低,必要时拉弦线,找出最大位置。②在检查过程中,随时注意结构检查(轨枕、接头、钢轨伤损、联结零件、防爬、警冲标、空吊板等)的病害情况,如有超限和其他危及行车安全的处所,填写在"轨向、高低及其他"栏内。③检查轨距和水平:在规定的检查点上按"先轨距,后水平"的顺序逐点检查并记录在"轨距、水平"栏内。④检查查照间隔、护背距离、护轨间隔和翼轨间隔:在规定的检查位置上按要求进行检查并记录。⑤检查支距:轨距、水平检查完后,随即用支距尺在规定检查点上逐点检查支距,填写在记录本支距栏里。⑥检查轮缘槽:用小直尺检查护轨平直部分、辙叉心轨轮缘槽宽度及尖轨动程和尖轨尖端密贴情况。(4)勾画超限处所。(5)清点工具,撤除防护。

91. 试述无缝线路铺设轨条的要求。

答:(1)应使用换轨车铺设轨条,从轨条的一端向另一端依次拨入。(2)铺设无缝线路必须将轨条置于滚筒上,并配合撞轨确保锁定轨温均匀,低温铺设时应用拉伸器张拉轨条。(3)准确确定无缝线路施工锁定轨温:在设计锁定轨温范围内铺设时,施工锁定轨温取轨条始端入槽和终端入槽时轨温的平均值;如果施工锁定轨温不在设计锁定轨温范围内(含轨条始端入槽或终端入槽时的轨温不在设计锁定轨温范围内),无缝线路铺设后必须进行应力放散或调整,并重新锁定。低温铺设采用拉伸器张拉轨条时,取作业轨温和拉伸量换算轨温之和。(4)严禁采用氧炔焰切割钢轨进行合龙。(5)左右两股轨条锁定轨温差应满足规定要求。(6)无缝线路锁定后,应立即做好位移观测标记,并观测位移。同时在钢轨外侧腹部,注明锁定日期和锁定轨温,并做好记录。(7)调整轨距,复紧接头及扣件螺栓,接头螺栓扭矩达到 900~1 100 N·m,扣件安装齐全、正确、符合要求;复紧轨距杆;加固防爬设备;特殊设计的桥上,应检查扣件螺栓扭矩是否符合设计要求。(8)使用撞轨器不得造成钢轨机械损伤。

92. 试述道岔日常保持状态评定的作业程序。

答:(1)准备工具,按规定设置防护。(2)校正轨距尺、支距尺,轨距尺水平正反两个方向误差值不得大于 1 mm。(3)目测轨向和高低:在检查过程中,随时注意结构检查(即零配件缺、损、基床、钢轨病害)。如有超限和其他危及行车安全的处所,填写在"轨向、高低及其他"栏内。(4)检查轨距和水平:在规定的检查点上按"先轨距,后水平"的顺序逐点检查并记录在"轨距、水平"栏内。(5)检查查照间隔、护背距离、护轨间隔和翼轨间隔:在规定检查的检查位置上按要求进行检查并记录。(6)用支距尺或钢卷尺在规定检查点上检查支距尺寸。从尖轨跟端的 2 m 处向辙叉方向支距尺应垂直于外直股量取,记录在支距栏内。支距尺检查在定点位置。(7)检查轮缘槽:用小直尺检查护轨平直部分、辙叉心轨轮缘槽宽度及尖轨动程和尖轨尖端密贴情况。(8)检查钢轨接头错牙、轨端肥边、大缝、瞎缝、岔枕失效、联结零件缺少、松动或扭矩不符合规定、道岔爬行、翻浆冒泥、警冲标、标志。(9)检查完后,对轨距、水平、支距、查照等超限处所进行勾画。(10)清点工具,撤除防护。

93. 试述双块式和轨枕埋入式无砟道床的结构及主要技术要求。

答:(1)路基地段道床结构由双块式轨枕(或长枕)、道床板、支承层或底座等部分组成。道床板为纵向连续式或分块式钢筋混凝土结构,纵向连续式道床板在支承层上构筑,分块式道床板在钢筋混凝土底座上构筑。曲线超高在路基基床表层上设置。(2)桥梁地段道床结构由双块式轨枕(或长枕)、道床板、隔离层、底座及凹槽周围弹性垫层等部分组成。道床板、底座沿线路纵向分块构筑。道床板与底座间设置隔离层,底座设置限位凹槽,凹槽侧立面设弹性垫层。底座通过梁体预埋套筒植筋或预埋钢筋与桥梁连接。曲线超高在底座上设置。(3)隧道地段道床结构由双块式轨枕(或长枕)、道床板等部分组成,道床板为纵向连续式或分块式钢筋混凝土结构。道床板在隧道仰拱回填层(有仰拱隧道)或底板(无仰拱隧道)上构筑。曲线超高在道床板上设置。(4)双块式轨枕、长枕不得有裂缝,道床板混凝土不得有横向或竖向贯通裂缝。(5)底座不得有横向或竖向贯通裂缝。(6)路基地段支承层不得有竖向贯通裂缝,支承层与道床板、路基基床表层间应密贴。(7)排水通道应保持通畅,道床板表面不得积水。

94. 简述液压轨缝调整器的操作方法。

答:(1)先将液压轨缝调整器推置于需调轨缝的钢轨轨面上,前后夹钳体置于轨缝两端的轨头上,并使机具的连接轴套空间处对准需调的轨缝。(2)插好插销将机器连接好,推压拨叉组件,夹紧夹钳齿条。(3)拧松轨缝接头两端的钢轨扣件,减少拉伸时钢轨移动阻力。(4)关闭回油阀,摇动柱塞泵给油缸提供压力油液,使活塞杆伸出,通过夹在钢轨上的夹紧齿条推动两端钢轨分别向轨缝相反方向移动,完成轨缝增大的调整。(5)若是轨缝缩小的调整,将前后夹钳体倒向,前后夹钳体两端架上拉力框架,液压油缸的活塞杆伸出,通过拉力框架带动夹紧齿条拉动两端钢轨分别向轨缝方向移动,完成轨缝缩小的调整。(6)调整轨缝时,观察需调整轨缝的工作状态,达到轨缝调整要求后保压一段时间,复紧轨缝接头两端的钢轨扣件。(7)作业完后,将机器轻轻拿下,放置于安全限界外。

95. 试述线路上方正轨枕的作业程序。

答:(1)准备工具,按规定设好防护。(2)调查:在需要方正的轨枕上画出标记和方正方向,做出记录。(3)扒道砟:扒开方动一侧的道砟,用镐尖刨松枕底边缘。(4)松动扣件或道钉:松动扣件或冒起道钉,使轨枕更容易移动。(5)撤除防爬设备:松动有碍方动的防爬器或轨距杆,取出有碍方动的支撑。(6)方动轨枕:安设方枕器,将轨枕方至正确位置。(7)方正后拧紧扣件至规定扭矩,或打紧道钉并消灭浮离钉。(8)安装防爬设备:打紧防爬器,安装防爬支撑,上好轨距杆,必要时应整修或更换新支撑。(9)将刨松的一侧道床道砟用镐尖串实并平整道床。(10)质量回检。(11)清理现场,清点工具,撤除防护。

96. 试述曲线检查作业的质量标准。

答:(1)检查项目和部位齐全、正确,记录规范、清晰。(2)各项检测数据误差不大于1 mm。(3)检测熟练,操作规范。(4)曲线地段拨道要进行绳正法拨道量计算。(5)发现曲线钢轨顶面光带偏离,曲上股侧磨速率变化大,或曲下股压溃严重,要定期观察和测速,并应及时申请调整超高或轨底坡。(6)钢轨磨耗接近轻伤时,要将磨耗地点、股别、长度和磨耗量向车间汇报。磨耗达到轻伤后,要及时向工务段汇报,并定期加强观察、记录和分析。(7)检查时发现几何尺寸达到"临时补修"和线路设备状态危及行车安全时,要采取果断措施,及时汇报处理。(8)作业项目和工作量确定合理,主要病害分析有依据,操作方法可行,所采取的措施针对性强。

97. 试述矫正单开道岔尖轨弯折量的测量方法。

答:测量尖轨弯折量时,可用"中量"和"边量"两种方法复核校对。"中量"就是在尖轨顶面分别在跟端和刨切始点分中,一人先将弦绳从非作用边侧慢慢向内作水平移动,直至弦绳与刨切始点中心处线条吻合,量出弦绳与尖轨头部非工作边的矢量,读出的矢量再加钢轨头部半宽就是尖轨实际弯折量。再用"边量"复核,即一人将弦绳放在尖轨跟端非作用边的轨头外侧,另一人在尖轨头部拉弦,待弦绳靠到刨切始点非工作边时,读取弯折量,看两种测量方法的数据是否接近。有较大偏差时,说明尖轨直线段有矢量,要重新矫直。

98. 简述胶接绝缘接头作业的相关标准。

答:(1)要求无锈斑,无油污、无水汽。(2)胶接前钢轨接头用1 m直尺检查,轨顶垂直凸起不超过0.3 mm,轨头侧边不超过±0.3 mm。(3)胶接绝缘夹板的内侧面以及上下斜面的凹凸不超过0.3 mm。(4)胶接绝缘接头用1 m直尺检查,轨顶面垂直方向不应低凹。轨头作用边最大偏差不应超过±0.3 mm。(5)胶接绝缘接头前后25 m范围内,用1 m直尺检查,不得有大于0.3 mm的硬弯。(6)绝缘端板顶面及工作边低于胶接端轨顶及作用边不得超过0.2 mm,不应凸出。(7)胶接绝缘夹板在干燥状态下电阻值大于20 MΩ,潮湿状态电阻值大于1 000 Ω。(8)从调配胶液开始到拧紧螺栓为止,要求在10 min内完成。

99. 普速铁路调节器养护维修作业应符合哪些基本要求?

答:(1)应加强调节器养护维修,使其保持尖轨锁定、基本轨可伸缩状态,防止尖轨爬行或基本轨异常伸缩。(2)调节器所有螺栓扭矩应达到设计要求;单向调节器应加强尖轨及其后50～100 m范围内钢轨的锁定,该范围内如有小阻力扣件,小阻力扣件按照设计扭矩拧紧。(3)不得对基本轨、尖轨和其所焊联的钢轨进行张拉或顶推作业。(4)定期观测并分析基本轨伸缩量、焊缝位置与气温关系,发现伸缩故障应及时消除。(5)及时打磨尖轨或基本轨肥边。(6)尖轨相对于基本轨降低值偏差超过1 mm,无降低段的尖轨顶面低于基本轨顶面时,应及时进行处理。(7)焊接接头质量应满足相关规定。(8)每季对基本轨轨撑螺栓、尖轨轨撑扣件涂油一次;不得对尖轨轨撑贴合面和台板顶面进行涂油或使油污落入。(9)调节器轨件伤损标准及处理同道岔。(10)梁端伸缩装置按相关规定维护。(11)护轨与尖轨(基本轨)间净距偏差超过10 mm,护轨高于尖轨(基本轨)5 mm或低于尖轨(基本轨)25 mm,应及时修理或更换护轨。

100. 简述更换无缝道岔的作业要求。

答:(1)清筛深度一般不小于300 mm,并整平道床。(2)无缝道岔锁定。①侧线和渡线应锁定,锁定长度一般情况下不小于75 m,困难情况下不小于50 m,若侧线在近距离内(不到50 m)有邻线道岔,则应加强邻线道岔的锁定。②无缝道岔与相邻单元轨节间的锁定轨温差不应大于5 ℃。③左右两股尖轨应方正,相错量不超过10 mm。在锁定轨温范围内铺设时,限位器要求居中,焊连前测量,尖轨限位器两侧间隙值允许偏差±1.0 mm。④铺设上道后,应及时测量铺设轨温、锁定轨温,并做钢轨纵向位移观测标记。⑤无缝道岔尖轨尖端伸缩位移、可动心轨尖端伸缩位移应满足要求,超过允许值应分析原因,并及时调整,防止转换卡阻。

S1 双线区间一线施工使用移动停车信号防护作业

一、考场准备

双单线区间线路一段(1 000 m以上)。按规定设置防护。

二、材料工具准备

序 号	名 称	规 格	数 量	备 注
1	信号旗		2面	1红、1黄
2	信号灯	三色	1盏	夜间、不良天气使用
3	喇叭		1个	
4	对讲机		1台	与机车同频率
5	短路铜线	2 m	2条	自动闭塞区间
6	移动停车信号牌(灯)		2个(盏)	
7	作业标		2个	

三、考核要求

1. 被认定人入场后,首先由考评员告知题目和工作量,其次由被认定人检查准备工具,当被认定人告知考评员可以开始时,由考评员开始计时。考核时间为25 min。

2. 工作量:在双线区间一条线路(1 000 m以上)施工设置移动停车信号防护。

3. 考核过程中被认定人出现未设防护上道、严重磕碰手脚以及其他不安全因素时终止考试,成绩为零。

4. 考核完毕后,由被认定人在评分表上签字确认。

四、考核评分

1. 考评人员3名以上。

2. 评分程序及规则:考评员根据被认定人操作情况对照计分标准在评分表上记录评分。

3. 算分方法:采用百分制,满分100分,60分及以上为及格。

五、铁道行业职业技能认定铁路线路工高级工实作技能考核评分记录表

单位:_____ 姓名:_____ 性别:_____ 准考证号:_____ 工种:_____ 级别:_____

试题名称:双线区间一线施工使用移动停车信号防护作业

考核时间:25 min

操作开始时间: 时   分   操作结束时间: 时   分

项 目	考核内容及评分标准	扣分因素及扣分	得 分
操作程序 (40分)	1. 工具、材料准备齐全,检查工具状态是否良好。必要工具缺一件扣2分		
	2. 在距施工地点两端各20 m处线路上设置移动停车信号牌(灯),在邻线距施工地点两端各800 m处路肩上设置作业标		

项 目	考核内容及评分标准	扣分因素及扣分	得 分
操作程序 (40分)	3. 防护人员站立在瞭望条件好,并距施工地点两端各 800 m 处路肩上显示停车手信号		
	4. 瞭望条件不良时增设联络员		
	5. 防护员加强瞭望		
	6. 影响设备使用时,需事先在"行车设备检查登记簿"上登记		
	7. 作业结束,清点工具		
	程序不对扣 10 分,每漏一项扣 10 分		
作业质量 (40分)	1. 设置位置错误,每个扣 10 分		
	2. 设置方向错误,每个扣 10 分		
	3. 设置不牢、歪斜,每个扣 5 分		
工具使用 (10分)	1. 损坏工具,每件扣 5 分		
	2. 摆放工具不整齐,扣 5 分		
作业安全 (10分)	1. 未按规定穿戴、使用劳保用品,扣 5 分		
	2. 下道后未撤除防护,扣 10 分		
考核时间	作业在 25 min 内完成。每超时 1 min 扣 5 分,超过 5 min 停止考核。 用时　　 min		
合计得分			

考评员签名:　　　　　　　　　　被认定人:　　　　　　　　　　年　月　日

S2　双线区间两线施工使用移动停车信号防护作业

一、考场准备

双单线区间线路一段(1 000 m 以上)。按规定设置防护。

二、材料工具准备

序 号	名 称	规 格	数 量	备 注
1	信号旗		2面	1红、1黄
2	信号灯	三色	1盏	夜间、不良天气使用
3	喇叭		1个	
4	对讲机		1台	与机车同频率
5	短路铜线	2 m	2条	自动闭塞区间
6	移动停车信号牌(灯)		2个(盏)	

三、考核要求

1. 被认定人入场后,首先由考评员告知题目和工作量,其次由被认定人检查准备工具,当

被认定人告知考评员可以开始时,由考评员开始计时。考核时间为 25 min。

2. 工作量:在双线区间两条线路(1 000 m 以上)施工设置移动停车信号防护。

3. 考核过程中被认定人出现未设防护上道、严重磕碰手脚以及其他不安全因素时终止考试,成绩为零。

4. 考核完毕后,由被认定人在评分表上签字确认。

四、考核评分

1. 考评人员 3 名以上。

2. 评分程序及规则:考评员根据被认定人操作情况对照计分标准在评分表上记录评分。

3. 算分方法:采用百分制,满分 100 分,60 分及以上为及格。

五、铁道行业职业技能认定铁路线路工高级工实作技能考核评分记录表

单位:_____　姓名:_____　性别:_____　准考证号:_____　工种:_____　级别:_____

试题名称:双线区间两线施工使用移动停车信号防护作业

考核时间:25 min

操作开始时间:　时　分　　　　　　　　　　操作结束时间:　时　分

项　目	考核内容及评分标准	扣分因素及扣分	得　分
操作程序 (40分)	1. 工具、材料准备齐全,检查工具状态是否良好。必要工具缺一件扣 2 分		
	2. 在距施工地点两端各 20 m 处线路上设置移动停车信号牌(灯),在邻线距施工地点两端各 800 m 处路肩上设置作业标		
	3. 防护人员站立在瞭望条件好,并距施工地点两端各 800 m 处路肩上显示停车手信号		
	4. 瞭望条件不良时增设联络员		
	5. 防护员加强瞭望		
	6. 影响设备使用时,需事先在"行车设备检查登记簿"上登记		
	7. 作业结束,清点工具		
	程序不对扣 10 分,每漏一项扣 10 分		
作业质量 (40分)	1. 设置位置错误,每个扣 10 分		
	2. 设置方向错误,每个扣 10 分		
	3. 设置不牢、歪斜,每个扣 5 分		
工具使用 (10分)	1. 损坏工具,每件扣 5 分		
	2. 摆放工具不整齐,扣 5 分		
作业安全 (10分)	1. 未按规定穿戴、使用劳保用品,扣 5 分		
	2. 下道后未撤除防护,扣 10 分		
考核时间	作业在 25 min 内完成。每超时 1 min 扣 5 分,超过 5 min 停止考核。 用时　　　min		
合计得分			

考评员签名:　　　　　　　　　被认定人:　　　　　　　　　年　月　日

S3 调查轨缝及接头相错量作业

一、考场准备

普通线路 300 m。按规定设置防护。

二、材料工具准备

序　号	名　称	规　格	数　量	备　注
1	方尺		1把	
2	轨缝尺		1把	
3	钢板尺	150 mm 及以上	1把	
4	轨温计		1个	
5	记录本(答题卡)		1本(张)	

三、考核要求

1. 被认定人入场后,首先由考评员告知题目和工作量,其次由被认定人检查准备工具,当被认定人告知考评员可以开始时,由考评员开始计时。考核时间为 30 min。

2. 工作量:调查 200 m 线路的轨缝及接头相错量。

3. 考核过程中被认定人出现未设防护上道、严重磕碰手脚以及其他不安全因素时终止考试,成绩为零。

4. 考核完毕后,由被认定人在评分表上签字确认。

四、考核评分

1. 考评人员 3 名以上。

2. 评分程序及规则:考评员根据被认定人操作情况对照计分标准在评分表上记录评分。

3. 算分方法:采用百分制,满分 100 分,60 分及以上为及格。

五、铁道行业职业技能认定铁路线路工高级工实作技能考核评分记录表

单位:_____　姓名:_____　性别:_____　准考证号:_____　工种:_____　级别:_____

试题名称:调查轨缝及接头相错量作业

考核时间:30 min

操作开始时间:　　时　　分　　　　　　　　操作结束时间:　　时　　分

项　目	考核内容及评分标准	扣分因素及扣分	得　分
操作程序 (40分)	1. 工具、材料准备齐全,检查工具状态是否良好。必要工具缺一件扣 2 分		
	2. 测量轨温		
	3. 校核方尺。方尺调头位置误差不大于 1 mm		

续上表

项　目	考核内容及评分标准	扣分因素及扣分	得　分
操作程序 (40分)	4. 确定基准股。直线以左股为基准,用方尺量右股接头,向小里程方向相错为"＋",反之为"－",曲线以外股为基准,用方尺量内股接头,向小里程方向相错为"＋",反之为"－"		
	5. 确定基准股。直线以左股为基准,用方尺量右股接头,向小里程方向相错为"＋",反之为"－",曲线以外股为基准,用方尺量内股接头,向小里程方向相错为"＋",反之为"－"		
	6. 用方尺和塞尺量接头错差和左右股轨缝,记录在轨缝调整计算表中		
	7. 作业结束,清点工具		
	程序不对扣 10 分,每漏一项扣 5 分		
作业质量 (40分)	1. 线名、区间、行别、轨号、检查日期、检查人员姓名等要素记录齐全,每漏一项扣 3 分		
	2. 轨温误差每超过 1 ℃,扣 3 分		
	3. 轨缝误差超过 2 mm,每处扣 5 分		
	4. 接头相错超过 5 mm,每处扣 5 分		
	5. 记录错误、有涂改,每处扣 3 分		
工具使用 (10分)	1. 损坏工具,每件扣 5 分		
	2. 摆放工具不整齐,扣 5 分		
作业安全 (10分)	1. 未按规定穿戴、使用劳保用品,扣 5 分		
	2. 下道后未撤除防护,扣 10 分		
考核时间	作业在 30 min 内完成。每超时 1 min 扣 5 分,超过 5 min 停止考核。 用时　　　min		
合计得分			

考评员签名:　　　　　　　　　　被认定人:　　　　　　　　　年　月　日

S4　使用轨道检查仪检查作业

一、考场准备

普速线路 200 m。按规定设置防护。配合人员 1 人。

二、材料工具准备

序　号	名　称	规　格	数　量	备　注
1	轨道检查仪	0 级或 1 级	1 台	

三、考核要求

　1. 被认定人入场后,首先由考评员告知题目和工作量,其次由被认定人检查准备工具,当被认定人告知考评员可以开始时,由考评员开始计时。考核时间为 18 min。

　2. 工作量:使用轨道检查仪检查 100 m 线路。

3. 考核过程中被认定人出现未设防护上道、严重磕碰手脚以及其他不安全因素时终止考试,成绩为零。

4. 考核完毕后,由被认定人在评分表上签字确认。

5. 配合人员除在被认定人的指挥下配合抬运仪器作业以外,不得从事其他作业。

四、考核评分

1. 考评人员 3 名以上。

2. 评分程序及规则:考评员根据被认定人操作情况对照计分标准在评分表上记录评分。

3. 算分方法:采用百分制,满分 100 分,60 分及以上为及格。

五、铁道行业职业技能认定铁路线路工高级工实作技能考核评分记录表

单位:_____ 姓名:_____ 性别:_____ 准考证号:_____ 工种:_____ 级别:_____

试题名称:使用轨道检查仪检查作业

考核时间:18 min

操作开始时间: 时 分   操作结束时间: 时 分

项　目	考核内容及评分标准	扣分因素及扣分	得　分
操作程序 (40分)	1. 工具准备齐全,检查工具状态是否良好。必要工具缺一件扣 2 分		
	2. 组装轨道检查仪,并检查各部件连接是否良好		
	3. 先打开仪器电源开关,再启动笔记本电脑		
	4. 软件设置:(1)核对密码。(2)标准与规范设置。(3)操作员管理设置。(4)更新线路参数。(5)确认传感器状态,保证轨距、水平传感器与实际测量值一致,否则需要重新进行标定		
	5. 新建测量项目(创建文件),设置参数(线路名称、日期、行别、里程、姓名),当仪器放置方向与轨道里程增方向的左右一致时无须勾选左右调向		
	6. 推行。测量项目建立完成后,将仪器推至标记位置,进入测量界面,需等待传感器初始化(约 20 s),再开始推行,推行中匀速推行,速度控制在 3～4 km/h		
	7. 推至终点,重新核对里程信息,点击结束,退出测量		
	8. 导出数据,进行数据处理,保存超限报表		
	9. 作业结束,按顺序拆卸,清点工具		
	程序不对扣 10 分,每漏一项扣 5 分		
作业质量 (40分)	1. 数据报表中误差超过 1 mm 以上,每处扣 5 分		
	2. 个人文件夹未导出超限(计划维修或临时补修)报表扣 40 分		
工具使用 (10分)	1. 损坏工具,扣 10 分		
	2. 摆放工具不整齐,扣 5 分		
作业安全 (10分)	1. 未按规定穿戴、使用劳保用品,扣 5 分		
	2. 下道后未撤除防护,扣 10 分		
考核时间	作业在 18 min 内完成。每超时 1 min 扣 5 分,超过 5 min 停止考核。 用时　　min		
合计得分			

考评员签名: 被认定人: 年　月　日

S5　钢轨矫直作业

一、考场准备

有硬弯钢轨的线路一段。按规定设置防护。配合人员 2 人。

二、材料工具准备

序　号	名　称	规　格	数　量	备　注
1	液压直轨器		1 台	
2	垫块		3 块	
3	轨距尺		1 把	
4	丁字扳手		1 把	
5	撬棍		1 根	
6	活口扳手	450 mm	1 把	
7	钢板尺	150 mm 及以上	1 把	
8	钢直尺	1 m	1 套	
9	塞尺		1 把	
10	锂电扳手		1 把	
11	轨温计		1 个	

三、考核要求

1. 被认定人入场后,首先由考评员告知题目和工作量,其次由被认定人检查准备工具,当被认定人告知考评员可以开始时,由考评员开始计时。考核时间为 35 min。

2. 工作量:矫直钢轨硬弯 1 处。

3. 考核过程中被认定人出现未设防护上道、严重磕碰手脚超温作业以及其他不安全因素时终止考试,成绩为零。

4. 考核完毕后,由被认定人在评分表上签字确认。

5. 配合人员除在被认定人的指挥下配合抬运机械作业以外,不得从事其他作业。

四、考核评分

1. 考评人员 3 名以上。

2. 评分程序及规则:考评员根据被认定人操作情况对照计分标准在评分表上记录评分。

3. 算分方法:采用百分制,满分 100 分,60 分及以上为及格。

五、铁道行业职业技能认定铁路线路工高级工实作技能考核评分记录表

单位：_____ 姓名：_____ 性别：_____ 准考证号：_____ 工种：_____ 级别：_____

试题名称：钢轨矫直作业

考核时间：35 min

操作开始时间：　时　分　　　　　　　　　　操作结束时间：　时　分

项　　目	考核内容及评分标准	扣分因素及扣分	得　分
操作程序 （40分）	1. 工具、材料准备齐全，检查工具状态是否良好。必要工具缺一件扣2分		
	2. 测量轨温		
	3. 确定矫直量及矫直范围，起出道钉或卸下扣件，根据硬弯起止位置，连续起下道钉或扣件，50 kg/m 及以下钢轨不得超过 5 个轨枕头，60 kg/m 及以上钢轨不得超过 7 个轨枕头。起下道钉，放在固定位置，扣件转动 90° 或卸下，另一面不必起下或卸掉，只松帽即可		
	4. 上直轨器。应将弯轨器放平，位置摆正，各支点与钢轨密贴。弯轨器的中间支点安上块垫块，使轨头、轨底、轨腹全部密贴		
	5. 矫直：根据检查时画的符号矫直，矫直硬弯后，要看轨向，保持轨距良好。直轨前，要注意前后有无瞎缝，如有瞎缝应提前调整。矫直后按规定补齐道钉或扣件		
	6. 作业结束，清点工具		
	程序不对扣 10 分，每漏一项扣 5 分		
作业质量 （40分）	1. 矫直后达到目视直顺，用 1 m 直尺测量，允许速度大于 120 km/h 的线路其矢度不大于 0.3 mm，其他线路地段不大于 0.5 mm，每超 0.1 mm 扣 5 分		
	2. 轨距、方向超限，每处扣 5 分		
	3. 扣件扭矩不达标，每个扣 3 分		
工具使用 （10分）	1. 损坏工具，每件扣 5 分		
	2. 摆放工具不整齐，扣 5 分		
作业安全 （10分）	1. 未按规定穿戴、使用劳保用品，扣 5 分		
	2. 下道后未撤除防护，扣 10 分		
考核时间	作业在 35 min 内完成。每超时 1 min 扣 5 分，超过 5 min 停止考核。 用时　　　min		
合计得分			

考评员签名：　　　　　　　　　　被认定人：　　　　　　　　　　年　月　日

S6　单开道岔检查评定作业

一、考场准备

普速线路单开道岔一组。按规定设置防护。配合人员 2 人。

二、材料工具准备

序　号	名　　称	规　格	数　量	备　注
1	轨距尺		1把	
2	支距尺		1把	
3	盒尺	5 m	1把	
4	检查锤		把	
5	弦线		1根	
6	塞尺、钢板尺		各1把	
7	石笔		1支	
8	道岔检查记录本(答题卡)		1本(张)	

三、考核要求

1. 被认定人入场后,首先由考评员告知题目和工作量,其次由被认定人检查准备工具,当被认定人告知考评员可以开始时,由考评员开始计时。考核时间为 30 min。

2. 工作量:单开道岔检查评定 1 组。

3. 考核过程中被认定人出现未设防护上道、严重磕碰手脚以及其他不安全因素时终止考试,成绩为零。

4. 考核完毕后,由被认定人在评分表上签字确认。

5. 配合人员除在被认定人的指挥下配合拉弦线作业以外,不得从事其他作业。

四、考核评分

1. 考评人员 3 名以上。

2. 评分程序及规则:考评员根据被认定人操作情况对照计分标准在评分表上记录评分。

3. 算分方法:采用百分制,满分 100 分,60 分及以上为及格。

五、铁道行业职业技能认定铁路线路工高级工实作技能考核评分记录表

单位:_____ 姓名:_____ 性别:_____ 准考证号:_____ 工种:_____ 级别:_____

试题名称:单开道岔检查评定作业

考核时间:30 min

操作开始时间:　时　分　　　　　　　　　　操作结束时间:　时　分

项　　目	考核内容及评分标准	扣分因素及扣分	得　分
操作程序 (40分)	1. 工具、材料准备齐全,检查工具状态是否良好。必要工具缺一件扣2分		
	2. 校核轨距尺,水平误差不超过 1 mm		
	3. 确定标准股,以外直股和导曲线外股为标准股		

项　　目	考核内容及评分标准	扣分因素及扣分	得　分
操作程序 (40分)	4. 目测轨向和高低。站在道岔外方20～30 m处,先看道岔方向,后看前后高低,必要时用弦线量		
	5. 检查轨距、水平和查照护背等。按"先轨距、后水平"的顺序在规定的检查点上测量,将与规定标准的偏差值(查照护背记实测值)写在记录本或答题卡上		
	6. 检查支距和道岔爬行。用支距尺或方尺在顺坡终点接头处检查两接头的相错量,在尖轨尖端检查尖轨的直角相错量,用支距尺在规定检查点上逐点检查支距		
	7. 在检查过程中,随时检查道岔各主要部位的有关尺寸和其他病害。主要部位包括尖轨的动程、尖轨非工作边与基本轨工作边的最小距离、滑床板的密贴情况、尖轨尖及竖切部分的密贴情况、辙叉部位轮缘槽宽度等,其他病害主要包括钢轨、轨枕、联结零件、轨道加强设备、道床、警冲标、标记、外观、路肩等		
	8. 按给定标准勾画超限处所		
	9. 进行评定		
	10. 作业结束,清点工具		
	程序不对扣10分,每漏一项扣5分,每缺少一个数据扣3分		
作业质量 (40分)	1. 站名、道岔编号、道岔型号、检查日期、检查人员姓名等要素记录齐全,每漏一项扣3分		
	2. 记录填写不清、有涂改,每处扣3分		
	3. 检查水平时符号写反(不含误差范围内正负),每处扣10分		
	4. 高低、轨向、轨距、水平、支距及其他病害等检查记录有误,测量数据误差超过±1 mm,每处扣3分		
	5. 错勾,每处扣5分		
	6. 评定错误,扣10分		
工具使用 (10分)	1. 损坏工具,每件扣5分		
	2. 摆放工具不整齐,扣5分		
作业安全 (10分)	1. 未按规定穿戴、使用劳保用品,扣5分		
	2. 检查尖轨中时轨距尺未拿起而记录,扣5分		
	3. 手脚伸入尖轨与基本轨间,扣10分		
	4. 脚踏尖轨、钢轨及拉杆,每次扣2分		
	5. 下道后未撤除防护,扣10分		
考核时间	作业在30 min内完成。每超时1 min扣5分,超过5 min停止考核。 用时　　min		
合计得分			

考评员签名:　　　　　　　　　　被认定人:　　　　　　　　年　　月　　日

S7 检查交叉渡线作业

一、考场准备

交叉渡线一组。按规定设置防护。配合人员2人。

二、材料工具准备

序 号	名 称	规 格	数 量	备 注
1	轨距尺		1把	
2	支距尺		1把	
3	盒尺	5 m	1把	
4	检查锤		把	
5	弦线		1根	
6	塞尺、钢板尺		各1把	
7	石笔		1支	
8	道岔检查记录本(答题卡)		1本(张)	

三、考核要求

1. 被认定人入场后,首先由考评员告知题目和工作量,其次由被认定人检查准备工具,当被认定人告知考评员可以开始时,由考评员开始计时。考核时间为30 min。

2. 工作量:检查交叉渡线1组。

3. 考核过程中被认定人出现未设防护上道、严重磕碰手脚以及其他不安全因素时终止考试,成绩为零。

4. 考核完毕后,由被认定人在评分表上签字确认。

5. 配合人员除在被认定人的指挥下配合拉弦线作业以外,不得从事其他作业。

四、考核评分

1. 考评人员3名以上。

2. 评分程序及规则:考评员根据被认定人操作情况对照计分标准在评分表上记录评分。

3. 算分方法:采用百分制,满分100分,60分及以上为及格。

五、铁道行业职业技能认定铁路线路工高级工实作技能考核评分记录表

单位：＿＿＿＿＿ 姓名：＿＿＿＿＿ 性别：＿＿＿＿＿ 准考证号：＿＿＿＿＿ 工种：＿＿＿＿＿ 级别：＿＿＿＿＿

试题名称：检查交叉渡线作业

考核时间：30 min

操作开始时间： 时 分　　　　　　　　　　　操作结束时间： 时 分

项 目	考核内容及评分标准	扣分因素及扣分	得 分
操作程序 (40分)	1. 工具、材料准备齐全,检查工具状态是否良好。必要工具缺一件扣2分		
	2. 校核轨距尺,水平误差不超过1 mm		
	3. 确定标准股,导曲线以外股为标准股		
	4. 目测轨向和高低。站在交叉渡线外方,先看方向,后看前后高低,必要时用弦线量		
	5. 检查轨距、水平和查照护背等。按"先轨距、后水平"的顺序在规定的检查点上测量,将与规定标准的偏差值(查照护背记实测值)写在记录本或答题卡上		
	6. 检查支距和道岔爬行。用支距尺或方尺在顺坡终点接头处检查两接头的相错量,在尖轨尖端检查尖轨的直角相错量,用支距尺在规定检查点上逐点检查支距		
	7. 检查轮缘槽、动程、尖轨尖端是否密贴		
	8. 特种道岔要注意检查前后锐角、钝角辙叉的叉前叉后的轨距、水平,叉中的轨距、查照间隔、护背距离、曲中内、外矢距等		
	9. 在检查过程中,随时检查道岔各主要部位的有关尺寸和其他病害		
	10. 按给定标准勾画超限处所		
	11. 作业结束,清点工具		
	程序不对扣10分,每漏一项扣5分,每缺少一个数据扣3分		
作业质量 (40分)	1. 站名、道岔编号、道岔型号、检查日期、检查人员姓名等要素记录齐全,每漏一项扣3分		
	2. 记录填写不清、有涂改,每处扣3分		
	3. 检查水平时符号写反(不含误差范围内正负),每处扣10分		
	4. 高低、轨向、轨距、水平及其他病害等检查记录有误,测量数据误差超过±1 mm,每处扣3分		
	5. 错勾,每处扣5分		
工具使用 (10分)	1. 损坏工具,每件扣5分		
	2. 摆放工具不整齐,扣5分		
作业安全 (10分)	1. 未按规定穿戴、使用劳保用品,扣5分		
	2. 脚踏钢轨及拉杆,每次扣2分		
	3. 下道后未撤除防护,扣10分		
考核时间	作业在30 min内完成。每超时1 min扣5分,超过5 min停止考核。 用时 min		
合计得分			

考评员签名：　　　　　　　　　　　被认定人：　　　　　　　　　　年　月　日

S8　使用水准仪进行线路中平测量作业

一、考场准备

一段不短于 500 m 的纵断面有变化的线路。按规定设置防护。配合人员 1 人。

二、材料工具准备

序　号	名　称	规　格	数　量	备　注
1	水准仪		1 台	
2	三脚架		1 个	
3	塔尺		1 个	
4	测量记录表		1 张	
5	基点资料		1 份	
6	对讲机		2 台	
7	计算器		1 部	

三、考核要求

1. 被认定人入场后,首先由考评员告知题目和工作量,其次由被认定人检查准备工具,当被认定人告知考评员可以开始时,由考评员开始计时。考核时间为 90 min。

2. 工作量:使用水准仪对 500 m 线路进行中平测量。

3. 考核过程中被认定人出现未设防护上道、严重磕碰手脚以及其他不安全因素时终止考试,成绩为零。

4. 配合人员除在被认定人的指挥下协助完成测设作业以外,不得从事其他作业。

四、考核评分

1. 考评人员 3 名以上。

2. 评分程序及规则:考评员根据被认定人操作情况对照计分标准在评分表上记录评分。

3. 算分方法:采用百分制,满分 100 分,60 分及以上为及格。

五、铁道行业职业技能认定铁路线路工高级工实作技能考核评分记录表

单位:_____　姓名:_____　性别:_____　准考证号:_____　工种:_____　级别:_____

试题名称:使用水准仪进行线路中平测量作业

考核时间:90 min

操作开始时间:　时　分　　　　　　操作结束时间:　时　分

项　目	考核内容及评分标准	扣分因素及扣分	得　分
操作程序 (40 分)	1. 工具、材料准备齐全,检查工具状态是否良好。必要工具缺一件扣 2 分		
	2. 找出中平测量始、终点附近水准基点(BM$_1$、BM$_2$),将已知里程填入记录表		

项　　目	考核内容及评分标准	扣分因素及扣分	得　分
操作程序 （40分）	3. 选择转点及各中间点（测点每40 m或20 m设一中间测点，每隔几个中间点设一个转点），将各点里程填入记录表		
	4. 测量：一人执水准仪，指挥立尺人按计划在各点立尺。 将塔尺立于始点已知里程水准基点（BM₁），水准仪置于第一转点与BM₁测量距离相等处，按照粗平→瞄准→锁定→调焦→微动→精平→读数的程序，测出BM₁点的后视读数，填入记录表。依次将塔尺立于第一转点前各中间点及第一转点，按上述程序测得各中间点中视读数和第一转点前视读数，分别列入记录表。再将仪器移至一、二转点中间，先测出第一转点后视，再测各中间点中视及第二转点前视，这样依次直至测完各测点及BM₂点前视读数		
	5. 计算高程差和高程。(1)转点高程差＝后视读数－前视读数。(2)转点高程＝后视读数＋高程差。(3)中间点高程差＝后视读数－中视读数。(4)中间点高程＝已知后视点高程＋高程差		
	6. 作业结束，清点工具		
	程序不对扣10分，每漏一项扣5分		
作业质量 （40分）	1. 记录表核查各转点上前后读数之差，与各转点正、负高程差代数和，以及与实测始、终点的高程差，三者不相等时，每项扣5分		
	2. 高程闭合差(f_n)＝终点实测高程－终点已知高程。若f_n不满足"在$\pm 30\sqrt{L}$间"要求，扣20分		
	3. 记录有涂改，每处扣5分		
工具使用 （10分）	1. 损坏工具，每件扣5分		
	2. 摆放工具不整齐，扣5分		
作业安全 （10分）	1. 未按规定穿戴、使用劳保用品，扣5分		
	2. 磕碰仪器，每次扣5分		
	3. 下道后未撤除防护，扣10分		
考核时间	作业在90 min内完成。每超时1 min扣5分，超过5 min停止考核。 用时　　　min		
合计得分			

考评员签名：　　　　　　　　　　被认定人：　　　　　　　　　　年　　月　　日

S9　焊缝打磨作业

一、考场准备

焊缝有病害的无缝线路200 m。按规定设置防护。配合人员1人。

二、材料工具准备

序　号	名　　称	规　格	数　量	备　注
1	内燃仿形打磨机		1台	
2	轨距尺		1把	
3	钢直尺	1 m	1把	
4	塞尺		1把	
5	石笔		1支	
6	活口扳手		1把	
7	工具锤		1把	
8	砂轮		适量	
9	轨温计		1个	

三、考核要求

1. 被认定人入场后,首先由考评员告知题目和工作量,其次由被认定人检查准备工具,当被认定人告知考评员可以开始时,由考评员开始计时。考核时间为 40 min。

2. 工作量:打磨高焊缝 1 处,高度不大于 2 mm。

3. 考核过程中被认定人出现未设防护上道、严重磕碰手脚以及其他不安全因素时终止考试,成绩为零。

4. 考核完毕后,由被认定人在评分表上签字确认。

5. 配合人员除在被认定人的指挥下配合抬机作业以外,不得从事其他作业。

四、考核评分

1. 考评人员 3 名以上。

2. 评分程序及规则:考评员根据被认定人操作情况对照计分标准在评分表上记录评分。

3. 算分方法:采用百分制,满分 100 分,60 分及以上为及格。

五、铁道行业职业技能认定铁路线路工高级工实作技能考核评分记录表

单位:＿＿＿＿　姓名:＿＿＿＿　性别:＿＿＿＿　准考证号:＿＿＿＿　工种:＿＿＿＿　级别:＿＿＿＿

试题名称:焊缝打磨作业

考核时间:40 min

操作开始时间:　时　分　　　　　　　　　　操作结束时间:　时　分

项　目	考核内容及评分标准	扣分因素及扣分	得　分
操作程序 (40分)	1. 工具、材料准备齐全,检查工具状态是否良好。必要工具缺一件扣2分		
	2. 测量轨温		
	3. 校核量具		

项　　目	考核内容及评分标准	扣分因素及扣分	得　分
操作程序 (40分)	4. 调查打磨量。测量确定打磨部位及打磨量,并在轨腰上用石笔画上标记		
	5. 抬机上道,打磨作业。推动打磨机,随时控制打磨机的平衡及打磨钢轨时的倾斜度,使砂轮能磨到缺陷部位。打磨时要控制一定的打磨量,先少后多,由厚到薄,并经常检查轨面状态,防止打磨过量		
	6. 复查找细。复查打磨作业质量,对未达到标准的继续打磨。打磨测量结束后,用轨距尺检查打磨后的轨距、水平		
	7. 撤离机械。打磨作业后退回砂轮片,关机、抬机下道		
	8. 作业结束,清点工具		
	程序不对扣10分,每漏一项扣5分,停机未采取防溜措施,每次扣5分		
作业质量 (40分)	1. 打磨后钢轨顶面平直度不满足+0.1~+0.3 mm/1 m要求,扣10分		
	2. 打磨过量,每处扣20分		
	3. 轨距变化率(不含规定的递减率)不符合"120 km/h<线路允许速度≤200 km/h线路小于1‰,线路允许速度v_{max}≤120 km/h正线及到发线不大于2‰,其他站线不大于3‰"要求,每处扣3分		
	4. 水平不符合作业验收标准,每处扣3分		
工具使用 (10分)	1. 损坏工具,每件扣5分		
	2. 摆放工具不整齐,扣5分		
	3. 打磨机掉道,扣10分		
作业安全 (10分)	1. 未按规定穿戴、使用劳保用品,扣5分		
	2. 下道后未撤除防护,扣10分		
考核时间	作业在40 min内完成。每超时1 min扣5分,超过5 min停止考核。 用时　　　min		
合计得分			

考评员签名:　　　　　　　　　被认定人:　　　　　　　　年　月　日

S10　更换绝缘夹板作业

一、考场准备

普通线路绝缘接头1个。按规定设置防护。配合人员1人。

二、材料工具准备

序　号	名　　称	规　格	数　量	备　注
1	长效油脂		1桶	
2	接头螺栓、夹板		若干	
3	垫圈或垫片		若干	

续上表

序　号	名　称	规　格	数　量	备　注
4	轨端绝缘板、绝缘管、槽形绝缘板		若干	
5	接头螺帽		若干	
6	接头扣件		若干	
7	活口扳手	450 mm	1把	
8	扭矩扳手		1把	
9	钢丝刷		1把	
10	棉纱		适量	
11	小油桶		1个	
12	扁油刷		1把	
13	丁字扳手或锂电扳手		1把	
14	塞尺		1把	

三、考核要求

1. 被认定人入场后,首先由考评员告知题目和工作量,其次由被认定人检查准备工具,当被认定人告知考评员可以开始时,由考评员开始计时。考核时间为 30 min。

2. 工作量:更换普通线路绝缘接头夹板 2 块。

3. 考核过程中被认定人出现未设防护上道、严重磕碰手脚以及其他不安全因素时终止考试,成绩为零。

4. 考核完毕后,由被认定人在评分表上签字确认。

5. 配合人员除在被认定人的指挥下协助扶正夹板作业以外,不得从事其他作业。

四、考核评分

1. 考评人员 3 名以上。

2. 评分程序及规则:考评员根据被认定人操作情况对照计分标准在评分表上记录评分。

3. 算分方法:采用百分制,满分 100 分,60 分及以上为及格。

五、铁道行业职业技能认定铁路线路工高级工实作技能考核评分记录表

单位:_____　姓名:_____　性别:_____　准考证号:_____　工种:_____　级别:_____

试题名称:更换绝缘夹板作业

考核时间:30 min

操作开始时间:　时　分　　　　　　　　　操作结束时间:　时　分

项　目	考核内容及评分标准	扣分因素及扣分	得　分
操作程序 (40分)	1. 工具、材料准备齐全,检查工具状态是否良好。必要工具缺一件扣2分		
	2. 卸扣件。卸掉接头两侧轨枕扣件		

项 目	考核内容及评分标准	扣分因素及扣分	得 分
操作程序 (40分)	3. 卸接头螺栓。卸螺栓顺序为1、3、5、2、4、6		
	4. 卸夹板。用扳手尖端撬出夹板。取下槽型绝缘板、绝缘管、轨端绝缘板,并检查换新		
	5. 除锈检查。清除螺栓和夹板上的积锈污垢,检查夹板、钢轨有无伤损、裂纹、螺栓有无失效		
	6. 对螺栓螺纹部分全面涂油		
	7. 上夹板及接头螺栓。扣入新夹板,用螺栓先将夹板孔穿顺,再穿入全部螺栓。直线地段上紧固顺序1、6、3、4、2、5,曲线地段上紧固顺序1、6、5、2、3、4		
	8. 上扣件。绝缘接头处,扣件与夹板不得贴靠,间隙不小于5 mm		
	9. 请电务检查绝缘性能是否良好		
	10. 质量回检		
	11. 作业结束,清点工具		
	程序不对扣10分,每漏一项扣5分,松卸螺栓顺序错误每根扣3分		
作业质量 (40分)	1. 轨面及内侧错牙不符合"正线、到发线不大于1 mm,其他站线不大于2 mm"要求,每处扣5分。错牙大于3 mm时,每处扣20分		
	2. 绝缘件安装不符合要求,每件扣5分。损坏扣10分		
	3. 不满足"最高、最低轨温差小于或等于85 ℃地区,普通线路接头螺栓扭矩50 kg/m钢轨及以下不小于400 N·m,60 kg/m钢轨及以上不小于500 N·m,最高、最低轨温差大于85 ℃地区,普通线路接头螺栓扭矩50 kg/m钢轨及以下不小于600 N·m,60 kg/m钢轨及以上不小于700 N·m"要求,每根扣10分		
	4. 扣件扭矩不符合要求,每套扣3分		
工具使用 (10分)	1. 损坏工具,每件扣5分		
	2. 摆放工具不整齐,扣5分		
作业安全 (10分)	1. 未按规定穿戴、使用劳保用品,扣5分		
	2. 下道后未撤除防护,扣10分		
考核时间	作业在30 min内完成。每超时1 min扣5分,超过5 min停止考核。 用时　　　min		
合计得分			

考评员签名:　　　　　　　　　　被认定人:　　　　　　　　年　　月　　日

S11　不破底清筛及整理道床作业

一、考场准备

一段不短于100 m的普通线路。按规定设置防护。配合人员1人。

二、材料工具准备

序　号	名　称	规　格	数　量	备　注
1	手持式捣固镐		1台	
2	镐耙		1把	
3	筛子	15 mm	1个	
4	起道机		1台	
5	轨距尺		1把	
6	抬杠		1根	
7	石砟叉		1把	
8	铁锹		1把	
9	扫帚		1把	
10	皮斗		2个	
11	石砟		适量	洁净

三、考核要求

1. 被认定人入场后,首先由考评员告知题目和工作量,其次由被认定人检查准备工具,当被认定人告知考评员可以开始时,由考评员开始计时。考核时间为 50 min。

2. 工作量:不破底清筛及整理道床 1 个轨枕空。

3. 考核过程中被认定人出现未设防护上道、严重磕碰手脚以及其他不安全因素时终止考试,成绩为零。

4. 考核完毕后,由被认定人在评分表上签字确认。

5. 配合人员除在被认定人的指挥下协助抬砟及点撬作业以外,不得从事其他作业。

四、考核评分

1. 考评人员 3 名以上。

2. 评分程序及规则:考评员根据被认定人操作情况对照计分标准在评分表上记录评分。

3. 算分方法:采用百分制,满分 100 分,60 分及以上为及格。

五、铁道行业职业技能认定铁路线路工高级工实作技能考核评分记录表

单位:_____ 姓名:_____ 性别:_____ 准考证号:_____ 工种:_____ 级别:_____

试题名称:不破底清筛及整理道床作业

考核时间:50 min

操作开始时间:　　时　　分　　　　　　　　操作结束时间:　　时　　分

项　目	考核内容及评分标准	扣分因素及扣分	得　分
操作程序 (40分)	1. 工具、材料准备齐全,检查工具状态是否良好。必要工具缺一件扣2分		
	2. 校核量具		

项　目	考核内容及评分标准	扣分因素及扣分	得　分
操作程序 (40分)	3.开口。将要清筛的第一空面砟、砟肩的净砟用镐耙拉到清筛顺序的反向路肩及砟肩上,直到不洁砟面为止,然后用镐耙刨松枕木空内及砟肩到清筛深度进行清筛		
	4.将净砟与面砟堆放在一起,用铁锹将弃土、弃砟临时堆放指定地点,清理排水坡。第一空挖好整理后,将第二空道砟用上述方法将净砟按道床标准存放于第一空内,逐空清筛,个别出现枕底松动时应及时捣固		
	5.均匀道砟,整理并夯拍道床,使道床整齐美观		
	6.清扫钢轨及扣件,使其保持整洁		
	7.抬运弃土到规定地点		
	8.质量回检		
	9.作业结束,清点工具		
	程序不对扣10分,每漏一项扣5分		
作业质量 (40分)	1.清筛深度不够,坡度不顺,顺坡长度不够,每项扣5分		
	2.用15 mm筛子检查余量,超过5%(体积比),扣5分		
	3.不符合"轨底处道床顶面应低于轨枕顶面20~30 mm,Ⅰ型混凝土枕中部道床应掏空,其顶面低于枕底不得少于20 mm,长度为200~400 mm,Ⅱ型和Ⅲ型混凝土枕中部道床应填平,并不高于轨枕顶面"要求,扣10分		
	4.道床不均匀、钢轨、扣件不洁,每项扣5分		
	5.未将弃砟、弃土运到指定地点,扣10分		
	6.未质量回检,扣5分		
工具使用 (10分)	1.损坏工具,每件扣5分		
	2.摆放工具不整齐,扣5分		
作业安全 (10分)	1.未按规定穿戴、使用劳保用品,扣5分		
	2.下道后未撤除防护,扣10分		
考核时间	作业在50 min内完成。每超时1 min扣5分,超过5 min停止考核。 用时　　min		
合计得分			

考评员签名:　　　　　　　　被认定人:　　　　　　　年　　月　　日

S12　使用轨道测量仪检查作业

一、考场准备

100 m线路。按规定设置防护。配合人员1人。

二、材料工具准备

序　号	名　称	规　格	数　量	备　注
1	轨道测量仪		1台	含其配套设备

三、考核要求

1. 被认定人入场后,首先由考评员告知题目和工作量,其次由被认定人检查准备工具,当被认定人告知考评员可以开始时,由考评员开始计时。考核时间为 80 min。

2. 工作量:使用轨道测量仪检查 50 m 线路。

3. 考核过程中被认定人出现未设防护上道、严重磕碰手脚以及其他不安全因素时终止考试,成绩为零。

4. 考核完毕后,由被认定人在评分表上签字确认。

5. 配合人员除在被认定人的指挥下协助抬运轨检小车作业以外,不得从事其他作业。

四、考核评分

1. 考评人员 3 名以上。

2. 评分程序及规则:考评员根据被认定人操作情况对照计分标准在评分表上记录评分。

3. 算分方法:采用百分制,满分 100 分,60 分及以上为及格。

五、铁道行业职业技能认定铁路线路工高级工实作技能考核评分记录表

单位:_____ 姓名:_____ 性别:_____ 准考证号:_____ 工种:_____ 级别:_____

试题名称:使用轨道测量仪检查作业

考核时间:80 min

操作开始时间:　时　分　　　　　　操作结束时间:　时　分

项　　目	考核内容及评分标准	扣分因素及扣分	得　分
操作程序 (40分)	1. 工具、仪器准备齐全,检查工具、仪器状态是否良好。必要工具缺一件扣 2 分		
	2. 组装仪器		
	3. 全站仪自由设站		
	4. 全站仪数据平差		
	5. 轨检小车核对设计项目并新建作业		
	6. 轨检小车超高校准		
	7. 两台仪器通信		
	8. 现场采集作业		
	9. 作业结束,拆卸仪器,清点工具		
	程序不对扣 10 分,每漏一项扣 5 分		
作业质量 (40分)	1. 全站仪设站不满足"气泡控制在 0.5 mm 范围内,设站中误差:东坐标/北坐标/高程:1 mm,方向:2″"的精度要求,扣 10 分		
	2. 轨检小车设计参数不正确,扣 10 分		
	3. 不满足"小车面向大里程方向推时,双轮在左侧为正,反之为负"的要求,扣 10 分		
	4. 测量时数据偏差值明显异常未重新采集,扣 10 分		

项 目	考核内容及评分标准	扣分因素及扣分	得 分
工具使用 (10分)	1. 损坏仪器,每件扣10分		
	2. 摆放工具、仪器不整齐,扣5分		
作业安全 (10分)	1. 未按规定穿戴、使用劳保用品,扣5分		
	2. 下道后未撤除防护,扣10分		
考核时间	作业在80 min内完成。每超时1 min扣5分,超过5 min停止考核。 用时　　min		
合计得分			

考评员签名:　　　　　　　　被认定人:　　　　　　　年　月　日

S13　使用经纬仪进行单开道岔放样作业

一、考场准备

长度不小于50 m、宽度20 m空场地。配合人员1人。

二、材料工具准备

序 号	名 称	规 格	数 量	备 注
1	经纬仪	DJ6级以上	1台	含配套三脚架
2	钢卷尺	30 m	1把	
3	石笔		2支	
4	木桩		5个	
5	盒尺	2 m	1把	
6	大锤		1把	
7	道岔图集		1本	
8	对讲机		2台	

三、考核要求

1. 被认定人入场后,首先由考评员告知题目和工作量,其次由被认定人检查准备工具,当被认定人告知考评员可以开始时,由考评员开始计时。考核时间为60 min。

2. 工作量:使用经纬仪对1组单开道岔进行放样。

3. 考核过程中被认定人出现严重磕碰手脚以及其他不安全因素时终止考试,成绩为零。

4. 配合人员除在被认定人的指挥下协助完成测设作业以外,不得从事其他作业。

四、考核评分

1. 考评人员3名以上。

2. 评分程序及规则:考评员根据被认定人操作情况对照计分标准在评分表上记录评分。

3. 算分方法:采用百分制,满分 100 分,60 分及以上为及格。

五、铁道行业职业技能认定铁路线路工高级工实作技能考核评分记录表

单位:_____ 姓名:_____ 性别:_____ 准考证号:_____ 工种:_____ 级别:_____

试题名称:使用经纬仪进行单开道岔放样作业

考核时间:60 min

操作开始时间:　时　分　　　　　　操作结束时间:　时　分

项　目	考核内容及评分标准	扣分因素及扣分	得　分
操作程序 (40分)	1. 工具、材料准备齐全,检查工具状态是否良好。必要工具缺一件扣2分		
	2. 以给定的线路中心线的出岔位置或就近钢轨接头作为道岔始端(可沿一股钢轨丈量出道岔前长 a,并从该点钢轨工作边向线路中心方向垂直量取 $L/2$),定出道岔中心桩 1		
	3. 在道岔中心桩 1 上安置经纬仪,对中整平仪器后,向道岔始点放直线,从桩 1 沿直线方向丈量道岔前长 a 定出始端桩 2,倒镜放直线,丈量道岔后长 b 定出岔尾桩 3		
	4. 右转 α 角度,在视线上丈量长度 b 定出侧线上岔尾桩 4		
	5. 用钢卷尺复核道岔全长 L 是否正确		
	6. 作业结束,清点工具		
	程序不对扣 10 分,每漏一项扣 5 分		
作业质量 (40分)	1. 各桩位误差大于 50 mm,每处扣 10 分		
	2. 长度误差大于 30 mm,扣 5 分		
	3. 角度误差大于 30″,扣 5 分		
工具使用 (10分)	1. 损坏工具,每件扣 5 分		
	2. 摆放工具不整齐,扣 5 分		
作业安全 (10分)	1. 未按规定穿戴、使用劳保用品,扣 5 分		
	2. 磕碰仪器,每次扣 5 分		
考核时间	作业在 60 min 内完成。每超时 1 min 扣 5 分,超过 5 min 停止考核。 用时　　min		
合计得分			

考评员签名:　　　　　　　　　被认定人:　　　　　　　　年　月　日

S14　识读道岔标准图

一、考场准备

教室一间。

二、材料工具准备

序　号	名　　称	规　格	数　量	备　注
1	道岔标准图		1份	

三、考核要求

1. 被认定人入场后,首先由考评员告知题目和工作量,当被认定人告知考评员可以开始时,由考评员开始计时。考核时间为 45 min。

2. 工作量:识读道岔标准图 1 份。

3. 考核过程中被认定人出现携带电子通信设备或与考试有关的学习资料进入考场等作弊行为时终止考试,成绩为零。

4. 考核完毕后,由被认定人在评分表上签字确认。

四、考核评分

1. 考评人员 3 名以上。

2. 评分程序及规则:考评员根据被认定人操作情况对照计分标准在评分表上记录评分。

3. 算分方法:采用百分制,满分 100 分,60 分及以上为及格。

五、铁道行业职业技能认定铁路线路工高级工实作技能考核评分记录表

单位:_____　姓名:_____　性别:_____　准考证号:_____　工种:_____　级别:_____

试题名称:识读道岔标准图

考核时间:45 min

操作开始时间:　时　分　　　　　　　　操作结束时间:　时　分

项　目	考核内容及评分标准	扣分因素及扣分	得　分
操作程序 (50分)	1. 读出图号,确认图纸的标题名称、型号、零配件标注的比例尺寸		
	2. 读出道岔全长、中交位置、转辙角、前长、后长		
	3. 读出导曲线半径、导曲线起讫位置、各点支距、横距		
	4. 读出道岔配轨情况和每根钢轨的长度		
	5. 读出岔枕根数、长度和岔枕间距		
	6. 读出各部间隔尺寸		
	7. 读出图中标注编号指的是什么零部件(由考评员指定),并按编号查阅明细表,读出该零部件及其数据		
	每漏一项,扣 10 分		
作业质量 (50分)	填写错误,每处扣 4 分		
考核时间	作业在 45 min 内完成。每超时 1 min 扣 5 分,超过 5 min 停止考核。 用时　　min		
合计得分			

考评员签名:　　　　　　　　被认定人:　　　　　　　　年　月　日

S15　混凝土枕道岔改道作业

一、考场准备

需要改道的无缝道岔 1 组。按规定设置防护。配合人员 2 人。

二、材料工具准备

序　号	名　称	规　格	数　量	备　注
1	轨距尺、支距尺		各 1 把	
2	弦线		1 根	
3	钢板尺	150 mm 及以上	1 把	
4	起拨道器		1 台	
5	撬棍		2 根	
6	锂电扳手		1 把	
7	发电机		1 台	
8	活口扳手		1 把	
9	砂轮机		1 台	
10	扭矩扳手		1 把	
11	石笔		1 支	
12	各型号轨距调整块、尼龙挡座、扣件		适量	
13	轨温计		1 个	

三、考核要求

1. 被认定人入场后,首先由考评员告知题目和工作量,其次由被认定人检查准备工具,当被认定人告知考评员可以开始时,由考评员开始计时。考核时间为 60 min。

2. 工作量:混凝土枕无缝道岔改道 1 组。

3. 考核过程中被认定人出现未设防护上道、严重磕碰手脚以及其他不安全因素时终止考试,成绩为零。

4. 考核完毕后,由被认定人在评分表上签字确认。

5. 配合人员除在被认定人的指挥下配合拉弦线及协助改道作业以外,不得从事其他作业。

四、考核评分

1. 考评人员 3 名以上。

2. 评分程序及规则:考评员根据被认定人操作情况对照计分标准在评分表上记录评分。

3. 算分方法:采用百分制,满分 100 分,60 分及以上为及格。

五、铁道行业职业技能认定铁路线路工高级工实作技能考核评分记录表

单位:_____ 姓名:_____ 性别:_____ 准考证号:_____ 工种:_____ 级别:_____

试题名称:混凝土枕道岔改道作业

考核时间:60 min

操作开始时间: 时 分 操作结束时间: 时 分

项 目	考核内容及评分标准	扣分因素及扣分	得 分
操作程序 (40分)	1. 工具、材料准备齐全,检查工具状态是否良好。必要工具缺一件扣2分		
	2. 测量轨温		
	3. 校核量具		
	4. 调查画撬。在道岔前20 m左右,目视直外股轨向,对目测出的轨向长度和方向进行粗略定位,用估测或10 m弦线测量的方法,确定改道量,然后用轨距尺逐根检查内直股轨距和轨距变化率,对照不同线路速度等级对轨距和轨距顺坡率的规定,找出超限处所,做好长度和方向标记。用支距尺测量各点支距,对照不同线路速度等级对支距的偏差规定,找出偏差处所,做好长度和方向标记;然后用轨距尺逐根检查曲下股轨距和轨距顺坡率。对照不同线路速度等级对轨距和轨距顺坡率的偏差的规定,确定超限处所,做好长度和方向标记		
	5. 改道。改正直外股轨向,改正导曲线上股圆顺度,改正内直股和曲下股轨距和变化率,改正辙叉		
	6. 检查调整轮缘槽。辙叉、护轨、尖轨跟端处改道时,对叉心轮缘槽尺寸不符合45~49 mm,护轨轮缘槽尺寸不符合41~45 mm,尖轨非作用边与基本轨工作边的最小距离不符合65 mm与轨距加宽值之和的标准,尖轨、可动心轨动程不符合标准的(电务配合)进行调整修理,使其达到规定尺寸,尖轨、可动心轨竖切部分,其他部位钢轨压溃或肥边应进行打磨		
	7. 检查调整尖轨、可动心轨密贴		
	8. 补充扣件,更换垫板		
	9. 上紧轨距杆		
	10. 检查、整修		
	11. 作业结束,清点工具		
	程序不对扣10分,每漏一项扣5分		
作业质量 (40分)	1. 轨距容许偏差不满足"在允许速度 $v_{max} \leqslant 160$ km/h 正线及到发线区段+3~−2 mm"的要求,每处扣5分		
	2. 轨向容许偏差不满足"在允许速度 $v_{max} \leqslant 160$ km/h 正线区段不超过4 mm,支距不超过2 mm,其他站线不超过6 mm,支距不超过2 mm"的要求,每处扣5分		
	3. 轨距变化率(不含规定的递减率)不满足"在线路允许速度 120 km/h$<$ $v_{max} \leqslant 200$ km/h 线路不大于1‰,其他线路不大于2‰,其他站线不大于3‰"的要求,每处扣5分		
	4. 道岔各部位尺寸不符合《普速铁路线路修理规则》规定,每处扣5分		
	5. 各部位联结零件缺少、扭矩不符合规定,每处扣3分		

项 目	考核内容及评分标准	扣分因素及扣分	得 分
工具使用 （10分）	1. 损坏工具，每件扣5分		
	2. 摆放工具不整齐，扣5分		
作业安全 （10分）	1. 未按规定穿戴、使用劳保用品，扣5分		
	2. 下道后未撤除防护，扣10分		
考核时间	作业在60 min内完成。每超时1 min扣5分，超过5 min停止考核。 用时　　min		
合计得分			

考评员签名：　　　　　　　　　　被认定人：　　　　　　　　　年　月　日

S16　成段调整轨缝作业

一、考场准备

需要调整轨缝的混凝土线路100 m（单股）。按规定设置防护。配合人员5人。

二、材料工具准备

序 号	名 称	规 格	数 量	备 注
1	液压轨缝调整器		1台	
2	单口扳手、活口扳手		各1把	
3	双头内燃扳手		1台	
4	锂电扳手		1把	
5	石笔		1支	
6	钢板尺	150 mm及以上	1台	
7	接头螺栓、垫圈		若干	与夹板配套
8	扭矩扳手		1把	

三、考核要求

1. 被认定人入场后，首先由考评员告知题目和工作量，其次由被认定人检查准备工具，当被认定人告知考评员可以开始时，由考评员开始计时。考核时间为60 min。

2. 工作量：调整3个接头轨缝（单股）。

3. 考核过程中被认定人出现未设防护上道、严重磕碰手脚以及其他不安全因素时终止考试，成绩为零。

4. 考核完毕后，由被认定人在评分表上签字确认。

5. 配合人员除在被认定人的指挥下配合操作轨缝调整器作业以外，不得从事其他作业。

四、考核评分

1. 考评人员 3 名以上。

2. 评分程序及规则:考评员根据被认定人操作情况对照计分标准在评分表上记录评分。

3. 算分方法:采用百分制,满分 100 分,60 分及以上为及格。

五、铁道行业职业技能认定铁路线路工高级工实作技能考核评分记录表

单位:＿＿＿＿　姓名:＿＿＿＿　性别:＿＿＿＿　准考证号:＿＿＿＿　工种:＿＿＿＿　级别:＿＿＿＿

试题名称:成段调整轨缝作业

考核时间:60 min

操作开始时间:　时　分　　　　　　　　　　　　操作结束时间:　时　分

项　　目	考核内容及评分标准	扣分因素及扣分	得　分
操作程序 (40分)	1. 工具、材料准备齐全,检查工具状态是否良好。必要工具缺一件扣2分		
	2. 准备作业。(1)按轨缝调整计算结果画好钢轨移动量线:在每节钢轨中选一根不易移动的轨枕,用石笔在靠轨底处画一线,再根据钢轨计划移动量及移动方向用尺子量出移动量,在轨底也画一线,并标出移动方向。串动钢轨时,当钢轨移动至两线对齐为准。(2)松动扣件及防爬设备:按钢轨串动量和串动方向,松动防爬器及扣件、螺栓、轨距杆等		
	3. 基本作业。(1)松开或卸掉接头螺栓:不拆开接头时,每个接头螺栓全部松开。拆开接头时,每隔2~3节钢轨解开接头一端螺栓并拿下另一端的全部螺栓。(2)串动钢轨:①两人将轨缝调整器推到被调整的两根钢轨接头处,然后搬动凸轮手柄,使两夹具体落在钢轨头两侧,搬动手柄使夹铁与钢轨夹牢。指挥串动钢轨,预留轨缝。②按顺时针旋紧回油阀,摇动操纵杆,使高压油输入工作油缸使夹铁夹住为止,在一般情况下,直线一次推12.5 m钢轨不得超过4根,25 m钢轨不超过2根,曲线地段应适当减少。③每次调整完毕,逆时针旋开回油阀,搬动凸轮手柄松开夹铁,使工作油缸在拉簧的作用下回拉,即完成一次工作循环。摇动凸轮使走行轮踏面支撑于钢轨上,移动到第二工作点。(3)上扣件、紧螺栓,防爬设备等		
	4. 作业结束,清点工具		
	程序不对扣10分,每漏一项扣5分		
作业质量 (40分)	1. 接头相错量不满足"正线及到发线直线地段不大于40 mm,曲线地段不大于40 mm加缩短轨缩短量的1/2,其他站线直线地段不大于60 mm,曲线地段不大于60 mm加缩短轨缩短量的1/2"的要求,每处扣10分		
	2. 接头螺栓扭矩不符合规定,每根扣3分		
工具使用 (10分)	1. 损坏工具,每件扣5分		
	2. 摆放工具不整齐,扣5分		
作业安全 (10分)	1. 未按规定穿戴、使用劳保用品,扣5分		
	2. 下道后未撤除防护,扣10分		
考核时间	作业在60 min内完成。每超时1 min扣5分,超过5 min停止考核。 用时　　min		
合计得分			

考评员签名:　　　　　　　　　　　被认定人:　　　　　　　　　　年　月　日

S17　钢轨钻孔作业

一、考场准备

已固定好 60 kg/m 钢轨 1 根。按规定设置防护。配合人员 1 人。

二、材料工具准备

序　号	名　称	规　格	数　量	备　注
1	内燃钢轨钻孔机		1 台	
2	钻头	$\phi 31$ mm	2 个	
3	孔距定位尺		1 个	
4	注水桶		1 个	
5	钢丝刷		1 把	
6	倒棱器		1 个	
7	盒尺	2 m	1 个	
8	石笔		1 支	
9	刷子		1 把	

三、考核要求

1. 被认定人入场后,首先由考评员告知题目和工作量,其次由被认定人检查准备工具,当被认定人告知考评员可以开始时,由考评员开始计时。考核时间为 20 min。

2. 工作量:钢轨钻孔接头螺栓孔 3 个。

3. 考核过程中被认定人出现未设防护上道、严重磕碰手脚以及其他不安全因素时终止考试,成绩为零。

4. 考核完毕后,由被认定人在评分表上签字确认。

5. 配合人员除在被认定人的指挥下协助注水、抬机作业以外,不得从事其他作业。

四、考核评分

1. 考评人员 3 名以上。

2. 评分程序及规则:考评员根据被认定人操作情况对照计分标准在评分表上记录评分。

3. 算分方法:采用百分制,满分 100 分,60 分及以上为及格。

五、铁道行业职业技能认定铁路线路工高级工实作技能考核评分记录表

单位:＿＿＿＿ 姓名:＿＿＿＿ 性别:＿＿＿＿ 准考证号:＿＿＿＿ 工种:＿＿＿＿ 级别:＿＿＿＿

试题名称:钢轨钻孔作业

考核时间:20 min

操作开始时间: 时 分　　　　　　　　　　操作结束时间: 时 分

项　目	考核内容及评分标准	扣分因素及扣分	得　分
操作程序 (40分)	1. 工具、材料准备齐全,检查工具状态是否良好。必要工具缺一件扣2分		
	2. 安装孔距定位尺。根据轨端位置,安装孔距定位尺,将其固定在钢轨上拧紧		
	3. 安装钻孔机。安装时,应检查孔距定位尺端止是否与轨端对齐,并检查孔高定位板是否与轨腰及轨底上弧面靠紧。若有偏差应进行调整		
	4. 钻孔。在钻孔过程中,始终应有冷却水冷却钻头。钻完一个,后退手轮,将钻头退回,关闭油门开关,急速撤出,换位后再钻第二个		
	5. 钻完后,卸下钢轨钻眼机和孔距定位尺,将钻孔机、注水筒等放置指定位置		
	6. 清扫铁屑,复查各螺孔位置		
	7. 倒棱。用倒棱器对所钻螺孔逐孔倒棱		
	8. 回收料具,清理场地		
	9. 作业结束,清点工具		
	程序不对扣10分,每漏一项扣5分。换位未关油门开关,每次扣10分		
作业质量 (40分)	1. 钻孔位置上下、左右偏差超过2 mm,每个扣5分		
	2. 螺孔间距偏差超过2 mm,每个扣5分		
	3. 倒棱尺寸不满足"0.8~1.5 mm,倒角45°"要求,每个扣5分		
	4. 孔边缘有裂纹、有毛刺,每个扣10分		
工具使用 (10分)	1. 损坏工具,每件扣5分		
	2. 卡钻,每次扣10分		
	3. 摆放工具不整齐,扣5分		
作业安全 (10分)	1. 未按规定穿戴、使用劳保用品,扣5分		
	2. 下道后未撤除防护,扣10分		
考核时间	作业在20 min内完成。每超时1 min扣5分,超过5 min停止考核。 用时　　min		
合计得分			

考评员签名:　　　　　　　　被认定人:　　　　　　　　年　月　日

S18 整治钢轨接头错牙作业

一、考场准备

混凝土枕普通线路接头 2 个。按规定设置防护。配合人员 1 人。

二、材料工具准备

序 号	名 称	规 格	数 量	备 注
1	长效油脂		1 桶	
2	接头螺栓		若干	
3	垫圈、错牙垫片		若干	
4	接头螺帽		若干	
5	接头扣件		若干	
6	丁字扳手或锂电扳手		1 把	
7	活口扳手	450 mm	1 把	
8	平直尺	1 m	1 把	
9	扭矩扳手		1 把	
10	钢丝刷		1 把	
11	小油桶		1 个	
12	扁刷		1 把	
13	轨距尺		1 把	
14	塞尺		1 把	

三、考核要求

1. 被认定人入场后,首先由考评员告知题目和工作量,其次由被认定人检查准备工具,当被认定人告知考评员可以开始时,由考评员开始计时。考核时间为 30 min。

2. 工作量:整治钢轨接头错牙 1 处。

3. 考核过程中被认定人出现未设防护上道、严重磕碰手脚以及其他不安全因素时终止考试,成绩为零。

4. 考核完毕后,由被认定人在评分表上签字确认。

5. 配合人员除在被认定人的指挥下协助安装夹板和错牙垫片(垫圈)作业以外,不得从事其他作业。

四、考核评分

1. 考评人员 3 名以上。

2. 评分程序及规则:考评员根据被认定人操作情况对照计分标准在评分表上记录评分。

3. 算分方法:采用百分制,满分 100 分,60 分及以上为及格。

五、铁道行业职业技能认定铁路线路工高级工实作技能考核评分记录表

单位：_____ 姓名：_____ 性别：_____ 准考证号：_____ 工种：_____ 级别：_____

试题名称：整治钢轨接头错牙作业

考核时间：30 min

操作开始时间：　时　分　　　　　　　　　　操作结束时间：　时　分

项　目	考核内容及评分标准	扣分因素及扣分	得　分
操作程序 (40分)	1. 工具、材料准备齐全,检查工具状态是否良好。必要工具缺一件扣2分		
	2. 校核量具		
	3. 调查工作量。测量错牙接头及其前后的轨缝,以判断是否需进行轨缝调整;检查钢轨接头错牙量		
	4. 卸下接头两根轨枕扣件		
	5. 卸下接头螺栓和夹板		
	6. 对螺栓、夹板和钢轨涂油		
	7. 根据错牙量的大小,选择适当厚度的垫圈或错牙垫片,垫于夹板与钢轨之间,或垫于低错轨端的夹板与钢轨之间		
	8. 上紧夹板和接头螺栓。若接头错牙仍未完全消除,则应重新拆开接头,调整垫圈(错牙垫片)的厚度重新垫入		
	9. 检查轨距,水平。若超限,应进行改道和捣固		
	10. 安装接头两根轨枕的扣件,并拧紧		
	11. 质量回检,清理场地		
	12. 作业结束,清点工具		
	程序不对扣10分,每漏一项扣5分,松卸顺序错误每根扣2分		
作业质量 (40分)	1. 轨面及内侧错牙不符合"正线、到发线不大于1 mm,其他站线不大于2 mm"的要求,每处扣5分。当错牙大于3 mm时每处扣20分		
	2. 不满足"最高、最低轨温差小于或等于85 ℃地区,普通线路接头螺栓扭矩50 kg/m钢轨及以下不小于400 N·m,60 kg/m钢轨及以上不小于500 N·m,最高、最低轨温差大于85 ℃地区,普通线路接头螺栓扭矩50 kg/m钢轨及以下不小于600 N·m,60 kg/m钢轨及以上不小于700 N·m"要求,每根扣10分		
	3. 扣件扭矩不符合要求,每套扣3分		
工具使用 (10分)	1. 损坏工具,每件扣5分		
	2. 摆放工具不整齐,扣5分		
作业安全 (10分)	1. 未按规定穿戴、使用劳保用品,扣5分		
	2. 下道后未撤除防护,扣10分		
考核时间	作业在30 min内完成。每超时1 min扣5分,超过5 min停止考核。 用时　　min		
合计得分			

考评员签名：　　　　　　　　　被认定人：　　　　　　　　　年　月　日

S19　更换混凝土枕普通道岔护轨作业

一、考场准备

普通单开道岔 1 组,型号、规格根据考场情况而定。按规定设置防护。配合人员 5 人。

二、材料工具准备

序　号	名　　称	规　格	数　量	备　注
1	轨距尺		1 把	
2	抬杠		2 根	
3	抬轨卡		2 套	带绳
4	活口扳手	450 mm	2 把	
5	钢板尺	150 mm 及以上	1 把	
6	撬棍		2 根	
7	钢卷尺	30 m	1 把	
8	加力杆		1 杆	与扳手配套
9	锂电扳手		1 把	
10	长效油脂		1 桶	
11	扭矩扳手		1 把	
12	锤子		1 把	
13	小油桶		1 个	
14	扁刷		1 个	
15	护轨螺栓、垫圈		若干	

三、考核要求

1. 被认定人入场后,首先由考评员告知题目和工作量,其次由被认定人检查准备工具,当被认定人告知考评员可以开始时,由考评员开始计时。考核时间为 40 min。

2. 工作量:更换混凝土枕普通道岔护轨 1 根。

3. 考核过程中被认定人出现未设防护上道、严重磕碰手脚以及其他不安全因素时终止考试,成绩为零。

4. 考核完毕后,由被认定人在评分表上签字确认。

5. 配合人员除在被认定人的指挥下协助搬运护轨及复测新旧护轨长度作业以外,不得从事其他作业。

四、考核评分

1. 考评人员 3 名以上。

2. 评分程序及规则:考评员根据被认定人操作情况对照计分标准在评分表上记录评分。

3. 算分方法:采用百分制,满分100分,60分及以上为及格。

五、铁道行业职业技能认定铁路线路工高级工实作技能考核评分记录表

单位:_____ 姓名:_____ 性别:_____ 准考证号:_____ 工种:_____ 级别:_____

试题名称:更换混凝土枕普通道岔护轨作业

考核时间:40 min

操作开始时间: 时 分　　　　　　　　操作结束时间: 时 分

项　目	考核内容及评分标准	扣分因素及扣分	得　分
操作程序 (40分)	1. 工具、材料准备齐全,检查工具状态是否良好。必要工具缺一件扣2分		
	2. 校核量具		
	3. 卸螺栓。将护轨螺栓卸下,连同方垫圈一起放在岔枕上		
	4. 卸下护轨侧螺栓,卸下轨撑		
	5. 拔出旧护轨。护轨拔出后,要清扫垫板,并将卸下的螺栓、间隔铁进行除锈涂油		
	6. 换入新护轨。新护轨换入后,安装间隔铁,使基本轨、间隔铁及护轨螺栓孔相对,轮缘槽符合标准		
	7. 上螺栓。对损坏的螺栓要更换		
	8. 上轨撑。将轨撑从垫板侧面用锤轻轻打进去,使其前面靠紧护轨,后面顶紧垫板挡肩		
	9. 上紧螺栓		
	10. 质量回检,回收旧料,清理场地		
	11. 作业结束,清点工具		
	程序不对扣10分,每漏一项扣5分		
作业质量 (40分)	1. 护轨平直部分轮缘槽宽度标准不符合41~45 mm规定,扣10分		
	2. 护轨平直部分不正对辙叉有害空间,两端伸出辙叉咽喉、辙叉心宽50 mm断面处不足100~300 mm,每项扣10分		
	3. 查照间隔、护背距离、护轨间隔、翼轨间隔不符合要求,每项扣10分		
	4. 护轨螺栓扭矩不达标,每个扣3分		
工具使用 (10分)	1. 损坏工具,每件扣5分		
	2. 摆放工具不整齐,扣5分		
作业安全 (10分)	1. 未按规定穿戴、使用劳保用品,扣5分		
	2. 下道后未撤除防护,扣10分		
考核时间	作业在40 min内完成。每超时1 min扣5分,超过5 min停止考核。用时　　min		
合计得分			

考评员签名:　　　　　　　　被认定人:　　　　　　　　年　月　日

S20 测量道岔磨耗作业

一、考场准备

有磨耗固定型道岔一组。按规定设置防护。

二、材料工具准备

序 号	名 称	规 格	数 量	备 注
1	钢轨磨耗(轮廓)测量仪		1台	
2	叉心磨耗测量仪		1台	
3	石笔		1支	
4	记录本或答题卡		1本或1张	

三、考核要求

1. 被认定人入场后,首先由考评员告知题目和工作量,其次由被认定人检查准备工具,当被认定人告知考评员可以开始时,由考评员开始计时。考核时间为20 min。

2. 工作量:测量磨耗直曲尖轨、基本轨各1处,导曲线轨1处,叉心1处。

3. 考核过程中被认定人出现未设防护上道、严重磕碰手脚以及其他不安全因素时终止考试,成绩为零。

4. 考核完毕后,由被认定人在评分表上签字确认。

四、考核评分

1. 考评人员3名以上。

2. 评分程序及规则:考评员根据被认定人操作情况对照计分标准在评分表上记录评分。

3. 算分方法:采用百分制,满分100分,60分及以上为及格。

五、铁道行业职业技能认定铁路线路工高级工实作技能考核评分记录表

单位:_____ 姓名:_____ 性别:_____ 准考证号:_____ 工种:_____ 级别:_____

试题名称:测量道岔磨耗作业

考核时间:20 min

操作开始时间: 时 分 操作结束时间: 时 分

项 目	考核内容及评分标准	扣分因素及扣分	得 分
操作程序 (40分)	1. 工具、材料准备齐全,检查工具状态是否良好。必要工具缺一件扣2分		
	2. 工作量调查		
	3. 使用测量工具进行测量		
	4. 对伤损钢轨进行标记		

项 目	考核内容及评分标准	扣分因素及扣分	得 分
操作程序 (40分)	5. 作业结束,清点工具		
	程序不对扣10分,每漏一项扣5分		
作业质量 (40分)	1. 测量部位不正确,扣5分		
	2. 测量数据误差大于1 mm,每项扣5分		
	3. 漏判及错判,每项扣10分		
	4. 对重伤轨未提出更换,每处扣20分		
工具使用 (10分)	1. 损坏工具,每件扣5分		
	2. 摆放工具不整齐,扣5分		
作业安全 (10分)	1. 未按规定穿戴、使用劳保用品,扣5分		
	2. 下道后未撤除防护,扣10分		
考核时间	作业在20 min内完成。每超时1 min扣5分,超过5 min停止考核。 用时 min		
合计得分			

考评员签名: 被认定人: 年   月   日

第四部分　技　　师

1. 起道作业收工时,顺坡率应满足哪些要求?

答:允许速度不大于 120 km/h 的线路不应大于 2.0‰,允许速度为 120(不含)～160 km/h 的线路不应大于 1.0‰,允许速度大于 160 km/h 的线路不应大于 0.8‰。

2. 对跨区间无缝线路道床有哪些要求?

答:采用一级碎石道砟。Ⅲ型枕砟肩宽度为 400 mm,Ⅱ型枕及道岔范围内为 450 mm;边坡坡度为 1:1.75;砟肩堆高 150 mm;轨枕盒内道床应填平,并低于承轨槽顶面 20～30 mm。

3. 简述铝热焊钢轨预热流程。

答:(1)钢轨预热。安装预热器支架,调整预热枪头到合适高度。调节火焰。先打开氧气阀门,后开丙烷阀门,然后点火,逐渐交替开大两个阀门,以此调节火焰大小,直至火焰长度达到规定要求。固定预热枪。(2)将预热枪放置预热支架上,枪头对准砂模中心,然后固定,并用秒表开始计时。(3)预热时间。应根据使用的焊剂类型和钢轨型号来决定预热时间,在湿冷气候条件下,应适当延长预热时间。预热过程中,应随时观察氧气和丙烷的工作压力是否正常,且必须谨防火焰过氧。(4)达到预热时间后,关火移枪,并关闭氧气和丙烷阀门。

4. 试述普通道岔基本轨横移的整治和预防办法。

答:应经常检查轨撑和滑床台,看是否全部靠近基本轨底和腹部,轨撑、滑床台磨耗或变形的,应及时整修焊补。更换不良岔枕。对侧向行车速度高的道岔,转辙器尖端两基本轨间,应采取连接加强措施。

5. 什么是高低不平顺,它形成的因素有哪些方面?

答:高低不平顺是指沿钢轨长度在垂向的凸凹不平顺。形成因素:线路维修施工和大修作业的高程偏差、桥梁挠曲变形、道床和路基的残余变形、沉降不均匀、轨道各部件间的间隔不相等、存在暗坑、吊板以及轨道弹性不一致等。

6. 简述可动心轨辙叉道岔起道时的作业要求。

答:可动心轨辙叉道岔起道作业时,直、曲股应同时起平,保证可动心轨辙叉在一个平面上,并做好道岔前后及道岔曲股顺坡。道岔维修应使用机械捣固,加强接头、辙叉、尖轨弹性可弯段等部位和钢枕及其前后岔枕的道床捣固。

7. 简述混凝土枕挡肩修补的质量要求。

答:(1)挡肩的斜坡与原轨枕斜坡相符,抹面光滑,无凸凹不平。(2)环氧树脂砂浆配合比恰当,抗压强度够,化学性能稳定。(3)环氧树脂浆加热到 100 ℃ 以上时,不软化,不发黏。(4)修理挡肩后的扣件应符合标准。

8. 简述整治尖轨拱腰的质量标准。

答:(1)普通道岔尖轨与滑床板缝隙不大于 2 mm。(2)提速改进型道岔尖轨与滑床台应密贴,有缝隙时不大于 1 mm。(3)客专道岔尖轨轨底与其余滑床板密贴,间隙小于或等于 0.8 mm,不得连续出现间隙。

9. 使用水准测量仪时,如何安置三脚架?

答:测量仪器所安置的地点称为测站,在测站上松开脚架螺旋,按需要调整脚架的长度,将脚架螺旋拧紧。放好三脚架,把三脚架的脚尖踩入土中,并使三脚架大致水平。然后把水准仪从箱中取出,放在三脚架头上,细心地将三脚架的中心螺旋旋入仪器的基座内拧紧。

10. 简述合金钢组合辙叉磨耗测量仪的使用方法。

答:将测量仪架在需要测量位置的翼轨上,使两支座与翼轨轨顶面及侧面贴合,移动游动标尺至磨耗的翼轨或心轨上方,向下推动高度标尺,使其尖端与翼轨或心轨相接,读取高度值,减去翼轨或心轨不同部位理论降低值,即为实际垂直磨耗数值。

11. 沿线工务人员发现线路设备故障危及行车安全时应如何处理?

答:沿线工务人员发现线路设备故障危及行车安全时,应立即连续发出停车信号和以停车手信号防护,还应迅速通知就近车站和工长或车间主任,并采取紧急措施修复故障设备,如不能立即修复时,应封锁区间或限速运行。

12. 简述弹性支承块式无砟道床结构及主要技术要求。

答:(1)道床结构由混凝土支承块、橡胶套靴、块下垫板、道床板等部分组成。道床板为纵向连续式或分块式钢筋混凝土结构,在隧道仰拱回填层(有仰拱隧道)或底板(无仰拱隧道)上构筑。曲线超高在道床板上设置。(2)支承块不得有裂缝,道床板混凝土不得有横向或竖向贯通裂缝。(3)排水通道应保持通畅,道床板表面不得积水。

13. 发现胀轨跑道时,应采取哪些措施?

答:发现胀轨跑道时必须立即拦停列车,尽快采取措施,恢复线路,首列放行列车速度不得超过 15 km/h,并派专人看守、整修线路,逐步提高行车速度。

14. 简述普速铁路人工打磨尖轨工作边的作业要求。

答:将尖轨操作至开口位,调整道岔打磨机砂轮片高度,使其高于尖轨工作边铣削台高度,调整角度使砂轮片与尖轨作用面平行,自下而上按每2°进行角度转换打磨,直至消除肥边及不均匀磨耗,打磨时走行要均匀平稳,打磨起止点前后要做好起收刀力度的转换,来回打磨遍数根据现场打磨量确定。打磨后用角向砂轮机进行局部倒圆、打磨毛刺和抛光作业。

15. 简述铺设无缝线路时,铺轨前的准备工作。

答:(1)撤除调高垫板,严重锈蚀螺旋道钉改锚,整修线路。(2)铺设无缝线路前,必须埋设位移观测桩,并使其牢固、可靠。(3)施工前应拨顺并串动轨条,放散初始应力。(4)散布并连接缓冲区钢轨,备齐换轨终端龙口轨和钢轨切割工具。(5)散布扣件。

16. 使用经纬仪校正线路方向有哪些安全注意事项?

答:(1)使用仪器时要轻拿轻放,中途转移时要防止碰撞。(2)不得用手和粗布擦拭镜头,应用绒布或擦镜纸擦拭。(3)在线路下部测量,来车时要扶住仪器,防止倾倒,过车后要检查仪器位置,确认对中整平后才能继续测量。

17. 简述采用连入法铺设无缝线路作业的要求。

答:(1)换轨作业中,将新铺单元轨节的始端与已铺相邻单元轨节的终端直接焊连。(2)低温换轨作业中,轨条入槽后应先拉伸,使锁定轨温达到设计要求再进行焊接。(3)电气化区段如采用不停电换轨作业方法,使用待铺单元轨节作为接触网的临时回流通道时,钢轨胶接绝缘接头处必须设置临时连接线。

18. 简述无缝线路和无缝道岔上绝缘接头的技术要求。

答:跨区间及区间无缝线路和无缝道岔上的绝缘接头必须采用胶接绝缘,其质量应符合钢轨胶接绝缘接头标准要求,钢轨端面与绝缘端板之间应密贴,间隙不应大于1 mm,左右两股钢轨绝缘接头应相对铺设,且绝缘接头轨缝绝缘端板距轨枕边不宜小于100 mm。不同轨型的钢轨应采用异型钢轨联结,所用异型钢轨应符合《异型钢轨技术条件》(TB/T 3066)的要求。

19. 预防、整治尖轨轧伤与侧面磨耗的措施有哪些?

答:(1)防止尖轨跳动及确保尖轨竖切部分与基本轨之间的密贴。(2)加长顶铁,使尖轨尖端不离缝。(3)将垂直磨耗超限的基本轨及时更换。(4)必要时安装防磨护轨,减少尖轨侧面磨耗。

20. 简述钢轨铝热焊反应浇注的流程。

答:(1)打开坩埚盖,在焊剂顶部插入高温火柴,再盖上坩埚盖,并再次检查砂模密封情况,确认后装好灰砟盘。(2)将坩埚放置在砂模正上方,点燃高温火柴,斜插入焊剂中,盖上坩埚盖,开始反应。上述步骤必须在预热完成后 30～60 s 内完成。操作人员必须戴上墨镜,观察反应过程。(3)反应完成后,钢水注入砂模,开始浇注。当灰砟停止流入灰砟盘时,用秒表开始计时。(4)浇注完成 1 min 后,移去坩埚,将其放在干燥的地方,再撤走灰砟盘。

21. 试述铺设及整修道口作业的质量标准。

答: (1)道口铺面应平整、稳固,相邻道口板高度相差不超 5 mm 左右,铺面高度不应超过钢轨顶面,钢轨头部外侧 50 mm 范围内,道口铺面应低于轨面 5 mm。(2)道口范围内,线路几何尺寸无超限。(3)道口铺面板应采用橡胶、钢、混凝土、石、木材等制成,其材质及规格应符合设计要求,铺砌应平整、稳固。护轨轮缘槽宽度,直线上应为 70～100 mm,曲线内股应为 90～100 mm;轮缘槽深度应为 45～60 mm。护轨两端做成喇叭口,距护轨端 300 mm 处弯向线路中心,其终端距钢轨工作边应为 150～180 mm。(4)按规定埋设和刷新各项道口标桩。(5)其他各项技术要求必须符合道口设计规定。

22. 钢轨轻重伤标准中,对钢轨低头有何要求?

答: 钢轨低头用 1 m 直尺测量最低处矢度,包括轨端轨顶面压伤和磨耗在内。不同速度段标准不同:(1)允许速度 v_{max}>160 km/h 时,钢轨低头超过 1 mm 为轻伤,超过 1.5 mm 为重伤。(2)120 km/h<允许速度 v_{max}≤160 km/h 时,钢轨低头超过 1.5 mm 时为轻伤,超过 2.5 mm 时为重伤。(3)允许速度 v_{max}≤120 km/h 时,钢轨低头超过 3 mm 时为轻伤,超过 3.5 mm 时为重伤。

23. 试述预防和整治钢轨伤损的措施。

答: (1)线路维修要坚持钢轨接头打磨、道床清筛、全起全捣三大程序,使道床的弹性得以改善。消除因线路质量导致钢轨受力严重不良的钢轨不平顺振动源。(2)严禁在钢轨上用锯、剁痕标示曲线正矢点、道岔矢距点等严重影响钢轨受力、导致钢轨断裂的有害作业。(3)把握钢轨状态,合理安排大修周期,提高大修施工的线路质量。(4)加大钢轨探伤力度,提高伤损检测能力。(5)严格监控制度,做好防断工作,正确、及时处理伤损钢轨。

24. 简述无缝线路应力放散的方法。

答: 无缝线路应力放散可采用滚筒配合撞轨法,或滚筒结合拉伸配合撞轨法。滚筒配合撞轨法,是在设计锁定轨温范围内封锁线路,拆除扣件,每隔 5～6 m 撤除枕上橡胶垫板,同时垫入滚筒,配合适当撞轨,使长轨条正常伸缩,达到自由状态,然后撤出滚筒,装好橡胶垫板、扣件,锁定线路。滚筒结合拉伸器配合撞轨法是在轨温低于锁定轨温时,用前述方法放散,使长轨条达到自由状态,然后使用钢轨拉伸器拉伸长轨条,拉伸到位后锁定线路。

25. 简述四显示自动闭塞区间红光带检查的范围和项目。

答: 检查范围:检查人员检查时,重点对信号机(红色灯光信号机)前 29 m(轨道协调区)及本架信号机至下一架信号机区段的钢轨状态进行检查。检查项目：一是钢轨有无折断。二是检查左右股是否连电。三是配合电务检查绝缘轨距杆绝缘性能。四是检查道床是否漏泄，道床顶面距轨底是否满足 20～30 mm 的要求。

26. 试述无缝线路应力调整采取的方法。

答：无缝线路应力调整(不改变长钢轨长度)可在比较接近实际锁定轨温的条件下，采用列车碾压法。列车碾压法是指在调整地段，适当松开扣件和防爬器，利用列车碾压振动和轨温变化，也可辅以适当撞轨，将温度应力调整均匀。利用列车碾压方法，比较简单易行，主要适用于部分调整。利用列车碾压，需要在限速不超过 25 km/h 的条件下进行。无缝线路应力放散和调整施工前，应制订施工计划及安全措施，组织人力，备齐料具，充分做好施工准备。

27. 线路胀轨跑道是如何形成的？

答：线路爬行和轨缝挤瞎是发生胀轨的基本原因，线路上有硬弯轨、方向不良及道砟不足是助长发生胀轨的原因。在瞎缝地段，进行减弱或破坏线路稳定的养路工作，更容易造成胀轨跑道。无缝线路发生胀轨跑道的原因是多方面的，也很复杂，主要有以下几方面：(1)锁定轨温偏低；(2)低温焊复断轨；(3)违章作业造成锁定轨温变化等。

28. 简述胶接绝缘接头发生拉开离缝及胶接绝缘失效时的处理步骤。

答：胶接绝缘接头拉开时，应立即复紧两端各 50 m 范围内线路的扣件，并尽快修复。绝缘失效时，应立即更换或采用现场胶接绝缘接头技术处理。

29. 简述钢轨铝热焊冷打磨的技术要求。

答：(1)冷打磨。在浇注完成 1 h 左右进行冷打磨。(2)冷打磨接头平直度要求：用 1 m 直尺测量，钢轨及钢轨焊缝(接头)平直度，$v_{max}\geqslant200$ km/h 地段钢轨顶面与工作边矢度应不大于 0.2 mm，轨底(焊筋)矢度应符合 0～+0.5 mm 的标准。(3)120 km/h$<v_{max}<$200 km/h 地段钢轨顶面和工作边矢度应不大于 0.3 mm，轨底(焊筋)矢度应符合 0～+0.5 mm 的标准。(4)$v_{max}\leqslant120$ km/h 地段钢轨顶面矢度应不大于 0.5 mm，轨底(焊筋)矢度应符合 0～+0.5 mm 的标准。(5)焊缝上下角圆顺、整体光滑平顺，无棱角毛刺，便于探伤。

30. 分析线路动态检查数据时，应重视哪些轨道不平顺的判别，并及时安排处理？

答：(1)连续三波及多波的轨道不平顺中，幅值为 10 mm 的轨向不平顺、12 mm 的水平不平顺、14 mm 的高低不平顺。(2)50 m 范围内有 3 处大于以下幅值的轨道不平顺：12 mm 的轨向不平顺、12 mm 的水平不平顺、16 mm 的高低不平顺。(3)轨向、水平逆向复合不平顺。(4)允许速度大于 160 km/h 区段，高低、轨向的波长在 30 m 以上的长波不平顺，当轨道检查车检查其高低幅值达到 11 mm 或轨向幅值达到 8 mm 时。

31. 试述翼轨间隔距离偏差较大的原因及整治的方法。

答：原因：(1)翼轨弯折点位置不正、弯折矢度偏大或过小。(2)作业未达标,上道前道岔组装时有偏差,上道后又细整不到位。

调整方法：先采用改道作业,调整轨距铁,加垫片,如效果不明显,还要检查岔枕位置,结合方枕作业,以保持改道效果,然后在各对应位置安装特殊拉杆,既可拉又可撑,一般能得到较理想的效果。

32. 预防、整治尖轨跳动的措施有哪些?

答：(1)焊补或更换间隔铁、夹板,更换磨耗的双头螺栓。(2)增补整修跟部桥型垫板和防跳卡铁,进一步采取尖轨防跳措施,如在基本轨轨底增设尖轨防跳器,或将尖轨连杆两端安设防跳补强板,使其长出部分卡在基本轨轨底,以防尖轨跳动。(3)加强转辙部分枕下的捣固,尤其是加强接头及尖轨跟端的捣固。(4)调直拱腰的尖轨。

33. 简述线路、信号标志设置位置要求。

答：(1)线路标志,在单线上顺计算公里方向设于线路左侧,在双线上各设于本线列车运行方向左侧。(2)信号标志,设在列车运行方向左侧(警冲标除外)。(3)线路、信号标志应设在其内侧距线路中心不小于 3.1 m 处(警冲标除外)。(4)警冲标,设在两会合线路线间距离为 4 m 的中间。线间距离不足 4 m 时,设在两线路中心线最大间距的起点处。在线路曲线部分所设道岔附近的警冲标与线路中心线间的距离应按限界的加宽增加。

34. 简述轨道检查仪日常保养基本内容。

答：(1)轨道检查仪操作人员每日作业完毕后应及时擦拭仪器,清除灰尘,对有关部件进行调整。(2)清洁各测量轮,清除每个走行轮、里程轮、测量轮上的油污。(3)对机械轴部位进行轮滑检测,伸缩轴涂上润滑油。(4)对各部件紧固状态检查。(5)对电池及笔记本电脑进行充电。

35. 简述更换可动心轨辙叉的要求。

答：(1)保证辙叉原位置不变。根据新换辙叉长度,来确定辙叉前后配轨长度。(2)导曲线上股钢轨从新换辙叉趾端丈量至导曲线绝缘接头处的长度,进行配轨,绝缘接头一端进行钻孔(含跳线眼)、倒棱；导曲线部分直线下股钢轨根据现场确定(考虑焊缝位置)。(3)辙叉跟端与线路连接部分配轨。辙叉跟端直、曲股从新换辙叉跟端接头向线路方向分别丈量至后端计划焊接接头处的距离,进行配轨。(4)绝缘接头进行胶接,辙叉两端四个接头必须进行铝热焊接,恢复跨区间无缝线路。

36. 简述用绳正法拨正曲线的基本要求。

答：(1)曲线两端直线轨向不良,应事先拨正；两曲线间直线段较短时,可与两曲线同时拨正。(2)在外股钢轨上用钢尺丈量,每 10 m 设置 1 个测点(曲线头尾是否在测点上不限)。(3)在风力较小条件下,拉绳测量每个测点的正矢,测量 3 次,取其平均值。(4)按绳正法计算拨道量,计算时不宜为减少拨道量而大量调整计划正矢。(5)设置拨道桩,按桩拨道。

37. 试述夹板折断处理的作业程序。

答:(1)设置防护,个别更换夹板办理临时天窗施工手续,设置停车手信号防护。(2)起钉、卸螺栓、起其余接头道钉,并插入木片,或卸掉轨枕扣件。将接头螺栓卸掉,顺序为先 1、3、5 位,后 2、4、6 位。(3)拆下夹板,注意检查轨腹、轨端有无伤损,然后除锈,夹板与钢轨接触面涂油,并将新夹板扣入。(4)上接头螺栓,用螺丝把尖将夹板孔和钢轨孔串顺后,再穿入全部螺栓。直线 6 孔夹板先拧紧 1、6、3、4 位螺栓,再拧 2、5 位螺栓;曲线 6 孔夹板先拧 1、6、5、2 位螺栓,后拧 3、4 位螺栓。(5)将接头道钉全部钉齐或上好扣件,绝缘接头处,钉头或扣件不得贴靠夹板。(6)回收旧料,清理场地,撤出防护。

38. 简述道岔工电结合部整治作业(操作)方法和步骤。

答:(1)清筛道床,全面调整道岔及其前后线路平纵断面。(2)均匀轨缝,消灭道岔爬行,道岔对方。(3)打磨尖轨、基本轨、叉心肥边和轨端肥边,整治接头错牙。(4)更换断裂、脱焊和磨耗严重的滑床板,整正压溃、歪斜垫板及胶垫。(5)配合电务调整尖轨动程。(6)整治尖轨与基本轨不密贴。

39. 普速铁路线路在哪些情况下应进行轨缝调整?

答:(1)原设置的每千米线路轨缝总误差,25 m 钢轨地段超过 80 mm,12.5 m 钢轨地段超过 160 mm,绝缘接头轨缝小于 6 mm 时。(2)轨缝严重不均匀。(3)线路爬行超过 20 mm。(4)轨温在规定的调整轨缝轨温限制范围以内时,出现连续 3 个及以上瞎缝或轨缝大于构造轨缝。

40. 桥上无缝线路养护维修应注意哪些事项?

答:(1)按照设计文件规定,保持扣件布置方式和拧紧程度。(2)单根抽换桥枕应在实际锁定轨温 +10 ℃～−20 ℃ 范围内进行,起道量不应超过 60 mm。(3)成段更换、方正桥枕等需要起道作业时,应在实际锁定轨温 +5 ℃～−15 ℃ 范围内进行。(4)对桥上钢轨焊缝应加强检查,发现伤损应及时处理。(5)桥上无缝线路应定期测量轨条的位移量,并做好记录。固定区位移量超过 10 mm 时,应及时上报工务段查明原因,及时处理。

41. 简述整治尖轨与基本轨不密贴的方法和步骤。

答:(1)检查、调整转辙部分框架尺寸。必要时,计算、检查每根岔枕部位的框架尺寸。(2)先拨好、改正直股轨向,消除钢轨硬弯。(3)检查矫正尖轨、基本轨弯折位置和矢度。(4)调整连杆尺寸,确保动程、开程尺寸。(5)检查顶铁是否离缝或顶得过严。(6)控制轨距、固定轨向。(7)整治尖轨跟接头。(8)可动心轨部位整治。

42. 使用水准测量仪时,如何进行瞄准调试?

答:仪器粗平之后,首先进行目镜对光,使十字丝清晰,然后松开望远镜,用镜筒上的准星照准水准尺,当水准尺的影像进入望远镜视场后,将望远镜制动,再进行物镜对光,使水准尺的影像清晰。最后用微动螺旋使十字丝的竖丝靠近水准尺的影像。在瞄准工作做完之后,还要检查是否有十字丝视差存在,如果有相对移动,就表明有视差存在,十字丝视差存在的原因是目标在望远镜内形成的像没有落在十字丝平面上。十字丝视差对读数影响很大,必须注意消除。

43. 胶接绝缘接头拉开离缝及胶接绝缘失效时如何处理?

答:胶接绝缘接头发生拉开离缝时,应立即拧紧胶接绝缘接头两端各 50 m 范围内线路扣件,并应尽快修复。胶接绝缘失效时,应立即更换或采用现场胶接绝缘接头技术处理。暂时不能进行永久处理的,可将失效部分拆除,更换为普通绝缘材料或插入等长绝缘接头钢轨或胶接绝缘钢轨,用夹板联结进行临时处理,并尽快用较长的胶接绝缘钢轨进行永久处理。永久处理时,应严格掌握轨温、胶接绝缘钢轨的长度和预留焊缝,使修复后无缝线路锁定轨温不变。

44. 对无缝道岔应注意巡查哪些处所及状况?

答:(1)道岔限位器子、母块的接触状态,联结螺栓是否完好,限位器子、母块是否正常。(2)基本轨焊接接头是否有开裂迹象,限位器前端道岔线路及夹直线线路方向是否顺直。(3)无缝道岔内道床肩宽是否足够,砟盒中道砟是否饱满、密实,钢轨扣件螺栓是否拧紧,扣件是否损坏。(4)若为可动心轨无缝道岔,还要经常检查翼轨末端间隔铁是否损坏,联结螺栓是否正常。(5)若为半焊无缝道岔,还须检查侧股末端高强度夹板螺栓是否拧紧或破损。

45. 道岔各种零件伤损或病害达到什么状况应有计划地进行修理或更换?

答:(1)各种螺栓、连杆、顶铁和间隔铁损坏、变形或作用不良,顶铁和轨腰离缝大于2 mm。(2)滑床板损坏、变形或滑床台磨耗大于 3 mm。(3)轨撑损坏、松动,轨撑与轨头下颚或轨撑与垫板挡肩离缝大于 2 mm。(4)护轨垫板折损。(5)钢枕和钢枕垫板下胶垫及防切垫片损坏、失效。(6)弹片、销钉、挡板损坏。弹片与滑床板挡肩离缝、挡板前后离缝大于 2 mm,销钉帽内侧距滑床板边缘大于 5 mm。(7)其他各种零件损坏、变形或作用不良。

46. 在无缝线路上进行维修作业时,应掌握哪些制度,做好哪些工作?

答:进行无缝线路维修作业,必须掌握轨温,观测钢轨位移,分析锁定轨温变化,按实际锁定轨温,根据作业轨温条件进行作业,严格执行"作业前、作业中、作业后测量轨温"制度,并注意做好以下各项工作:(1)在作业地段按需要备足道砟。(2)起道前应拨正线路方向。(3)起、拨道器不得安放在铝热焊缝及胶接绝缘处。(4)扒开的道床要及时回填、夯实。

47. 普通道岔尖轨与基本轨不密贴的主要原因有哪些?

答:(1)基本轨或尖轨竖切部分有肥边,尖轨尖端由转辙拉杆力量强制靠在基本轨上,尖轨顶面与基本轨顶大致水平的部分就靠在基本轨肥边上,尖轨竖切部分的肥边还盖在基本轨面上,过车时容易把尖轨薄的部分挤坏,把竖切部分的肥边压掉,造成轧伤。(2)由于基本轨横移动,使尖轨与基本轨不密贴,有时扳道表面密贴,但过车时横移,轧伤尖轨顶面。(3)自制曲基本轨的弯折点位置不正确,尖轨竖切部分与基本轨不完全靠贴。(4)转辙拉杆尺寸不合适或扳道器位置不正确,造成尖轨与基本轨不密贴,使尖轨轧伤。

48. 试述普通道岔尖轨掉块的整治方法。

答:(1)新铺设的道岔在使用 3～6 个月以内,尖轨非作用边易出现肥边,应及时打磨并倒棱。在基本轨出现肥边时也应打磨。(2)整治尖轨拱腰和不密贴,更换磨耗滑床板。(3)对咽喉道岔、侧向进站道岔增设防磨护轨。(4)基本轨垂直磨耗的道岔更换尖轨,应同时更换基本轨。在更换新尖轨前,打磨尖轨顶面宽 35 mm 以前顶面,使尖轨与基本轨顶面相对高差满足设计要求。

49. 试述普通道岔整铸辙叉部分轨距和查照间隔超限的整治方法。

答:辙叉心局部偏小的轨距和不合格的查照间隔,可用砂轮机打磨的方法整修。但在辙叉部范围内轨距超限,间隔不符合要求,虽然直向护轨部分基本轨方向不良,但一般不采用移动辙叉的方法整修失格处所。所以对辙叉部分进行改道整修超限处所,都以辙叉心为基本轨,改正护轨部分基本轨为拨道基本轨的方法进行整修。先改后拨两次作业,可达到计划作业的目的,既安全又节省工时。

50. 试述普通道岔护轨高起的整治和预防措施。

答:(1)护轨垫板压入岔枕,应及时削平。削平时,护轨垫板里口要削得略深一些,约 3～4 mm。(2)做好线路方向、水平,消灭空吊、辙叉心低洼与辙叉横移等病害,以减少护轨受拉产生的高起和磨损。(3)对旧辙叉护轨槽已改为 42 mm 宽的,应将护轨间隔铁改为整体结构。(4)主轨垂直磨耗严重的,应及时更换。对主轨垂直磨耗不到限度的,也可考虑用有垂直磨耗的再用轨制作护轨,以减少主轮与护轨的高差。

51. 试述无缝线路"一准、二清、三测、四不超、五不走"制度的内容(容许速度 160 km/h 以下的线路)。

答:一准:掌握实际锁定轨温要准。二清:维修作业半日一清,临时补修作业一撬一清。三测:作业前、作业中、作业后测量轨温。四不超:作业不超温,扒砟不超长,起道不超高,拨道不超量。五不走:扒开道床未回填不走,作业后道床未夯实不走,未组织回检不走,质量未达到标准不走,发生异状未处理不走。

52. 简述人工清筛道床的作业方法。

答:(1)清筛:宜采用分段倒筛法,两人为一组,每组间隔至少4根轨枕。清筛方法是:先在轨枕头外开一个豁口扒砟,将清砟倒在后面路肩上,接着扒砟第二个轨枕孔,把清砟回填到第一个枕孔。依次前进,循序倒筛。清挖时应做好排水坡。(2)整理、夯实:筛完一空,回填一空,夯实拍平。(3)清土:筛出的碎石污土弃置到路肩以外。(4)转移污土。(5)整理道床:道床应饱满、均匀、整齐,道砟不足时要及时补充。

53. 简述提速道岔不密贴的原因。

答:道岔不密贴分为道岔尖轨、心轨扳不到位和道岔尖轨、心轨道岔不密贴。(1)道岔尖轨、心轨结构不密贴是由电务部门调整不良引起的,或由道岔框架尺寸不准或尖轨硬弯、顶铁碰卡引起的。(2)引起道岔尖轨、心轨扳不到位的原因是转换力小于转换阻力。①转换力过小:一是电机的原因。二是转换杆件不平直,晃动严重,造成转换力被分解,垂直于尖轨或心轨的实际转换力小于电机输出的转换力。②转换阻力过大:一是滑床台板涂油不良或滑床台板被磨出台阶,摩擦力过大。二是尖轨或心轨与滑床板不密贴。

54. 简述水泥乳化沥青砂浆层更换的工艺。

答:(1)清除受损部位凸形挡台周围树脂。(2)松开受损部位一定范围的扣件。(3)利用轨道板侧面吊装孔(8个),安装起吊装置,将钢轨和轨道板抬升至适当高度,分离轨道板与水泥乳化沥青砂浆层。(4)清除水泥乳化沥青砂浆及凸形挡台侧面,并保证底座表面及凸形挡台侧面清洁。(5)精调轨道板状态,并固定。(6)采用模筑法灌注固化速度较快、力学性能与充填层材料性能相当的砂浆材料。(7)安装树脂灌注袋,灌注凸形挡台周围树脂。(8)钢轨就位,安装扣件,轨道状态精调,恢复线路。

55. 简述动检车(轨检车)图纸分析后,现场实际病害复核的方法。

答:现场实际病害复核的三种常用方法是直接复核法、特征点复核法、参照复核法。(1)直接复核法就是根据轨道状态波形图和Ⅰ、Ⅱ、Ⅲ级等偏差里程,直接在现场复核。(2)特征点复核法是利用轨道状态波形图提供的公里标、道岔、道口、桥梁、轨距拉杆等特征,推算出与需复核超限病害的相对距离。在现场复核时,先找到如上所述特征点(特征点在线路现场容易找),再根据状态波形图的相对位置,确定病害点的位置,进行超限病害查找复核。(3)参照复核法就是在现场复核病害时,先找到病害明显的、较大的、比较容易确定的病害点,在波形图上根据病害点之间的相对位置,在地面上查找其他病害。

56. 试述检查对称道岔的作业程序。

答:(1)准备工具,按规定设置防护。(2)核准量具,轨距尺水平正反两个方向误差值不得大于1 mm。(3)目测轨向和高低,站在道岔外方约50 m左右,先看道岔方向,后看前后高低,必要时用弦线测量,如有超限和其他危及行车安全的病害(即零配件缺、损,基床、钢轨病害),

填记在"轨向、高低及其他"栏中。(4)检查轨距、水平、查照护背、护轨间隔和翼轨间隔,在规定的检查点上,按"先轨距,后水平"的顺序记录与规定标准的偏差值,并按规定检查顺序及标准检查。(5)支距尺的检查应在定点位置上。(6)检查完后,对轨距、水平、支距、查照间隔等超限处所进行勾画。(7)清点工具,撤除防护。

57. 试述道岔转辙部分改道作业的程序。

答:(1)准备作业:①校正轨距尺、支距尺。②车站登记,天窗点内作业。③调查工作量,用轨距尺检查轨距。(2)正式作业:①选择标准股,一般道岔以外直股为标准股,先将外直股改直、改顺,并与前后线路(道岔)连接良好。②改动方向、轨距时,不准用道钉、扣件挤动钢轨,要用改道器拉正钢轨的位置。有轨距杆或支距杆的地方可先以调整轨距杆或支距杆的方法,将钢轨调整到位。分开式扣件直接调整扣板或尼龙座垫。③尖轨跟端轨距改动时,应先对轨距、轮缘槽宽以及是否有压溃或飞边现象进行综合检查分析,找出超限原因,对症下药。尖轨跟端一股轨距不对而相应的轮缘槽也不符合要求时,以调整轮缘槽或更换间隔铁来达到既改正轨距又调整轮缘槽的目的。转辙部分轨距应先调整好尖轨尖、尖轨跟、尖轨中部框架尺寸,再调整连接杆尺寸,使竖切部分与基本轨完全密贴。④全面检查,对不良处所整修,并补齐道钉(扣件)、上紧拉杆,确认符合标准,登、销记,清理现场,撤除防护。

58. 简述在线下锯轨的作业程序。

答:(1)作业前备齐锯轨工具及量具。(2)按指定的尺寸在钢轨上标明,并画至轨底。(3)将应锯的钢轨放在枕木头上固定好,拨正、垫平。(4)锯轨:①安装新砂轮片,检查护罩。②锯轨机上轨,扶正并紧固。③发动锯轨机,试转 30 s 再锯轨。④先从轨头侧面上棱下锯,接近轨底。⑤锯轨时不宜用力过猛,不宜长时间接触钢轨。⑥锯轨完毕,停机,卸掉锯轨机。(5)清理场地,清点工具。

59. 试述在区间、站内线路上使用移动减速信号防护的作业程序。

答:(1)区间:①单线:距施工地点两侧 800 m 设移动减速信号牌,20 m 处设减速地点标,均设在列车运动方向左侧路肩。②双线一线:距施工地点两侧 800 m 设移动减速信号牌、减速防护地段终端信号牌,20 m 处设减速地点标,在邻线上对应施工地点两侧 800 m 设作业标,均设在线路外侧路肩。③双线两线:距施工地点两侧 800 m 设移动减速信号牌、减速防护地段终端信号牌,20 m 处设减速地点标,均设在线路外侧路肩上。④施工地点距进站信号机(或站界标)少于 800 m 时,按 800 m 设置移动减速信号牌,另一侧在 20 m、800 m 处列车运行方向左侧路肩上分别设减速地点标、移动减速信号牌、带"T"字的移动减速信号牌。(2)站内:①站线:在两端警冲标(或相对)处设移动减速信号牌。②站线道岔:在道岔中部设双面黄色的移动减速信号牌。

60. 试述矫正钢轨硬弯的作业程序。

答:(1)准备工料具。(2)按规定设置防护。(3)确定矫直量及矫直范围,起出道钉或卸下扣件,根据硬弯起止位置,连续起下道钉或扣件,50 kg/m 以下钢轨不得超过 5 个轨枕头,50 kg/m 及以上钢轨不得超过 7 个轨枕头。起下道钉,放在固定位置,扣件转动 90°或卸下,另一面不必起下或卸掉,只松帽即可。(4)上直轨器:应将弯轨器放平,位置摆正,各支点与钢轨密贴。弯轨器的中间支点安上块衬垫,使轨头、轨底、轨腹全部密贴。(5)矫直:根据检查时画的符号矫直,矫直硬弯后,要看轨向、改道,保持轨距良好。直轨前,要注意前后有无瞎缝,如有瞎缝应提前调整。后按规定补齐道钉或扣件。(6)清点工料具。(7)撤除防护。

61. 试述普通道岔尖轨反弹的整治方法。

答:(1)整治道岔爬行。岔首、尖轨尖端方正,尖轨至岔首轨端保持 2 646 mm(按道岔标志图数据定)。(2)检查各部尺寸,改正或调整两基本轨作用边之间的距离,尖轨非作用边至基本轨作用边之间的距离均符合规定标准。(3)拆卸检查辙跟接头,更换磨损配件、滑床板等。尖轨螺栓孔磨成椭圆时应更换。(4)更换锈蚀拉杆、连接杆、连接销,全面拆卸涂油,使其不松动,转辙良好。(5)打磨基本轨作用边与尖轨非作用边肥边。

62. 试述整治普通道岔尖轨中部轨距小于规定标准轨距的方法。

答:线路轨距超限时,可以将小于标准轨距的部分横向外移钢轨,使其达到标准。但道岔尖轨中轨距超限时的整修方法必须视具体情况,在满足两基本轨作用边之间距离这一基本条件以后,方可确定整修方案。

尖轨中轨距小于规定标准轨距。两基本轨之间距离小于规定标准距离时,可在电务人员配合下,先向外移动曲基本轨,调整尖轨使之达到密贴,然后再拨正直股方向。

两基本轨之间距离符合规定距离时,先检查尖轨与基本轨是否密贴、尖轨有无侧弯、连接杆尺寸是否对号、尖轨作用边有无肥边,然后针对性地采取措施整治。

63. 试述整治普通道岔尖轨中部轨距大于规定标准轨距的方法。

答:线路轨距超限时,可以将大于标准轨距的部分横向内移钢轨,使其达到标准。但道岔尖轨中轨距超限时的整修方法,必须视具体情况,在满足两基本轨作用边之间的距离这一基本条件以后,方可确定整修方案。

尖轨中轨距大于规定标准。两基本轨之间距离大于规定距离时,可在电务人员配合下,向内移动曲基本轨,撤除尖轨接头铁调整垫片或平行移动连接杆,调整尖轨使之达到密贴,然后再拨正直股方向。

两基本轨之间距离符合规定标准距离时,应检查侧向尖轨侧面磨损程度,视具体情况,有计划地安排更换尖轨。

64. 试述菱形交叉钝角辙叉撞尖的预防和整治方法。

答：(1)铺设菱形交叉时，必须正确找出辙叉理论交点，横向对齐铺设，保持长轴与短轴相互垂直，无先天病害。(2)加强日常养护维修，保持几何尺寸经常处于良好状态。有条件时，可垫辙叉下大胶垫，安设分开式扣件。增加道床弹性，减少辙叉磨耗和伤损，达到伤损程度的应及时更换。(3)注意静态检查和动态观察，发现短轨方向不良、撞击辙叉岔尖时，用菱形交叉爬行简易测量法，检测钝角辙叉的爬行方向，确定整治方案，彻底整治。(4)对辙叉槽宽为48 mm不合标准的旧钝角辙叉，应迅速进行技术改造。在未改造前，应将辙叉槽调整到最小限度，轨距尽量加大，保证 1 391 mm 或 1 388 mm。

65. 试述提速道岔框架尺寸不能保持而经常扩大的原因及整治方法。

答：道岔框架尺寸经调整后常不能保持而经常扩大，其原因是垫板和混凝土枕间联结螺栓扭矩不足或弹簧垫圈失效，造成垫板外挤(垫板孔径33 mm，螺栓直径30 mm)引起的，需通过调整框架尺寸、更换弹簧垫圈、紧固螺栓的方法解决。孔径磨损严重的，还应在孔径内加垫垫片。再次检查尖轨是否有硬弯，顶铁是否过长。对于尖轨硬弯，应通过矫直或更换等方法来解决；对于顶铁过长的，则应通过打磨或更换等方法来解决。

66. 简述普速铁路道岔内钢轨折断紧急处理要求。

答：发生道岔尖轨、基本轨、心轨或翼轨折断时应立即封锁线路，进行紧急处理。(1)断缝位于尖轨与基本轨、可动心轨与翼轨密贴段范围外，且能加固时，处理方法和放行列车条件同钢轨折断处理。(2)断缝位于尖轨与基本轨、可动心轨与翼轨密贴段范围以外不能加固或断缝位于尖轨与基本轨、可动心轨与翼轨密贴范围内，且直股或曲股之一可单独放行列车时，根据现场实际情况，确认道岔开向，工务紧固，电务确认尖轨及心轨密贴状态，道岔应现场加锁或控制台单锁(具体加锁办法由铁路局集团公司规定)，限速放行列车，并派人看守、检查、确认，直股和曲股均不能放行列车时，应进行永久处理。

67. 试述整治提速道岔不密贴的方法。

答：道岔扳不动时，工务部门应检查转换部分与钢岔枕是否卡阻。如未发现卡阻，则故障一般与工务部门无关，应由电务部门解决。对于道岔不密贴，如是在各牵引点尖轨与基本轨或心轨与翼轨不密贴，则应由电务部门调整。如牵引点密靠而牵引点之间不密靠，则首先应检查牵引点的动程，对不满足第一牵引点动程 160 mm±3 mm、第二牵引点动程 75 mm±3 mm的，应督促电务部门调整使之符合标准，其次应检查道岔框架尺寸。

68. 试述普速无缝线路钢轨折断进行紧急处理的方法。

答：当钢轨断缝不大于 50 mm 时，应立即进行紧急处理。在断缝处上好夹板或臌包夹板，用急救器固定，在断缝前后各 50 m 拧紧扣件，并派人看守，放行列车速度不超过 15 km/h。如断缝小于 30 mm 时，放行列车速度不超过 25 km/h。有条件时应在原位焊复，否则应在轨端钻孔,上好夹板或臌包夹板,拧紧接头螺栓,然后可适当提高行车速度。重载铁路钢轨断缝小于 30 mm 时,使用夹板或臌包夹板钻孔加固,至少拧紧 4 个接头螺栓(每端 2 个),放行列车速度不得超过 45 km/h。紧急处理时,应先在断缝两侧轨头非工作边做出标记,标记间距离约为 8 m,并准确丈量两标记间的距离和轨头非工作边一侧的断缝值,做好记录。

69. 试述普速无缝线路钢轨折断进行临时处理的方法。

答:钢轨折损严重或断缝大于 50 mm、重载铁路钢轨断缝大于等于 30 mm,以及紧急处理后不能立即焊接修复时,应封锁线路,切除伤损部分,两锯口间插入长度不短于 6 m 的同型钢轨,轨端钻孔,上接头夹板,用 10.9 级螺栓拧紧。在短轨前后各 50 m 范围内,拧紧扣件后,按正常速度放行列车,但不得大于 160 km/h。临时处理时,应先在断缝两侧轨头非工作边做出标记,标记间距离约为 8 m,并准确丈量两标记间的距离和轨头非工作边一侧的断缝值,做好记录。

70. 试述道岔尖轨跳动的原因和预防措施。

答:(1)尖轨跳动产生的原因:①尖轨跟端轨缝过大,间隔铁和夹板磨耗,螺栓松动,过车时加大了冲击。②跟部桥型垫板或凸台压溃。③捣固不实,有吊板。④尖轨拱腰。(2)预防整治尖轨跳动的措施:①焊补或更换间隔铁、夹板,更换磨耗的双头螺栓。②增补整修跟部桥型垫板和防跳卡铁,进一步采取尖轨防跳措施,如在基本轨轨底增设尖轨防跳器,或将尖轨连杆两端安设防跳补强板,使其长出部分卡在基本轨轨底,以防尖轨跳动。③加强转辙部分枕下的捣固,尤其是加强接头及尖轨跟端的捣固。④调直拱腰的尖轨。

71. 简述预防、整治尖轨与基本轨不密贴的措施。

答:(1)对刨切不足的尖轨再进行刨切。(2)打磨焊补或更换顶铁和补强板螺栓。(3)调整转辙机及尖轨拉杆位置,使其在同一水平线上。(4)拨正基本轨方向,矫正弯折点位置和矢度。(5)打磨基本轨和尖轨的肥边。(6)打靠道钉或拧紧扣件,消除假轨距。(7)调直尖轨或基本轨,拨正方向,改好轨距。(8)调整连接杆长度,加入绝缘垫板,误差较大时,可更换耳铁或方钢。(9)焊补或更换磨损挠曲不平的滑床台、轨撑、滑床板挡肩,或用螺旋道钉将轨撑、滑床板与枕木联结成一整体,并用水平螺栓使轨撑与基本轨牢固地联结在一起,消灭"三道缝"。

72. 试述冻结接头轨缝拉开(解冻)的处理方法。

答:(1)当轨缝拉开小于 5 mm 时,可维持现状,待到轨温高于锁定轨温时,利用温升将轨缝挤严后,再进行 2~3 次螺栓复紧工作(每天一次)。必要时逐个更换新螺栓后,再全面冻结。(2)当轨缝拉开 5~10 mm 时,视季节情况,适当松开接头螺栓及轨枕扣件,利用温升或机械拉伸,将轨缝挤严后,再重新冻结,并按上述要求做好接头螺栓复紧工作。(3)当轨缝拉开大于 10 mm 时,应采用应力放散的方法,待轨缝挤严后,再重新冻结,并做好螺栓复紧工作。(4)凡重新冻结的接头,必须全部更换新螺栓。

73. 试述采用预铺移设法成组更换单开道岔时,道岔的组装的方法和步骤。

答:(1)轨枕均按铺设图间隔布置,可先在道岔直股钢轨上画好轨枕位置,一次到位,并使直股螺孔在一条直线上。(2)胶垫、滑床板、垫板按道岔铺设图进行连接。(3)将两股基本轨轨端方正,确保道岔前接头相对,然后安装扣件,连接钢轨,轨距块按图配置。待直股方向、曲股支距全部符合要求后,拧紧直股轨枕螺栓。(4)待各部轨距及变化率均符合标准后,再拧紧曲股轨枕螺栓。(5)配合电务人员安装转辙设备并进行调试。(6)组织线下验收,确认符合上道要求。

74. 试述道岔拨道的作业程序。

答:(1)调查工作量,安排作业计划。(2)根据作业计划,准备材料工具。(3)与车站联系登记,确认作业时间按规定设置防护。(4)扒松岔枕头石砟,拨道量较大或道床较坚实时扒开岔枕头石砟,撤除防爬设备。(5)按计划先拨正道岔直股方向,然后以直股为准,做好曲股的支距和各部间隔。(6)拨道量较大时,拨道结束后进行捣固。(7)回填石砟,并整平夯实。(8)安设防爬设备。(9)结束作业,进行质量回检,确认符合技术要求,通知车站,开通道岔,注销登记,清理现场,撤除防护,撤出防护栅栏。

75. 更换道岔护轨基本作业包括哪些内容?

答:(1)办理封锁施工手续,设置移动停车信号防护。(2)卸螺栓:将护轨螺栓卸下,连同方垫圈一起放在岔枕上。(3)起、卸护轨道钉或扣件,卸下轨撑。(4)护轨拔出后,要清扫垫板,并将卸下的螺栓、间隔铁进行除锈涂油。(5)新护轨换入后,安装间隔铁,使基本轨、间隔铁及护轨螺栓孔相对,轮缘槽符合标准。(6)上螺栓,对损坏的螺栓要更换。(7)上轨撑,将轨撑从垫板侧面用锤轻轻打进去,使其前面靠紧护轨,后面顶紧垫板挡肩。(8)上扣件或打道钉,同时更换伤损扣件或修理钉孔,插入道钉孔木片,按打道钉作业要求钉好道钉。(9)回检找细,对轮缘槽宽度、轨距、查照间隔及联结零件等进行找细,使之达到作业标准。(10)整理作业,撤除防护。

76. 试述检查交叉渡线的作业程序。

答:(1)准备工具,按规定设置防护。(2)核准量具,轨距尺水平正反两个方向误差值不得大于 1 mm。(3)目测轨向和高低,站在交叉渡线外方,先看方向,后看前后高低,必要时用弦线量,如有超限和其他危及行车安全的病害(即零配件缺、损,基床、钢轨病害),填记在"轨向、高低及其他"栏中。(4)检查轨距、水平和查照护背,在规定的检查点上,按"先轨距,后水平"的顺序记录与规定标准的偏差值,并按规定检查顺序及标准检查。(5)检查支距:支距尺检查应在定点位置。(6)检查轮缘槽、动程、尖轨尖端是否密贴。(7)特种道岔要注意检查前后锐角、钝角辙叉的叉前叉后的轨距、水平,叉中的轨距、查照间隔、护背距离、护轨间隔、翼轨间隔、曲中内、外矢距等。(8)勾画超限处所。(9)清点工具,撤除防护。

77. 试述预防线路爬行的措施。

答:(1)及时补充、更换缺少和损坏的防爬设备,打紧失效的防爬器,整修失效的防爬支撑,发挥防爬设备的作用。对于已安防爬设备仍不能锁定线路处,应增加防爬设备数量。(2)及时调整轨缝,按规定拧紧接头螺栓和轨枕扣件螺栓,打紧浮起道钉,对损坏的螺栓道钉和扣件及时更换和整修。(3)线路维修时应做好捣固和回填作业,保持轨枕盒内道砟丰满并夯实,保持线路平顺。(4)及时整治接头病害,减少列车对钢轨的冲击力。

78. 试述不破底清筛和整理道床的作业程序。

答:(1)准备作业:①检查清点工具并将工具备品运到作业地点放好。②插好作业标。③选好弃土场,整修临时其他便道,按路基弃土堆放要求选址。(2)正式作业:①开口:将要清筛的第一空面砟、砟肩的净砟用拉铲打到清筛顺序的反向路肩及砟肩上,直到不洁砟面为止,然后用捣镐刨松枕木空内及砟肩到清筛深度进行清筛。②将净砟与面砟堆放在一起,用拉铲将弃土、弃砟打到路肩以上临时堆放好,清理排水坡。第一空挖好整理后,将第二空道砟用上述方法将净砟按道床标准存放于第一空内,逐空清筛,个别出现枕底松动时应及时捣固。③清筛完工后适当起道、全面捣固。④均匀道砟,整理并夯拍道床,使道床整齐美观。⑤清扫钢轨及扣件,使扣件整洁并富有弹性。⑥抬运弃土到规定地点。⑦清点工具并堆放整齐。

79. 试述在区间线路上使用作业标防护的作业程序。

答:(1)施工负责人发出设置防护命令,现场防护员应距施工作业地点 500~1 000 m 处路肩上设置作业标,双线在线路外侧,单线在列车运行方向左侧。(2)防护员站立在瞭望条件好,并且能使作业人员听到的位置防护。双线同时作业,作业标应设在作业地点两端 500~1 000 m防护,单线作业在靠近列车到来方向一端防护。(3)瞭望条件不良时增设联络员。(4)防护员加强瞭望,站立位置便于瞭望列车,并能与现场通视。(5)作业影响设备使用时,需事先在"行车设备检查登记簿"上登记。(6)作业完毕,由施工负责人撤出防护命令,现场防护员将作业标收回。

80. 试述使用液压轨缝调整器的作业程序。

答:(1)按规定设置防护。(2)使用前对轨缝调整器应进行检查。(3)根据钢轨串动方向,打松或卸下防爬器,将轨距杆螺栓松开。(4)根据需要将道钉冒起 1~2 mm,拧松扣件螺栓,同时拧松或卸下接头螺栓,松动夹板。(5)两人操纵液压轨缝调整器,动作一致。来回摆动摇杆时,不要用力过猛,防止摇杆折断,同时油缸动程不得超过容许限度。由施工领导人指挥,按移动量大小,串动好钢轨,预留轨缝。25 m 钢轨每次串动 1 根,12.5 m 以下钢轨每次串动 2~3 根。打开回油阀,抬起手柄,松开楔铁推至下一个作业地点。(6)钢轨串动好后,及时压打道钉,拧紧扣件螺栓,同时上好各夹板螺栓。(7)安装和打紧防爬器,上紧轨距杆。(8)撤除防护。

81. 简述预防无缝线路胀轨跑道的措施。

答:(1)严格按章作业。合理安排维修工作,在作业中要严格遵守《普速铁路线路修理规则》中的各项规定,决不能超温作业,充分做好作业前的准备工作和作业后的观察工作。(2)加强线路的防爬锁定,防止产生应力集中。全面拧紧扣件,消灭浮离道钉,及时补充缺少的防爬设备,做好道床的夯拍工作,以提高道床的纵向阻力。(3)加强设备整修,提高线路阻力。道床必须保持饱满、坚实、清洁,无翻浆冒泥、坍塌松散现象。道床断面应符合标准,并加强夯拍,对线路薄弱地段应重点补充石砟,增加道床阻力。(4)正确掌握锁定轨温。对于锁定轨温不明不准或不在设计锁定轨温进行的铝热焊或锯过轨等作业,应有计划地安排在设计锁定轨温范围进行应力放散或调整工作。(5)及时整治方向不良。维修养护中采用少拨道多改道的办法,及时消灭方向不良处所,注意捣固,加强夯拍。(6)加强检查和观测。高温季节应增加巡检次数,把观察轨向作为重点。

82. 试述普通道岔扳动不良整修的措施。

答:对旧普通道岔滑床板,在滑床台磨耗与开焊时,一般均做整组更换。滑床台磨耗不是绝对磨耗,而是与尖轨轨底的相对磨耗,两者的位置相对应。因滑床板与基本轨水平螺栓紧为一体,滑床台与尖轨底部的相对磨耗经扳动磨合,很少发生扳动不良故障。成组更换新滑床板,其中心位置未变。新滑床台在道岔扳动时受阻。在这种情况下,电动转辙机克服不了摩擦阻力时,就会出现扳动不良故障。成组更换滑床板,在少数道岔中有时出现扳动不良故障。为了不影响行车,保证道岔正常使用,应做到以下几点:(1)滑床板和尖轨底同时磨耗,对严重的,应有计划地提请施工封锁计划,同时更换,最好不要在滑床台磨耗到相当严重程度后再成组更换。(2)新滑床板更换以前,做好除锈打磨,同时打磨滑床台两个长边的焊接口,棱角为圆弧形。(3)更换后涂油试扳,列车通过后再试扳,调换个别滑床板。(4)请电务人员配合作业,开通后测试电流。

83. 分析快速线路岔区晃车产生的原因。

答:(1)由岔区外线路原因引起的晃车。(2)岔区道岔、线路道床、轨枕等不一致引起的晃车。(3)转辙部分空吊引起晃车。(4)道岔内部几何尺寸的少量变化引起的晃车。(5)无缝道岔尖轨爬行引起的晃车。(6)不良作业习惯引起的晃车。(7)护轨结构刚度不足引起的晃车。(8)岔区相邻道岔之间过渡钢轨过短引起的晃车。(9)曲线伸入道岔引起的晃车道岔与桥涵之间距离太小引起的晃车。(10)道岔部件磨耗引起的晃车。

84. 加强对快速线路无缝道岔锁定的主要措施有哪些?

答:加强对无缝道岔的锁定,特别是加强对直尖轨和曲基本轨的锁定,由于在无缝线路道岔的设计上在直尖轨后部和曲基本轨中有应力峰,尖轨和基本轨的相对爬行很难完全避免,但通过加强锁定,减小这个相对爬行量,避免由此引起的晃车还是完全可以做到的。加强锁定的主要措施有:(1)改进直尖轨跟部、内直股钢轨、曲基本轨与岔枕的连接,增加扣件锁定力。(2)保持道床道砟清洁、密实与饱满。(3)在直尖轨跟部与曲基本轨之间,内直股钢轨与曲基本轨之间设计特殊连接装置,在零应力状态下校正尖轨与基本轨位置正确后再安装,严格控制直尖轨与曲基本轨的相对位移。

85. 试述曲线侧磨严重地段,现场轨距良好但轨检车检测变化较大的原因。

答:曲线外股钢轨侧磨严重,在现场通过改道作业使轨道轨头以下 16 mm 处的轨距值等于 1 435 mm。但由轨检车检测原理可知,光电头所发射出的激光光点落在轨距检测点上的投影的直径有时可达到 4~5 mm,甚至更大,因此光点会落在轨头以下 16 mm 处以下的地方,而这里轨距较标准轨距要小很多(视钢轨侧磨情况而定)。另外,在侧磨较大的曲线地段,曲线下股一般都存在不同的钢轨肥边和波磨或高低不良等病害。上述病害在列车以较高速度通过曲线时,会引起列车转向架的振动,而安装轨距检测设备的轨检梁是刚性固定在转向架上的,因此必定会带动光头上下一起振动,使光电头所发射出的光点偏离轨头以下 16 mm 的位置,极大地影响到轨距测量光电头所测出的轨距数值。

86. 试述线路发生危及行车安全故障或自然灾害时应采取的措施。

答:(1)应立即连续发出停车信号和以停车手信号防护,还应迅速使用列车无线调度通信设备或无线对讲设备通知就近车站值班员或通知列车司机紧急停车,同时在故障、险情或自然灾害影响地点设置停车信号。(2)当确知一端先来车时,应沿路肩急速奔向列车,用手信号旗(灯)或徒手显示停车信号。(3)如不知来车方向,应在故障、险情或自然灾害影响地点注意倾听和瞭望,发现来车,应急速奔向列车,用手信号旗(灯)或徒手显示停车信号。(4)设有固定信号机时,应先使其显示停车信号。(5)站内线路、道岔发生故障、险情或自然灾害时,应立即通知车站值班员(列车调度员)采取措施,应按规定设置停车信号防护。

87. 试述无缝线路采用钢轨拉伸器辅以撞轨器进行应力放散的作业程序。

答:(1)工料具准备,按规定设置防护。(2)在两段的结合处根据放散量切开一个龙口。(3)将钢轨拉伸器安装就位。(4)松开长轨放散范围内轨枕扣件、防爬设备等轨道加强设备,抬起钢轨,铲脱粘在轨底的胶垫,每隔5~6 m 垫入一个滚筒。测量长轨端部的伸缩量、轨温及龙口长度,并做好记录。(5)开动钢轨拉伸器油泵拉伸长轨,同时在各辅助撞轨点进行撞轨,龙口合拢后,检查各临时测点的位移量,确认符合要求后,便可终止拉伸作业。(6)完成拉伸作业后,立即上紧拉伸处接头螺栓及全部轨枕扣件,安装并打紧所有防爬设备,整正轨下胶垫。如果天窗时间充足,当日放散后在龙口处直接插入短轨利用铝热焊焊接,恢复无缝线路轨道结构。(7)两股钢轨完成应力放散作业后,迅速恢复拉伸器安装处的道床并夯实。(8)质量回检。全面检查线路,确认接头方正,轨(焊)缝合格,轨枕扣件以及接头螺栓符合要求。(9)清点工料具,撤除防护,开通线路。

88. 试述无缝线路胀轨跑道的防治和处理方法。

答:(1)当发现线路连续出现碎弯并有胀轨迹象时,必须派专人监视,观测轨温和线路的变化。若碎弯继续扩大,应采取限速或封锁措施,并进行紧急处理。(2)作业中如出现轨向、高低不良,起道、拨道省力,枕端道砟离缝等胀轨迹象时,必须停止作业,并及时采取防胀措施。无论作业中或作业后,发现线路轨向不良,用 10 m 弦测量两股钢轨的轨向偏差,当平均值达到 10 mm 时,必须设置移动减速信号,并采取夯拍道床、填满枕盒道砟和堆高砟肩等措施,来不及设置移动减速信号的,现场防护员应显示黄色信号旗(灯),指示列车限速运行,并及时报告车站值班员限速地点和限速值,并安排人员在车站登记;当两股钢轨的轨向偏差平均值达到 12 mm,必须立即设置停车信号防护,及时通知车站,并采取钢轨降温、切割等紧急措施,消除故障后放行列车。(3)发生胀轨跑道时必须立即拦停列车,及时采取措施,恢复线路,首列放行列车速度不得超过 15 km/h,并派人看守、整修线路,逐步提高行车速度。

89. 简述铺设跨区间和区间无缝线路的作业方法。

答:跨区间和区间无缝线路应按单元轨节长度依次分段铺设:轨温在设计锁定轨温范围及以下时采用连入法铺设,轨温高于设计锁定轨温范围时采用插入法铺设。(1)连入法铺设:①换轨作业中,将新铺单元轨节的始端与已铺相邻单元轨节的终端直接焊连。②低温换轨作业中,轨条入槽后应先拉伸,使锁定轨温达到设计要求再进行焊接。③电气化区段如采用不停电换轨作业方法,使用待铺单元轨节作为接触网的临时回流通道时,钢轨胶接绝缘接头处必须设置临时连接线。(2)插入法铺设:①换轨作业中,在新铺单元轨节与已铺相邻单元轨节之间,铺设临时缓冲轨。②相邻单元轨节的锁定轨温不符合设计要求时,应先放散应力,然后与插入轨焊接,使锁定轨温符合设计要求。③焊接后,应视具体情况调整插入段前后各100 m 范围的钢轨温度应力。

90. 简述整正岔后连接曲线的作业程序。

答:(1)准备工具,按规定设置防护。(2)复核道岔及岔群方向,拨量大于 20 mm 时先粗拨再细拨,检查轨缝,消灭瞎缝。(3)扒砟:挖开轨枕头道砟,松防爬器及防爬支撑。扒窝深120～125 mm,用 3 台液压拨道器拨道,呈 V 形,相距 2～3 枕空。每撬相隔 5～7 枕空。(4)在拨正附带曲线前,先将直股钢轨方向拨直,再将曲线后的直线方向拨直,测量线间距时,不得少于 3 处,取平均值。(5)计算附带曲线拨正量。计算附带曲线的拨正量的方法很多,有绳正法、直股支距法、偏角法、长绳矢距法等,根据具体情况而定。(6)标注各点:各点计算后,从附带曲线头起用卷尺每隔 5 m 逐点定出各测点号,将始点位置、终点位置和各点支距的数值标在直股钢轨腹部,以便整治附带曲线时用。(7)指挥拨道。指挥人距拨道人距离:拨大弯时 100 m 左右,小弯 50 m 左右,双腿跨在方向好的轨上(曲线沿上股指挥)。(8)质量回检:检查正矢,连续差不超过 2 mm,发现问题及时处理。(9)清点工具,撤除防护,开通线路。

91. 简述更换道岔作业的要求。

答:(1)清筛深度一般不小于 300 mm,并整平道床。(2)无缝道岔锁定。①侧线和渡线应锁定,锁定长度一般情况下不小于 75 m,困难情况下不小于 50 m。若侧线在近距离内(不到 50 m)有邻线道岔,则应加强邻线道岔的锁定。②无缝道岔与相邻单元轨节间的锁定轨温差不应大于 5 ℃。③左右两股尖轨应方正,相错量不超过 10 mm。在锁定轨温范围内铺设时,限位器要求居中,焊连前测量,尖轨限位器两侧间隙值允许偏差±1.0 mm。④铺设上道后,应及时测量铺设轨温、锁定轨温,并做钢轨纵向位移观测标记。⑤无缝道岔尖轨尖端伸缩位移、可动心轨尖端伸缩位移应满足要求,超过允许值应分析原因,并及时调整,防止转换卡阻。

92. 试述有缝线路均匀轨缝的作业程序。

答:(1)调查准备:根据轨缝串动情况确定作业方法。(2)不拆开接头的调整方法:轨缝不均匀,连续 3 个以上瞎缝,绝缘接头轨缝超过 6～15 mm 范围,大轨缝超过容许限度 5%,个别接头错差,用不拆开接头的方法进行调整。(3)拆开接头的调整方法:线路发生爬行,接头错差超限,轨缝设置不当,每千米轨缝总误差 25 m 钢轨超过±80 mm,12.5 m 钢轨超过±160 mm,用拆开接头的方法进行调整。(4)安排计划:计算出每根钢轨串动量和串动方向,做出分段作业安排,需要插入短轨可准备钢轨,并确定防护办法。(5)松开配件:打松防爬器,松开轨距杆,冒起道钉,松动扣件,松动接头螺栓和夹板(若插入短轨要拧紧接头螺栓)。(6)串动钢轨:按计划串动钢轨,使用液压轨缝调整器时,25 mm 钢轨每次串动一根,12.5 m 钢轨每次串动不超过两根。(7)紧固配件:拧紧接头螺栓,压打道钉和拧紧扣件螺栓,安装防爬器,上紧轨距杆。(8)回检整修:按作业标准检查,对不合格处所进行整修,通过列车后,复拧螺栓并找细整修。

93. 试述无缝线路钢轨折断的预防措施。

答:(1)对高温锁定的无缝线路,要在设计锁定轨温范围内进行应力放散。(2)提高焊接质量,加强钢轨探伤。改进焊接工艺,严格遵守操作规程,提高焊缝质量,是防止钢轨折断的根本措施,要力求减少焊接缺陷,消灭高低不平上下错口,不合格者决不铺设。加强钢轨探伤工作一般在入冬前,对接头及焊接两侧 1 m 范围内的钢轨,进行全面细致检查,鉴别伤痕类型,做好标记,注意观察。对一时不能判明的暗伤轨应用急救器。夹上特制的腰包夹板,必要时应锯开重焊。(3)整治焊缝病害。对高低接头、错口接头、马鞍形接头等缺陷接头,要用磨、焊、垫、捣、筛等方法综合整治,轨面要平顺,对超过 1 mm 的高低不平应及时打磨、焊补,使无缝线路钢轨顶面和内侧保持平整光滑。有严重缺陷者要锯掉重新焊接。(4)加强防爬锁定。加强防爬锁定是防止钢轨过分收缩和钢轨折断后轨缝拉开太大的有力措施。为此,可在铝热焊缝两端增加防爬设备,以加大抗爬力,发现有残余爬行的附加力应及时加以调整。(5)提高线路质量,加强养护维修。消灭空吊板及三角坑,修整道床,补充石砟,保持线路弹性,方正焊缝两侧轨枕,整好钢筋混凝土轨枕胶垫。冬季钢轨冷脆,线路刚性又大,进行作业时,必须小心。起道时,起道机应放在距铝热焊缝 1 m 以外,避免用起道机直接顶起铝热焊接头,并避免做一些冷弯直轨工作。

94. 试述铺设交叉渡线的作业程序。

答:(1)平整砟面,一般砟面应低于设计标高 50 mm 左右。按道岔铺设图,在尼龙绳上用油漆标记出轨枕间隔尺寸及中桩位置,作为轨枕间隔绳。在长轴前后两控制桩间对中、拉紧。

按间隔绳上的标记及配置长度摆放岔枕。摆放岔枕时应注意岔枕与长轴垂直并保持左右对称。(2)分别摆放锐角辙叉、钝角辙叉及连接短轨,并用夹板、螺栓联结组成菱形,以道岔中桩和控制桩调整四组辙叉位置与方向,同时方正岔枕间距,垫入垫板。(3)由菱形中心桩"0"控制,按图定尺寸先上(钉)中部钝角辙叉范围内扣件,再分别向锐角辙叉方向按递减轨距上(钉)控制扣件及锐角辙叉扣件(钉)。(4)在初步钉道基础上,用轨距尺对钝角辙叉、锐角辙叉范围的轨距及递减率进行全面检查,经拨改顺直确认各部尺寸符合设计要求后,再将全部扣件上(钉)齐。(5)在运营线上更换时,宜采取整组预铺,在线路封锁时移入或吊入。(6)四组单开道岔铺设按单开道岔铺设要求铺设,同时应做好与菱形交叉渡线的连接。

95. 试述更换道岔转辙部分直基本轨的作业程序。

答:(1)准备作业:调查更换基本轨处前后轨缝、基本轨前端直角错差、前后钢轨及尖轨磨耗情况。用钢尺丈量基本轨长度、高度、轨撑眼孔距离及尖轨跟部螺栓眼孔高度是否合适,联系电务配合施工。(2)基本作业:①向车站办理封锁手续,设置停车信号防护。②卸掉前后接头和尖轨跟端螺栓:将螺栓卸掉,拧上螺帽,放在岔枕上,取下夹板,放在附近岔枕盒里。③起、冒道钉或卸扣件:将基本轨上轨撑和尖轨跟端外侧轨撑全部卸掉,连同螺栓一起放在岔枕盒内。④拨出旧基本轨换入新基本轨:新基本轨内侧轨底要顶靠滑床台,两端轨缝合适。⑤上接头夹板、螺栓及尖轨跟端间隔铁、螺栓:可先用螺栓扳手尖端穿进拼齐孔眼,涂油后再穿入螺栓,严禁用锤打进螺栓。⑥打道钉或上扣件:修理钉孔,插入道钉孔木片或更换伤损扣件。直股基本轨按方向、曲股基本按轨距要求将起下的道钉钉好或安好扣件。⑦安设轨撑,轨撑前部顶紧基本轨,后部靠紧滑床板挡肩,安上并拧紧与滑床板及钢轨的联结螺栓。⑧回检找细,检查各部尺寸和零件,整修到标准限度。(3)整理作业:①将换下的旧基本轨和其他零件收集整理好,做到工完料净。②撤除防护。

96. 试述更换尖轨的作业程序。

答:(1)准备作业:①检查需要更换尖轨的状态、型号、长度、左右开。②检查尖轨与各连接杆相连的眼孔位置是否相符,如不符要事先钻孔。③调查尖轨前后轨缝是否均匀,换上尖轨的尖端与另一根尖轨尖端相错若超过 20 mm,应注意调整。打磨线路上基本轨肥边。④联系电务配合施工。(2)更换尖轨:①办理封锁施工手续,设置停车信号防护。②卸尖轨跟端接头及连接杆螺栓,将尖轨跟端接头螺栓和尖轨耳铁与连接杆的联结螺栓卸掉,涂上油,戴上螺帽,并放在邻近的空地上,不能乱放。③拨出旧尖轨。④换入新尖轨。⑤安装连接杆。⑥对失效配件要及时更换。⑦检查尖轨各部轨距尺寸。⑧会同电务调整第一连接杆,使尖轨与基本轨密贴,尖轨动程及轮缘槽宽度符合要求。⑨捣固转辙部分的空吊板。⑩收集整理轨件,做到工完料净。(3)清理场地,撤除防护,开通线路。

97. 试述线路起道的作业程序。

答:(1)准备工具。(2)按规定设置防护。(3)校准量具,轨距尺水平正反两个方向数值误差不大于 1 mm。(4)检查画撬:画轻重捣、低接头、拱腰、空吊板等符号。(5)打浮离钉或拧紧扣件螺栓,消灭空吊。(6)确定标准股,直线为水平高的一股为基本股,曲线为下股。(7)看道:距起道机 20～30 m 看轨头下颚水平线,根据前标准点和后标准点起平中间点。(8)放置起道机。①全起全捣。a. 12.5 m 钢轨为接头、大腰各放 1 次。b. 25 m 钢轨为接头、小大腰、大腰、大小腰各放 1 次。c. 无缝线路木枕每距 10～12 根放 1 次,混凝土枕每距 8～10 根放一次。②重起全捣或重起重捣坑底放 1 次,漫坑底放 2～3 次。直线起道机放在钢轨里口,曲线上股放外口、下股放里口。(9)打塞:打外口轨下枕底,串好打实,禁打顶门塞。(10)起道找平:先起标准股,对起另一股看水平,以免出现人为的水平超限和三角坑超限。轨距尺靠近起道机。看道人回看纵向水平,视高低情况补撬。(11)质量回检。(12)清点工具,撤除防护。

98. 试述道岔起道的作业程序。

答:(1)准备工具,按规定设置防护。(2)调查工作量和确定标准股。(3)校准量具,轨距尺水平正反两个方向误差值不得大于 1 mm。(4)指挥起道:①起标准股:看道指挥者俯身在标准股钢轨上,一般距起道机不少于 20 m 处看道,目测钢轨下颚水平线高低情况,用手势指挥起道。起道时,一般分为转辙、连接、辙叉和岔后长枕四段进行。每段起道时,都是先起接头,后起大腰或小腰。②起对面股:a. 找尖轨跟端水平时,为使主侧线水平一致,起道量应为该处主侧线水平值平均值。b. 为防止连接部分起中间钢轨影响基本股,找水平时,起道机要放置在侧线外股钢轨上,主线、侧线兼顾,找好水平后三股钢轨同时捣固。必须注意的是,行车较多或主线、侧线行车密度接近时,为防止导曲线反超高,找水平时,应使四股钢轨要达到一致,否则水平容易超限。c. 在辙叉部分找水平时,要"起侧线、量主线、捣辙叉"。先把起道机放在对应起道主线上,水平找好后,从辙叉趾端开始向后,逐根岔枕进行捣固。辙叉趾端起好后,再把起道机放在对应辙叉跟端的侧线下股,轨距尺放在对应起道机的主侧线上股上,找好水平后,从辙叉跟端开始向前逐根岔枕进行捣固。③按规定做好顺坡。(5)质量回检。(6)清点工具,撤除防护。

99. 试述使用水准仪进行线路中平测量的作业程序。

答:(1)准备作业:①检查水准仪各部联结零件是否完好,塔尺连接点是否正确牢固。②按规定设好防护。③找出中平测量始、终点附近水准基点(BM₁、BM₂),将已知里程填入记录表。④选择转点及各中间点,将各点里程填入记录表。(2)正式作业:①测量:一人执水准仪,指挥立尺人按计划各点立尺。将塔尺立于始点已知里程水准基点(BM₁),水准仪置于第一转点与 BM₁ 测量距离相等处,按照粗平→瞄准→锁定→调焦→微动→精平→读数的程序,测出 BM₁ 点的后视读数,填入记录表。依次将塔尺立于第一转点前各中间点及第一转点,按上述程序测得各中间点中视读数和第一转点前视读数,分别列入记录表。再将仪器移至一、二转点中间,先测出第一转点后视,再测各中间点中视及第二转点前视,这样依次直至测完各测点及 BM₂ 点前视读数。②计算高程差和高程。转点高程差=后视读数-前视读数,转点高程=后视读数+高程差,中间点高程差=后视读数-中视读数,中间点高程=已知后视点高程+高程差。

100. 试述单根更换混凝土枕的作业程序。

答：(1)准备工具材料，按规定设置防护。①布枕：把新枕运到更换的地点，曲线散布在下股，复线放在线路外侧或妥当的位置。②拆除障碍物：先确定"开门"的位置，将影响作业的防爬设备及轨距杆等拆下或移开。③扒砟：扒开轨枕一端的石砟("开门")，然后再扒出一侧轨枕盒内和轨枕底下的道砟，扒开深度以能抽出、穿入轨枕为准，并适当扒出另一侧轨枕盒内靠近轨枕的道砟，以防抽换轨枕时道砟流动。④卸扣件：用扳手松开螺帽，卸下弹条、垫圈、扣板、尼龙挡座，用撬棍撬起钢轨，撤除胶垫和调高垫板。⑤抽出旧枕：用撬棍将旧枕横向拨入扒好的石砟槽内，拨出(或用绳索拉出)旧枕，顺放在路肩上。⑥整平道床：新枕位置的道床略深、略宽于旧枕，线路中心处不能高于两端。⑦穿入新枕：用混凝土枕抬钳将混凝土枕抬到"门口"，再用绳索和撬棍穿入新枕，用撬棍横拨到位。⑧安装扣件：先放好胶垫，将新枕抬起，螺杆涂油，再按零配件的安装顺序装上，放正位置，检查轨距，上紧扣件。⑨捣固：适量回填道砟后，将轨枕底串满，再进行人工机械捣固。⑩安装防爬设备和轨距杆。⑪回检找细：全面检查，整修不良处所，复紧扣件。⑫回收旧料，清理场地。⑬按质量要求进行回检。(2)清点工具，撤除防护。

S1　更换道岔尖轨作业

一、考场准备

普通单开道岔1组和尖轨(钻好导接线眼孔)1根,规格按现场情况而定。按规定设置防护。配合人员8人,其中电务人员1人。

二、材料工具准备

序　号	名　称	规　格	数　量	备　注
1	螺栓		适量	备用规格及数量按实际情况而定
2	轨距尺		1把	
3	抬杠		6根	
4	抬轨卡		6套	带绳
5	活口扳手	350 mm、450 mm	各2把	另加套管
6	起拨道器		1台	
7	撬棍		4根	带绝缘套
8	克丝钳		1把	
9	钢卷尺	50 m	1把	
10	长效油脂		1桶	
11	小油桶		1个	
12	扁刷		1个	
13	扭矩扳手		1把	
14	塞尺		1把	
15	锂电扳手		1把	

三、考核要求

1. 被认定人入场后,首先由考评员告知题目和工作量,其次由被认定人检查准备工具,当被认定人告知考评员可以开始时,由考评员开始计时。考核时间为50 min。

2. 工作量:更换普通道岔尖轨1根(已钻好导接线眼孔)。

3. 考核过程中被认定人出现未设防护上道、严重磕碰手脚以及其他不安全因素时终止考试,成绩为零。

4. 考核完毕后,由被认定人在评分表上签字确认。

5. 配合人员除在被认定人的指挥下协助搬运及复测新旧尖轨和安装夹板作业以外,不得从事其他作业。

四、考核评分

1. 考评人员3名以上。

2. 评分程序及规则:考评员根据被认定人操作情况对照计分标准在评分表上记录评分。

3. 算分方法:采用百分制,满分100分,60分及以上为及格。

五、铁道行业职业技能认定铁路线路工技师实作技能考核评分记录表

单位:_____ 姓名:_____ 性别:_____ 准考证号:_____ 工种:_____ 级别:_____

试题名称:更换道岔尖轨作业

考核时间:50 min

操作开始时间: 时 分 操作结束时间: 时 分

项 目	考核内容及评分标准	扣分因素及扣分	得 分
操作程序 (40分)	1. 工具、材料准备齐全,检查工具状态是否良好。必要工具缺一件扣2分		
	2. 准备作业:(1)校对量具,检查更换尖轨状态、型号、长度、左右开。(2)检查尖轨与各连接杆相连的眼孔位置是否相符,如不符合时要事先钻孔。(3)调查尖轨前后轨缝是否均匀,换上尖轨的尖端与另一根尖端相错若超过20 mm,应注意调整。(4)联系电务配合施工		
	3. 基本作业:(1)卸连接杆螺栓。将尖轨耳铁与连接杆的联结螺栓卸掉并涂油,戴上螺帽,放在岔枕上。(2)拔出旧尖轨。旧尖轨拔出后,要抬到线路外,以免影响作业。(3)换入新尖轨。拨正后,先穿好尖轨跟端螺栓,上好轨撑、防爬卡及夹板,拧紧螺栓,双头螺栓上好开口销子。(4)安装连接杆。将连接杆与耳铁安好,拧紧螺栓,上好开口销子。(5)回检找细。检查尖轨各部轨距,调整好连接杆和尖轨端轮缘宽度,使之符合标准		
	4. 回收旧料,清理场地		
	5. 作业结束,清点工具		
	程序不对扣10分,每漏一项扣5分		
作业质量 (40分)	1. 尖轨尖端与基本轨间隙大于1 mm,扣10分;其他竖切面与基本轨间隙大于2 mm,扣5分		
	2. 尖轨轨底与滑床板及顶铁与轨腰间隙大于2 mm,每处扣2分		
	3. 尖轨跟端接头上下及内侧错牙在正线及到发线上超过1 mm,在其他站线上超过2 mm,每处扣5分。超过3 mm,每处扣20分		
	4. 尖轨顶面宽50 mm及以上断面处低于基本轨2 mm,扣10分		
	5. 限位器不符合前后各7 mm的间隙,扣5分		
	6. 尖轨各部几何尺寸不符合要求,每处扣5分		
	7. 螺栓及扣件扭矩不符合要求,每处扣2分		
工具使用 (10分)	1. 损坏工具,每件扣5分		
	2. 摆放工具不整齐,扣5分		
作业安全 (10分)	1. 未按规定穿戴、使用劳保用品,扣5分		
	2. 下道后未撤除防护,扣10分		
考核时间	作业在50 min内完成。每超时1 min扣5分,超过5 min停止考核。 用时 min		
合计得分			

考评员签名: 被认定人: 年 月 日

S2 检查交分道岔作业

一、考场准备

交叉渡线一组。按规定设置防护。配合人员 2 人。

二、材料工具准备

序 号	名 称	规 格	数 量	备 注
1	轨距尺		1把	
2	支距尺		1把	
3	盒尺	5 m	1把	
4	检查锤		1把	
5	弦线		1根	
6	塞尺、钢板尺		各1把	
7	石笔		1支	
8	道岔检查记录本(答题卡)		1本(张)	

三、考核要求

1. 被认定人入场后,首先由考评员告知题目和工作量,其次由被认定人检查准备工具,当被认定人告知考评员可以开始时,由考评员开始计时。考核时间为 50 min。

2. 工作量:检查交分道岔 1 组。

3. 考核过程中被认定人出现未设防护上道、严重磕碰手脚以及其他不安全因素时终止考试,成绩为零。

4. 考核完毕后,由被认定人在评分表上签字确认。

5. 配合人员除在被认定人的指挥下配合拉弦线作业以外,不得从事其他作业。

四、考核评分

1. 考评人员 3 名以上。

2. 评分程序及规则:考评员根据被认定人操作情况对照计分标准在评分表上记录评分。

3. 算分方法:采用百分制,满分 100 分,60 分及以上为及格。

五、铁道行业职业技能认定铁路线路工技师实作技能考核评分记录表

单位:_____ 姓名:_____ 性别:_____ 准考证号:_____ 工种:_____ 级别:_____

试题名称:检查交分道岔作业

考核时间:50 min

操作开始时间: 时 分 操作结束时间: 时 分

项 目	考核内容及评分标准	扣分因素及扣分	得 分
操作程序 (40分)	1. 工具、材料准备齐全,检查工具状态是否良好。必要工具缺一件扣2分		
	2. 校核轨距尺,水平误差不超过1 mm		
	3. 确定标准股,导曲线以外股为标准股		
	4. 目测轨向和高低。站在交分道岔外方,先看方向,后看前后高低,必要时用弦线量		
	5. 检查轨距、水平。按"先轨距、后水平"的顺序在规定的检查点上测量,将与规定标准的偏差值写在记录本或答题卡上		
	6. 检查支距和道岔爬行。用支距尺或方尺在顺坡终点接头处检查两接头的相错量,在尖轨尖端检查尖轨的直角相错量,用支距尺在规定检查点上逐点检查支距		
	7. 检查轮缘槽、动程、尖轨尖端是否密贴		
	8. 交分道岔要注意检查前后锐角、钝角辙叉的叉前叉后的轨距、水平,叉中的轨距,查照间隔、护背距离、曲中内、外矢距等		
	9. 在检查过程中,随时检查道岔各主要部位的有关尺寸和其他病害		
	10. 按给定标准勾画超限处所		
	11. 作业结束,清点工具		
	程序不对扣10分,每漏一项扣5分;每缺少一个数据扣3分		
作业质量 (40分)	1. 站名、道岔编号、道岔型号、检查日期、检查人员姓名等要素应记录齐全,每漏一项扣3分		
	2. 记录填写不清、有涂改,每处扣3分		
	3. 检查水平时符号写反(不含误差范围内正负),每处扣10分		
	4. 高低、轨向、轨距、水平及其他病害等检查记录有误,测量数据误差超过±1 mm,每处扣3分		
	5. 错勾,每处扣5分		
工具使用 (10分)	1. 损坏工具,每件扣5分		
	2. 摆放工具不整齐,扣5分		
作业安全 (10分)	1. 未按规定穿戴、使用劳保用品,扣5分		
	2. 检查尖轨中时轨距尺未拿起而记录,扣5分		
	3. 手脚伸入尖轨与基本轨间,扣10分		
	4. 脚踏尖轨、钢轨及拉杆,每次扣2分		
	5. 下道后未撤除防护,扣10分		
考核时间	作业在50 min内完成。每超时1 min扣5分,超过5 min停止考核。 用时 min		
合计得分			

考评员签名: 被认定人: 年 月 日

S3 现场丈量法布置曲线缩短轨作业

一、考场准备

一个单元曲线(12.5 m 钢轨 250 m,25 m 钢轨 500 m)。按规定设置防护。配合人员 2 人。

二、材料工具准备

序 号	名 称	规 格	数 量	备 注
1	方尺		1 把	
2	钢卷尺	30 m	1 把	
3	石笔		1 支	
4	轨缝尺		1 把	

三、考核要求

1. 被认定人入场后,首先由考评员告知题目和工作量,其次由被认定人检查准备工具,当被认定人告知考评员可以开始时,由考评员开始计时。考核时间为 30 min。

2. 工作量:现场丈量法布置 1 个单元曲线缩短轨。

3. 考核过程中被认定人出现未设防护上道、严重磕碰手脚以及其他不安全因素时终止考试,成绩为零。

4. 考核完毕后,由被认定人在评分表上签字确认。

5. 配合人员除在被认定人的指挥下丈量作业以外,不得从事其他作业。

四、考核评分

1. 考评人员 3 名以上。

2. 评分程序及规则:考评员根据被认定人操作情况对照计分标准在评分表上记录评分。

3. 算分方法:采用百分制,满分 100 分,60 分及以上为及格。

五、铁道行业职业技能认定铁路线路工技师实作技能考核评分记录表

单位：_____ 姓名：_____ 性别：_____ 准考证号：_____ 工种：_____ 级别：_____

试题名称：现场丈量法布置曲线缩短轨作业

考核时间：30 min

操作开始时间： 时 分　　　　　　　　操作结束时间： 时 分

项　　　目	考核内容及评分标准	扣分因素及扣分	得　分
操作程序 (40分)	1. 工具、材料准备齐全，检查工具状态是否良好。必要工具缺一件扣 2 分		
	2. 在丈量之前须先将曲线及其两端直线部分的轨缝调整均匀，曲线拨顺，然后进行丈量		
	3. 从曲线头前附近的钢轨接头开始，用钢卷尺在外股钢轨量一根标准长度加一个轨缝值，内轨也量出同样的长度，再用方尺把外股丈量的终点方到内股，则内股丈量终点一定超前		
	4. 若内股超前量小于缩短轨缩短量的 1/2。按上述方法继续往前丈量，若内股超前量大于缩短轨缩短量的 1/2，应在该处内轨上画出铺设短轨记号，这时把内股丈量起点退回一个缩短量的距离，再向前丈量		
	5. 按上述方法继续丈量到曲线终点，定出内轨线应铺设短轨的位置		
	6. 作业结束，清点工具		
	程序不对扣 10 分，每漏一项扣 5 分		
作业质量 (40分)	1. 轨缝未调整均匀、曲线未拨顺进行丈量，扣 10 分		
	2. 丈量错误，扣 10 分		
	3. 标注错误，扣 10 分		
工具使用 (10分)	1. 损坏工具，每件扣 5 分		
	2. 摆放工具不整齐，扣 5 分		
作业安全 (10分)	1. 未按规定穿戴、使用劳保用品，扣 5 分		
	2. 下道后未撤除防护，扣 10 分		
考核时间	作业在 30 min 内完成。每超时 1 min 扣 5 分，超过 5 min 停止考核。 用时　　 min		
合计得分			

考评员签名：　　　　　　　　被认定人：　　　　　　　　　年　月　日

S4　曲线线路检查及病害分析作业

一、考场准备

无要素、无缓和曲线的圆曲线一条（不超过 100 m）。按规定设置防护。配合人员 2 人。

二、材料工具准备

序　号	名　称	规　格	数　量	备　注
1	轨距尺		1把	
2	钢卷尺	50 m	1把	
3	弦线		1根	
4	钢板尺	150 mm 及以上	1把	
5	石笔		1支	
6	线路检查记录本(答题卡)		1本(张)	
7	曲线检查记录本(答题卡)		1本(张)	

三、考核要求

1. 被认定人入场后,首先由考评员告知题目和工作量,其次由被认定人检查准备工具,当被认定人告知考评员可以开始时,由考评员开始计时。考核时间为 60 min。

2. 工作量:检查曲线一条(不超过 100 m),轨距、水平每 25 m 量 8 处,曲线正矢用 10 m 弦每 5 m 测量 1 处。

3. 考核过程中被认定人出现未设防护上道、严重磕碰手脚以及其他不安全因素时终止考试,成绩为零。

4. 考核完毕后,由被认定人在评分表上签字确认。

5. 配合人员除在被认定人的指挥下配合拉弦线作业以外,不得从事其他作业。

四、考核评分

1. 考评人员 3 名以上。

2. 评分程序及规则:考评员根据被认定人操作情况对照计分标准在评分表上记录评分。

3. 算分方法:采用百分制,满分 100 分,60 分及以上为及格。

五、铁道行业职业技能认定铁路线路工技师实作技能考核评分记录表

单位:_____ 姓名:_____ 性别:_____ 准考证号:_____ 工种:_____ 级别:_____

试题名称:曲线线路检查及病害分析作业

考核时间:60 min

操作开始时间:　时　分　　　　　　　操作结束时间:　时　分

项　目	考核内容及评分标准	扣分因素及扣分	得　分
操作程序 (40分)	1. 工具、材料准备齐全,检查工具状态是否良好。必要工具缺一件扣2分		
	2. 校核量具。轨距尺水平误差不大于 1 mm		
	3. 确定基准股		
	4. 核查曲线。按要求布置临时测点		

项　目	考核内容及评分标准	扣分因素及扣分	得　分
操作程序 （40分）	5. 测量曲线正矢。按测点位置将实测正矢记录在曲线检查记录本（答题卡）中，测量误差不超过 1 mm		
	6. 计算曲线半径，确定超高和轨距加宽量		
	7. 检查轨距、水平。按"先轨距、后水平"的顺序在规定的检查点上测量，将实测轨距和水平的偏差值记入线路检查记录本（答题卡）中。水平以高于基准股为"＋"，低于基准股为"－"		
	8. 按给定标准勾画超限病害		
	9. 用简易拨道法计算拨道量，使曲线圆顺，拨后正矢达到作业验收标准		
	10. 用分中法（或集中法）重新布设曲线，计算曲线长度及各点正矢，并图示（或现场）进行标注		
	11. 作业结束，清点工具		
	程序不对扣 10 分，每漏一项扣 5 分，每缺少一个数据扣 3 分		
作业质量 （40分）	1. 测点号、轨号、检查日期及检查人姓名等要素应记录齐全，每漏一项扣 3 分		
	2. 记录填写不清、有涂改，每处扣 3 分		
	3. 测量数据误差超过±1 mm，每处扣 3 分		
	4. 错勾，每处扣 5 分		
	5. 拨道量计算错误或拨后超限，每处扣 3 分；拨道位置错误，每处扣 10 分；不合理，每处扣 5 分		
	6. 各点位置及曲线正矢计算错误，每处扣 5 分，未进行标注扣 10 分，标注错误，每处扣 3 分		
工具使用 （10分）	1. 损坏工具，每件扣 5 分		
	2. 摆放工具不整齐，扣 5 分		
作业安全 （10分）	1. 未按规定穿戴、使用劳保用品，扣 5 分		
	2. 下道后未撤除防护，扣 10 分		
考核时间	作业在 60 min 内完成。每超时 1 min 扣 5 分，超过 5 min 停止考核。 用时　　　min		
合计得分			

考评员签名：　　　　　　　　　被认定人：　　　　　　　　　　　年　　月　　日

S5　成组更换普通单开道岔作业

一、考场准备

普通 9 号单开道岔一组及前后线路各一段，道岔铺设图（12 号单开道岔）1 套。按规定设置防护。配合人员 2 人。

二、材料工具准备

序　号	名　称	规　格	数　量	备　注
1	钢卷尺	30 m	1把	
2	石笔		2支	
3	木桩		4个	
4	支距尺、方尺		各1把	
5	钢板尺	150 mm 及以上	1个	
6	垂球		1个	配套线绳1根
7	锤子		1个	
8	计算纸	A4	2张	

三、考核要求

1. 被认定人入场后,首先由考评员告知题目和工作量,其次由被认定人检查准备工具,当被认定人告知考评员可以开始时,由考评员开始计时。考核时间为 60 min。

2. 工作量:成组更换普通单开道岔(9 号道岔更换为 12 号道岔)。

3. 考核过程中被认定人出现未设防护上道、严重磕碰手脚以及其他不安全因素时终止考试,成绩为零。

4. 考核完毕后,由被认定人在评分表上签字确认。

5. 配合人员除在被认定人的指挥下配合拉钢卷尺作业以外,不得从事其他作业。

四、考核评分

1. 考评人员 3 名以上。

2. 评分程序及规则:考评员根据被认定人操作情况对照计分标准在评分表上记录评分。

3. 算分方法:采用百分制,满分 100 分,60 分及以上为及格。

五、铁道行业职业技能认定铁路线路工技师实作技能考核评分记录表

单位:_____　姓名:_____　性别:_____　准考证号:_____　工种:_____　级别:_____

试题名称:成组更换普通单开道岔作业

考核时间:60 min

操作开始时间:　时　分　　　　　　　　操作结束时间:　时　分

项　目	考核内容及评分标准	扣分因素及扣分	得　分
操作程序 (40分)	1. 工具、材料准备齐全,检查工具状态是否良好。必要工具缺一件扣2分		
	2. 旧道岔拆除方案描述		
	3. 新道岔更换方法及顺序描述		
	4. 现场确定道岔直线、侧线插入段		
	5. 确定警冲标位置		

项　　目	考核内容及评分标准	扣分因素及扣分	得　分
操作程序 (40分)	6. 道岔位置的确定。(1)道岔中心的确定。(2)道岔尖轨基本轨接头的确定及方正。(3)绝缘接头的确定		
	7. 测设标记道岔铺设位置		
	8. 计算配轨、轨缝的预留		
	9. 按道岔图标出分股分次更换道岔的顺序		
	10. 作业结束,清点工具		
	程序不对扣10分,每漏一项扣5分		
作业质量 (40分)	1. 道岔直线插入段计算错误,扣5分		
	2. 旧道岔拆除方案和新道岔更换方法及顺序描述错误,每项扣5分		
	3. 警冲标、绝缘接头位置错误,每处扣5分		
	4. 道岔位置错误,扣10分		
	5. 配轨长度错误,每根扣5分		
	6. 轨缝计算及预留轨缝错误,每处扣5分		
	7. 标出更换道岔的顺序错误,每处扣5分		
工具使用 (10分)	1. 损坏工具,每件扣5分		
	2. 摆放工具不整齐,扣5分		
作业安全 (10分)	1. 未按规定穿戴、使用劳保用品,扣5分		
	2. 下道后未撤除防护,扣10分		
考核时间	作业在60 min内完成。每超时1 min扣5分,超过5 min停止考核。 用时　　min		
合计得分			

考评员签名:　　　　　　　　　被认定人:　　　　　　　　　年　月　日

S6　道岔拨道作业

一、考场准备

需要拨道的混凝土枕普通单开道岔1组。按规定设置防护。配合人员5人,其中电务人员1人。

二、材料工具准备

序　号	名　　称	规　格	数　量	备　注
1	轨距尺		1把	
2	活口扳手		1把	
3	手提式捣固镐		2台	
4	锂电扳手		1把	
5	镐耙		3把	

序　号	名　称	规　格	数　量	备　注
6	石砟叉		3 把	
7	起拨道器		3 台	
8	弦线		1 根	
9	钢板尺	150 mm 及以上	1 把	
10	撬棍		2 根	
11	支距尺		1 把	

三、考核要求

1. 被认定人入场后,首先由考评员告知题目和工作量,其次由被认定人检查准备工具,当被认定人告知考评员可以开始时,由考评员开始计时。考核时间为 60 min。

2. 工作量:拨道普通单开道岔 1 组。

3. 考核过程中被认定人出现未设防护上道、严重磕碰手脚以及其他不安全因素时终止考试,成绩为零。

4. 考核完毕后,由被认定人在评分表上签字确认。

5. 配合人员除在被认定人的指挥下配合拉弦线及操作起拨道器和捣固作业以外,不得从事其他作业。

四、考核评分

1. 考评人员 3 名以上。

2. 评分程序及规则:考评员根据被认定人操作情况对照计分标准在评分表上记录评分。

3. 算分方法:采用百分制,满分 100 分,60 分及以上为及格。

五、铁道行业职业技能认定铁路线路工技师实作技能考核评分记录表

单位:_____　姓名:_____　性别:_____　准考证号:_____　工种:_____　级别:_____

试题名称:道岔拨道作业

考核时间:60 min

操作开始时间:　时　分　　　　　　　操作结束时间:　时　分

项　目	考核内容及评分标准	扣分因素及扣分	得分
操作程序 (40分)	1. 工具、材料准备齐全,检查工具状态是否良好。必要工具缺一件扣2分		
	2. 校核量具		
	3. 调查道岔及岔群方向,拨量大于 20 mm 先粗拨,然后细拨。调查轨缝,消灭瞎缝		
	4. 扒砟,松防爬器。挖开枕木头道砟,松防爬器支撑		
	5. 拨道。使用 3 台起拨道器,扒窝深 120～125 mm,相距 2～3 枕空。每撬相隔 5～7 枕空,拨正方向一侧设 2 台,呈 V 形。油缸与轨面不大于 45°		

项　　目	考核内容及评分标准	扣分因素及扣分	得　分
操作程序 （40分）	6. 指挥拨道：被认定人距拨道人一定距离，双腿跨在方向好的轨上（曲线沿上股指挥）。指挥手势为：(1)向前，手心向外推。(2)向回，手心向内招。(3)向左、向右，相应伸平左、右手。(4)拨接头，两手握拳，隔一个接头，两拳相碰两次。(5)拨大腰，两手过头作大圆状。(6)拨小腰，两手在胸前作小圆状。(7)交叉拨，两臂体前交叉。(8)暂停，两臂伸平。(9)拨道完毕单臂在头上部画圆圈		
	7. 质量回检，整理道床。对预留回弹量，用弦线量，不合标准重拨，并检查其他各部几何尺寸，上紧轨道加强设备，回填夯实道床		
	8. 作业结束，清点工具		
	程序不对扣10分，每漏一项扣5分，每缺少一个数据扣3分		
作业质量 （40分）	1. 轨向不符合"正线、到发线道岔不超过4 mm，其他站线道岔不超过6 mm"要求，每处扣5分，超过计划维修标准时，每处扣20分		
	2. 其他各部几何尺寸不符合要求，每处扣5分		
工具使用 （10分）	1. 损坏工具，每件扣5分		
	2. 摆放工具不整齐，扣5分		
作业安全 （10分）	1. 未按规定穿戴、使用劳保用品，扣5分		
	2. 下道后未撤除防护，扣10分		
考核时间	作业在60 min内完成。每超时1 min扣5分，超过5 min停止考核。 用时　　　min		
合计得分			

考评员签名：　　　　　　　　　　被认定人：　　　　　　　　　　年　月　日

S7　道岔起道作业

一、考场准备

需要起道的混凝土枕普通单开道岔1组。按规定设置防护。配合人员3人，其中电务人员1人。

二、材料工具准备

序　　号	名　　称	规　　格	数　　量	备　　注
1	轨距尺		1把	
2	活口扳手		1把	
3	手提式捣固镐		1台	
4	锂电扳手		1把	
5	石砟叉		1把	
6	起拨道器		2台	
7	弦线		1根	
8	钢板尺	150 mm及以上	1把	
9	石笔		1支	

三、考核要求

1. 被认定人入场后,首先由考评员告知题目和工作量,其次由被认定人检查准备工具,当被认定人告知考评员可以开始时,由考评员开始计时。考核时间为 60 min。

2. 工作量:起道捣固普通单开道岔 1 组。

3. 考核过程中被认定人出现未设防护上道、严重磕碰手脚以及其他不安全因素时终止考试,成绩为零。

4. 考核完毕后,由被认定人在评分表上签字确认。

5. 配合人员除在被认定人的指挥下配合拉弦线及操作起拨道器和捣固作业以外,不得从事其他作业。

四、考核评分

1. 考评人员 3 名以上。

2. 评分程序及规则:考评员根据被认定人操作情况对照计分标准在评分表上记录评分。

3. 算分方法:采用百分制,满分 100 分,60 分及以上为及格。

五、铁道行业职业技能认定铁路线路工技师实作技能考核评分记录表

单位:＿＿＿＿＿ 姓名:＿＿＿＿＿ 性别:＿＿＿＿＿ 准考证号:＿＿＿＿＿ 工种:＿＿＿＿＿ 级别:＿＿＿＿＿

试题名称:道岔起道作业

考核时间:60 min

操作开始时间: 时 分　　　　　　　　　　操作结束时间: 时 分

项　　目	考核内容及评分标准	扣分因素及扣分	得　分
操作程序 (40分)	1. 工具、材料准备齐全,检查工具状态是否良好。必要工具缺一件扣2分		
	2. 校核量具		
	3. 调查工作量和确定标准股。起道人应先俯身观察坑洼位置,准确画好每撬的始终点或确定起道量。同时,要将钢轨拱起、低接头、死坑、空吊板等情况查明,进行标记,以便指导捣固作业。一般以直外股钢轨为标准轨		
	4. 指挥起道。(1)起标准股。看道指挥者俯身在标准股钢轨上,一般距起道机不少于 20 m 处看道,目测钢轨下颚水平线高低情况,用手势指挥起道。起道时,一般分为转辙、连接、辙叉和岔后长枕四段进行。(2)起对面股。①找尖轨跟端水平时,为使主侧线水平一致,起道量应为该处主侧线水平值平均值。②为防止连接部分起中间钢轨影响基本股,找水平时,起拨道器要放在侧线外股钢轨上,主线、侧线兼顾,找好水平后三股钢轨同时捣固。③在辙叉部分找水平时,要"起侧线、量主线、捣辙叉"。先把起拨道器放在对应起道主线上,水平找好后,从辙叉趾端开始向后,逐根岔枕进行捣固。辙叉趾端起好后,再把起拨道器放在对应辙叉跟端的侧线下股,轨距尺放在对应起道机的主侧线上股上,找好水平,从辙叉跟端开始向前逐根岔枕进行捣固。辙叉后长岔枕段的水平也用这种方法找平。(3)按规定做好顺坡		

续上表

项　目	考核内容及评分标准	扣分因素及扣分	得　分
操作程序 （40分）	5. 质量回检,整理道床		
	6. 作业结束,清点工具		
	程序不对扣10分,每漏一项扣5分		
作业质量 （40分）	1. 高低、水平、三角坑不符合"正线、到发线道岔不超过4 mm,其他站线道岔不超过6 mm"要求,每处扣5分,超过计划维修标准时,每处扣20分		
	2. 其他各部几何尺寸不符合要求,每处扣5分		
工具使用 （10分）	1. 损坏工具,每件扣5分		
	2. 摆放工具不整齐,扣5分		
作业安全 （10分）	1. 未按规定穿戴、使用劳保用品,扣5分		
	2. 下道后未撤除防护,扣10分		
考核时间	作业在60 min内完成。每超时1 min扣5分,超过5 min停止考核。 用时　　　min		
合计得分			

考评员签名：　　　　　　　　被认定人：　　　　　　　　年　月　日

S8　岔后连接曲线整正作业

一、考场准备

道岔后的连接曲线一条(线间距小于5.2 m,曲线长30～35 m)。按规定设置防护。配合人员4人。

二、材料工具准备

序　号	名　　称	规　格	数　量	备　注
1	轨距尺		1把	
2	钢卷尺	30 m	1把	
3	弦线		1根	
4	钢板尺	150 mm 及以上	1把	
5	石笔		1支	
6	起拨道器		2台	
7	方尺		1把	
8	道岔附带曲线支距表		1本	
9	镐耙、石砟叉		各1把	
10	手持式捣固镐		1台	
11	锂电扳手		1把	
12	计算器		1台	

三、考核要求

1. 被认定人入场后,首先由考评员告知题目和工作量,其次由被认定人检查准备工具,当被认定人告知考评员可以开始时,由考评员开始计时。考核时间为 60 min。

2. 工作量:整正岔后连接曲线 1 条。

3. 考核过程中被认定人出现未设防护上道、严重磕碰手脚以及其他不安全因素时终止考试,成绩为零。

4. 考核完毕后,由被认定人在评分表上签字确认。

5. 配合人员除在被认定人的指挥下配合拉弦线及操作起拨道器和捣固作业以外,不得从事其他作业。

四、考核评分

1. 考评人员 3 名以上。

2. 评分程序及规则:考评员根据被认定人操作情况对照计分标准在评分表上记录评分。

3. 算分方法:采用百分制,满分 100 分,60 分及以上为及格。

五、铁道行业职业技能认定铁路线路工技师实作技能考核评分记录表

单位:_____ 姓名:_____ 性别:_____ 准考证号:_____ 工种:_____ 级别:_____

试题名称:岔后连接曲线整正作业

考核时间:60 min

操作开始时间: 时 分　　　　　　　　　操作结束时间: 时 分

项　目	考核内容及评分标准	扣分因素及扣分	得　分
操作程序 (40分)	1. 工具、材料准备齐全,检查工具状态是否良好。必要工具缺一件扣 2 分		
	2. 校核量具		
	3. 拨正岔后直股方向		
	4. 拨正或改正曲线头尾方向		
	5. 调查附带曲线轨缝、线间距、曲线半径		
	6. 计算附带曲线拨正量		
	7. 在线路上定出曲线起终点位置和支距点及支距、拨道量		
	8. 拨正连接曲线方向		
	9. 质量回检,整理道床		
	10. 作业结束,清点工具		
	程序不对扣 10 分,每漏一项扣 5 分		
作业质量 (40分)	1. 岔后直股方向超限,每处扣 5 分		
	2. 曲线头尾方向超限,每处扣 5 分		
	3. 附带曲线拨正量计算错误,每处扣 5 分		
	4. 定出各点位置偏差 10 mm 以上,每处扣 5 分		
	5. 拨正后几何尺寸不符合作业验收标准,每处扣 5 分,超计划维修标准,每处扣 20 分		

项 目	考核内容及评分标准	扣分因素及扣分	得 分
工具使用 (10分)	1. 损坏工具,每件扣5分		
	2. 摆放工具不整齐,扣5分		
作业安全 (10分)	1. 未按规定穿戴、使用劳保用品,扣5分		
	2. 下道后未撤除防护,扣10分		
考核时间	作业在60 min内完成。每超时1 min扣5分,超过5 min停止考核。 用时 min		
合计得分			

考评员签名:　　　　　　　　　　被认定人:　　　　　　　　年　月　日

S9　更换道岔转辙部分直基本轨作业

一、考场准备

普通单开道岔1组和转辙部分直基本轨(带轨撑螺栓孔)1根,规格按现场情况而定。按规定设置防护。配合人员8人,其中电务人员1人。

二、材料工具准备

序 号	名 称	规 格	数 量	备 注
1	螺栓		适量	备用规格及数量根据实际情况确定
2	轨距尺		1把	
3	抬杠		6根	
4	抬轨卡		6套	带绳
5	活口扳手	350 mm、450 mm	各2把	另加套管
6	起拨道器		1台	
7	撬棍		4根	带绝缘套
8	克丝钳		1把	
9	钢卷尺	50 m	1把	
10	长效油脂		1桶	
11	小油桶		1个	
12	扁刷		1个	
13	扭矩扳手		1把	
14	塞尺		1把	
15	锂电扳手		1把	
16	短路铜线	2 m	2条	

三、考核要求

1. 被认定人入场后,首先由考评员告知题目和工作量,其次由被认定人检查准备工具,当被认定人告知考评员可以开始时,由考评员开始计时。考核时间为 50 min。

2. 工作量:更换转辙部分直基本轨(带轨撑螺栓孔)1 根。

3. 考核过程中被认定人出现未设防护上道、严重磕碰手脚以及其他不安全因素时终止考试,成绩为零。

4. 考核完毕后,由被认定人在评分表上签字确认。

5. 配合人员除在被认定人的指挥下协助搬运及复测新旧直基本轨和安装夹板作业以外,不得从事其他作业。

四、考核评分

1. 考评人员 3 名以上。

2. 评分程序及规则:考评员根据被认定人操作情况对照计分标准在评分表上记录评分。

3. 算分方法:采用百分制,满分 100 分,60 分及以上为及格。

五、铁道行业职业技能认定铁路线路工技师实作技能考核评分记录表

单位:_____ 姓名:_____ 性别:_____ 准考证号:_____ 工种:_____ 级别:_____

试题名称:更换道岔转辙部分直基本轨作业

考核时间:50 min

操作开始时间: 时 分　　　　　　　　操作结束时间: 时 分

项 目	考核内容及评分标准	扣分因素及扣分	得 分
操作程序 (40分)	1. 工具、材料准备齐全,检查工具状态是否良好。必要工具缺一件扣2分		
	2. 准备作业:校对量具,调查更换基本轨处前后轨缝、基本轨前端直角错差、前后钢轨及尖轨磨耗情况。用钢尺丈量基本轨长度、高度、轨撑眼孔距离及尖轨跟部螺栓眼孔高度是否合适,联系电务工区配合施工		
	3. 基本作业:(1)卸掉接头和尖轨跟端螺栓。将螺栓卸掉,拧上螺帽,放在岔枕上,取下夹板,放在附近岔枕盒里。(2)松扣件,将基本轨上轨撑和尖轨跟端外侧轨撑全部卸掉,连同螺栓一起放在岔枕盒内。(3)拨出旧基本轨:基本轨内侧轨底要顶靠滑床台,两端轨缝合适。(4)上接头夹板、螺栓及尖轨跟端间隔铁、螺栓。可先用螺栓扳手尖端穿进拼齐孔眼,涂油后再穿入螺栓,严禁用锤打进螺栓。(5)上扣件。(6)安设轨撑。轨撑前部顶紧基本轨,后部靠紧滑床板挡肩,安上并拧紧与滑床板及钢轨的联结螺栓。(7)回检找细。检查各部尺寸和零件,整修到标准限度		
	4. 整理作业。将换下的旧基本轨和其他零件收集整理好,做到工完料净		
	5. 作业结束,清点工具		
	程序不对扣 10 分,每漏一项扣 5 分		

项　目	考核内容及评分标准	扣分因素及扣分	得　分
作业质量 (40分)	1. 直股基本方向顺直,用 10 m 弦量方向,不符合"正线及到发线不超过 4 mm,其他站线道岔不超过 6 mm"要求,每处扣 5 分		
	2. 尖轨跟端接头上下及内侧错牙在直线及到发线上超过 1 mm,在其他站线上超过 2 mm,每处扣 5 分;超过 3 mm,每处扣 20 分		
	3. 尖轨尖端与基本轨间隙大于 1 mm,扣 10 分,其他竖切面与基本轨间隙大于 2 mm,扣 5 分		
	4. 各部位联结零件扭矩不符合要求,每处扣 3 分		
工具使用 (10分)	1. 损坏工具,每件扣 5 分		
	2. 摆放工具不整齐,扣 5 分		
作业安全 (10分)	1. 未按规定穿戴、使用劳保用品,扣 5 分		
	2. 下道后未撤除防护,扣 10 分		
考核时间	作业在 50 min 内完成。每超时 1 min 扣 5 分,超过 5 min 停止考核。 用时　　min		
合计得分			

考评员签名:　　　　　　　　　　被认定人:　　　　　　　　年　月　日

S10　胀轨跑道处理作业

一、考场准备

教室一间。

二、材料工具准备

无。

三、考核要求

1. 被认定人入场后,由考评员告知题目和工作量,当被认定人告知考评员可以开始时,由考评员开始计时。考核时间为 40 min。

2. 工作量:描述胀轨跑道原因及处理方法。

3. 考核过程中被认定人出现携带电子通信设备或与考试有关的学习资料进入考场等作弊行为时终止考试,成绩为零。

4. 考核完毕后,由被认定人在评分表上签字确认。

四、考核评分

1. 考评人员 3 名以上。

2. 评分程序及规则:考评员根据被认定人操作情况对照计分标准在评分表上记录评分。

3. 算分方法:采用百分制,满分 100 分,60 分及以上为及格。

五、铁道行业职业技能认定铁路线路工技师实作技能考核评分记录表

单位:_____ 姓名:_____ 性别:_____ 准考证号:_____ 工种:_____ 级别:_____

试题名称:胀轨跑道处理作业

考核时间:40 min

操作开始时间: 时 分 操作结束时间: 时 分

项 目	考核内容及评分标准	扣分因素及扣分	得 分
操作程序 (50分)	1. 描述引起胀轨跑道的原因		
	2. 描述胀轨跑道的判断依据		
	3. 描述胀轨跑道的处理方法		
	4. 描述扣件、接头扭矩以及道床断面标准		
	各项描述每漏一得分点,扣5分		
作业质量 (50分)	各项描述每错一得分点,扣5分		
考核时间	作业在40 min内完成。每超时1 min扣5分,超过5 min停止考核。 用时 min		
合计得分			

考评员签名: 被认定人: 年 月 日

S11 曲线超高顺坡计算设置

一、考场准备

选择一条带有缓和曲线的曲线(缓和曲线长度不小于70 m)。按规定设置防护。配合人员2人。

二、材料工具准备

序 号	名 称	规 格	数 量	备 注
1	弦线		1根	
2	钢卷尺	50 m	1把	
3	计算器		1部	
4	石笔		1支	
5	计算纸	A4	2张	
6	设备综合图		1套	
7	记录本		1本	

三、考核要求

1. 被认定人入场后,首先由考评员告知题目和工作量,其次由被认定人检查准备工具,当被认定人告知考评员可以开始时,由考评员开始计时。考核时间为40 min。

2. 工作量:曲线超高顺坡计算设置。

3. 考核过程中被认定人出现未设防护上道、严重磕碰手脚以及其他不安全因素时终止考试,成绩为零。

4. 配合人员除在被认定人的指挥下协助拉弦线及钢卷尺作业以外,不得从事其他作业。

四、考核评分

1. 考评人员 3 名以上。

2. 评分程序及规则:考评员根据被认定人操作情况对照计分标准在评分表上记录评分。

3. 算分方法:采用百分制,满分 100 分,60 分及以上为及格。

五、铁道行业职业技能认定铁路线路工技师实作技能考核评分记录表

单位:_____　姓名:_____　性别:_____　准考证号:_____　工种:_____　级别:_____

试题名称:曲线超高顺坡计算设置

考核时间:40 min

操作开始时间:　时　分　　　　　　　　操作结束时间:　时　分

项　　目	考核内容及评分标准	扣分因素及扣分	得　分
操作程序 (40分)	1. 工具、材料准备齐全,检查工具状态是否良好。必要工具缺一件扣 2 分		
	2. 曲线现场资料调查		
	3. 计算缓和曲线相关数据。计算缓和曲线各检查点上的超高顺坡值,检算顺坡率是否符合规定		
	4. 设置超高顺坡检查点。检查点 5 m 间隔设置		
	5. 现场标记		
	6. 作业结束,清点工具		
	程序不对扣 10 分,每漏一项扣 5 分		
作业质量 (40分)	1. 曲线超高顺坡必应在缓和曲线内完成。测点间距不符合"允许速度大于 120 km/h 线路,顺坡坡度不应大于 $1/(10v_{max})$,允许速度不大于 120 km/h 线路,不应大于 $1/(9v_{max})$,困难条件下,可适当加大顺坡坡度,但允许速度大于 120 km/h 的线路不应大于 $1/(8v_{max})$,其他线路不应大于 $1/(7v_{max})$,且不得大于 2‰"要求,每处扣 10 分		
	2. 曲线桩标不全、位置不对、要素不清,每项扣 5 分		
	3. 钢轨轨腰标记不全、位置不对、不清,每处扣 5 分		
工具使用 (10分)	1. 损坏工具,每件扣 5 分		
	2. 摆放工具不整齐,扣 5 分		
作业安全 (10分)	1. 未按规定穿戴、使用劳保用品,扣 5 分		
	2. 下道后未撤除防护,扣 10 分		
考核时间	作业在 40 min 内完成。每超时 1 min 扣 5 分,超过 5 min 停止考核。 用时　　min		
合计得分			

考评员签名:　　　　　　　　　　被认定人:　　　　　　　　　　　年　月　日

S12 识读轨检车波形图

一、考场准备

教室一间。

二、材料工具准备

序　号	名　称	规　格	数　量	备　注
1	铅笔		1支	
2	直尺或三角板		1把	
3	计算器		1部	
4	轨检车波形图		1份	

三、考核要求

1. 被认定人入场后,由考评员告知题目和工作量,当被认定人告知考评员可以开始时,由考评员开始计时。考核时间为 45 min。

2. 工作量:识读轨检车波形图 1 km。

3. 考核过程中被认定人出现携带电子通信设备或与考试有关的学习资料进入考场等作弊行为时终止考试,成绩为零。

4. 考核完毕后,由被认定人在评分表上签字确认。

四、考核评分

1. 考评人员 3 名以上。

2. 评分程序及规则:考评员根据被认定人操作情况对照计分标准在评分表上记录评分。

3. 算分方法:采用百分制,满分 100 分,60 分及以上为及格。

五、铁道行业职业技能认定铁路线路工技师实作技能考核评分记录表

单位:＿＿＿＿＿　姓名:＿＿＿＿＿　性别:＿＿＿＿＿　准考证号:＿＿＿＿＿　工种:＿＿＿＿＿　级别:＿＿＿＿＿

试题名称:识读轨检车波形图

考核时间:45 min

操作开始时间:　　时　　分　　　　　　　　　　操作结束时间:　　时　　分

项　目	考核内容及评分标准	扣分因素及扣分	得　分
操作程序 (50分)	1. 找出图纸中高低峰值最大 1 处,标出其位置、峰值、超限等级、超限长度		
	2. 找出图纸中轨向峰值最大 1 处,标出其位置、峰值、超限等级、超限长度		

续上表

项　目	考核内容及评分标准	扣分因素及扣分	得　分
操作程序 （50分）	3. 找出图纸中水平峰值最大1处，标出其位置、峰值、超限等级、超限长度		
	4. 找出图纸中三角坑峰值最大1处，标出其位置、峰值、超限等级、超限长度		
	5. 找出图纸中轨距峰值最大1处，标出其位置、峰值、超限等级、超限长度		
	6. 在高低、轨向、水平加速度或垂直加速度检查项目中找出连续多波不平顺1处（连续多波病害的特点应是连续的变化并有一定幅度的波形，可定义为至少有一波峰值达到一级及以上），标出其位置、峰值、超限等级、超限长度		
	7. 根据图纸里程与给定的台账里程，计算里程差		
	8. 针对分析的各项病害，制定整修方案		
	图纸中高低、轨向、水平、三角坑、轨距峰值最大1处及多波不平顺每漏找1处，扣8分。漏里程差计算，扣10分。漏制定整修方案，每项扣8分		
作业质量 （50分）	1. 病害处所，每错1处扣8分。病害的位置、峰值、超限等级、超限长度，每错一项扣2分（位置误差±5 m范围，峰值误差±0.5格内正确）		
	2. 里程差＝台账里程－图纸里程，计算错误（偏差超过±5 m）扣10分		
	3. 整修方案（标明作业项目、作业长度、最大作业量）合理即可。不符合要求，每项扣8分		
	4. 记录填写不清、有涂改，每处扣2分		
考核时间	作业在45 min内完成。每超时1 min扣5分，超过5 min停止考核。 用时　　　min		
合计得分			

考评员签名：　　　　　　　　　　被认定人：　　　　　　　　　　年　月　日

S13　利用闭合线路法进行高程测量作业

一、考场准备

选择视野开阔、无遮挡物、高差在1 m以内、长度不小于300 m、宽度不小于10 m的场地，标注起始点，并在起点假设已知高程。按规定设置防护。配合人员1人。

二、材料工具准备

序　号	名　　称	规　格	数　量	备　注
1	测量伞		1把	
2	双面尺	3 m	1把	
3	毛笔	中号	1支	
4	铅笔	HB	1支	
5	水准仪	DS3	1台	

序　号	名　称	规　格	数　量	备　注
6	三脚架		1个	与水准仪配套
7	尺垫		2个	
8	工具袋		1个	
9	铅笔刀		1把	
10	计算纸	A4	5张	
11	计算器		1部	
12	记录手簿		1张	
13	红油漆		1小桶	

三、考核要求

1. 被认定人入场后,首先由考评员告知题目和工作量,其次由被认定人检查准备工具,当被认定人告知考评员可以开始时,由考评员开始计时。考核时间为 60 min。

2. 工作量:长度 200 m 闭合环线测量,每 20 m 一点,转点至少 2 次(不含第一次置镜)。

3. 考核过程中被认定人出现未设防护上道、严重磕碰手脚以及其他不安全因素时终止考试,成绩为零。

4. 配合人员除在被认定人的指挥下协助完成测设作业以外,不得从事其他作业。

四、考核评分

1. 考评人员 3 名以上。

2. 评分程序及规则:考评员根据被认定人操作情况对照计分标准在评分表上记录评分。

3. 算分方法:采用百分制,满分 100 分,60 分及以上为及格。

五、铁道行业职业技能认定铁路线路工技师实作技能考核评分记录表

单位:_____　姓名:_____　性别:_____　准考证号:_____　工种:_____　级别:_____

试题名称:利用闭合线路法进行高程测量作业

考核时间:60 min

操作开始时间:　时　分　　　　　　　　　　操作结束时间:　时　分

项　目	考核内容及评分标准	扣分因素及扣分	得　分
操作程序 (40分)	1. 工具、材料准备齐全,检查工具状态是否良好。必要工具缺一件扣2分。收集测区已知点数据,准备记录表格(包括原始数据准备表格,计算表格,成果表格)		
	2. 了解施测精度选择适当的测量方法(由被认定人口述)		
	3. 设置转点:根据场地情况合理设置至少 2 个转点,并用红漆标记。(1)转点应视野开阔,能与前后测站通视。(2)转点一般选在地基基础好、场地平整、易到达的地方,当不得已选在地基基础松软的地方时,应设置尺垫。(3)相邻转点间距离应大致相等,不得相差过大。(4)转点标记应规范,不易破坏,地点固定,易于找寻		

续上表

项 目	考核内容及评分标准	扣分因素及扣分	得 分
操作程序 (40分)	4. 安置仪器,观测记录。(1)选择测站:在两测点间大致中间位置设置测站,保证测站前后视距应大致相等,相差不得过大。(2)安置仪器:在测站上打开三脚架,调节架腿使高度适中,目估使架头大致水平,检查脚架腿是否安置稳固,脚架伸缩螺旋是否拧紧;然后打开仪器箱取出水准仪,置于三脚架头上,一只手扶住仪器,以防仪器从架头滑落,另一手用联结螺栓将仪器牢固地连接在架头上。(3)粗略整平:旋转脚螺旋使圆水准器的气泡居中。然后使仪器转动180°并观察圆水准器气泡是否居中,如不居中则应更换仪器。(4)瞄准水准尺:首先转动目镜螺旋使十字丝清晰,松开制动螺旋,用照门和准星瞄准水准尺,拧紧制动螺旋,通过望远镜观察水准尺,并调焦、转动微动螺旋使目标清晰,位置准确,其间应注意消除视差。(5)精平与读数:通过目镜左方的符合气泡观察窗看水准管气泡,右手转动微倾螺旋,使气泡两端的像吻合,读出水准尺上读数,估读到毫米,且保证每个读数均为4位。(6)在记录手簿上的正确位置,清楚、规范地填写观测数据,并随时复核观测数据,确保正确无误。(7)整理仪器到下一测站按上述步骤进行测量记录		
	5. 作业结束,清点工具		
	程序不对扣10分,每漏一项扣5分		
作业质量 (40分)	1. 在记录簿上进行数据处理,实际测量的高差计算错误,每处扣5分。闭合差超过容许误差,扣10分。成果检核超限,扣10分		
	2. 记录有涂改,每处扣5分		
工具使用 (10分)	1. 损坏工具,每件扣5分		
	2. 摆放工具不整齐,扣5分		
作业安全 (10分)	1. 未按规定穿戴、使用劳保用品,扣5分		
	2. 磕碰仪器,每次扣5分		
	3. 下道后未撤除防护,扣10分		
考核时间	作业在60 min内完成。每超时1 min扣5分,超过5 min停止考核。 用时　　min		
合计得分			

考评员签名:　　　　　　　　　　被认定人:　　　　　　　　　年　　月　　日

S14　用设备技术台账计算核对现场曲线作业

一、考场准备

一条长度不超过300 m有缓和曲线的单曲线。按规定设置防护。配合人员2人。

二、材料工具准备

序 号	名 称	规 格	数 量	备 注
1	轨距尺		1把	
2	钢卷尺	30 m	1把	

序　　号	名　　称	规　格	数　量	备　　注
3	弦线		1根	
4	钢板尺	150 mm 及以上	1把	
5	石笔		1支	
6	方尺		1把	
7	空白曲线履历表		1张	
8	线路综合设备技术台账		1份	
9	计算器		1部	

三、考核要求

1. 被认定人入场后,首先由考评员告知题目和工作量,其次由被认定人检查准备工具,当被认定人告知考评员可以开始时,由考评员开始计时。考核时间为 90 min。

2. 工作量:用设备技术台账计算核对现场曲线 1 条(长度不超 300 m)。

3. 考核过程中被认定人出现未设防护上道、严重磕碰手脚以及其他不安全因素时终止考试,成绩为零。

4. 考核完毕后,由被认定人在评分表上签字确认。

5. 配合人员除在被认定人的指挥下配合拉弦线及钢卷尺作业以外,不得从事其他作业。

四、考核评分

1. 考评人员 3 名以上。

2. 评分程序及规则:考评员根据被认定人操作情况对照计分标准在评分表上记录评分。

3. 算分方法:采用百分制,满分 100 分,60 分及以上为及格。

五、铁道行业职业技能认定线路工技师实作技能考核评分记录表

单位:_____　姓名:_____　性别:_____　准考证号:_____　工种:_____　级别:_____

试题名称:用设备技术台账计算核对现场曲线作业

考核时间:90 min

操作开始时间:　　时　　分　　　　　　　　　　操作结束时间:　　时　　分

项　　目	考核内容及评分标准	扣分因素及扣分	得　　分
操作程序 (40分)	1. 工具、材料准备齐全,检查工具状态是否良好。必要工具缺一件扣 2 分		
	2. 计算曲线外股钢轨伸长量及缓和曲线各测点设计正矢		
	3. 核对曲线起终点位置及长度。用台账的起终点里程与现场实际起终点位置进行核对,计算曲线长度与现场实际是否相符		
	4. 核对缓和曲线长度。从曲线起终点位置用 30 m 钢卷尺实地丈量缓和曲线长度,看 HY 点和 YH 点位置是否正确		
	5. 核对曲中点及各测点标记及位置。用钢卷尺从曲中点分别向两端沿着曲线外股钢轨丈量,确认各测点编号和距离正确		

项 目	考核内容及评分标准	扣分因素及扣分	得 分
操作程序 (40分)	6. 核对缓和曲线各测点正矢是否与计算相符		
	7. 核对曲线超高及超高顺坡。曲线超高以现场轨号为起点,每6.25 m设置一个测点,看超高及超高顺坡是否与台账相符		
	8. 核对完成后,将核对数据填写在曲线履历表		
	9. 作业结束,清点工具		
	程序不对扣10分,每漏一项扣5分		
作业质量 (40分)	1. 曲线外股伸长量计算错误,扣10分。测点正矢计算错误,每处扣5分		
	2. 曲线履历表数据每错一处,扣5分;每漏一项,扣5分;有涂改,每处扣2分		
工具使用 (10分)	1. 损坏工具,每件扣5分		
	2. 摆放工具不整齐,扣5分		
作业安全 (10分)	1. 未按规定穿戴、使用劳保用品,扣5分		
	2. 下道后未撤除防护,扣10分		
考核时间	作业在90 min内完成。每超时1 min扣5分,超过5 min停止考核。 用时 min		
合计得分			

考评员签名: 被认定人: 年 月 日

S15 轨缝调整计算

一、考场准备

教室一间。

二、材料工具准备

序 号	名 称	规 格	数 量	备 注
1	计算纸	A4	2张	
2	计算器		1部	
3	轨缝调查数据		1份	

三、考核要求

1. 被认定人入场后,由考评员告知题目和工作量,当被认定人告知考评员可以开始时,由考评员开始计时。考核时间为60 min。

2. 工作量:500 m线路的轨缝调整计算。

3. 考核过程中被认定人出现携带电子通信设备或与考试有关的学习资料进入考场等作弊行为时终止考试,成绩为零。

4. 考核完毕后,由被认定人在评分表上签字确认。

四、考核评分

1. 考评人员 3 名以上。

2. 评分程序及规则:考评员根据被认定人操作情况对照计分标准在评分表上记录评分。

3. 算分方法:采用百分制,满分 100 分,60 分及以上为及格。

五、铁道行业职业技能认定铁路线路工技师实作技能考核评分记录表

单位:＿＿＿＿ 姓名:＿＿＿＿ 性别:＿＿＿＿ 准考证号:＿＿＿＿ 工种:＿＿＿＿ 级别:＿＿＿＿

试题名称:轨缝调整计算

考核时间:60 min

操作开始时间: 时 分 操作结束时间: 时 分

项 目	考核内容及评分标准	扣分因素及扣分	得 分
操作程序 (50 分)	1. 计算计划轨缝		
	2. 根据给定调查数据,编制整正轨缝计算表。(1)实测轨缝累计。(2)计划轨缝累计。(3)计算串动量。(4)两股钢轨串动差。(5)计算串动后的错差。(6)换轨修正。(7)轨缝修正。(8)修正后串动量。(9)修正后轨缝。(10)修正后错差		
	漏计算计划轨缝,扣 20 分。轨缝计算表每漏一项,扣 8 分		
作业质量 (50 分)	1. 计划轨缝计算错误,扣 20 分		
	2. 轨缝计算表错误,每项扣 8 分		
	3. 记录填写不清、有涂改,每处扣 2 分		
考核时间	作业在 60 min 内完成。每超时 1 min 扣 5 分,超过 5 min 停止考核。 用时 min		
合计得分			

考评员签名: 被认定人: 年 月 日

S16　单开道岔检查及病害分析

一、考场准备

普速线路单开道岔一组。按规定设置防护。配合人员 2 人。

二、材料工具准备

序 号	名 称	规 格	数 量	备 注
1	轨距尺		1 把	
2	支距尺		1 把	
3	盒尺	2 m	1 把	
4	检查锤		1 把	

序 号	名 称	规 格	数 量	备 注
5	弦线		1根	
6	塞尺、钢板尺		各1把	
7	石笔		1支	
8	道岔检查记录本(答题卡)		1本(张)	

三、考核要求

1. 被认定人入场后,首先由考评员告知题目和工作量,其次由被认定人检查准备工具,当被认定人告知考评员可以开始时,由考评员开始计时。考核时间为 35 min。

2. 工作量:检查并分析普速线路单开道岔 1 组。

3. 考核过程中被认定人出现未设防护上道、严重磕碰手脚以及其他不安全因素时终止考试,成绩为零。

4. 考核完毕后,由被认定人在评分表上签字确认。

5. 配合人员除在被认定人的指挥下配合拉弦线作业以外,不得从事其他作业。

四、考核评分

1. 考评人员 3 名以上。

2. 评分程序及规则:考评员根据被认定人操作情况对照计分标准在评分表上记录评分。

3. 算分方法:采用百分制,满分 100 分,60 分及以上为及格。

五、铁道行业职业技能认定铁路线路工技师实作技能考核评分记录表

单位:_____ 姓名:_____ 性别:_____ 准考证号:_____ 工种:_____ 级别:_____

试题名称:单开道岔检查及病害分析

考核时间:35 min

操作开始时间: 时 分 操作结束时间: 时 分

项 目	考核内容及评分标准	扣分因素及扣分	得 分
操作程序 (40分)	1. 工具、材料准备齐全,检查工具状态是否良好。必要工具缺一件扣2分		
	2. 校核轨距尺,水平误差不超过 1 mm		
	3. 确定标准股,以外直股和导曲线外股为标准股		
	4. 检查高低、轨向。在道岔外方 20~30 m 处目测高低、轨向,并使用弦线测量找出高低、轨向最大值一处,记录对应的枕号和峰值		
	5. 检查轨距、水平和查照护背等。按"先轨距、后水平"的顺序在规定的检查点上测量,将与规定标准的偏差值(查照护背记实测值)写在记录本或答题卡上		

项　　目	考核内容及评分标准	扣分因素及扣分	得　分
操作程序 (40分)	6. 检查支距和道岔爬行。用支距尺或方尺在顺坡终点接头处检查两接头的相错量,在尖轨尖端检查尖轨的直角相错量,用支距尺在规定检查点上逐点检查支距		
	7. 在检查过程中,随时检查道岔各主要部位的有关尺寸和其他病害。主要部位包括尖轨的动程、尖轨非工作边与基本轨工作边的最小距离、滑床板的密贴情况、尖轨尖及竖切部分的密贴情况、辙叉部位轮缘槽宽度等,其他病害主要包括钢轨、轨枕、联结零件、轨道加强设备、道床、警冲标、标记、外观、路肩等		
	8. 按给定标准勾画超限处所		
	9. 对超限病害处所,制定整修方案		
	10. 作业结束,清点工具		
	程序不对扣10分,每漏一项扣5分,轨距、水平、支距等每缺少一个数据,扣3分		
作业质量 (40分)	1. 站名、道岔编号、道岔型号、检查日期、检查人员姓名等要素应记录齐全,每漏一项扣3分		
	2. 记录填写不清、有涂改,每处扣3分		
	3. 检查水平时符号写反(不含误差范围内正负),每处扣10分		
	4. 高低、轨向、轨距、水平及其他病害等检查记录有误,测量数据误差超过±1 mm,每处扣3分		
	5. 错勾,每处扣5分		
	6. 对超限病害处所,制定整修方案不符合标准,每处扣5分		
工具使用 (10分)	1. 损坏工具,每件扣5分		
	2. 摆放工具不整齐,扣5分		
作业安全 (10分)	1. 未按规定穿戴、使用劳保用品,扣5分		
	2. 检查尖轨中时轨距尺未拿起而记录,扣5分		
	3. 手脚伸入尖轨与基本轨间,扣10分		
	4. 脚踏尖轨、钢轨及拉杆,每次扣2分		
	5. 下道后未撤除防护,扣10分		
考核时间	作业在35 min内完成。每超时1 min扣5分,超过5 min停止考核。 用时　　　min		
合计得分			

考评员签名:　　　　　　　　　被认定人:　　　　　　　　年　　月　　日

S17　更换混凝土枕普通道岔护轨作业

一、考场准备

普通单开道岔1组,型号、规格根据考场情况而定。按规定设置防护。配合人员5人。

二、材料工具准备

序 号	名 称	规 格	数 量	备 注
1	轨距尺		1把	
2	抬杠		2根	
3	抬轨卡		2套	带绳
4	活口扳手	450 mm	2把	
5	钢板尺	150 mm 及以上	1把	
6	撬棍		2根	
7	钢卷尺	30 m	1把	
8	加力杆		1杆	与扳手配套
9	锂电扳手		1把	
10	长效油脂		1桶	
11	扭矩扳手		1把	
12	锤子		1把	
13	小油桶		1个	
14	扁刷		1个	
15	护轨螺栓、垫圈		若干	

三、考核要求

1. 被认定人入场后,首先由考评员告知题目和工作量,其次由被认定人检查准备工具,当被认定人告知考评员可以开始时,由考评员开始计时。考核时间为 40 min。

2. 工作量:更换混凝土枕普通道岔护轨 1 根。

3. 考核过程中被认定人出现未设防护上道、严重磕碰手脚以及其他不安全因素时终止考试,成绩为零。

4. 考核完毕后,由被认定人在评分表上签字确认。

5. 配合人员除在被认定人的指挥下协助搬运护轨及复测新旧护轨长度作业以外,不得从事其他作业。

四、考核评分

1. 考评人员 3 名以上。

2. 评分程序及规则:考评员根据被认定人操作情况对照计分标准在评分表上记录评分。

3. 算分方法:采用百分制,满分 100 分,60 分及以上为及格。

五、铁道行业职业技能认定铁路线路工技师实作技能考核评分记录表

单位:_____ 姓名:_____ 性别:_____ 准考证号:_____ 工种:_____ 级别:_____

试题名称:更换混凝土枕普通道岔护轨作业

考核时间:40 min

操作开始时间: 时 分 操作结束时间: 时 分

项 目	考核内容及评分标准	扣分因素及扣分	得 分
操作程序 (40分)	1. 工具、材料准备齐全,检查工具状态是否良好。必要工具缺一件扣2分		
	2. 校核量具		
	3. 卸螺栓。将护轨螺栓卸下,连同方垫圈一起放在岔枕上		
	4. 卸下护轨侧螺栓,卸下轨撑		
	5. 拨出旧护轨。护轨拨出后,要清扫垫板,并将卸下的螺栓、间隔铁进行除锈涂油		
	6. 换入新护轨。新护轨换入后,安装间隔铁,使基本轨、间隔铁及护轨螺栓孔相对,轮缘槽符合标准		
	7. 上螺栓。对损坏的螺栓要更换		
	8. 上轨撑。将轨撑从垫板侧面用锤轻轻打进去,使其前面靠紧护轨,后面顶紧垫板挡肩		
	9. 上紧螺栓		
	10. 质量回检,回收旧料,清理场地		
	11. 作业结束,清点工具		
	程序不对扣10分,每漏一项扣5分		
作业质量 (40分)	1. 护轨平直部分轮缘槽宽度标准不符合41~45 mm规定,扣10分		
	2. 护轨平直部分不正对辙叉有害空间,两端伸出辙叉咽喉、辙叉心宽50 mm断面处不足100~300 mm,每项扣10分		
	3. 查照间隔、护背距离、护轨间隔、翼轨间隔不符合要求,每项扣10分		
	4. 护轨螺栓扭矩不达标,每个扣3分		
工具使用 (10分)	1. 损坏工具,每件扣5分		
	2. 摆放工具不整齐,扣5分		
作业安全 (10分)	1. 未按规定穿戴、使用劳保用品,扣5分		
	2. 下道后未撤除防护,扣10分		
考核时间	作业在40 min内完成。每超时1 min扣5分,超过5 min停止考核。 用时 min		
合计得分			

考评员签名: 被认定人: 年 月 日

S18 更换绝缘夹板作业

一、考场准备

普通线路绝缘接头 1 个。按规定设置防护。配合人员 1 人。

二、材料工具准备

序　号	名　　　称	规　格	数　量	备　注
1	长效油脂		1 桶	
2	接头螺栓、夹板		若干	
3	垫圈或垫片		若干	
4	轨端绝缘板、绝缘管、槽型绝缘板		若干	
5	接头螺帽		若干	
6	接头扣件		若干	
7	活口扳手	450 mm	1 把	
8	扭矩扳手		1 把	
9	钢丝刷		1 把	
10	棉纱		适量	
11	小油桶		1 个	
12	扁油刷		1 把	
13	丁字扳手或锂电扳手		1 把	
14	塞尺		1 把	

三、考核要求

1. 被认定人入场后,首先由考评员告知题目和工作量,其次由被认定人检查准备工具,当被认定人告知考评员可以开始时,由考评员开始计时。考核时间为 30 min。

2. 工作量:更换普通线路绝缘接头夹板 2 块。

3. 考核过程中被认定人出现未设防护上道、严重磕碰手脚以及其他不安全因素时终止考试,成绩为零。

4. 考核完毕后,由被认定人在评分表上签字确认。

5. 配合人员除在被认定人的指挥下协助扶正夹板作业以外,不得从事其他作业。

四、考核评分

1. 考评人员 3 名以上。

2. 评分程序及规则:考评员根据被认定人操作情况对照计分标准在评分表上记录评分。

3. 算分方法:采用百分制,满分 100 分,60 分及以上为及格。

五、铁道行业职业技能认定铁路线路工技师实作技能考核评分记录表

单位：_____ 姓名：_____ 性别：_____ 准考证号：_____ 工种：_____ 级别：_____

试题名称：更换绝缘夹板作业

考核时间：30 min

操作开始时间：　时　分　　　　　　　　　　操作结束时间：　时　分

项　目	考核内容及评分标准	扣分因素及扣分	得　分
操作程序 (40分)	1. 工具、材料准备齐全，检查工具状态是否良好。必要工具缺一件扣2分		
	2. 卸扣件。卸掉接头两侧轨枕扣件		
	3. 卸接头螺栓。卸螺栓顺序为1、3、5、2、4、6		
	4. 卸夹板。用扳手尖端撬出夹板。取下槽型绝缘板、绝缘管、轨端绝缘板，并检查换新		
	5. 除锈检查。清除螺栓和夹板上的积锈污垢，检查夹板、钢轨有无伤损、裂纹，螺栓有无失效		
	6. 对螺栓螺纹部分全面涂油		
	7. 上夹板及接头螺栓。扣入新夹板，用螺栓先将夹板孔穿顺，再穿入全部螺栓。直线地段上紧固顺序1、6、3、4、2、5，曲线地段上紧固顺序1、6、5、2、3、4		
	8. 上扣件。绝缘接头处，扣件与夹板不得贴靠，间隙不小于5 mm		
	9. 请电务检查绝缘性能是否良好		
	10. 质量回检		
	11. 作业结束，清点工具		
	程序不对扣10分，每漏一项扣5分，松卸螺栓顺序错误每根扣3分		
作业质量 (40分)	1. 轨面及内侧错牙不满足"正线、到发线不大于1 mm，其他站线不大于2 mm"要求，每处扣5分。错牙大于3 mm时每处扣20分		
	2. 绝缘件安装不符合要求，每件扣5分。损坏扣10分		
	3. 不满足"最高、最低轨温差小于或等于85 ℃地区，普通线路接头螺栓扭矩50 kg/m钢轨及以下不小于400 N·m，60 kg/m钢轨及以上不小于500 N·m，最高、最低轨温差大于85 ℃地区，普通线路接头螺栓扭矩50 kg/m钢轨及以下不小于600 N·m，60 kg/m钢轨及以上不小于700 N·m"要求，每根扣10分		
	4. 扣件扭矩不符合要求，每套扣3分		
工具使用 (10分)	1. 损坏工具，每件扣5分		
	2. 摆放工具不整齐，扣5分		
作业安全 (10分)	1. 未按规定穿戴、使用劳保用品，扣5分		
	2. 下道后未撤除防护，扣10分		
考核时间	作业在30 min内完成。每超时1 min扣5分，超过5 min停止考核。用时　　min		
合计得分			

考评员签名：　　　　　　　　被认定人：　　　　　　　　年　月　日

S19　断轨应急处置的紧急处理作业

一、考场准备

无缝线路一段。按规定设置防护。配合人员 4 人。

二、材料工具准备

序　号	名　　称	规　格	数量	备　注
1	臊包(或普通)夹板	根据现场情况确定	2块	与钢轨配套使用
2	急救器	根据现场情况确定	2套	与钢轨配套使用
3	活口扳手	450 mm	1把	
4	扭矩扳手		1把	
5	双头内燃扳手		2台	
6	镐耙		1把	
7	轨距尺		1把	
8	锂电扳手		1把	
9	短路铜线	2 m	1条	自动闭塞区间
10	塞尺		1把	
11	钢卷尺		1把	
12	轨温计		1个	

三、考核要求

1. 被认定人入场后,首先由考评员告知题目和工作量,其次由被认定人检查准备工具,当被认定人告知考评员可以开始时,由考评员开始计时。考核时间为 30 min。

2. 工作量:无缝线路应急处置断轨 1 处。

3. 考核过程中被认定人出现未设防护上道、严重磕碰手脚以及其他不安全因素时终止考试,成绩为零。

4. 考核完毕后,由被认定人在评分表上签字确认。

5. 配合人员除在被认定人的指挥下协助安装夹板及复紧扣件作业以外,不得从事其他作业。

四、考核评分

1. 考评人员 3 名以上。

2. 评分程序及规则:考评员根据被认定人操作情况对照计分标准在评分表上记录评分。

3. 算分方法:采用百分制,满分 100 分,60 分及以上为及格。

五、铁道行业职业技能认定铁路线路工技师实作技能考核评分记录表

单位:_____ 姓名:_____ 性别:_____ 准考证号:_____ 工种:_____ 级别:_____

试题名称:断轨应急处置的紧急处理作业

考核时间:30 min

操作开始时间: 时 分 操作结束时间: 时 分

项　目	考核内容及评分标准	扣分因素及扣分	得　分
操作程序 (40分)	1. 工具、材料准备齐全,检查工具状态是否良好。必要工具缺一件扣2分		
	2. 检查。检查断轨处断缝值(≤50 mm)及钢轨其他伤损,并做好8 m距离标记		
	3. 测量轨温,根据作业轨温情况,锁定两端线路50 m,防止断缝变化		
	4. 扒砟。断轨处枕盒需扒开适量的道砟		
	5. 卸扣件,上急救器。卸掉影响安装夹板的扣件,在断缝处安装同型夹板,并用急救器固定,并拧紧急救器螺栓		
	6. 安装纵向连线短路铜线,看红光带是否消失		
	7. 上扣件,并复紧断缝前后各50 m线路扣件		
	8. 质量回检。用轨距尺检查断缝及其前后的轨距、水平,用塞尺检查工作边和钢轨顶面有无错牙		
	9. 派人看守		
	10. 作业结束,清点工具,开通线路,放行列车速度不超过15 km/h。如断缝小于30 mm时,放行列车速度不超过25 km/h。重载铁路钢轨断缝小于30 mm时,使用夹板或臙包夹板钻孔加固,至少拧紧4个接头螺栓(每端2个),放行列车速度不得超过45 km/h		
	程序不对扣10分,每漏一项扣5分		
作业质量 (40分)	1. 轨面及内侧错牙不符合"正线、到发线不大于1 mm,其他站线不大于2 mm"的要求,每处扣5分。当错牙大于3 mm时每处扣20分		
	2. 急救器螺栓扭矩不符合要求,每个扣10分		
	3. 扣件安装密贴。扣板(弹片)扣件、弹条扣件扭矩不符合《普速铁路线路修理规则》规定,每套扣3分		
工具使用 (10分)	1. 损坏工具,每件扣5分		
	2. 摆放工具不整齐,扣5分		
作业安全 (10分)	1. 未按规定穿戴、使用劳保用品,扣5分		
	2. 下道后未撤除防护,扣10分		
	3. 未执行三测轨温制度,扣10分		
考核时间	作业在30 min内完成。每超时1 min扣5分,超过5 min停止考核。用时 min		
合计得分			

考评员签名:_____ 被认定人:_____ 年 月 日

S20　整治钢轨接头错牙作业

一、考场准备

混凝土枕普通线路接头 2 个。按规定设置防护。配合人员 1 人。

二、材料工具准备

序　号	名　　称	规　格	数　量	备　注
1	长效油脂		1 桶	
2	接头螺栓		若干	
3	垫圈、错牙垫片		若干	
4	接头螺帽		若干	
5	接头扣件		若干	
6	丁字扳手或锂电扳手		1 把	
7	活口扳手	450 mm	1 把	
8	平直尺	1 m	1 把	
9	扭矩扳手		1 把	
10	钢丝刷		1 把	
11	小油桶		1 个	
12	扁刷		1 把	
13	轨距尺		1 把	
14	塞尺		1 把	

三、考核要求

1. 被认定人入场后,首先由考评员告知题目和工作量,其次由被认定人检查准备工具,当被认定人告知考评员可以开始时,由考评员开始计时。考核时间为 30 min。

2. 工作量:整治钢轨接头错牙 1 处。

3. 考核过程中被认定人出现未设防护上道、严重磕碰手脚以及其他不安全因素时终止考试,成绩为零。

4. 考核完毕后,由被认定人在评分表上签字确认。

5. 配合人员除在被认定人的指挥下协助安装夹板和垫圈(错牙垫片)作业以外,不得从事其他作业。

四、考核评分

1. 考评人员 3 名以上。

2. 评分程序及规则:考评员根据被认定人操作情况对照计分标准在评分表上记录评分。

3. 算分方法:采用百分制,满分 100 分,60 分及以上为及格。

五、铁道行业职业技能认定铁路线路工技师实作技能考核评分记录表

单位:_____ 姓名:_____ 性别:_____ 准考证号:_____ 工种:_____ 级别:_____

试题名称:整治钢轨接头错牙作业

考核时间:30 min

操作开始时间:　时　分　　　　　　　　　　　操作结束时间:　时　分

项　目	考核内容及评分标准	扣分因素及扣分	得　分
操作程序 (40分)	1. 工具、材料准备齐全,检查工具状态是否良好。必要工具缺一件扣2分		
	2. 校核量具		
	3. 调查工作量。测量错牙接头及其前后的轨缝,以判断是否需进行轨缝调整,检查钢轨接头错牙量		
	4. 卸下接头两根轨枕扣件		
	5. 卸下接头螺栓和夹板		
	6. 对螺栓、夹板和钢轨涂油		
	7. 根据错牙量的大小,选择适当厚度的垫圈或错牙垫片,垫于夹板与钢轨之间,或垫于低错轨端的夹板与钢轨之间		
	8. 上紧夹板和接头螺栓。若接头错牙仍未完全消除,则应重新拆开接头,调整垫圈(错牙垫片)的厚度重新垫入		
	9. 检查轨距、水平。若超限,应进行改道和捣固		
	10. 安装接头两根轨枕的扣件,并拧紧		
	11. 质量回检,清理场地		
	12. 作业结束,清点工具		
	程序不对扣10分,每漏一项扣5分,松卸顺序错误每根扣2分		
作业质量 (40分)	1. 轨面及内侧错牙不符合"正线、到发线不大于1 mm,其他站线不大于2 mm"的要求,每处扣5分。当错牙大于3 mm时每处扣20分		
	2. 不满足最高、最低轨温差小于或等于85 ℃地区,普通线路接头螺栓扭矩50 kg/m钢轨及以下不小于400 N·m,60 kg/m钢轨及以上不小于500 N·m,最高、最低轨温差大于85 ℃地区,普通线路接头螺栓扭矩50 kg/m钢轨及以下不小于600 N·m,60 kg/m钢轨及以上不小于700 N·m要求,每根扣10分		
	3. 扣件扭矩不符合要求,每套扣3分		
工具使用 (10分)	1. 损坏工具,每件扣5分		
	2. 摆放工具不整齐,扣5分		
作业安全 (10分)	1. 未按规定穿戴、使用劳保用品,扣5分		
	2. 下道后未撤除防护,扣10分		
考核时间	作业在30 min内完成。每超时1 min扣5分,超过5 min停止考核。 用时　　min		
合计得分			

考评员签名:　　　　　　　　　　　被认定人:　　　　　　　　　　年　月　日

第五部分　高 级 技 师

1. 简述防止钢轨折断的措施。

答：(1)对高温锁定的无缝线路,要在设计锁定轨温范围内进行应力放散。(2)提高焊接质量,加强钢轨探伤。(3)整治焊缝病害。(4)加强防爬锁定。(5)提高线路质量,加强养护维修。

2. 简述铺设无缝线路时,铺轨前的准备工作。

答：(1)撤除调高垫板,严重锈蚀螺旋道钉改锚,整修线路。(2)铺设无缝线路前,必须埋设位移观测桩,并使其牢固、可靠。(3)施工前应拨顺并串动轨条,放散初始应力。(4)散布并连接缓冲区钢轨,备齐换轨终端龙口轨和钢轨切割工具。(5)散布扣件。

3. 试述顶铁离缝或顶得过严的原因及整治方法。

答：(1)顶铁尺寸、型号不符,需调整。(2)顶铁位置安装不对,前后角度相反,上、下调面。(3)顶铁过紧时,抽掉少量插片或打磨顶铁端部。(4)顶铁有间隙,加垫调整插片。(5)适当调整轨距。

4. 简述工电联合整治轨道电路工务部门的验收标准。

答：(1)轨距杆各部螺栓不松动。(2)绝缘接头处无翻浆。(3)绝缘接头轨缝应不小于6 mm或大于构造轨缝18 mm。(4)轨距杆应有计划分期、分批更换为粘接式轨距杆。

5. 简述安装提速道岔防松螺栓的作业标准。

答：提速道岔使用的防松螺栓采用的是内外双螺母结构,内螺母起锁紧作用,外螺母起防松作用。其安装标准是:先紧固内螺母,使其达到标准扭矩,再紧固外螺母,使外螺母与内螺母基本密靠。拆卸时,先拆掉外螺母,再拆掉内螺母,不能内外螺母同时松紧。另外,可加垫弹簧垫圈来防止松动。

6. 试述辙叉轨距不合标准的预防整治措施。

答：(1)拨道直股方向。(2)调整辙叉及护轨轮缘槽尺寸,使其符合标准。(3)打磨作用边肥边,焊补伤损心轨、翼轨。(4)整修查照间隔、护背距离、翼轨间隔、护轨间隔,使其符合规定。

7. 允许速度不大于 160 km/h 的线路，设置线路竖曲线时，质量标准有何要求？

答：允许速度不大于 160 km/h 的线路，采用抛物线形竖曲线时，若相邻坡段的坡度代数差大于 2‰，应设置竖曲线。20 m 范围内竖曲线的变坡率，凸形不应大于 1‰，凹形不应大于 0.5‰。采用圆曲线形竖曲线时，若相邻坡段的坡度代数差大于 3‰，应设置竖曲线，竖曲线半径不得小于 10 000 m，困难地段不应小于 5 000 m。

8. 简述可动心轨辙叉道岔起道时的作业要求。

答：可动心轨辙叉道岔起道作业时，直、曲股应同时起平，保证可动心轨辙叉在一个平面上，并做好道岔前后及道岔曲股顺坡。道岔维修应使用机械捣固，加强接头、辙叉、尖轨弹性可弯段等部位和钢枕及其前后岔枕的道床捣固。

9. 简述无砟轨道精调作业基本步骤。

答：(1)精调时先确定基准轨，将基准轨轨向、高低调整到位后，再依据基准轨通过轨距、水平调整另一股钢轨。(2)精调作业完成后，当日对几何尺寸进行复核、记录偏差值，复核扣件扭矩，记录调整区段的扣件、垫板型号，建立台账。当一个单元精调作业完成后，应及时安排轨道测量仪进行复测。

10. 简述边坡清筛作业的技术要求。

答：(1)边坡清筛最大挖掘宽度 2 800 mm（距线路中心），轨枕端至挖掘斗间应保持 100 mm距离。(2)最大挖掘深度应距轨面下 900 mm。(3)只进行边坡清筛时，不得使用松砟器。

11. 装卸长钢轨时应注意哪些事项？

答：(1)装卸长钢轨，钢丝绳与挂钩、固定器等应联结牢固，人员不得站在移动前方和钢丝绳附近。(2)长轨车运行中，人员必须离开轨端 3 m 以外，并严禁在长轨上走动。卸轨时，撬棍不得插入长轨移动方向的横梁后面，前一根长轨通过本车后方能拨动后一根就位，严禁在悬空的长轨下作业，并注意防止长轨尾端落下时摆动伤人。

12. 简述弹性支承块式无砟道床结构及主要技术要求。

答：(1)道床结构由混凝土支承块、橡胶套靴、块下垫板、道床板等部分组成。道床板为纵向连续式或分块式钢筋混凝土结构，在隧道仰拱回填层（有仰拱隧道）或底板（无仰拱隧道）上构筑。曲线超高在道床板上设置。(2)支承块不得有裂缝，道床板混凝土不得有横向或竖向贯通裂缝。(3)排水通道应保持通畅，道床板表面不得积水。

13. 轨道检测车图纸分析中，里程核对是如何进行的？

答：在设备综合图中找出与轨道动态检查图纸对应的里程，用轨道检查车动态检查图纸的地面标志具体里程（如道岔、道口、桥梁、涵渠、曲线头、尾等）与综合图中显示的具体里程进行比对。以顺里程方向错后为"-",并将比对值记录在轨道动态检查图纸上。

14. 简述整治钢轨接头病害的方法。

答:(1)加强接头捣固,保持道床饱满,加以夯实。(2)经常保持螺栓紧固。(3)清筛接头范围内的不洁道砟。(4)消灭轨面高低错牙。(5)调整不均匀轨缝。

15. 简述提速道岔出现红光带故障的处理方式。

答:在提速道岔预铺前,绝缘处所必须先由电务部门测试,确认合格后方可焊接铺设。发现跳信号时,工务部门应首先确定钢轨是否导通。如单股钢轨与夹板或与钢岔枕导通,只说明工务设备存在隐患,但不会出现红光带,应由电务部门寻找其他原因。

16. 简述整治曲线接头"支嘴"的方法。

答:(1)利用拨道整治曲线接头"支嘴",在"支嘴"处拨道时,可采用间接影响法。如向外拨动接头时,可拨两侧小腰,用小腰带动接头向外移动。如向里拨小腰时,用拨动接头带动小腰向里移动,这样可以减轻甚至消除接头"支嘴"。(2)不准在接头处使用起拨道器硬顶拨道。(3)加强曲线接头"支嘴"处的轨道联结,控制轨道横向移动。(4)加强上股道床。填实并夯实轨枕盒道砟,或在"支嘴"处前后轨枕盒的两股钢轨底下设置防爬支撑,以保持曲线稳定。

17. 简述单根更换混凝土枕的作业步骤。

答:(1)布枕。(2)拆除障碍物。(3)扒砟。(4)卸扣件。(5)抽出旧枕。(6)整平道床。(7)穿入新枕。(8)安装扣件。(9)捣固。(10)安装防爬设备和轨距杆。(11)回检找细。(12)回收旧料。(13)按质量要求进行回检。

18. 简述预防、整治尖轨轧伤与侧面磨耗的措施。

答:(1)防止尖轨跳动及确保尖轨竖切部分与基本轨之间的密贴。(2)加长顶铁、使尖轨尖端不离缝。(3)将垂直磨耗超限的基本轨及时更换。(4)必要时安装防磨护轨,减少尖轨侧面磨耗。

19. 试述曲线拨正计算的过程和质量要求。

答:(1)计算过程:①计算桩点位置及计划正矢。②正矢差计算。③差累计计算。④修正过程。⑤半拨量计算。⑥拨量计算。⑦拨后正式计算。(2)质量:①拨量以最小拨量计算者为基数。②控制点调整为零得该项满分。

20. 试述打磨钢轨肥边的作业程序。

答:(1)钢轨内侧工作边应平顺,无明显凹凸。肥边允许速度在 $120\ \text{km/h} < v_{max} \leqslant 200\ \text{km/h}$ 线路小于 $0.3\ \text{mm}$,在 $v_{max} \leqslant 120\ \text{km/h}$ 线路小于 $0.5\ \text{mm}$,绝缘接头肥边小于 $2\ \text{mm}$。

(2)轨距变化率,在允许速度 120 km/h<v_{max}≤200 km/h 线路小于 1‰,v_{max}≤120 km/h 正线及到发线不大于 2‰,其他站线不大于 3‰(不含规定的递减率)。

21. 道岔整治作业如何控制轨距、固定轨向?

答:(1)更换失效岔枕。(2)整修扣件:木岔枕螺纹道钉齐全、有效,作用良好;混凝土岔枕预埋件螺栓无缺少、松动和失效。(3)控制道岔转辙部位横移:增设道岔加强设备,如木岔枕增设防横移铁、拉杆和设置钢轨地埋桩等措施控制横移和方向。

22. 发现钢轨重伤时应如何处理?

答:发现钢轨重伤时,应立即进行处理。(1)钢轨核伤和焊缝重伤可加固处理,并在适宜温度及时进行永久处理,在实施永久处理前应加强检查,发现伤损发展时,应按照钢轨折断及时进行紧急处理、临时处理或永久处理。(2)裂纹和可能引起轨头揭盖的重伤,应按照钢轨折断进行紧急处理、临时处理或永久处理。(3)其他重伤可采取修理或焊复方法处理,处理前可根据现场实际情况采取限速措施。

23. 道岔出现哪些情况时应停止使用?

答:道岔护轨螺栓、可动心轨咽喉和叉后间隔铁螺栓、长心轨与短心轨联结螺栓、钢枕立柱螺栓、可动心轨凸缘与接头铁联结螺栓、合金钢组合辙叉间隔铁螺栓必须齐全,作用良好,折断时必须立即更换。同一部位同时有两条螺栓或可动心轨凸缘与接头铁螺栓有一条缺少或折损时,道岔应停止使用。

24. 分析线路动态检查数据时,应重视哪些轨道不平顺的判别,并及时安排处理?

答:(1)连续三波及多波的轨道不平顺中,幅值为 10 mm 的轨向不平顺、12 mm 的水平不平顺、14 mm 的高低不平顺。(2)50 m 范围内有 3 处大于以下幅值的轨道不平顺:12 mm 的轨向不平顺、12 mm 的水平不平顺、16 mm 的高低不平顺。(3)轨向、水平逆向复合不平顺。(4)允许速度大于 160 km/h 区段,高低、轨向的波长在 30 m 以上的长波不平顺,当轨道检查车检查其高低幅值达到 11 mm 或轨向幅值达到 8 mm 时。

25. 线路胀轨跑道是如何形成的?

答:线路爬行和轨缝挤瞎是发生胀轨的基本原因,线路上有硬弯轨、方向不良及道砟不足是助长发生胀轨的原因。在瞎缝地段,进行减弱或破坏线路稳定的养路工作,更容易造成胀轨跑道。无缝线路发生胀轨跑道的原因是多方面的,也很复杂,主要有以下几方面:(1)锁定轨温偏低;(2)低温焊复断轨;(3)违章作业造成锁定轨温变化等。

26. 简述地锚拉杆养护维修的程序。

答:(1)松开钢轨桩一侧的卡头。如果是配合大机捣固作业,应将没有紧贴轨枕的地锚拉杆完全卸掉。(2)测试绝缘性能(配合电务进行)。(3)检查线路轨向并将线路方向不良的地段进行拨正,作业完成后,及时安装,以免线路发生变化。(4)将拉杆调整到与轨底平行。(5)复紧螺栓。严格控制螺栓拧紧的程度,保证在静态下钢轨不过分受力,避免由于松紧程度不一在列车冲击后形成方向不良,或者在动态下形成硬点。

27. 简述更换可动心轨辙叉的要求。

答:(1)保证辙叉原位置不变。根据新换辙叉长度,来确定辙叉前后配轨长度。(2)导曲线上股钢轨从新换辙叉趾端丈量至导曲线绝缘接头处的长度,进行配轨,绝缘接头一端进行钻孔(含跳线眼)、倒棱;导曲线部分直线下股钢轨根据现场确定(考虑焊缝位置)。(3)辙叉跟端与线路连接部分配轨。辙叉跟端直、曲股从新换辙叉跟端接头向线路方向分别丈量至后端计划焊接接头处的距离,进行配轨。(4)绝缘接头进行胶接,辙叉两端四个接头必须进行铝热焊接,恢复跨区间无缝线路。

28. 试述预防、整治焊缝病害的方法。

答:对高低接头、错口接头、马鞍形接头等缺陷接头,要用磨、焊、垫、捣、筛等方法综合整治。轨面要平顺,对超限的高低不平顺应及时打磨、焊补,使无缝线路钢轨顶面和内侧保持平整光滑。有严重缺陷者要锯掉重新焊接。

29. 试述无缝线路应力放散对作业质量的要求。

答:(1)长轨条总放散量达到计算放散量数值,且沿钢轨全长放散量均匀,确定锁定轨温准确。(2)轨枕间距均匀,容许速度大于 160 km/h 的线路,铝热焊缝距轨枕边不得小于100 mm,其他线路不得小于 40 mm。(3)轨距、扣件螺栓扭矩符合《普速铁路线路修理规则》要求。(4)防爬设备安装齐全,作用良好。(5)位移观测桩齐全,标志准确、明显。(6)其他施工作业造成的轨道几何尺寸偏差符合《普速铁路线路修理规则》要求。

30. 板式无砟轨道施工作业,对轨道几何尺寸调整有何要求?

答:(1)对于轨道几何尺寸的偏差,小的调整量由扣件系统来完成。(2)若出现较大调整时,先用切割工具将轨道板与底层分开,然后用千斤顶和支承螺栓将轨道板抬高并定位在合适位置,用嵌缝材料涂抹在轨道板与底层之间的周围间隙,确保注入的树脂或 CA 砂浆等充填料不流出,等到充填料满足硬度达到要求后,列车才可通行。

31. 在线路上进行作业时应遵守哪些规定?

答:(1)多人一起作业时应统一指挥,相互间应保持一定的安全距离,防止工具碰撞伤人。(2)多组捣固机械同时捣固时,前后距离不得小于 3 m,走行应保持同步。(3)在道岔地段作业,未采取安全措施情况下,人员不得将手、脚放在道岔尖轨与基本轨、可动心轨与翼轨间,避免道岔扳动时挤伤。(4)木枕、木岔枕改道打道钉时严禁锤击钢轨,不准用捣镐打道钉。分组打道钉时,前后距离应不小于 6 根木枕。在无作业通道的桥面上作业时,起钢轨外口道钉,应站在道心内侧并使用专用起钉器或弯头撬棍等特制工具。(5)翻动钢轨时,必须使用翻轨器,不得使用撬棍翻动钢轨。使用撬棍拨道时,应插牢撬棍,听从指挥,统一行动,严禁骑压或肩扛撬棍拨道。

32. 简述可动心轨折断加固处置的方法。

答:(1)长心轨前部加固时,采用带 U 形卡槽的加固板、5 个单顶套和两翼轨锁定的方式进行加固。(2)长心轨后部加固时,以长心轨弹性弯折部位为主,采取小接头夹板、双内撑和外锁加固螺栓的方式进行加固。安装时,将小接头夹板安放在长心轨腰部,用两套双内撑将小接头夹板与另一侧的翼轨撑紧,然后再用异型加固螺栓将长心轨与翼轨锁紧。

33. 旧轨整修应注意哪些事项?

答:(1)提供产品合格证,注明该批钢轨的钢种、型号、长度、根数、钢轨高度和整修厂家名称。(2)在距轨端 0.5～1 m 非工作边轨腰处用红底白字标明钢种、整修年月和钢轨长度。(3)应根据整修轨高度的不同,标识清楚,分别存放。(4)定尺轨和缩短轨应采取平排列方式,分类码放。多层存放时,层间垫物应平直,上下位置对齐,防止钢轨因受力不均而变形。

34. 简述普速铁路钢轨预防性打磨的技术要求。

答:钢轨预防性打磨廓形宜根据钢轨表面状态、轮轨接触情况综合设计。预防性打磨钢轨顶面切削量一般不大于 0.3 mm。根据钢轨廓形和表面状态的观测数据,结合钢轨滚动接触疲劳伤损确定合适的打磨周期。直线及半径大于 1 200 m 曲线地段,一般 100 Mt 通过总质量打磨一次(含多遍,达到设计廓形为止)。半径不大于 1 200 m 曲线地段,每 30～50 Mt 打磨一次,侧面磨耗、伤损严重地段可适当缩短打磨周期。

35. 简述普速铁路人工打磨辙叉心轨、翼轨轨面的作业要求。

答:使用道岔打磨机,调整砂轮角度,从 30°开始至 0°按每 2～4°进行角度转换打磨,打磨时每次下刀要循序渐进,推行要稳,用力均匀,打磨时不可在一点反复打磨,避免单点作业时间过长而造成轨面局部退火和轨面出现凹凸及发蓝现象,打磨区域廓形顺接,过渡圆顺。打磨后轨距、轨距变化率、查照间隔、护背距离、护轨间隔、翼轨间隔等各轮缘槽尺寸符合《普速铁路线路修理规则》规定。

36. 试述整治岔后连接曲线的作业程序。

答:(1)拨正岔后主股方向。(2)拨正或改正曲线头尾方向。(3)调查连接曲线轨缝、线间距、曲线半径。(4)计算连接曲线拨正量。(5)在线路上定出曲线起终点位置和支距点及支距、拨道量。(6)拨正连接曲线方向,用 10 m 弦测量正矢,达到正矢不超过作业验收标准。(7)找平连接曲线线路高低、水平,改正轨距。

37. 试述普通道岔尖轨侧弯形成的主要原因。

答:(1)两基本轨作用边之间的距离未满足规定尺寸,为调整尖轨与基本轨密贴,盲目地在接头铁处夹垫,使尖轨出现侧弯。尖轨与基本轨轮缘槽变小,尖轨非作用边车轮撞击产生侧面磨耗。(2)尖轨轨底刨切量不足,尖轨靠近基本轨时,内侧轨底受阻,除尖轨尖端外,竖切分不密贴。(3)滑床板磨耗,尖轨靠近基本轨时,滑床台与内侧轨底形成台阶,阻力增大,在外用下或列车通过时方可密贴。(4)顶铁过长,尖轨靠近基本轨时,此支点处尖轨与基本轨不密贴。(5)连接杆未按规定标准尺寸对位安设,防跳铁与基本轨底间无间隙,阻力过大出现侧弯。

38. 简述轨道测量仪检查作业程序和质量标准。

答:(1)作业程序:①全站仪自由设站。②全站仪数据平差。③轨检小车核对设计项目并新建作业。④轨检小车超高校准。⑤两台仪器通信。(2)作业质量:①全站仪设站气泡控制在0.5 mm范围内。②全站仪设站中误差:东坐标/北坐标/高程:1 mm,方向:2″。③轨检小车设计参数正确。④小车面向大里程方向推时,双轮在左侧为正,反之为负。⑤测量时要实时关注偏差值,如果存在明显异常,需重复采集数据。

39. 预防、整治尖轨跳动的措施有哪些?

答:(1)焊补或更换间隔铁、夹板、更换磨耗的双头螺栓。(2)增补整修跟部桥型垫板和防跳卡铁,进一步采取尖轨防跳措施,如在基本轨轨底增设尖轨防跳器,或将尖轨连杆两端安设防跳补强板,使其长出部分卡在基本轨轨底,以防尖轨跳动。(3)加强转辙部分枕下的捣固,尤其是加强接头及尖轨跟端的捣固。(4)调直拱腰的尖轨。

40. 试述曲线超高顺坡计算及设置的作业程序。

答:(1)作业准备。(2)按规定设置防护。(3)曲线现场资料调查。(4)计算缓和曲线相关数据。①计算缓和曲线各检查点上的超高顺坡值。②检算顺坡率是否符合规定。(5)设置超高顺坡检查点。检查点按5 m间隔设置。(6)标记。(7)撤除防护。

41. 简述无缝线路应力放散或调整的条件。

答:(1)实际锁定轨温不在设计锁定轨温范围以内。(2)锁定轨温不清楚或不准确。(3)跨区间、区间无缝线路相邻单元轨节之间的锁定轨温之差大于5 ℃,同一区间内单元轨节的最高与最低锁定轨温之差大于10 ℃;左右股钢轨锁定轨温之差,允许速度160 km/h及以下线路大于5 ℃,允许速度160 km/h以上线路大于3 ℃。(4)长轨节产生不正常的位移。(5)无缝道岔限位器顶死或两股尖轨相错量超过20 mm。(6)夏季线路轨向严重不良,碎弯多。(7)通过测试,发现温度力分布严重不均。(8)因处理线路故障或施工造成实际锁定轨温超出设计锁定轨温范围或位移超限。(9)低温铺设轨条时,拉伸不到位或拉伸不均匀。

42. 简述动检车(轨检车)**图纸分析后,现场实际病害复核的方法。**

答:现场实际病害复核的三种常用方法是直接复核法、特征点复核法、参照复核法。(1)直接复核法就是根据轨道状态波形图和Ⅰ、Ⅱ、Ⅲ级等偏差里程,直接在现场复核。(2)特征点复核法是利用轨道状态波形图提供的公里标、道岔、道口、桥梁、轨距拉杆等特征,推算出与需复核超限病害的相对距离。在现场复核时,先找到如上所述特征点(特征点在线路现场容易找),再根据状态波形图的相对位置,确定病害点的位置,进行超限病害查找复核。(3)参照复核法就是在现场复核病害时,先找到病害明显的、较大的、比较容易确定的病害点,在波形图上根据病害点之间的相对位置,在地面上查找其他病害。

43. 简述线路曲线地段方向不良的整治方法。

答:(1)保证正确的轨距、水平。按规定设置超高和轨距加宽,彻底锁定线路,防止爬行。矫直钢轨硬弯。更换磨耗超限的垫板和扣件,调整不合适的轨底坡,全面清筛不洁道床,消灭翻浆冒泥,加强捣固,消灭坑洼和吊板。(2)保持正矢不超限。认真做好曲线整正计算及拨道工作,拨、改、捣有机地结合,对整个曲线要全面考虑,统一调整。使用拨道器时,注意扒好拨道器窝,避免抬道,拨后正矢应满足《普速铁路线路修理规则》要求。(3)保持曲线头、尾的圆顺。在调查测量现场正矢前,先拨好曲线两端的直线方向,消灭反弯及"鹅头",使曲线头、尾恢复到正确位置,最好用仪器确定曲线头、尾,然后再实量正矢。(4)保持道床饱满、均匀、整洁,及时清理路基两侧有碍路基排水的废弃物,清理排水设备,保证排水畅通。

44. 桥上无缝线路养护维修应注意哪些事项?

答:(1)按照设计文件规定,保持扣件布置方式和拧紧程度。(2)单根抽换桥枕应在实际锁定轨温+10 ℃~-20 ℃范围内进行,起道量不应超过 60 mm。(3)成段更换、方正桥枕等需要起道作业时,应在实际锁定轨温+5 ℃~-15 ℃范围内进行。(4)对桥上钢轨焊缝应加强检查,发现伤损应及时处理。(5)桥上无缝线路应定期测量轨条的位移量,并做好记录。固定区位移量超过 10 mm 时,应及时上报工务段查明原因,及时处理。

45. 简述安置徕卡 TPS1200 系列全站仪的注意事项。

答:(1)把脚架螺旋松开并向外拉出适当距离后拧紧。(2)考虑观测姿势的舒适性,调节三脚架腿到合适的高度,尽量保证三脚架基座水平,确认所有脚架螺旋拧紧,为使其稳置,防止仪器滑落,顺着脚架腿方向向下施力,使脚架与地面紧贴。(3)旋紧中心连接螺旋,将基座及仪器固定到脚架上,在室内与室外温差较大的情况下,应让仪器适应外界环境 15~20 min,然后进行操作。(4)按 PROG 键并持续 2 s 后打开仪器进入主界面,然后按 SHIFT+F12 进入状态整平激光对中屏页,启动激光对中器。(5)通过电子水准器的指示,转动基座脚螺旋以精确整平仪器,使电子水准器居中。

46. 简述全站仪测量时电子水准器居中的操作步骤。

答：在整平的过程中，先左右手同时向里或向外转动与仪器视准轴垂直的两个脚螺旋，使气泡在此方向上居中(此时气泡的运动方向与左手大拇指的运动方向一致)，再用左手调节第三个螺旋使气泡居中(气泡运动方向与左手大拇指运动一致)，然后在各个方向上转动仪器看是否居中，如不居中，重复上述动作。

47. 简述更换钢轨绝缘作业工电配合的内容。

答：(1)更换带绝缘接头的钢轨、绝缘夹板、绝缘接头螺栓、槽型绝缘、轨端绝缘、绝缘套管的工作均需配合完成。(2)普通绝缘接头，凡轨缝小于 6 mm 或大于 18 mm，钢轨端面不平、有毛刺，铁垫片造成绝缘套管挤损及扣件系统或道钉封联绝缘夹板，胶接绝缘接头轨缝拉开等，由工务处理、电务配合。(3)工务在更换钢轨时，要按规定计算并预留所有接头轨缝。(4)槽型绝缘、轨端绝缘、绝缘套管破损，由工务、电务联合处理。

48. 简述使用仿形打磨机(精磨机)打磨高焊缝的作业要求。

答：先用 1 m 平直尺测出焊缝接头最高点位置，并结合塞尺或使用电子平直仪检查钢轨顶面不平度、作用边不直度，将需要打磨的位置和深度用石笔标记在钢轨非工作边一侧，打磨时每次下刀要循序渐进，推行要稳，用力均匀，打磨时不可在一点反复打磨，避免单点作业时间过长而造成轨面局部退火和轨面出现凹凸及发蓝现象，不得过分伤及母材，打磨过程中用 1 m 平直尺或电子平直仪对焊缝进行反复测量，防止接头磨低。接头焊缝打磨完毕后，平直度应控制在 1 m 范围内＋0.1～＋0.3 mm。

49. 试述曲线方向不良产生的原因。

答：(1)路基排水不良，翻浆冒泥，下沉、溜塌的病害，引起路基变化，致使曲线正矢、水平、高低、轨距也跟着变化。(2)拨道时凭经验、靠眼力，线路经常外拨，为减少拨道量，长期采用简易拨道法，造成误差积累产生曲线头尾方向不良。(3)整正线路方向，只单纯拨道，没有结合水平、高低的综合整治。拨道时，没有预留合适的回弹量，钢轨硬弯，接头错牙，轨底坡不一致，拨道前未均匀轨缝，拨道后不及时回填夯实道床，起道时放置起道机位置不当，捣固不均匀等引起方向不良。(4)线上材料腐朽，失效或不足，均促使曲线方向发生变化。

50. 简述工电联合整治轨道电路作业，电务部门对跳线和引接线绝缘验收的标准。

答：(1)跳线和引接线的长度适当，应固定在枕木或其他专用设备上，不得埋在道砟中。(2)跳线和引接线应涂油防锈，断股不得超过 1/5。(3)跳线和引接线处不得有防爬器和轨距杆等物，横过钢轨处，距轨底不得低于 30 mm。(4)固定跳线和引接线的卡钉或卡具不得与钢轨垫板、防爬器接触。(5)箱盒引接线采用全双、防混、防腐措施。(6)(电化区段)扼流变压器箱中心连接板与钢轨引接线应保持绝缘，扼流变压器引接线、中心连接板(线)、吸上线压接紧固，防混良好。(7)(电化区段)轨道电路跳线、引接线采用截面积不小于 42 mm² 的镀锌钢绞线。钢轨引接线应采用等阻连接线。

51. 简述工电联合整治轨道电路作业,电务部门对绝缘验收的标准。

答:(1)轨距杆绝缘完好无破损。(2)道岔安装装置等处绝缘完好无破损。(3)钢轨绝缘完好无破损,绝缘垫圈与铁垫圈不能装反。钢轨绝缘(正线)采用高强度绝缘,并做到钢轨、槽型绝缘、接头夹板互相吻合,轨道绝缘安装与钢轨接头保持平直。(4)(电化区段)废弃的胶粘式绝缘节及普通绝缘节必须及时撤除,防止由于废弃绝缘造成回流不畅烧毁信号设备。(5)(电化区段)正确加装交叉渡线、复式交分道岔区段两组堵流绝缘。

52. 试述无缝线路应力放散的作业程序。

答:施工流程:设置防护—复紧放散前后各 50 m 线路扣件—卸下全部扣件—切轨—轨底垫入滚筒—撞轨(拉伸)—抽出滚筒,丈量轨距、整治胶垫、涂油、上紧扣件—焊接、打磨、探伤—全面复紧扣件,检查线路—撤除防护—放行列车—重新油漆位移观测桩位上的标记及长轨资料。

53. 哪种情况需要对道岔紧固?

答:(1)施工作业采用紧固道岔方式防护时。(2)遇道岔定反位某一位置未开通使用时,车站在控制台采取单锁方式进行加锁并对道岔以勾锁器加锁,电务须在室内及室外将转辙机启动电路断开,工务应将道岔用接头夹板钉固在开通位置(遇分动外锁闭道岔时,工务部门必须对密贴尖轨、斥离尖轨和可动心轨用接头夹板同时钉固),并派人巡守。工务部门钉固道岔有困难时,可使用紧固设备紧固,保证道岔结构强度。

54. 轨向不良会造成哪些危害?

答:方向连续误差,必然强制车轮产生蛇行运动,使车体左右摇晃,造成车体倾斜。一侧的车轮荷载加大,另一侧车轮荷载减轻有脱轨的危险,对行车安全非常不利。轨向不良是造成车体振动加速度(晃车)的主要原因,也是阻碍高速行车的主要病害。轨向不良,也可能造成轨距和水平不良。因此,必须及时整治轨向不良地段,保证列车高速、平稳和安全地运行。

55. 试述应急处理线路故障防护的作业程序。

答:(1)应立即连续发出停车信号和以停车手信号防护,还应迅速使用列调对讲设备通知就近车站值班员或通知列车司机紧急停车,同时在故障、险情或自然灾害影响地点设置停车信号。(2)当确知一端先来车时,应沿路肩急速奔向列车,用信号旗(灯)或徒手显示停车信号。(3)如不知来车方向,应在故障、险情或自然灾害影响地点注意倾听和瞭望,发现来车,应急速奔向列车,用手信号旗(灯)或徒手显示停车信号。(4)设有固定信号机时,应先使其显示停车信号。(5)站内线路、道岔发生故障、险情或自然灾害时,应立即通知车站值班员(列车调度员)采取措施,应按规定设置停车信号防护。

56. 试述检查交分道岔的作业程序。

答：(1)准备工具，按规定设置防护。(2)核准量具，轨距尺水平正反两个方向误差值不得大于 1 mm。(3)目测轨向和高低，站在交叉渡线外方，先看方向，后看前后高低，必要时用弦线量，如有超限和其他危及行车安全的病害(即零配件缺、损，基床、钢轨病害)，填记在"轨向、高低及其他"栏中。(4)检查轨距、水平、查照护背、护轨间隔和翼轨间隔。在规定的检查点上，按"先轨距，后水平"的顺序记录与规定标准的偏差值，并按规定检查顺序及标准检查。(5)检查支距：支距尺检查应在定点位置。(6)检查轮缘槽、动程、尖轨尖端是否密贴。(7)特种道岔要注意检查前后锐角、钝角辙叉的叉前叉后的轨距、水平，叉中的轨距、查照间隔、护背距离、曲中内、外矢距等。(8)勾画超限处所。(9)清点工具，撤除防护。

57. 试述使用经纬仪测量曲线线路中线的作业程序。

答：(1)使用经纬仪测量曲线中线：①安置经纬仪在直缓点。②使仪器对中整平。③用仪器后视直线上一点，找曲线的切线方向。④用全测回法，依次测量各桩曲线中线。(2)安置仪器，对中误差在 3 mm 以内。(3)水准管偏差在 2 格以内。(4)测曲线切线方向时，两已知距离应大于 60 m。(5)每两个半测回角之差在 30″之内。(6)计算正确。

58. 试述现场核对高低病害及整治病害的方法。

答：(1)检查工具及备品。(2)按规定设置防护，车站设驻站联络员、现场设现场防护员，对讲机防护联络，移动停车手信号防护。防护设好后方可进行作业。(3)核准量具，轨距尺水平正反两个方向误差值不得大于 1 mm。(4)高低超限查找：采用目测轨面高低，查找超限处所。找出疑似病害的处所，采用弦线测量，对高低偏差处所用 10 m 弦线量取最大的矢度，确定超限处所。(5)超限处所查出后，对坑洼较深、调高垫板较厚地段采用捣固或撤板捣固相结合的方法整治，低洼量较小可直接采用垫板的方法整治。

59. 简述混凝土线路冻害地段整治冻害的要求。

答：混凝土枕线路冻害地段，在冻结前，应有计划地撤出调高垫板进行捣固。在冻结后，冻起高度不超过 15 mm 地段，可用调高垫板整修。每处调高垫板不得超过 2 块，总厚度不得超过 15 mm(丝扣不足的螺旋道钉除外)。混凝土枕地段发生 15 mm 以上冻害时，可采用调高扣件，每处调高垫板不得超过 3 块。超过 15 mm 冻害地段的维修方法和作业要求，铁路局集团公司可根据具体情况规定，但对冻害必须有计划地尽早进行整治。

60. 试述找线路小坑的作业程序。

答：(1)准备作业：①准备工料具，按规定设好防护。②校正轨距尺。③调查工作量及确定标准股，先俯身观察坑洼，在较高处丈量水平，然后以水平高的一股为标准股(曲线以下股为标准股)。(2)正式作业：①测量估计标准股所需垫片厚度，并标明在每根枕木上，用轨距尺根据水平数值确定另一股相对应的垫板厚度。按标明的数字散好垫板。②松动扣件螺母，能顺利垫入垫片为好。③用起道机起动钢轨,使钢轨与大胶垫有足够缝隙。用小铁铲松动大胶垫,从轨枕侧面顺轨底垫入垫片于大胶垫之下,垫片时手指不得伸入枕面缝隙内,垫完后放下压机。④按上扣件的作业标准上好座垫及扣板,拧紧螺栓到规定扭矩。⑤无缝线路作业要坚持三测轨温,并按各项作业轨温要求控制好作业长度,防止应力集中。(3)结束作业:清点工料具,撤除防护。

61. 试分析轨检车检测高低超限产生的原因。

答:人工检测高低是采用 10 m 弦进行测量的,而惯性基准轨道不平顺检测装置采用惯性基准法来测量轨道高低偏差时,检测出来的高低偏差波长是不定的。因此在现场检查时,一定要充分利用轨检车资料,特别是要仔细分析波形图中该病害的波形,认真调查该地段是否有暗坑、空吊板,对各种情况进行综合研究,才能准确地在现场测量出病害的实际超限峰值。

路基沉陷,道床捣固不良,扣件不紧,木枕腐朽,钢轨磨耗,加之存在暗坑、吊板等原因,也会产生不均匀下沉,而造成轨面高低不平顺。

在道口、道岔、桥头、桥尾经常会出现下沉或严重空吊等情况,它是轨道高低出现大病害的主要处所,这些地段要求工务段在养护维修工作中要给予高度重视。

软硬不均的地段,是高低偏差容易出现的处所,如桥梁、涵渠的两端,路堤、路堑接合处,成段更换钢轨后钢轨接头部位等。

道床脏污、排水不良,在雨季翻浆冒泥,也是造成轨面高低不良的原因,可以根据道床脏污情况安排清筛。

高接头与低接头是造成轨道短波高低的主要原因,它们会增加机车车辆对轨道的冲击力,对线路的破坏性很大。

62. 曲线整正前测量现场正矢应注意哪些事项?

答:(1)测量现场正矢前,先用钢尺在曲线外股按计划的桩距丈量,并画好标记和编出测点号,测点应尽量与直缓、缓圆、圆缓、缓直点重合。(2)测量现场正矢时,弦线必须拉紧,弦线的两端位置和量尺位置要正确。量时应在轨距线处量,有肥边应在肥边处量,肥边大于 2 mm 时应铲除。(3)尺在下,弦在上,尺不要顶弦也不要离开。读数时,视线、弦线、量尺三者应保持垂直,要读弦线靠钢轨一侧的数。(4)直线方向不直会影响整个曲线,应首先将直线拨正后再量正矢,如果曲线头尾有反弯("鹅头")应先进行整正,如果曲线方向很差,应先粗拨一次。(5)在测量现场正矢的同时,应注意线路两旁建筑物的界限要求,注意桥梁、隧道、道口等建筑物的位置,以供编制计划时考虑。

63. 简述大机捣固、大机清筛、换枕、应力放散及轨道车装卸路料工电作业配合的内容。

答:(1)在进行涉及电务设备范围内的大机捣固、清筛、换枕、应力放散、轨道车装卸路料等作业时,均需通知电务配合。(2)工务大中修清筛及线路大机捣固施工作业前,应向电务(通信、信号)发出通知,明确清筛的时间、范围(具体里程、枕底以下的深度、距线路中心的距离)、作业方式,电务根据工务确定时间、范围和作业方式进行现场调查和排干工作,同时负责排干设备的现场防护和恢复工作。(3)机械清筛时施工现场负责人应掌握现场排干的情况,指挥操作人员不能超出确定的施工范围和标准,防止损毁电缆情况发生。施工和维护作业中挖出电缆时,要立即停止施工和作业,并通知相关通信、信号工区派人确认,及时采取安全防护措施。电缆受损时,电务要立即采取临时措施沟通运用的电路,尽快恢复使用。(4)轨道车卸路料作业时,不得损坏电务设备,需要通知电务人员到场。

64. 简述尖轨竖切部分与基本轨不密贴的防治措施。

答:(1)校正连接杆的长度,或利用连接板的孔眼调整两尖轨间的距离,使之符合设计要求。(2)与电务部门配合,调整连接转辙机上的拉杆的调整螺母,使之达到标准要求。(3)整修过长及过短的顶铁。(4)整修跟端螺栓,更换失效的异型螺栓或套管。(5)焊补或更换磨损或挠曲不平的滑床台、轨撑、滑床板挡肩或用螺旋道钉将轨撑、滑床板与枕木联结成一整体,并用水平螺栓使轨撑与基本轨牢固地联结在一起,以消灭"二道缝"病害。AT 型单开道岔采用可调分开式扣件,对防止基本轨外移效果很好。(6)校正基本轨弯折点的位置与弯折量,使之符合设计要求。(7)整修基本轨或尖轨侧弯。(8)及时打磨基本轨工作边与尖轨非工作边之间的肥边。(9)整治尖轨爬行。(10)经常消除尖轨与基本轨之间的冰雪及其他异物。

65. 试述道岔紧固的位置及规定。

答:(1)尖轨长度为 7.7 m 的 12 号道岔及辙叉号为 12 号以下的道岔:在密贴尖轨、可动心轨的第一牵引点处各加锁一个紧固器,分动外锁闭道岔还须在斥离尖轨的第一牵引点处加锁一个紧固器。(2)辙叉号为 18 号道岔及尖轨长度 7.7 m 以上的 12 号道岔:在密贴尖轨第一、二牵引点处以及可动心轨第二牵引点处各加锁一个紧固器,分动外锁闭道岔还须在斥离尖轨的第二牵引点处加锁一个紧固器。(3)辙叉号为 30、42 号道岔:在密贴尖轨第一、二、三牵引点处以及可动心轨第一、二牵引点处各加锁一个紧固器,分动外锁闭道岔还须在斥离尖轨的第四、五牵引点处加锁一个紧固器。(4)遇有道岔紧固位置不便时,可向规定的紧固位置(第一牵引点除外)前后移一个枕空。

66. 试分析轨道检查车轨距波形图显示轨距扩大的主要原因。

答:(1)轨枕连续失效。(2)枕木切压后,没有及时削平和调整轨底坡,行车时钢轨外倾,在曲线上钢轨小反。(3)道钉磨耗、浮起、离缝,混凝土枕扣件松动失效,扣板爬上轨底失去固定轨距的作用。另外,用错轨距挡板等人为因素也会造成轨距扩大。(4)钢轨硬弯,接头错口或焊接钢轨时轨头位置没有对正,严重时一端轨距过大,一端轨距过小。(5)线路一侧有暗坑,没有及时整治,列车长期通过时加大钢轨横向压力,造成轨距扩大。(6)曲线半径小,轨道加强设备不足,特别在超高设置不当、正矢不良受列车车轮冲击横向压力时,轨距就容易扩大。(7)在铺设木枕的小半径曲线上,轨距也容易扩大。(8)由于钢轨型号的不同引起的变化。

67. 试分析提速道岔转换卡阻的原因。

答: (1)设计和制造问题:由提速道岔的特性可知,提速道岔的各类转换杆件全部安装在钢岔枕内,钢岔枕的设计宽度为 340 mm(原为 320 mm),由于设计缝隙仅 25 mm,制造中产生的误差又会使缝隙变小,因此使道岔在防止卡阻方面存在先天不足。(2)铺设位置不对:铺设时心轨位置和钢岔枕不对,造成道岔上道时缝隙就小于 15 mm,成为道岔卡阻的隐患。(3)接头不焊接:如铺设时尖轨跟端或长心轨跟端不焊接,而采用普通接头夹板联结,当接头螺栓扭矩不足时,使得尖轨仅靠 4 根岔枕上的扣件阻力阻止尖轨前后窜动,心轨仅依靠 6 根岔枕上的扣件阻力和 3 块间隔铁间螺栓摩擦阻力来阻止心轨窜动,阻力不足,使得尖轨和心轨易爬行。(4)道岔前后的木枕不及时更换为Ⅲ型混凝土枕,或更换Ⅲ型混凝土枕后未使用Ⅱ型扣件而使用Ⅰ型扣件。由于Ⅲ型混凝土枕的配置数为 1 667 根/km,小于原混凝土枕的配置数,如采用相同扣件,会使阻力反而降低,造成纵向阻力不足,使尖轨或心轨产生爬行。

68. 试分析菱形交叉钝角辙叉撞尖的主要原因。

答: (1)菱形交叉理论长轴与短轴不垂直,钝角辙叉与锐角辙叉间短轨方向不良。车轮通过钝角辙叉心滚摆撞击辙叉尖。(2)两钝角辙叉相对爬行,钝角辙叉加强帮轨侧面发生磨耗,轮缘槽偏大。轮对通过钝角辙叉有害空间时,瞬间导向偏离运行方向,导致撞击辙叉尖。(3)钝角辙叉本身结构上轨面不平顺,列车动载强烈地激振和垂直冲击,辙叉重量大,枕木短,很容易出现空吊板。列车通过时动态轨距和查照间隔发生变化,引起车轮冲撞辙叉叉尖。(4)钝角辙叉水平裂纹伤损处,作用边突出未及时打磨,轨距线不齐。轮缘沿钢轨作用边运行,由于瞬间方向的改变,钝角辙叉受到横向点冲击作用,导致钝角辙叉叉尖撞击受损。

69. 试述整治普通道岔尖轨侧弯应掌握的要领。

答: (1)铺设、更换尖轨前做好矫直。使用中发现尖轨硬弯,可提报月份施工封锁计划矫直,冬季矫直要用汽油喷灯加温,也可更换下来矫直。(2)做好各部尺寸的检查:一是尖轨尖端、尖轨中、尖轨跟端轨距,二是两基本轨作用边之间的距离,三是尖轨非作用边与基本轨之间的距离。(3)依各部尺寸的误差,做好改正和调整,使之达到规定标准。同时调整垫片,更换不标准和磨耗的配件。(4)经以上办法整治,仍不能保持尖轨竖切部分与基本轨密贴时,应将尖轨换掉。(5)整治尖轨侧弯,可利用天窗时间在电务人员配合下作业。

70. 简述预防、整治尖轨与基本轨不密贴的措施。

答: (1)对刨切不足的尖轨再进行刨切。(2)打磨焊补或更换顶铁和补强板螺栓。(3)调整转辙机及尖轨拉杆位置,使其在同一水平线上。(4)拨正基本轨方向,矫正弯折点位置和矢度。(5)打磨基本轨和尖轨的肥边。(6)打靠道钉或拧紧扣件,消除假轨距。(7)调直尖轨或基本轨,拨正方向,改好轨距。(8)调整连接杆长度,加入绝缘垫板,误差较大时,可更换耳铁或方钢。(9)焊补或更换磨损挠曲不平的滑床台、轨撑、滑床板挡肩,或用螺旋道钉将轨撑、滑床板与枕木联结成一整体,并用水平螺栓使轨撑与基本轨牢固地联结在一起,消灭"三道缝"。

71. 简述普速铁路钢轨(焊缝)折断时紧急处理后的放行列车条件。

答：(1)当钢轨断缝不大于 50 mm 时，应立即进行紧急处理。(2)紧急处理时，应先在断缝两侧轨头非工作边做出标记，标记间距离约为 8 m，并准确丈量两标记间的距离和轨头非工作边一侧的断缝值，做好记录。(3)在断缝处上好夹板或臌包夹板，用急救器固定。(4)在断缝前后各 50 m 拧紧扣件，并派人看守，放行列车速度不超过 15 km/h。(5)如断缝小于 30 mm 时，放行列车速度不超过 25 km/h。(6)有条件时应在原位焊复，否则应在轨端钻孔，上好夹板或臌包夹板，拧紧接头螺栓，然后可适当提高行车速度。(7)重载铁路钢轨断缝小于 30 mm 时，使用夹板或臌包夹板钻孔加固，至少拧紧 4 个接头螺栓(每端 2 个)，放行列车速度不得超过 45 km/h。

72. 试述曲线"鹅头"和反弯的防治的措施。

答：(1)在测量正矢时，可以向直线方向多量几点，并量到正矢是零为止。但在计算拨道量前要先压除"鹅头"，并不能把直缓(缓直)点以外直线上正矢当成曲线正矢进行计算。(2)为预防"鹅头"的发生，应设置合适的缓和曲线长度以及超高和轨距加宽的递减。(3)在曲线维修时，一定要用绳正拨道法进行计算，并进行全面拨道。(4)为避免拨道作业中所产生的一些误差赶到一头，可分别从曲线两端拨起，逐渐拨到曲线中央会合。(5)在小半径曲线头尾，应保持有足够的道床厚度和宽度，并加强道床夯实，使轨道方向稳定。

73. 普速铁路大型养路机械施工作业中应注意哪些事项?

答：(1)清筛机在作业中应注意信号机及其附属设备等障碍物，以防刮碰。(2)捣固车在有砟桥桥面作业时，必须先拆除影响捣固作业的护轨，测定轨枕底下石砟厚度，如厚度不足 150 mm 时，严禁捣固作业。(3)配砟整形车在电气化区段作业，接近接触网支柱时，应停车收回侧犁，通过后再作业，在道心内有障碍物时，应及时提起中心犁。(4)在线路水平严重不良地段，严禁进行稳定作业。(5)在技术状态不良的桥梁上，严禁进行稳定作业。桥梁上的稳定作业应严格控制，必须在桥梁上进行稳定作业时，要制定安全措施。稳定装置要在桥台外起振、停振，作业中设备管理单位要随时观测桥梁状态，遇异常时应通知稳定车停止作业。(6)遇到不能作业的道口、道岔及桥梁时，应及时收起有碍部分的作业装置，通过后再作业。(7)在无缝线路或电气化区段作业，应遵守《普速铁路工务安全规则》中有关安全技术规定。

74. 试述分析可动心轨道岔不密贴的原因。

答：道岔不密贴分为道岔尖轨、心轨扳不到位和道岔尖轨、心轨道岔不密贴。(1)道岔尖轨、心轨扳不到位的原因是转换力小于转换阻力。(2)转换力过小，一方面是电机的原因，另一方面是转换杆件不平直，晃动严重，造成转换力被分解，垂直于尖轨或心轨的实际转换力小于电机输出的转换力。(3)转换阻力过大，一方面是滑床台板涂油不良或滑床台板被磨出台阶，造成摩擦力过大，另一方面是尖轨或心轨与滑床板不密贴。(4)道岔不密贴是由于可动心轨提速道岔采用分动外锁、两点牵引，尖轨间不设连接杆，当尖轨牵引点密靠而牵引点之间不密靠时,应分析具体原因。根据现场调查,一方面是由电务部门调整不良引起的,另一方面是道岔框架尺寸不准或尖轨硬弯、顶铁碰卡引起的。

75. 简述预防整治道岔方向不良的措施。

答:(1)做好道岔前后50 m线路的整体维修,经常保持轨面平、方向顺。(2)做好直股基本轨方向,拨好道岔位置。(3)弯好曲基本轨弯折点,做好轨距加宽递减。(4)检查确认基本轨既有弯折量,按标准做好弯折段长度和矢量。(5)加强捣固作业,除按规定捣固外,还应根据道岔构造的特点进行适当加强。(6)补充夯实道床,道岔转辙部分设置转辙杆、连接杆,各枕木孔道砟应比岔枕顶面低20~30 mm,并夯实道床。(7)加强各部分零件的养护维修,充分发挥各种扣件固定钢轨位置的作用。

76. 简述现场绝缘故障处置的步骤。

答:(1)检查现场绝缘是否挤死,如果挤死,进行更换绝缘处理。(2)检查现场绝缘故障是否有其他原因,配合电务部门进行处理。(3)胶接绝缘接头发生拉开离缝时,应立即拧紧胶接绝缘接头两端各50 m范围内线路扣件,并应尽快修复。胶接绝缘失效时,应立即更换或采用现场胶接绝缘接头技术处理。暂时不能进行永久处理的,可将失效部分拆除,更换为普通绝缘材料或插入等长绝缘接头钢轨或胶接绝缘钢轨,用夹板联结进行临时处理,并尽快用较长的胶接绝缘钢轨进行永久处理。进行永久处理时,应严格掌握轨温、胶接绝缘钢轨的长度和预留焊缝,使修复后无缝线路锁定轨温不变。(4)配合电务部门进行整治,直到电务部门现场整治完毕、确认信号后方可离开现场。

77. 简述无缝道岔的铺设与焊接流程。

答:(1)无缝道岔铺设后焊联前要全面整修一遍道岔。(2)无缝道岔岔内钢轨接头最好在设计锁定轨温范围内焊接,困难条件下也应在5~25 ℃范围内焊连。焊连顺序为首先焊接辙叉、导轨和基本轨,其次焊接道岔两端部,同区间轨一起,最后焊连尖轨跟部。(3)岔内钢轨接头焊接时一定要使限位器子母块居中卡死。(4)岔内钢轨接头焊接后要对焊头进行探伤检查,并对道岔再全面整修一遍。(5)在锁定轨温范围内(最好在 $T_s\pm3$ ℃范围内)把道岔与两端无缝线路长轨条焊连在一起,并对焊头进行探伤检查。(6)去掉限位器子、母块间卡块,再细整一遍道岔。

78. 试述旧轨使用、整修前的检查内容和检查方法。

答:(1)表面检查:对伤损的钢轨(包括焊接接头、表面伤损、螺栓孔、铝热焊接头)进行标记。(2)尺寸检查:①基本要求:整修前应进行外形尺寸的检查,检查时对旧轨逐根进行全长目测观察,对轨腰、轨底、磨耗量厚度明显变化地方进行测量,并对所测部位除锈。②磨耗量、轨腰轨底厚度测量:a. 磨耗测量,应测量每根钢轨的磨耗,每隔10 m测量一点。垂直磨耗在钢轨顶面宽1/3处(距标准工作边)测量,侧面磨耗在钢轨踏面(按标准断面)下16 mm处测量。

b. 轨底边缘厚度测量,用游标卡尺逐根对钢轨轨底边缘厚度进行检查,每隔 10 m 选目测最薄处测量。c. 轨腰厚度测量,用游标卡尺逐根对钢轨轨腰厚度进行检查,每隔 10 m 选目测最薄处测量。(3)探伤检查:对于准备做有孔轨的螺栓孔应进行探伤,如有裂纹螺栓孔应予以切除。

79. 试述更换道岔尖轨的作业程序。

答:(1)准备作业:①检查需要更换尖轨的状态、型号、长度、左右开。②检查尖轨与各连接杆相连的眼孔位置是否相符,如不符要事先钻孔。③调查尖轨前后轨缝是否均匀,打磨基本轨肥边。④联系电务配合施工。(2)更换尖轨:①办理封锁施工手续,设置停车信号防护。②将尖轨跟端接头螺栓和尖轨耳铁与连接杆的联结螺栓卸掉,涂上油,戴上螺帽,放在规定的位置上。③用撬棍拔出旧尖轨至枕木头上,抬出线路外,以免影响作业。④将新尖轨抬入到位,先穿好尖轨跟端螺栓,上好轨撑,防爬卡及夹板,拧紧螺栓,双头螺栓上好开口销。接头螺栓要达到标准要求。⑤安装连接杆:先在尖轨与基本轨间放一根枕木头,以防误动道岔夹伤手脚。将连接杆与耳铁安好,拧紧螺栓,有开口销时上好开口销。⑥对失效配件要及时更换。⑦检查尖轨各部轨距尺寸。⑧会同电务调整第一连接杆,使尖轨与基本轨密贴,尖轨动程及轮缘槽宽度符合要求。⑨捣固转辙部分的空吊板。⑩收集整理轨件。⑪开通线路,撤除防护。

80. 简述道岔工电结合部可动心轨部位整治作业的内容。

答:(1)固定叉心位置,调整前后开口尺寸,改正轨距。(2)垫好咽喉部位宽度,改善长心轨与翼轨轨线的连接顺延。(3)配合电务调整心轨动程。(4)垫好长、短心轨间隔铁尺寸。(5)改正直、曲股翼轨间框架尺寸:一般采用拨道、改道和零配件调整来解决,特殊情况要测量翼轨弯折位置和矢度,必要时重新矫正,辅助方正岔枕位置,直、曲股翼轨间加装支距拉杆进行控制。(6)整正直向、侧向心轨竖切部分与翼轨间隙;道岔扳动时,短心轨活动灵活、靠贴。(7)消灭翼轨腰部顶铁与心轨的间隙。(8)更换断裂、脱焊和磨耗严重滑床板。修理整正压溃、歪斜垫板及胶垫。(9)消灭空吊板,全面调整几何尺寸。(10)整治心轨爬行,拧紧扣件,锁定钢轨。

81. 在无缝线路区段,观测与分析钢轨位移时应注意哪些方面?

答:(1)跨区间无缝线路钢轨的位移与列车运营状况及轨温有关,因此在观测时要同时记录当时的轨温数值及列车运营概况。(2)从跨区间无缝线路的受力状况来看,有些观测桩的钢轨是有伸缩位移的,有的观测桩处的钢轨不应有伸缩位移。这要依据观测桩的位置与轨温变化状况来定,这一点在观测与分析数据时一定要注意。应事先制出相应曲线与表格,以便观测与分析时心中有数。(3)对位于本该有伸缩位移的钢轨处所的观测桩,如长轨条端部,即伸缩区始点的观测桩,应分析测得的位移数据是否超过相应的理论数据,若超过应分析检查钢轨接头螺栓是否松动;钢轨扣件是否损坏,螺栓是否松动;道床是否饱满,砟肩是否足够;无缝线路锁定轨温是否改变。发现问题,及时采取措施纠正。(4)对位于不该有伸缩位移的钢轨处所的观测桩,如位于无缝线路固定区的位移观测桩,则主要观测无缝线路钢轨是否有不均匀爬行。不均匀爬行严重时将会改变无缝线路的受力状况。无缝线路固定区出现了应力不均匀状况。

这时应检查钢轨扣件是否松动、破损,线路道床是否足够,并采取相应补救措施。

82. 试述普通道岔扳动不良整修的措施。

答:对旧普通道岔滑床板,在滑床台磨耗与开焊时,一般均做整组更换。滑床台磨耗不是绝对磨耗,而是与尖轨轨底的相对磨耗,两者的位置相对应。因滑床板与基本轨水平螺栓紧为一体,滑床台与尖轨底部的相对磨耗经扳动磨合,很少发生扳动不良故障。成组更换新滑床板,其中心位置未变。新滑床台在道岔扳动时受阻。在这种情况下,电动转辙机克服不了摩擦阻力时,就会出现扳动不良故障。成组更换滑床板,在少数道岔中有时出现扳动不良故障。为了不影响行车,保证道岔正常使用,应做到以下几点:(1)滑床板和尖轨底同时磨耗,对严重的,应有计划地提请施工封锁计划,同时更换,最好不要在滑床台磨耗到相当严重程度后再成组更换。(2)新滑床板更换以前,做好除锈打磨,同时打磨滑床台两个长边的焊接口,棱角为圆弧形。(3)更换后涂油试扳,列车通过后再试扳,调换个别滑床板。(4)请电务人员配合作业,开通后测试电流。

83. 试述无缝线路胀轨跑道的防治和处理方法。

答:(1)当线路出现连续碎弯并有胀轨迹象时,必须派专人监视,观测轨温和线路方向的变化。若碎弯继续扩大,应采取限速或封锁措施,并进行紧急处理。(2)作业中如出现轨向、高低不良、起道、拨道省力,枕端道砟离缝等胀轨迹象时,必须停止作业,并及时采取防胀措施。无论作业中或作业后,发现线路轨向不良,用 10 m 弦测量两股钢轨的轨向偏差,当平均值达到 10 mm 时,必须设置移动减速信号,并采取夯拍道床、填满枕盒道砟和堆高砟肩等措施,来不及设置移动减速信号的,现场防护员应显示黄色信号旗(灯),指示列车限速运行,并及时报告车站值班员限速地点和限速值,并安排人员在车站登记;当两股钢轨的轨向偏差平均值达到 12 mm时,必须立即设置停车信号防护,及时通知车站,并采取钢轨降温、切割等紧急措施,消除故障后放行列车。(3)发现胀轨跑道时必须立即拦停列车,及时采取措施,恢复线路,首列放行列车速度不超过 15 km/h,并派专人看守、整修线路,逐步提高行车速度。

84. 试述普通单开道岔转辙部分横移的整治方法。

答:单开道岔,在道岔位置正确、道床饱满、枕木状态良好的情况下,也产生转辙部横移病害。病害产生的主要原因是侧向通过列车的横向冲击,造成薄弱处所的横向位移。

整治转辙部横移病害,一般的做法有两种:一种是在直基本轨枕木头的头部与邻线枕木头的头部安设支撑物,借邻线线路防止横移;另一种是埋在地下的斜向支撑物,支撑在直基本轨枕木头的头部。这两种办法可短时间起到一定作用。由于枕木的持钉能力逐渐减弱,所以转辙部横向移动病害不能彻底整治。据此,可以认为,根治转辙部横移病害,采用支撑物不放在钢轨或联结零件上的办法,其效果不理想。

采用混凝土灌注钢轨立桩作为支撑点,与可调式支撑杆互相联结的形式,可有效地控制转辙部的横移。钢轨立桩,以桩顶下 50~200 mm 轨腹处气焊切割宽 50 mm 的长孔,埋设在地面下 1 m,桩顶高于基本轨轨面 100 mm 为宜。主桩距基本轨外侧 1.3~1.4 m,其间相隔两根枕木,用混凝土灌注基础。立桩气焊切割孔与滑床板中心相对,灌注立桩数量可根据道岔横移位置具体确定。可调式支撑杆,可利用旧钢轨加工成 120 mm×50 mm×50 mm 方钢,一端为 M36 mm 螺杆,另一端焊接滑床板轨撑支撑台。支撑杆安设于立桩和滑床板轨撑支撑台。

85. 简述附带曲线养护维修的基本要求。

答:(1)连接曲线半径不得小于该道岔导曲线半径,也不宜大于导曲线半径的 1.5 倍。(2)连接曲线为圆曲线(不设缓和曲线),其长度不小于 20 m。(3)连接曲线可以设置超高,但超高值不应大于 15 mm,且向两端外顺坡不得大于 2‰。(4)连接曲线轨距加宽标准与其他系列相同,并由曲线两端向外按不大于 2‰ 递减,直线段较短时不得大于 3‰。(5)正线道岔(直向)与曲线超高顺坡终点之间的直线段长度:线路允许速度大于 160 km/h 时不应小于 70 m,困难条件下不应小于 30 m,线路允许速度为 120 km/h(不含)~160 km/h 时不应小于 40 m,困难条件下不应小于 25 m,其他地段不应小于 20 m。(6)站线道岔与曲线或道岔与其连接曲线之间的直线段长度不应小于 7.5 m,困难条件下不应小于 6 m。(7)对连接曲线圆顺度的标准是:用 10 m 弦量,连续正矢差日常保持状态评定不超过 4 mm,维修作业验收不超过 2 mm。

86. 试述道岔起道的作业程序。

答:(1)准备工具,按规定设置防护。(2)调查工作量和确定标准股。(3)校准量具,轨距尺水平正反两个方向误差值不得大于 1 mm。(4)指挥起道:①起标准股:看道指挥者俯身在标准股钢轨上,一般距起道机不少于 20 m 处看道,目测钢轨下颚水平线高低情况,用手势指挥起道。起道时,一般分为转辙、连接、辙叉和岔后长枕四段进行。每段起道时,都是先起接头,后起大腰或小腰。②起对面股:a. 找尖轨跟端水平时,为使主侧线水平一致,起道量应为该处主侧线水平值平均值。b. 为防止连接部分起中间钢轨影响基本股,找水平时,起道机要放置在侧线外股钢轨上,主线、侧线兼顾,找好水平后三股钢轨同时捣固。必须注意的是,行车较多或主线、侧线行车密度接近时,为防止导曲线反超高,找水平时,应使四股钢轨要达到一致,否则水平容易超限。c. 在辙叉部分找水平时,要"起侧线、量主线、捣辙叉"。先把起道机放在对应起道主线上,水平找好后,从辙叉趾端开始向后,逐根岔枕进行捣固。辙叉趾端起好后,再把起道机放在对应辙叉跟端的侧线下股,轨距尺放在对应起道机的主侧线上股上,找好水平后,从辙叉跟端开始向前逐根岔枕进行捣固。③按规定做好顺坡。(5)质量回检。(6)清点工具,撤除防护。

87. 试述无缝线路采用钢轨拉伸器辅以撞轨器进行应力放散的作业程序。

答:(1)工料具准备,按规定设置防护。(2)在两段的结合处根据放散量切开一个龙口。(3)将钢轨拉伸器安装就位。(4)松开长轨放散范围内轨枕扣件、防爬设备等轨道加强设备,抬起钢轨,铲脱粘在轨底的胶垫,每隔 5~6 m 垫入一个滚筒。测量长轨端部的伸缩量、轨温及龙口长度,并做好记录。(5)开动钢轨拉伸器油泵拉伸长轨,同时在各辅助撞轨点进行撞轨,龙口合拢后,检查各临时测点的位移量,确认符合要求后,便可终止拉伸作业。(6)完成拉伸作业后,立即上紧拉伸处接头螺栓及全部轨枕扣件,安装并打紧所有防爬设备,整正轨下胶垫。如果天窗时间充足,当日放散后在龙口处直接插入短轨利用铝热焊焊接,恢复无缝线路轨道结构。(7)两股钢轨完成应力放散作业后,迅速恢复拉伸器安装处的道床并夯实。(8)质量回检。全面检查线路,确认接头方正,轨(焊)缝合格,轨枕扣件以及接头螺栓符合要求。(9)清点工料具,撤除防护,开通线路。

88. 试述道岔工电结合部整治作业的质量标准。

答:(1)轨距、水平、高低、轨向和三角坑符合《普速铁路线路修理规则》中道岔静态几何尺寸对应速度区段的作业验收标准。(2)尖轨、心轨动程按道岔标准图或设计图办理。(3)基本轨横移不超过 2 mm。(4)自由状态下,尖轨或心轨尖端不密靠不大于 0.5 mm,尖轨或心轨与竖切部位不密靠不大于 2 mm。(5)尖轨与基本轨、心轨与翼轨竖切部位肥边不超过 1 mm。(6)结合部钢轨硬弯不大于 0.5 mm。(7)尖轨非工作边与基本轨工作边最小距离不小于 65 mm 与轨距加宽值之和。(8)绝缘接头轨端肥边不大于 2 mm,其轨缝符合规定。(9)接头错牙:允许行车速度大于 120 km/h 区段不超过 0.5 mm,120 km/h 及以下区段的正线、到发线道岔不超过 1 mm,其他站线道岔不超过 2 mm。(10)尖轨翘头、拱腰或后靠不超过 2 mm。(11)消除尖轨或心轨尖端滑床台连续三块大于 1 mm 缝隙和其他部位大于 2 mm 缝隙,更换或修理失修磨耗滑床板。(12)岔枕间距相邻误差或偏差不大于 40 mm,转辙部位不大于 20 mm,钢岔枕与直股垂线偏差不大于 10 mm。(13)岔枕无吊空、失效,配件无缺少、失效,位置正确。(14)两尖轨同时爬行量不超过《普速铁路线路修理规则》规定。(15)顶铁间隙不大于 2 mm,也不能顶死。(16)道岔间隙尺寸符合道岔设计图要求,并保持在允许误差范围。(17)连杆、顶铁、扣件和螺栓无缺少、松动,扭矩达标。(18)道床饱满、均匀,无严重不洁和翻浆冒泥;标志齐全,位置正确,标记清晰,外观整洁。

89. 试述无缝线路铺设轨条的要求。

答:(1)应使用换轨车铺设轨条,从轨条的一端向另一端依次拨入。(2)铺设无缝线路必须将轨条置于滚筒上,并配合撞轨确保锁定轨温均匀,低温铺设时应用拉伸器张拉轨条。(3)准确确定无缝线路施工锁定轨温:在设计锁定轨温范围内铺设时,施工锁定轨温取轨条始端入槽和终端入槽时轨温的平均值;如果施工锁定轨温不在设计锁定轨温范围内(含轨条始端入槽或终端入槽时的轨温不在设计锁定轨温范围内),无缝线路铺设后必须进行应力放散或调整,并重新锁定。低温铺设采用拉伸器张拉轨条时,取作业轨温和拉伸量换算轨温之和。(4)严禁采用氧炔焰切割钢轨进行合龙。(5)左右两股轨条锁定轨温差应满足规定要求。(6)无缝线路锁定后,应立即做好位移观测标记,并观测位移。同时在钢轨外侧腹部,注明锁定日期和锁定轨温,并做好记录。(7)调整轨距,复紧接头及扣件螺栓,接头螺栓扭矩达到 900～1 100 N·m,扣件安装齐全、正确、符合要求;复紧轨距杆;加固防爬设备;特殊设计的桥上,应检查扣件螺栓扭矩是否符合设计要求。(8)使用撞轨器不得造成钢轨机械损伤。

90. 试述更换辙叉铁垫板基本作业的程序。

答:(1)天窗点开始,现场防护按《普速铁路工务安全规则》有关规定办理。(2)电务作业开始:解脱辙叉部分第一牵引点长心轨与电务设备的连接,解脱辙叉部分第二牵引点长心轨与二动连接铁的连接。(3)拆除所更换滑床板及前后各三根枕的扣件。(4)松开辙叉咽喉之间的间隔铁,拆除辙叉咽喉处辙叉顶铁。(5)拆除伤损滑床板,更换新滑床板。(6)电务部门进行扳动调试作业,由施工负责人按技术标准进行验收。(7)工务与电务负责人确认良好,销点开通线路。(8)整理作业:在辙叉部分进行捣垫作业,消灭空吊、滑床板离缝。(9)回收废旧料。(10)清点工具,撤除防护。

91. 简述人工打磨钢轨的作业标准。

答:(1)用1 m钢直尺或电子平直仪核对钢轨不平顺的高点逐步开始打磨,由高点逐步往外两头拉,同步观看磨削火花情况判断轨面平直度,同时进行钢轨平直度测量,保证打磨质量。(2)砂轮每进一次,整个轨面打磨一遍,以确保轨面弧度与原来保持一致,防止一次打磨量过大,打磨作业应循序渐进。(3)轨面打磨,在轨面打磨进行轨头仿形打磨受到其他设备阻碍无法完全仿形时,应用角向或道岔打磨机配合进行仿形打磨,共同完成轨头仿形打磨。(4)在打磨尖轨、长心轨竖切部分非工作边时,尖轨、长心轨转换到可打磨位置后,打磨机在竖切部分终点倾斜45°角,精细调整砂轮进给量,进给量调好后由竖切终点向尖轨尖端方向推行打磨,竖切部分全长范围内为一个往返行程,往返打磨至符合技术要求。(5)短心轨非工作边,采用角向打磨机,对竖切部分全长范围内的肥边,往返打磨至符合技术要求。(6)钢轨内侧工作边应平顺,无明显凸凹。(7)鞍形磨耗打磨位置要正确,打磨后轨面要平顺,无凹陷。(8)钢轨母材轨顶面凹陷、接头马鞍形磨耗、钢轨接头内侧错牙用1 m直尺测量,符合《普速铁路线路修理规则》的规定。

92. 试述铺设铁路便线作业(操作)方法和步骤。

答:(1)根据地形条件选用曲线半径。(2)计算曲线正矢。(3)自曲线头1号点向直线方向丈量弦长的1/2,定出0号点。(4)采用一根20 m的弦线,一端放在0号点,拉紧后向曲线内侧摆动,当1号点处摆动正矢的1/2时,在弦线的另一端定出2号点。(5)将弦线的一端移到1号点上,拉紧后,向曲线内侧摆动,在2号点量出1个正矢值,在弦线的另一端定出3号点。(6)按上述方法依次定出4、5、6、…号各点,直至曲线尾为止。(7)填筑路基。将基床的淤泥清除,抢修时间紧张时可采用抛片石的办法;表层路基应尽量选择透气性、渗水性较好的黏砂土,也可掺入一定比例的细砂或混砂,分层垫埋压实。(8)铺枕。在便线路基已形成的基础上,按便线定向、轨枕间距大致摆匀。(9)铺轨。在距枕木头450 mm处先钉曲上股,再按轨距钉曲下股。(10)卸砟。铺好底砟,大致调整好便线几何尺寸,拨接好线路后,可用轨道车推送路料车到便线卸砟。(11)整道。起道后,先方枕,再捣固,改道、复紧扣件,拨整线路,整理道床。(12)压道。轨道车或单机以不超过5 km/h运行,每通过一列车,都要检查线路变化,及时消除偏差。列车速度可根据便线状态逐步提高。

93. 简述道岔转辙部分轨距改动的方法。

答:(1)如转辙部分轨距大,一般其框架尺寸也大,方向往外鼓出,就要先把框架尺寸改正,一般把方向较差的一股基本轨改过来,轨距过大时需同时改动两股基本轨。(2)轨距改正量较小只需改单股时,要先查看滑床台与轨底边是否有缝隙,要选择缝隙较宽的一股进行改道,外侧的轨距块一定要有可调整量。而对个别无缝隙的轨枕则应先进行串枕(方枕),获得在改道范围内的缝隙宽度后再进行改道。改道后如方向不好,可再拨正轨向。(3)如混凝土岔枕垫板螺栓孔存在一定的误差,造成改道后轨距仍偏大,说明原设计的轨距块已不适用,对此可改换特殊型号的轨距块来满足现场要求。(4)轨距小时要全面检查,综合分析原因。先检查框架尺寸,再看尖轨与基本轨是否有间隙,进一步查找其间隙的产生原因是属尖轨弯折量问题还是顶铁过长或钢轨有肥边等,根据不同情况分别对待。

94. 试述使用水准仪进行线路中平测量的作业程序。

答:(1)准备作业:①检查水准仪各部联结零件是否完好,塔尺连接点是否正确牢固。②按规定设好防护。③找出中平测量始、终点附近水准基点(BM₁、BM₂),将已知里程填入记录表。④选择转点及各中间点,将各点里程填入记录表。(2)正式作业:①测量:一人执水准仪,指挥立尺人按计划各点立尺。将塔尺立于始点已知里程水准基点(BM₁),水准仪置于第一转点与BM₁测量距离相等处,按照粗平→瞄准→锁定→调焦→微动→精平→读数的程序,测出 BM₁点的后视读数,填入记录表。依次将塔尺立于第一转点前各中间点及第一转点,按上述程序测得各中间点中视读数和第一转点前视读数,分别列入记录表。再将仪器移至一、二转点中间,先测出第一转点后视,再测各中间点中视及第二转点前视,这样依次直至测完各测点及 BM₂点前视读数。②计算高程差和高程。转点高程差=后视读数−前视读数,转点高程=后视读数+高程差,中间点高程差=后视读数−中视读数,中间点高程=已知后视点高程+高程差。

95. 试述更换道岔辙叉的作业程序。

答:(1)按规定设置防护。(2)用钢卷尺丈量辙叉长度、翼轨槽宽、辙叉趾及跟宽是否合适及有无伤损。(3)调查辙叉前后轨缝,打紧辙叉前后防爬设备。(4)电气化区段,安装钢轨连接导线。(5)卸接头螺栓、夹板,除锈并涂油。(6)起道钉或松开辙叉扣件,螺杆涂油,戴上螺帽,道钉眼孔塞入木片。(7)将旧辙叉拔出道岔外,以免影响作业,并摆正垫板。(8)将辙叉下岔枕削平,清扫干净,摆正垫板。(9)拨入新辙叉后,两端轨缝要均匀合适,垫板要铺正。(10)上紧夹板及螺栓,达到规定扭矩。(11)打道钉或上扣件。(12)捣固辙叉部分岔枕。(13)检查辙叉部分轨距、水平和零件,全面进行找细。(14)将换下的旧辙叉及其他零件加以收集整理,做到工完场净。(15)开通线路,撤除防护。

96. 简述普速无缝线路长钢轨折断进行永久处理的方法。

答:对紧急处理或临时处理的处所,应及时插入长度不短于 7 m 的同型钢轨进行焊复,恢复无缝线路轨道结构。(1)采用小型气压焊或移动式接触焊时,插入短轨长度应等于切除钢轨长度加上 2 倍顶锻量。先焊好一端,焊接另一端时,先张拉钢轨,使断缝两侧标记的距离等于原丈量距离减去断缝值加顶锻量后再焊接。(2)采用铝热焊时,插入短轨长度等于切除钢轨长度减去 2 倍预留轨缝值。先焊好一端,焊接另一端时,先张拉钢轨,使断缝两侧标记的距离等于原丈量距离减去断缝值后再焊接。(3)在线路上焊接时轨温不得低于 0 ℃,否则应采取相应保温措施;放行列车时,焊缝温度应低于 300 ℃。(4)进行焊复处理时,应保持无缝线路锁定轨温不变,并如实记录两标记间钢轨长度在焊复前后的变化量。(5)焊复时,如受封锁时间、轨温和气候条件等因素限制,张拉钢轨不到位时,应做详细记录,在轨温适宜时,申请计划,重新焊接,恢复原无缝线路锁定轨温。

97. 简述使用全站仪测量设站的要求。

答:(1)全站仪工作之前要适应环境温度,并定期检定。(2)全站仪设站的位置要尽量架设于轨道中心线上,而不是在两侧控制点的外侧;设站位置首先要考虑目标距离,其次是与近处控制点之间的距离(一般应超过 15 m)。(3)全站仪采用后方交会的方法进行设站,每个测量区间全站仪自由设站时需要使用 8 个控制点自由设站(至少应使用 6 个控制点),其中前后至少各使用一个 60 m 以上的控制点。测站之间应 50~60 m 为宜,以满足精度要求。根据天气条件确定最大目标距离,状况好时控制在 60 m 以内,不好时将距离缩短。下一区间设站时至少要包括 4 个上一区间精调中用到的控制点,以保证轨道线形的平顺性。(4)设站后要使用控制点检核全站仪设站,搬站前也要再次检核,以证实此次设站测量结果的可靠性;如测量条件不佳,测量期间可增加检核次数。(5)桥上设站时,慎重选用桥梁活动端位置。(6)全站仪搬站并重新设站,检核设站后,注意比较搭接测量长度内的测量结果,如偏差普遍超过 2 mm,需重新设站。(7)严禁在大风、大雾、湿度大等恶劣条件下进行测量。

98. 试述利用轨道检查车轨向波形图分析整治现场病害的方法。

答:(1)轨向的波形图分析:在图幅中找到左轨向或右轨向通道图,在基线上下画出Ⅰ、Ⅱ、Ⅲ、Ⅳ级超限横线,对波峰值超过Ⅰ、Ⅱ、Ⅲ、Ⅳ级超限横线标准又回到基线处所,用直尺测量其实际幅值的高度,按比例求出超限峰值及超限长度,然后核对里程。(2)现场核对病害及整治方法:①检查工具及备品。②按规定设置防护:车站设驻站联络员、现场设现场防护员,对讲机防护联络,移动停车手信号防护。防护设好后方可进行作业。③轨向超限查找,先跨在钢轨上,采用目测上股轨向,查找超限处所。找出疑似病害处所,采用弦线测量,在该处的前后钢轨内侧用 10 m 量取最大的矢度,确定超限处所。曲线地段采用 20 m 弦测量曲线正矢,找出超限处所。④超限处所查出后,对范围较长、矢度较大的采用拨道或改道的方法整治,对范围较短、矢度较小可采用改道的方法整治。(3)复核完毕,人员、料具撤出限界以外,撤除防护。

99. 试述混凝土枕道岔改道作业的程序。

答:(1)作业准备:①对使用的各种量具进行检查核对,上道前按规定设置防护。②作业前测量轨温,确认符合作业轨温条件,严格遵守三测轨温制度。③作业中遵守邻线来车避车规定。(2)调查画撬。(3)改道:①改正直外股轨向。②改正导曲线上股圆顺度。③改正内直股和曲下股轨距和变化率。④改正辙叉。(4)检查调整轮缘槽:辙叉、护轨、尖轨跟端处改道时,对叉心轮缘槽尺寸不符合 45~49 mm、护轨轮缘槽尺寸不符合 41~45 mm、尖轨非作用边与基本轨工作边的最小距离不符合 65 mm 与轨距加宽值之和标准,尖轨、可动心轨动程不符合标准的(电务配合)进行调整修理,使其达到规定尺寸。(5)检查调整尖轨、可动心轨密贴。(6)补充扣件,更换垫板。(7)上紧轨距杆。(8)检查、整修。(9)清点工具,撤除防护。

100. 试述利用闭合线路法进行高程测量的操作程序。

答:(1)清点仪器,搜集测区内已知点数据,准备记录表格。(2)了解施测精度,选择适当的测量方法。(3)设置转点:根据场地情况合理设置 2 个转点,并用红漆标记。①转点应视野开阔,能与前后测站通视。②转点一般选在地基基础好、场地平整、易于到达的地方。③相邻转点间距离应大致相等,不得相差过大。④转点标记应规范,不易破坏,地点固定,易于找寻。(4)安置仪器,观测记录:①选择测站:在两测点间大致中间位置设置测站,保证测站前后视距应大致相等。②安置仪器:在测站上打开三脚架,调节架腿使高度适中,目估使架头大致水平,检查脚架腿是否安置稳固,脚架伸缩螺旋是否拧紧;然后打开仪器箱取出水准仪,置于三脚架头上。③粗略整平:旋转脚螺旋使圆水准器的气泡居中。④瞄准水准尺:转动目镜螺旋使十字丝清晰。松开制动螺旋,用照门和准星瞄准水准尺,拧紧制动螺旋。⑤精平与读数:通过目镜左方观察窗看水准管气泡,右手转动微倾螺旋,使气泡两端的像吻合,读出水准尺上读数估读到毫米,且保证每个读数均为 4 位。⑥在记录手簿内,观测数据填写位置正确、清楚、规范。(5)作业完毕,整理并归位所有材料、设备及机具。

S1　使用经纬仪测量曲线线路中线作业

一、考场准备

长度不短于 200 m 的曲线线路一段。中线桩外移桩距线路中心距 2.0～3.0 m,外移注明里程 K×××+×××。按规定设置防护。配合人员 1 人。

二、材料工具准备

序　号	名　　称	规　格	数　量	备　注
1	经纬仪	DJ6 级以上	1 台	
2	三脚架		1 个	
3	矢距尺		1 把	
4	钢卷尺	30 m	1 把	
5	测量伞		1 把	
6	花杆		2 根	
7	指挥旗		4 面	白黄各两面
8	对讲机		2 台	
9	油漆		1 桶	
10	大锤		1 把	
11	木桩		30 个	
12	铁钉		30 个	
13	计算器		1 部	
14	记录本		1 本	

三、考核要求

1. 被认定人入场后,首先由考评员告知题目和工作量,其次由被认定人检查准备工具,当被认定人告知考评员可以开始时,由考评员开始计时。考核时间为 90 min。

2. 工作量:使用经纬仪测量曲线线路中线 200 m。

3. 考核过程中被认定人出现未设防护上道、严重磕碰手脚以及其他不安全因素时终止考试,成绩为零。

4. 配合人员除在被认定人的指挥下协助完成测设作业以外,不得从事其他作业。

四、考核评分

1. 考评人员 3 名以上。

2. 评分程序及规则:考评员根据被认定人操作情况对照计分标准在评分表上记录评分。

3. 算分方法:采用百分制,满分 100 分,60 分及以上为及格。

五、铁道行业职业技能认定铁路线路工高级技师实作技能考核评分记录表

单位:_____ 姓名:_____ 性别:_____ 准考证号:_____ 工种:_____ 级别:_____

试题名称:使用经纬仪测量曲线线路中线作业

考核时间:90 min

操作开始时间: 时 分　　　　　　　　　　操作结束时间: 时 分

项　　目	考核内容及评分标准	扣分因素及扣分	得　分
操作程序 (40分)	1. 工具、材料准备齐全,检查工具状态是否良好。必要工具缺一件扣2分		
	2. 安置经纬仪在直缓点		
	3. 使仪器对中整平		
	4. 用仪器后视直线上一点,找曲线的切线方向		
	5. 用全测回法,依次测量各桩曲线中线		
	6. 作业结束,清点工具		
	程序不对扣10分,每漏一项扣5分		
作业质量 (40分)	1. 仪器对中误差大于3 mm,每项扣5分		
	2. 水准管偏差大于2格,每项扣5分		
	3. 测曲线切线方向时,两已知距离小于60 m时,扣5分		
	4. 每两个半测回角之差超过30″,每测点扣3分		
	5. 记录有涂改,每处扣5分		
工具使用 (10分)	1. 损坏工具,每件扣5分		
	2. 摆放工具不整齐,扣5分		
作业安全 (10分)	1. 未按规定穿戴、使用劳保用品,扣5分		
	2. 磕碰仪器,每次扣5分		
	3. 下道后未撤除防护,扣10分		
考核时间	作业在90 min内完成。每超时1 min扣5分,超过5 min停止考核。 用时　　min		
合计得分			

考评员签名:　　　　　　　　被认定人:　　　　　　　　　　　　　年　月　日

S2　线路应急处理的防护作业

一、考场准备

单线区间线路一段。按规定设置防护。

二、材料工具准备

序　　号	名　　称	规　　格	数　　量	备　　注
1	信号旗		4面	红色3面、黄色1面
2	信号灯	三色	1盏	夜间、不良天气使用

续上表

序　号	名　　称	规　格	数　　量	备　　注
3	喇叭		1个	
4	对讲机		1台	与机车同频率
5	短路导线	2 m	1条	自动闭塞区间

三、考核要求

1. 被认定人入场后,首先由考评员告知题目和工作量,其次由被认定人检查准备工具,当被认定人告知考评员可以开始时,由考评员开始计时。考核时间为 20 min。

2. 工作量:假定线路发生水害故障 1 处,按规定设置防护。

3. 考核过程中被认定人出现未设防护上道、严重磕碰手脚以及其他不安全因素时终止考试,成绩为零。

4. 考核完毕后,由被认定人在评分表上签字确认。

四、考核评分

1. 考评人员 3 名以上。

2. 评分程序及规则:考评员根据被认定人操作情况对照计分标准在评分表上记录评分。

3. 算分方法:采用百分制,满分 100 分,60 分及以上为及格。

五、铁道行业职业技能认定铁路线路工高级技师实作技能考核评分记录表

单位:_____　姓名:_____　性别:_____　准考证号:_____　工种:_____　级别:_____

试题名称:线路应急处理的防护作业

考核时间:20 min

操作开始时间:　时　分　　　　　　　　操作结束时间:　时　分

项　目	考核内容及评分标准	扣分因素及扣分	得　分
操作程序 (40分)	1. 工具、材料准备齐全,检查工具状态是否良好。必要工具缺一件扣2分		
	2. 应立即连续发出停车信号和以停车手信号防护,还应迅速使用列调对讲设备通知就近车站值班员或通知列车司机紧急停车,同时在故障、险情或自然灾害影响地点设置停车信号		
	3. 当确知一端先来车时,应沿路肩急速奔向列车,用手信号旗(灯)或徒手显示停车信号		
	4. 如不知来车方向,应在故障、险情或自然灾害影响地点注意倾听和瞭望,发现来车,应急速奔向列车,用手信号旗(灯)或徒手显示停车信号		
	5. 设有固定信号机时,应先使其显示停车信号		
	6. 站内线路、道岔发生故障、险情或自然灾害时,应立即通知车站值班员(列车调度员)采取措施,应按规定设置停车信号防护		
	程序不对扣 10 分,每漏一项扣 10 分		
作业质量 (40分)	1. 未按考评员明确的已知或不知来车方向去防护,扣10分		
	2. 手信号显示有误扣 5 分,动作不标准扣 5 分		

项　　目	考核内容及评分标准	扣分因素及扣分	得　分
工具使用 (10分)	1. 信号备品损坏,每件扣5分		
	2. 信号备品使用不当,扣5分		
作业安全 (10分)	1. 未按规定穿戴、使用劳保用品,扣5分		
	2. 下道后未撤除防护,扣10分		
考核时间	作业在20 min内完成。每超时1 min扣5分,超过5 min停止考核。 用时　　min		
合计得分			

考评员签名:　　　　　　　　　被认定人:　　　　　　　　年　月　日

S3　更换道岔辙叉作业

一、考场准备

准备普通道岔1组和普通辙叉1个,其型号、规格根据考场情况而定。按规定设置防护。配合人员8人,其中电务人员1人。

二、材料工具准备

序　号	名　　称	规　格	数　量	备　注
1	螺栓		适量	备用规格及数量根据实际情况确定
2	轨距尺		1把	
3	抬杠		6根	
4	抬轨卡		6套	带绳
5	活口扳手	375 mm、450 mm	各2把	另加套管
6	起拨道器		1台	
7	撬棍		4根	带绝缘套
8	克丝钳		1把	
9	钢卷尺	30 m	1把	
10	长效油脂		1桶	
11	小油桶		1个	
12	扁刷		1把	
13	扭矩扳手		1把	
14	塞尺		1把	
15	锂电扳手		1把	
16	手持式捣固镐		1台	

三、考核要求

1. 被认定人入场后,首先由考评员告知题目和工作量,其次由被认定人检查准备工具,当被认定人告知考评员可以开始时,由考评员开始计时。考核时间为 50 min。

2. 工作量:更换混凝土枕普通道岔辙叉 1 个。

3. 考核过程中被认定人出现未设防护上道、严重磕碰手脚以及其他不安全因素时终止考试,成绩为零。

4. 考核完毕后,由被认定人在评分表上签字确认。

5. 配合人员除在被认定人的指挥下协助搬运及复测新旧辙叉和安装夹板及捣固作业以外,不得从事其他作业。

四、考核评分

1. 考评人员 3 名以上。

2. 评分程序及规则:考评员根据被认定人操作情况对照计分标准在评分表上记录评分。

3. 算分方法:采用百分制,满分 100 分,60 分及以上为及格。

五、铁道行业职业技能认定铁路线路工高级技师实作技能考核评分记录表

单位:_____　姓名:_____　性别:_____　准考证号:_____　工种:_____　级别:_____

试题名称:更换道岔辙叉作业

考核时间:50 min

操作开始时间:　　时　　分　　　　　　　　操作结束时间:　　时　　分

项　目	考核内容及评分标准	扣分因素及扣分	得　分
操作程序 (40分)	1. 工具、材料准备齐全,检查工具状态是否良好。必要工具缺一件扣 2 分		
	2. 校对量具		
	3. 用钢卷尺丈量辙叉长度、翼轨槽宽、辙叉趾及跟宽是否合适,并认真检查有无伤损		
	4. 调查辙叉前后轨缝,打紧辙叉前后防爬设备,防止钢轨伸缩,扣件道岔要拧紧扣件螺栓		
	5. 有轨道电路时,应联系电务配合		
	6. 卸接头螺栓、夹板,除锈并涂油		
	7. 松开辙叉扣件,螺杆涂油,戴上螺帽		
	8. 拨出旧辙叉。将旧辙叉拨出道岔外,以免影响作业		
	9. 拨入新辙叉。拨入后,两端轨缝要均匀合适,垫板要铺正		
	10. 上紧夹板及螺栓		
	11. 上扣。先量轨距及查照间隔,再上好扣件拧紧螺栓		
	12. 捣固辙叉部分岔枕		
	13. 回检找细。检查辙叉部分轨距、水平和联结零件,全面进行找细		

项　目	考核内容及评分标准	扣分因素及扣分	得　分
操作程序 (40分)	14. 回收旧料,清理场地		
	15. 作业结束,清点工具		
	程序不对扣10分,每漏一项扣5分		
作业质量 (40分)	1. 辙叉接头上下及内侧错牙在正线及到发线上超过1 mm,在其他站线上超过2 mm,每处扣5分;超过3 mm,每处扣20分		
	2. 几何尺寸不符合要求,每处扣5分。查照间隔、护背距离、翼轨间隔和护轨间隔超限,每处扣20分		
	3. 各部位联结零件扭矩不符合要求,每处扣3分		
	4. 辙叉下岔枕有空吊板,每根扣3分		
工具使用 (10分)	1. 损坏工具,每件扣5分		
	2. 摆放工具不整齐,扣5分		
作业安全 (10分)	1. 未按规定穿戴、使用劳保用品,扣5分		
	2. 下道后未撤除防护,扣10分		
考核时间	作业在50 min内完成。每超时1 min扣5分,超过5 min停止考核。 用时　　min		
合计得分			

考评员签名:　　　　　　　　　　　被认定人:　　　　　　　　　年　月　日

S4　便线计算及铺设作业(正矢法)

一、考场准备

铁路线路一段。按规定设置防护。配合人员2人。

二、材料工具准备

序　号	名　称	规　格	数　量	备　注
1	钢卷尺	50 m	适量	
2	弦线		1根	
3	盒尺	2 m	1把	
4	木桩		20个	
5	斧头		1把	
6	小钉		若干	
7	计算器		1部	

三、考核要求

1. 被认定人入场后,首先由考评员告知题目和工作量,其次由被认定人检查准备工具,当

被认定人告知考评员可以开始时,由考评员开始计时。考核时间为 50 min。

2. 工作量:正矢法铺设便线 1 条。

3. 考核过程中被认定人出现未设防护上道、严重磕碰手脚以及其他不安全因素时终止考试,成绩为零。

4. 考核完毕后,由被认定人在评分表上签字确认。

5. 配合人员除在被认定人的指挥下协助拉弦线及钢卷尺作业以外,不得从事其他作业。

四、考核评分

1. 考评人员 3 名以上。

2. 评分程序及规则:考评员根据被认定人操作情况对照计分标准在评分表上记录评分。

3. 算分方法:采用百分制,满分 100 分,60 分及以上为及格。

五、铁道行业职业技能认定铁路线路工高级技师实作技能考核评分记录表

单位:_____ 姓名:_____ 性别:_____ 准考证号:_____ 工种:_____ 级别:_____

试题名称:便线计算及铺设作业(正矢法)

考核时间:50 min

操作开始时间: 时 分　　　　　　操作结束时间: 时 分

项 目	考核内容及评分标准	扣分因素及扣分	得 分
操作程序 (40分)	1. 工具、材料准备齐全,检查工具状态是否良好。必要工具缺一件扣2分		
	2. 根据地形条件选用曲线半径		
	3. 计算曲线正矢。20 m 弦正矢=50 000/R,10 m 弦正矢=12 500/R		
	4. 现场定便线中心桩。(1)自曲线头1号点向直线方向丈量弦长的一半,定出0号点。(2)弦线一头放在0号点上,拉紧后向曲线内侧摆动,当在曲线头点摆动正矢的1/2时,在弦线的另一头定出2号点。(3)将弦线移到曲线头1号点拉紧后向内摆动,自2号点量出一个正矢值,在弦线另一端定出3号点。(4)按上述方法定出4、5、6…号各点,直至曲线尾为止		
	5. 施工步骤(叙述即可)。(1)铺枕:便线路基已成形的基础上,在路基面上铺枕,按轨枕间距大致摆均。(2)铺轨:以原线为准,在距木枕头450 mm处先钉好上股,然后按轨距钉好下股。(3)卸砟:用平车由原线堆放的石砟运往便线上或扒开原线路道床,拨移线路与便线接轨后,以列车卸砟再倒运到便线上。(4)整道:上方枕,捣固,调整轨缝,改道,紧螺栓,打浮起道钉,拨道,整理道床。(5)试运:以单机5 km/h试运行后,进行线路找细		
	6. 回收料具,清理场地		
	7. 作业结束,清点工具		
	程序不对扣10分,每漏一项扣5分		
作业质量 (40分)	1. 选用曲线半径不符合要求,扣10分		
	2. 曲线正矢计算错误,扣10分		
	3. 桩点及测点位置错误,每处扣5分		
	4. 有涂改,每处扣5分		
	5. 叙述不正确,每项扣3分		

续上表

项　　目	考核内容及评分标准	扣分因素及扣分	得　分
工具使用 (10分)	1. 损坏工具,每件扣5分		
	2. 摆放工具不整齐,扣5分		
作业安全 (10分)	1. 未按规定穿戴、使用劳保用品,扣5分		
	2. 下道后未撤除防护,扣10分		
考核时间	作业在50 min内完成。每超时1 min扣5分,超过5 min停止考核。 用时　　　min		
合计得分			

考评员签名:　　　　　　　　　　　　被认定人:　　　　　　　　　年　月　日

S5　计算和调整曲线超高作业

一、考场准备

教室一间。

二、材料工具准备

序　号	名　　称	规　格	数　量	备　注
1	计算纸	A4	5张	
2	计算器		1部	

三、考核要求

1. 被认定人入场后,首先由考评员告知题目和工作量,当被认定人告知考评员可以开始时,由考评员开始计时。考核时间为45 min。

2. 工作量:计算并设置1条曲线超高。

3. 考核过程中被认定人出现携带电子通信设备或与考试有关的学习资料进入考场等作弊行为时终止考试,成绩为零。

4. 考核完毕后,由被认定人在评分表上签字确认。

四、考核评分

1. 考评人员3名以上。

2. 评分程序及规则:考评员根据被认定人操作情况对照计分标准在评分表上记录评分。

3. 算分方法:采用百分制,满分100分,60分及以上为及格。

五、铁道行业职业技能认定铁路线路工高级技师实作技能考核评分记录表

单位：_____　姓名：_____　性别：_____　准考证号：_____　工种：_____　级别：_____

试题名称：计算和调整曲线超高作业

考核时间：45 min

操作开始时间：　时　分　　　　　　　　　操作结束时间：　时　分

项　　目	考核内容及评分标准	扣分因素及扣分	得　分
操作程序 （50分）	1. 计算平均速度		
	2. 计算曲线超高		
	3. 检算。检算未被平衡欠超高和未被平衡过超高		
	4. 缓和曲线超高设置		
	程序不对扣 10 分，每漏一项扣 5 分		
作业质量 （50分）	1. 平均速度及超高计算错误，每项扣 20 分		
	2. 超高未取 5 的倍数，扣 10 分		
	3. 检算错误，每项扣 10 分		
	4. 计算缓和曲线各测点超高错误，每个扣 5 分；顺坡率超过规定，每点扣 10 分；缓和曲线超高设置不均匀，每处扣 10 分		
考核时间	作业在 45 min 内完成。每超时 1 min 扣 5 分，超过 5 min 停止考核。 用时　　min		
合计得分			

考评员签名：_____　　　　　　　　被认定人：_____　　　　　年　月　日

S6　线下鉴定旧轨作业

一、考场准备

25 m 长 60 kg/m（或 50 kg/m）标准旧轨 1 根。配合人员 2 人。

二、材料工具准备

序　号	名　　称	规　格	数　量	备　注
1	检查小锤		1把	
2	游标卡尺		1把	
3	钢轨磨耗尺		1台	与旧轨同型
4	平直尺	1 m	1把	
5	翻轨器		3根	
6	钢丝刷		1把	
7	毛刷		1把	

序　号	名　　称	规　格	数　量	备　注
8	石笔		2支	
9	塞尺		1把	
10	盒尺	5 m	1把	

三、考核要求

1. 被认定人入场后,首先由考评员告知题目和工作量,其次由被认定人检查准备工具,当被认定人告知考评员可以开始时,由考评员开始计时。考核时间为 40 min。

2. 工作量:鉴定旧轨 1 根。

3. 考核过程中被认定人出现严重磕碰手脚以及其他不安全因素时终止考试,成绩为零。

4. 考核完毕后,由被认定人在评分表上签字确认。

5. 配合人员除在被认定人的指挥下协助搬运翻轨作业以外,不得从事其他作业。

四、考核评分

1. 考评人员 3 名以上。

2. 评分程序及规则:考评员根据被认定人操作情况对照计分标准在评分表上记录评分。

3. 算分方法:采用百分制,满分 100 分,60 分及以上为及格。

五、铁道行业职业技能认定铁路线路工高级技师实作技能考核评分记录表

单位:_____　姓名:_____　性别:_____　准考证号:_____　工种:_____　级别:_____
试题名称:线下旧轨鉴定作业
考核时间:40 min
操作开始时间:　时　分　　　　　　　　　　操作结束时间:　时　分

项　　目	考核内容及评分标准	扣分因素及扣分	得　分
操作程序 (40分)	1. 工具、材料准备齐全,检查工具状态是否良好。必要工具缺一件扣 2 分		
	2. 表面检查。对旧轨进行表面检查,查出的伤损部位按规定做出标记		
	3. 尺寸检查。(1)基本检查:对旧轨全长目测观察,必要时进行除锈检查。(2)磨耗检查:测量钢轨磨耗,每隔 10 m 测量一点。(3)轨底边缘厚度检查:用游标卡尺检查。(4)轨腰厚度检查:用游标卡尺检查。注:(3)(4)为每隔 10 m 选目测最薄处进行测量		
	4. 判定旧轨类别,对鉴定结果进行综合分析,属再用轨的定出等级,需整修的制定整修方案		
	5. 作业结束,清点工具		
	程序不对扣 10 分,每漏一项扣 5 分		
作业质量 (40分)	1. 伤损标记不清,每处扣 5 分。除锈不彻底,每处扣 3 分		
	2. 磨耗测量误差大于 1 mm,每处扣 3 分。厚度测量误差大于 0.5 mm,每处扣 3 分		
	3. 判定旧轨等级错误,扣 20 分。整修方案不对,扣 10 分		

续上表

项　　目	考核内容及评分标准	扣分因素及扣分	得　分
工具使用 (10 分)	1. 损坏工具,每件扣 5 分		
	2. 摆放工具不整齐,扣 5 分		
作业安全 (10 分)	未按规定穿戴、使用劳保用品,扣 10 分		
考核时间	作业在 40 min 内完成。每超时 1 min 扣 5 分,超过 5 min 停止考核。 用时　　　min		
合计得分			

考评员签名:　　　　　　　　　　被认定人:　　　　　　　　　年　月　日

S7　单开道岔检查及病害分析

一、考场准备

普速线路单开道岔一组。按规定设置防护。配合人员 2 人。

二、材料工具准备

序　　号	名　　称	规　格	数　量	备　注
1	轨距尺		1 把	
2	支距尺		1 把	
3	盒尺	2 m	1 把	
4	检查锤		1 把	
5	弦线		1 根	
6	塞尺、钢板尺		各 1 把	
7	石笔		1 支	
8	道岔检查记录本(答题卡)		1 本(张)	

三、考核要求

1. 被认定人入场后,首先由考评员告知题目和工作量,其次由被认定人检查准备工具,当被认定人告知考评员可以开始时,由考评员开始计时。考核时间为 35 min。

2. 工作量:检查并分析普速线路单开道岔 1 组。

3. 考核过程中被认定人出现未设防护上道、严重磕碰手脚以及其他不安全因素时终止考试,成绩为零。

4. 考核完毕后,由被认定人在评分表上签字确认。

5. 配合人员除在被认定人的指挥下配合拉弦线作业以外,不得从事其他作业。

四、考核评分

1. 考评人员 3 名以上。

2. 评分程序及规则:考评员根据被认定人操作情况对照计分标准在评分表上记录评分。

3. 算分方法:采用百分制,满分 100 分,60 分及以上为及格。

五、铁道行业职业技能认定铁路线路工高级技师实作技能考核评分记录表

单位:_____ 姓名:_____ 性别:_____ 准考证号:_____ 工种:_____ 级别:_____

试题名称:单开道岔检查及病害分析

考核时间:35 min

操作开始时间: 时 分 操作结束时间: 时 分

项 目	考核内容及评分标准	扣分因素及扣分	得 分
操作程序 (40分)	1. 工具、材料准备齐全,检查工具状态是否良好。必要工具缺一件扣 2 分		
	2. 校核轨距尺,水平误差不超过 1 mm		
	3. 确定标准股,以外直股和导曲线外股为标准股		
	4. 检查高低、轨向。在道岔外方 20～30 m 处目测高低、轨向,并使用弦线测量找出高低、轨向最大值一处,记录对应的枕号和峰值		
	5. 检查轨距、水平和查照护背等。按"先轨距、后水平"的顺序在规定的检查点上测量,将与规定标准的偏差值(查照护背记实测值)写在记录本或答题卡上		
	6. 检查支距和道岔爬行。用支距尺或方尺在顺坡终点接头处检查两接头的相错量,在尖轨尖端检查尖轨的直角相错量,用支距尺在规定检查点上逐点检查支距		
	7. 在检查过程中,随时检查道岔各主要部位的有关尺寸和其他病害。主要部位包括尖轨的动程、尖轨非工作边与基本轨工作边的最小距离、滑床板的密贴情况、尖轨尖及竖切部分的密贴情况、辙叉部位轮缘槽宽度等,其他病害主要包括钢轨、轨枕、联结零件、轨道加强设备、道床、警冲标、标记、外观、路肩等		
	8. 按给定标准勾画超限处所		
	9. 对超限病害处所,制定整修方案		
	10. 作业结束,清点工具		
	程序不对扣 10 分,每漏一项扣 5 分;轨距、水平、支距等每缺少一个数据,扣 3 分		
作业质量 (40分)	1. 站名、道岔编号、道岔型号、检查日期、检查人员姓名等要素应记录齐全,每漏一项扣 3 分		
	2. 记录填写不清、有涂改,每处扣 3 分		
	3. 检查水平时符号写反(不含误差范围内正负),每处扣 10 分		
	4. 高低、轨向、轨距、水平及其他病害等检查记录有误,测量数据误差超过±1 mm,每处扣 3 分		
	5. 错勾,每处扣 5 分		
	6. 对超限病害处所,制定整修方案不符合标准,每处扣 5 分		

项　　目	考核内容及评分标准	扣分因素及扣分	得　　分
工具使用 (10分)	1. 损坏工具,每件扣5分		
	2. 摆放工具不整齐,扣5分		
作业安全 (10分)	1. 未按规定穿戴、使用劳保用品,扣5分		
	2. 检查尖轨中时轨距尺未拿起而记录,扣5分		
	3. 手脚伸入尖轨与基本轨间,扣10分		
	4. 脚踏尖轨、钢轨及拉杆,每次扣2分		
	5. 下道后未撤除防护,扣10分		
考核时间	作业在35 min内完成。每超时1 min扣5分,超过5 min停止考核。 用时　　　min		
合计得分			

考评员签名:　　　　　　　　　　被认定人:　　　　　　　　年　　月　　日

S8　根据动态检查资料进行线路病害分析

一、考场准备

选取1 km质量不良的线路,并提供该段线路的轨检车检测数据,和该1 km线路设备台账一份。按规定设置防护。配合人员2人。

二、材料工具准备

序　号	名　　称	规　　格	数　　量	备　　注
1	轨距尺		1把	
2	钢卷尺	30 m	1把	
3	检查锤		1把	
4	弦线		1根	
5	塞尺		1把	
6	钢板尺	150 mm及以上	1把	
7	石笔		1支	
8	铅笔		1支	
9	直尺或三角板		1把	
10	橡皮		1块	
11	计算器		1部	
12	铅笔刀		1把	

三、考核要求

1. 被认定人入场后,首先由考评员告知题目和工作量,其次由被认定人检查准备工具,当

被认定人告知考评员可以开始时,由考评员开始计时。考核时间为 60 min。

2. 工作量:根据动态检查资料分析 1 km 的线路病害,现场复查核对病害 5 处。

3. 考核过程中被认定人出现未设防护上道、严重磕碰手脚以及其他不安全因素时终止考试,成绩为零。

4. 配合人员除在被认定人的指挥下拉弦线及点撬作业以外,不得从事其他作业。

四、考核评分

1. 考评人员 3 名以上。

2. 评分程序及规则:考评员根据被认定人操作情况对照计分标准在评分表上记录评分。

3. 算分方法:采用百分制,满分 100 分,60 分及以上为及格。

五、铁道行业职业技能认定铁路线路工高级技师实作技能考核评分记录表

单位:＿＿＿＿＿ 姓名:＿＿＿＿＿ 性别:＿＿＿＿ 准考证号:＿＿＿＿＿ 工种:＿＿＿＿＿ 级别:＿＿＿＿＿

试题名称:根据动态检查资料进行线路病害分析

考核时间:60 min

操作开始时间: 时 分　　　　　　　　　操作结束时间: 时 分

项　　目	考核内容及评分标准	扣分因素及扣分	得　分
操作程序 (40分)	1. 工具、材料准备齐全,检查工具状态是否良好。必要工具缺一件扣 2 分		
	2. 里程差计算。利用线路设备技术台账与波形图中的地面标志进行核对,找出偏差值,确定超限处所的实际里程		
	3. 核对超限峰值。根据波形图峰值进行分析,找出各项目(高低、水平、三角坑、轨距变化率、多波不平顺)峰值最大一处,并在图纸上进行标注(项目、里程、峰值、超限长度)		
	4. 选用检查工具,核准量具		
	5. 现场复查。(1)根据超限项目目视线路前后 50～100 m 高低、轨向,同时查看线路的动态情况,找出重点,并在线路上做好标记。(2)用轨距尺检查轨距、水平。(3)用弦线检查高低、轨向。(4)检查其他病害,包括轨枕、扣件、焊缝、接头、胶垫、尼龙座及道床板结、翻浆、暗坑、空吊和钢轨病害等		
	6. 准确找出现场病害实际处所,并制定整修方案		
	7. 作业结束,清点工具		
	图纸中各项目峰值最大一处每漏找一处,扣 8 分。漏里程差计算,扣 10 分。漏检查其他病害,每项扣 4 分。漏制定整修方案,每项扣 8 分。未核准量具,扣 5 分		
作业质量 (40分)	1. 里程差＝台账里程－图纸里程,计算错误(偏差超过±5 m)扣 10 分		
	2. 图纸中超限病害处所,每错一处扣 8 分。超限病害的位置、峰值、超限等级、超限长度,每错一项扣 2 分(位置误差±5 m 范围,峰值误差±0.5 格内正确)		

续上表

项　目	考核内容及评分标准	扣分因素及扣分	得　分
作业质量 （40分）	3. 现场复核病害峰值与标准数据相比，每超过 1 mm 扣 2 分。病害处所位置不对，每项扣 8 分		
	4. 未找对其他病害，每项扣 4 分		
	5. 整修方案（标明作业项目、作业长度、最大作业量）合理即可。不符合要求，每项扣 8 分		
	6. 记录填写不清、有涂改，每处扣 2 分		
工具使用 （10分）	1. 损坏工具，每件扣 5 分		
	2. 摆放工具不整齐，扣 5 分		
作业安全 （10分）	1. 未按规定穿戴、使用劳保用品，扣 5 分		
	2. 下道后未撤除防护，扣 10 分		
考核时间	作业在 60 min 内完成。每超时 1 min 扣 5 分，超过 5 min 停止考核。 用时　　min		
合计得分			

考评员签名：　　　　　　　　　　　被认定人：　　　　　　　　年　月　日

S9　使用经纬仪测量曲线转角作业

一、考场准备

选择视野开阔、无遮挡物的一条曲线。按规定设置防护。配合人员 2 人。

二、材料工具准备

序　号	名　称	规　格	数　量	备　注
1	经纬仪	DJ6 级以上	1 台	
2	三脚架		1 个	
3	测量伞		1 把	
4	铅笔		1 支	
5	铅笔刀、铁锤		各 1 把	
6	测钎		根据需要	
7	对讲机		2 台	
8	计算纸	A4	5 张	
9	记录手簿		1 张	

三、考核要求

1. 被认定人入场后，首先由考评员告知题目和工作量，其次由被认定人检查准备工具，当被认定人告知考评员可以开始时，由考评员开始计时。考核时间为 40 min。

2. 工作量：使用经纬仪测量 1 条曲线的转角。

3. 考核过程中被认定人出现未设防护上道、严重磕碰手脚以及其他不安全因素时终止考试,成绩为零。

4. 配合人员除在被认定人的指挥下协助完成测设作业以外,不得从事其他作业。

四、考核评分

1. 考评人员 3 名以上。

2. 评分程序及规则:考评员根据被认定人操作情况对照计分标准在评分表上记录评分。

3. 算分方法:采用百分制,满分 100 分,60 分及以上为及格。

五、铁道行业职业技能认定铁路线路工高级技师实作技能考核评分记录表

单位:_____ 姓名:_____ 性别:_____ 准考证号:_____ 工种:_____ 级别:_____

试题名称:使用经纬仪测量曲线转角作业

考核时间:40 min

操作开始时间: 时 分　　　　　　　　　操作结束时间: 时 分

项　目	考核内容及评分标准	扣分因素及扣分	得　分
操作程序 (40分)	1. 工具、材料准备齐全,检查工具状态是否良好。必要工具缺一件扣2分		
	2. 首先应目视确定曲线头尾。站在距曲线头(尾)约 50～100 m 的曲线内向外目测,指派一人配合在外股钢轨上点出曲线始、终点的位置		
	3. 安置仪器,观测记录。在曲线起点(尽量在起端直线上)设置桩点 A,并安置经纬仪。望远镜对准曲线外方直线钢轨中线方向(水平度盘调至 0°00′00″)水平制动。松开水平制动螺旋,向曲线终点方向(尽量在终端直线上)拨动,测得 α 角,定出桩点 B。倒镜,反向依次再测一遍		
	4. 将仪器移至曲线终点,在桩点 B 上安置仪器,望远镜对准曲线外方直线钢轨中线方向(水平度盘调至 0°00′00″)水平制动。松开水平制动螺旋,向曲线起点方向拨动,对准桩点 A,测得 β 角。倒镜,反向依次再测一遍		
	5. 在记录手簿上进行数据处理,并进行检算,最终得出曲线转角角度值		
	6. 作业结束,清点工具		
	程序不对扣 10 分,每漏一项扣 5 分		
作业质量 (40分)	1. 曲线转角角度值,每差 1″扣 2 分		
	2. 记录不准每次扣 5 分,计算不正确每处扣 10 分,涂改每处扣 5 分		
工具使用 (10分)	1. 损坏工具,每件扣 5 分		
	2. 摆放工具不整齐,扣 5 分		
作业安全 (10分)	1. 未按规定穿戴、使用劳保用品,扣 5 分		
	2. 磕碰仪器,每次扣 5 分		
	3. 下道后未撤除防护,扣 10 分		
考核时间	作业在 40 min 内完成。每超时 1 min 扣 5 分,超过 5 min 停止考核。 用时　　min		
合计得分			

考评员签名:　　　　　　　　　被认定人:　　　　　　年　月　日

S10　更换菱形道岔作业

一、考场准备

一组菱形道岔。菱形道岔铺设图(与现场菱形道岔一致)1套。按规定设置防护。配合人员2人。

二、材料工具准备

序　号	名　　称	规　格	数　量	备　注
1	钢卷尺	50 m	1把	
2	石笔		2支	
3	木桩		4个	
4	垂球		1个	配套线绳1根
5	钢板尺	150 mm 及以上	1个	
6	计算纸	A4	2张	
7	锤子		1把	

三、考核要求

1. 被认定人入场后,首先由考评员告知题目和工作量,其次由被认定人检查准备工具,当被认定人告知考评员可以开始时,由考评员开始计时。考核时间为 60 min。

2. 工作量:更换菱形道岔1组。

3. 考核过程中被认定人出现未设防护上道、严重磕碰手脚以及其他不安全因素时终止考试,成绩为零。

4. 考核完毕后,由被认定人在评分表上签字确认。

5. 配合人员除在被认定人的指挥下配合拉钢卷尺作业以外,不得从事其他作业。

四、考核评分

1. 考评人员3名以上。

2. 评分程序及规则:考评员根据被认定人操作情况对照计分标准在评分表上记录评分。

3. 算分方法:采用百分制,满分100分,60分及以上为及格。

五、铁道行业职业技能认定铁路线路工高级技师实作技能考核评分记录表

单位：_____ 姓名：_____ 性别：_____ 准考证号：_____ 工种：_____ 级别：_____

试题名称：更换菱形道岔作业

考核时间：60 min

操作开始时间： 时 分 操作结束时间： 时 分

项　　目	考核内容及评分标准	扣分因素及扣分	得　分
操作程序 (40分)	1. 工具、材料准备齐全，检查工具状态是否良好。必要工具缺一件扣2分		
	2. 校对新旧菱形道岔角度和全长		
	3. 旧道岔拆除方案描述		
	4. 新菱形道岔更换方法及顺序描述		
	5. 道岔位置的确定。(1)道岔中心的确定。(2)道岔短中轴方正。(3)绝缘接头的确定		
	6. 测设标记道岔铺设位置		
	7. 确定配轨长度，轨缝预留		
	8. 按道岔图标出分股分次更换道岔的顺序		
	9. 作业结束，清点工具		
	程序不对扣10分，每漏一项扣5分		
作业质量 (40分)	1. 新旧菱形道岔角度和全长校错，扣10分		
	2. 旧道岔拆除方案和新道岔更换方法及顺序描述错误，每项扣5分		
	3. 绝缘接头位置错误，每处扣5分		
	4. 道岔位置错误，扣10分		
	5. 配轨长度错误，每根扣5分		
	6. 轨缝计算及预留轨缝错误，每处扣5分		
	7. 标出更换道岔的顺序错误，每处扣5分		
工具使用 (10分)	1. 损坏工具，每件扣5分		
	2. 摆放工具不整齐，扣5分		
作业安全 (10分)	1. 未按规定穿戴、使用劳保用品，扣5分		
	2. 下道后未撤除防护，扣10分		
考核时间	作业在60 min内完成。每超时1 min扣5分，超过5 min停止考核。 用时　　min		
合计得分			

考评员签名： 被认定人： 年 月 日

S11　道岔综合病害分析

一、考场准备

选取含有综合病害的道岔一组，提供该道岔及前后线路的轨检车动态检测数据(图纸)和

该道岔设备台账一份。按规定设置防护。配合人员 2 人。

二、材料工具准备

序　号	名　　称	规　格	数　量	备　注
1	轨距尺		1 把	
2	钢卷尺	30 m	1 把	
3	检查锤		1 把	
4	弦线		1 根	
5	塞尺		1 把	
6	钢板尺	150 mm 及以上	1 把	
7	石笔		1 支	
8	铅笔		1 支	
9	直尺或三角板		1 把	
10	橡皮		1 块	
11	计算器		1 部	
12	铅笔刀		1 把	

三、考核要求

1. 被认定人入场后,首先由考评员告知题目和工作量,其次由被认定人检查准备工具,当被认定人告知考评员可以开始时,由考评员开始计时。考核时间为 45 min。

2. 工作量:分析道岔综合病害 1 组。

3. 考核过程中被认定人出现未设防护上道、严重磕碰手脚以及其他不安全因素时终止考试,成绩为零。

4. 配合人员除在被认定人的指挥下拉弦线及点撬作业以外,不得从事其他作业。

四、考核评分

1. 考评人员 3 名以上。

2. 评分程序及规则:考评员根据被认定人操作情况对照计分标准在评分表上记录评分。

3. 算分方法:采用百分制,满分 100 分,60 分及以上为及格。

五、铁道行业职业技能认定铁路线路工高级技师实作技能考核评分记录表

单位:_____ 姓名:_____ 性别:_____ 准考证号:_____ 工种:_____ 级别:_____

试题名称:道岔综合病害分析

考核时间:45 min

操作开始时间: 时 分　　　　　　　　　操作结束时间: 时 分

项　　目	考核内容及评分标准	扣分因素及扣分	得　分
操作程序 (40分)	1. 工具、材料准备齐全,检查工具状态是否良好。必要工具缺一件扣2分		
	2. 里程差计算。利用道岔设备技术台账与波形图中的地面标志进行核对,找出偏差值,确定超限处所的实际里程		
	3. 在图纸上标出综合病害处所,并标出病害的位置、峰值、长度		
	4. 选用检查工具,核准量具		
	5. 现场复核综合病害处所及峰值,并制定整修方案		
	6. 作业结束,清点工具		
	图纸中综合病害处所,每漏一处扣8分。漏里程差计算,扣10分。漏制定整修方案,每项扣8分。未核准量具,扣5分		
作业质量 (40分)	1. 里程差=台账里程−图纸里程,计算错误(偏差超过±5 m)扣10分		
	2. 图纸综合病害处所,每错一处扣8分。病害的位置、峰值、长度,每错一项扣2分(位置误差±5 m范围,峰值误差±0.5格内正确)		
	3. 现场复核综合病害峰值与标准数据相比,每超过1 mm扣2分。综合病害处所位置不对,每项扣8分		
	4. 整修方案(标明作业项目、作业长度、最大作业量)合理即可。不符合要求,每项扣8分		
	5. 记录填写不清、有涂改,每处扣2分		
工具使用 (10分)	1. 损坏工具,每件扣5分		
	2. 摆放工具不整齐,扣5分		
作业安全 (10分)	1. 未按规定穿戴、使用劳保用品,扣5分		
	2. 手脚伸入尖轨与基本轨间,扣10分		
	3. 下道后未撤除防护,扣10分		
考核时间	作业在45 min内完成。每超时1 min扣5分,超过5 min停止考核。 用时　　min		
合计得分			

考评员签名:　　　　　　　　被认定人:　　　　　　　　年　月　日

S12　利用反向曲线变更线间距作业

一、考场准备

一段直线线路500 m。按规定设置防护。配合人员2人。

二、材料工具准备

序　号	名　　称	规　格	数　量	备　注
1	轨距尺		1把	
2	弦线		1根	
3	钢板尺	150 mm 及以上	1把	
4	检查记录本		2本	线路、曲线正矢各1本
5	直尺		1把	
6	圆规		1个	
7	铅笔		1支	
8	橡皮		1块	
9	计算器		1部	

三、考核要求

1. 被认定人入场后,首先由考评员告知题目和工作量,其次由被认定人检查准备工具,当被认定人告知考评员可以开始时,由考评员开始计时。考核时间为 60 min。

2. 工作量:利用反向曲线变更 1 处线路的线间距。

3. 考核过程中被认定人出现未设防护上道、严重磕碰手脚以及其他不安全因素时终止考试,成绩为零。

4. 配合人员除在被认定人的指挥下拉弦线作业以外,不得从事其他作业。

四、考核评分

1. 考评人员 3 名以上。

2. 评分程序及规则:考评员根据被认定人操作情况对照计分标准在评分表上记录评分。

3. 算分方法:采用百分制,满分 100 分,60 分及以上为及格。

五、铁道行业职业技能认定铁路线路工高级技师实作技能考核评分记录表

单位:_____　姓名:_____　性别:_____　准考证号:_____　工种:_____　级别:_____

试题名称:利用反向曲线变更线间距作业

考核时间:60 min

操作开始时间:　　时　　分　　　　　　　　操作结束时间:　　时　　分

项　目	考核内容及评分标准	扣分因素及扣分	得　分
操作程序 (40分)	1. 工具、材料准备齐全,检查工具状态是否良好。必要工具缺一件扣2分		
	2. 调查作业,核准量具		
	3. 线间距设定		
	4. 反向曲线设计计算		

项　　　目	考核内容及评分标准	扣分因素及扣分	得　分
操作程序 (40分)	5. 画出反向曲线示意图		
	6. 现场测设标记并描述作业内容及方法		
	7. 作业结束,清点工具		
	程序不对扣10分,每漏一项扣5分		
作业质量 (40分)	1. 线间距设定不合理,扣5分		
	2. 反向曲线设计计算不合理、错误,每处扣5分		
	3. 画图不清楚、标注不全、不正确、有涂改,每处扣2分		
	4. 现场测设标记不清、不准,每处扣5分。作业内容及方法描述不清,每处扣2分		
工具使用 (10分)	1. 损坏工具,每件扣5分		
	2. 摆放工具不整齐,扣5分		
作业安全 (10分)	1. 未按规定穿戴、使用劳保用品,扣5分		
	2. 下道后未撤除防护,扣10分		
考核时间	作业在60 min内完成。每超时1 min扣5分,超过5 min停止考核。 用时　　　min		
合计得分			

考评员签名: 　　　　　　被认定人: 　　　　　　　　年　月　日

S13　编写铺设单开道岔施工组织设计

一、考场准备

教室一间。

二、材料工具准备

序　　号	名　　称	规　　格	数　　量	备　　注
1	计算纸	A4	2张	
2	单开道岔数据资料		1份	

三、考核要求

1. 被认定人入场后,由考评员告知题目和工作量,当被认定人告知考评员可以开始时,由考评员开始计时。考核时间为100 min。

2. 工作量:编写铺设1组单开道岔施工组织设计。

3. 考核过程中被认定人出现携带电子通信设备或与考试有关的学习资料进入考场等作弊行为时终止考试,成绩为零。

四、考核评分

1. 考评人员 3 名以上。

2. 评分程序及规则:考评员根据被认定人操作情况对照计分标准在评分表上记录评分。

3. 算分方法:采用百分制,满分 100 分,60 分及以上为及格。

五、铁道行业职业技能认定铁路线路工高级技师实作技能考核评分记录表

单位:_____　姓名:_____　性别:_____　准考证号:_____　工种:_____　级别:_____

试题名称:编写铺设单开道岔施工组织设计

考核时间:100 min

操作开始时间:　时　分　　　　　　　　操作结束时间:　时　分

项　目	考核内容及评分标准	扣分因素及扣分	得　分
操作程序 (50 分)	1. 编写铺设单开道岔施工组织设计的总体要求		
	2. 编写施工概况及主要施工数据		
	3. 施工方案描述		
	4. 基本作业、整理作业方法		
	5. 天窗点内施工进度图合理完整		
	6. 重点机具及安全保证措施		
	每漏一项扣 10 分		
作业质量 (50 分)	1. 总体要求主要内容不完整,扣 1~10 分		
	2. 施工概况及主要施工数据不完整、不清晰,每处扣 1~10 分		
	3. 施工方案描述不完整,扣 1~10 分		
	4. 作业方法不正确,每项扣 5 分		
	5. 施工进度图描述不合理,每步扣 10 分		
	6. 安全保证措施不到位,扣 10 分		
考核时间	作业在 100 min 内完成。每超时 1 min 扣 5 分,超过 5 min 停止考核。 用时　　min		
合计得分			

考评员签名:_____　　　　　　　被认定人:_____　　　　　年　月　日

S14　线路抄平作业

一、考场准备

选择视野开阔、无遮挡物、高差在 1 m 以内、长度不小于 300 m、宽度不小于 10 m 的场地,标注起始点,并在起点假设已知高程。按规定设置防护。配合人员 1 人。

二、材料工具准备

序　号	名　称	规　格	数　量	备　注
1	测量伞		1把	
2	双面尺	3 m	1把	
3	毛笔	中号	1支	
4	铅笔	HB	1支	
5	水准仪	DS3	1台	
6	三脚架		1个	与水准仪配套
7	尺垫		2个	
8	工具袋		1个	
9	铅笔刀		1把	
10	计算纸	A4	5张	
11	计算器		1部	
12	记录手簿		1张	
13	红油漆		1小桶	
14	直尺、三角板		各1把	
15	橡皮		1块	
16	计算器		1部	

三、考核要求

1. 被认定人入场后,首先由考评员告知题目和工作量,其次由被认定人检查准备工具,当被认定人告知考评员可以开始时,由考评员开始计时。考核时间为 80 min。

2. 工作量:每 20 m 一点,测量线路长度 200 m,并绘图标注起道量。

3. 考核过程中被认定人出现未设防护上道、严重磕碰手脚以及其他不安全因素时终止考试,成绩为零。

4. 配合人员除在被认定人的指挥下协助完成测设作业以外,不得从事其他作业。

四、考核评分

1. 考评人员 3 名以上。

2. 评分程序及规则:考评员根据被认定人操作情况对照计分标准在评分表上记录评分。

3. 算分方法:采用百分制,满分 100 分,60 分及以上为及格。

五、铁道行业职业技能认定铁路线路工高级技师实作技能考核评分记录表

单位：_____ 姓名：_____ 性别：_____ 准考证号：_____ 工种：_____ 级别：_____

试题名称：线路抄平作业

考核时间：80 min

操作开始时间： 时 分   操作结束时间： 时 分

项　目	考核内容及评分标准	扣分因素及扣分	得　分
操作程序 （40分）	1. 工具、材料准备齐全，检查工具状态是否良好。必要工具缺一件扣2分。收集测区已知点数据，准备记录表格（包括原始数据准备表格，计算表格，成果表格）		
	2. 了解施测精度选择适当的测量方法（由被认定人口述）		
	3. 设置转点。根据现场情况合理设置转点，并用红漆标记		
	4. 安置仪器，观测记录		
	5. 在记录簿上进行数据处理，得出实际测量的高差，并进行检核，在误差允许范围内时调整闭合差，并计算各测点高程		
	6. 绘制纵断面图。将各点的计算高程按比例标在相应的位置上，然后将各点分别用直线相连，最后注明里程位置等		
	7. 作业结束，清点工具		
	程序不对扣10分，每漏一项扣5分		
作业质量 （40分）	1. 在记录簿上进行数据处理，实际测量的高差计算错误，每处扣5分。闭合差超过容许误差，扣10分。成果检核超限，扣10分		
	2. 绘制纵断面图未按比例标在相应的位置上，每处扣5分。未注明里程位置，每处扣5分		
	3. 坡度设计不合理，扣10分		
	4. 起道量及轨面设计标高计算、标注错误，每处扣5分		
	5. 记录有涂改，每处扣5分		
工具使用 （10分）	1. 损坏工具，每件扣5分		
	2. 摆放工具不整齐，扣5分		
作业安全 （10分）	1. 未按规定穿戴、使用劳保用品，扣5分		
	2. 磕碰仪器，每次扣5分		
	3. 下道后未撤除防护，扣10分		
考核时间	作业在80 min内完成。每超时1 min扣5分，超过5 min停止考核。 用时　　min		
合计得分			

考评员签名：_____   被认定人：_____   年　月　日

S15 竖曲线设置计算

一、考场准备

教室一间。

二、材料工具准备

序　号	名　称	规　格	数　量	备　注
1	计算纸	A4	2张	
2	计算器		1部	
3	竖曲线资料		1份	

三、考核要求

1. 被认定人入场后,由考评员告知题目和工作量,当被认定人告知考评员可以开始时,由考评员开始计时。考核时间为 90 min。

2. 工作量:设置计算竖曲线 1 条。

3. 考核过程中被认定人出现携带电子通信设备或与考试有关的学习资料进入考场等作弊行为时终止考试,成绩为零。

4. 考核完毕后,由被认定人在评分表上签字确认。

四、考核评分

1. 考评人员 3 名以上。

2. 评分程序及规则:考评员根据被认定人操作情况对照计分标准在评分表上记录评分。

3. 算分方法:采用百分制,满分 100 分,60 分及以上为及格。

五、铁道行业职业技能认定铁路线路工高级技师实作技能考核评分记录表

单位:_____ 姓名:_____ 性别:_____ 准考证号:_____ 工种:_____ 级别:_____

试题名称:竖曲线设置计算

考核时间:90 min

操作开始时间:　时　分　　　　　　　操作结束时间:　时　分

项　　目	考核内容及评分标准	扣分因素及扣分	得　分
操作程序 (50分)	1. 作业准备。认真审题并收集数据		
	2. 按步骤计算出相邻坡度代数差、竖曲线长度、竖曲线切线长,并列表计算出各桩点里程、坡度线标高、纵距、竖曲线标高等(要求写出必要的原始计算公式)		
	3. 作图并标出各桩位里程和高程		
	4. 叙述各桩点高程测设方法步骤		
	收集及标注数据不全,缺一个扣 5 分。每漏一项扣 20 分		

续上表

项　目	考核内容及评分标准	扣分因素及扣分	得　分
作业质量 （50分）	1. 数据计算错误，每处扣10分。无原始公式，缺一个扣5分		
	2. 作图不规范，扣分10分		
	3. 叙述各桩点高程测设方法步骤，每错漏一处扣5分		
考核时间	作业在90 min内完成。每超时1 min扣5分，超过5 min停止考核。 用时　　min		
合计得分			

考评员签名：　　　　　　　　　　被认定人：　　　　　　　年　月　日

S16　无要素曲线检查、计算与整正作业

一、考场准备

一条无任何曲线标记、长度不超300 m、有缓和曲线的单曲线。按规定设置防护。配合人员2人。

二、材料工具准备

序　号	名　称	规　格	数　量	备　注
1	轨距尺		1把	
2	钢卷尺	30 m	1把	
3	弦线		1根	
4	钢板尺	150 mm及以上	1把	
5	石笔		1支	
6	曲线检查记录本（答题卡）		1本（张）	
7	计算器		1部	
8	直尺、圆规		各1把	
9	计算纸	A4	5张	
10	铅笔		1支	

三、考核要求

1. 被认定人入场后，首先由考评员告知题目和工作量，其次由被认定人检查准备工具，当被认定人告知考评员可以开始时，由考评员开始计时。考核时间为120 min。

2. 工作量：1条无要素曲线的检查、计算与整正曲线。

3. 考核过程中被认定人出现未设防护上道、严重磕碰手脚以及其他不安全因素时终止考试，成绩为零。

4. 考核完毕后，由被认定人在评分表上签字确认。

5. 配合人员除在被认定人的指挥下配合拉钢卷尺及点撬作业以外,不得从事其他作业。

四、考核评分

1. 考评人员 3 名以上。

2. 评分程序及规则:考评员根据被认定人操作情况对照计分标准在评分表上记录评分。

3. 算分方法:采用百分制,满分 100 分,60 分及以上为及格。

五、铁道行业职业技能认定铁路线路工高级技师实作技能考核评分记录表

单位:_____ 姓名:_____ 性别:_____ 准考证号:_____ 工种:_____ 级别:_____

试题名称:无要素曲线检查、计算与整正作业

考核时间:120 min

操作开始时间: 时 分　　　　　　　　　　　操作结束时间: 时 分

项　　目	考核内容及评分标准	扣分因素及扣分	得　分
操作程序 (40分)	1. 工具、材料准备齐全,检查工具状态是否良好。必要工具缺一件扣2分		
	2. 校核量具		
	3. 假定曲线头尾位置。站在距曲线头(尾)约50～100 m的曲线内,目测曲线始(终)点,另一人在钢轨上点出曲线始(终)端的具体位置		
	4. 用钢卷尺布设测点位置。从目测点开始每10 m布一点,并在曲线外股画好标记和编出测点号,顺量至曲线尾,顺量的最后一点要落在目测终点之外,再量取目测终点与其前后两点的距离		
	5. 测量假定曲线头尾里程位置,测量曲线现场正矢和圆曲线超高		
	6. 计算曲线各桩点位置及各测点计划正矢		
	7. 现场布设曲线		
	8. 根据现场,按轨号每6.25 m设置一处超高,布置缓和曲线各测点超高		
	9. 测量现场正矢		
	10. 用简易拨道法计算拨量		
	11. 作业结束,清点工具		
	程序不对扣10分,每漏一项扣5分		
作业质量 (40分)	1. 测点号、轨号、检查日期及检查人姓名等要素应记录齐全,每漏一项扣3分		
	2. 现场检查数据记录错误、有涂改,测量误差超过±1 mm,每处扣3分		
	3. 各桩点位置及曲线正矢计算错误,每处扣5分		
	4. 曲线超高布置错误、顺坡率不符合要求,每处扣5分		
	5. 拨道量计算错误,每处扣5分。拨后正矢填写错误每处扣5分;拨道位置错误,每处扣10分。拨道不合理每处,扣5分		
工具使用 (10分)	1. 损坏工具,每件扣5分		
	2. 摆放工具不整齐,扣5分		

项　　目	考核内容及评分标准	扣分因素及扣分	得　分
作业安全 （10分）	1. 未按规定穿戴、使用劳保用品，扣 5 分		
	2. 下道后未撤除防护，扣 10 分		
考核时间	作业在 120 min 内完成。每超时 1 min 扣 5 分，超过 5 min 停止考核。 用时　　　min		
合计得分			

考评员签名：　　　　　　　　　　　　被认定人：　　　　　　　　　年　月　日

S17　利用 PowerPoint 制作培训课件并授课

一、考场准备

电教室一间，《中国呼和浩特铁路局集团公司工务系统普速铁路岗位作业指导书》（电子版）1 份。

二、材料工具准备

序　　号	名　　称	规　　格	数　　量	备　　注
1	授课设备		1 套	

三、考核要求

1. 被认定人入场后，由考评员告知题目和工作量，当被认定人告知考评员可以开始时，由考评员开始计时。考核时间为 80 min（制作课件 60 min，讲解授课 20 min）。

2. 工作量：以最贴近现场实际为特色，依托作业指导书制作课件 1 份。

3. 考核过程中被认定人出现携带电子通信设备或与考试有关的学习资料进入考场等作弊行为时终止考试，成绩为零。

4. 考核完毕后，由被认定人在评分表上签字确认。

四、考核评分

1. 考评人员 3 名以上。

2. 评分程序及规则：考评员根据被认定人操作情况对照计分标准在评分表上记录评分。

3. 算分方法：采用百分制，满分 100 分，60 分及以上为及格。

五、铁道行业职业技能认定铁路线路工高级技师实作技能考核评分记录表

单位:_____ 姓名:_____ 性别:_____ 准考证号:_____ 工种:_____ 级别:_____

试题名称:利用 PowerPoint 软件制作培训课件并授课

考核时间:80 min

操作开始时间: 时 分 操作结束时间: 时 分

项　　目	考核内容及评分标准	扣分因素及扣分	得　分
课件制作 (50分)	1. 课件格式规范,要素(主要包括课件名称、授课人、主要依据和目的、主要内容、思考题)齐全		
	2. 课件内容清晰、准确地表达作业的精髓,整体课件已覆盖作业的主要内容		
	3. 幻灯片之间具有层次性和连贯性;逻辑顺畅,过渡恰当;整体风格统一流畅、协调		
	4. 综合使用文本、图片、表格、图表、图形、动画、音频等表现工具,同时可在课件中使用超链接或动作功能		
	5. 整体课件的播放流畅,运行稳定、无故障		
	6. 整体界面美观,布局合理,课件中色彩搭配合理协调,表现风格引人入胜,母版及版式设计生动活泼,富有新意,总体视觉效果良好,有较强的表现力和感染力		
	7. 文字清晰,字体设计恰当		
	所作课件与所选项目无关,扣 40 分。未覆盖作业主要内容,每漏一项扣 10 分。不符合课件制作要求,每项扣 10 分		
讲解授课 (50分)	1. 应与课件演示相互配合,融会贯通,对课件的中心内容把握良好,切换及时;对课件的中心内容掌握不清,每处扣 10 分		
	2. 讲解紧张或语言不流畅,扣 5 分。未使用专业术语,每处扣 5 分。表述意思严重错误,扣 40 分。与现行规章不符、表述不准确或不清,每处扣 5 分。讲解不到位,扣 10 分		
考核时间	作业在 80 min 内完成。每超时 1 min 扣 5 分,超过 5 min 停止考核。 用时　　min		
合计得分			

考评员签名:　　　　　　　　　　被认定人:　　　　　　　年　　月　　日

S18　检查交分道岔作业

一、考场准备

交分道岔一组。按规定设置防护。配合人员 2 人。

二、材料工具准备

序 号	名 称	规 格	数 量	备 注
1	轨距尺		1把	
2	支距尺		1把	
3	盒尺	5 m	1把	
4	检查锤		1把	
5	弦线		1根	
6	塞尺、钢板尺		各1把	
7	石笔		1支	
8	道岔检查记录本(答题卡)		1本(张)	

三、考核要求

1. 被认定人入场后,首先由考评员告知题目和工作量,其次由被认定人检查准备工具,当被认定人告知考评员可以开始时,由考评员开始计时。考核时间为 50 min。

2. 工作量:检查交分道岔 1 组。

3. 考核过程中被认定人出现未设防护上道、严重磕碰手脚以及其他不安全因素时终止考试,成绩为零。

4. 考核完毕后,由被认定人在评分表上签字确认。

5. 配合人员除在被认定人的指挥下配合拉弦线作业以外,不得从事其他作业。

四、考核评分

1. 考评人员 3 名以上。

2. 评分程序及规则:考评员根据被认定人操作情况对照计分标准在评分表上记录评分。

3. 算分方法:采用百分制,满分 100 分,60 分及以上为及格。

五、铁道行业职业技能认定铁路线路工高级技师实作技能考核评分记录表

单位:_____ 姓名:_____ 性别:_____ 准考证号:_____ 工种:_____ 级别:_____

试题名称:检查交分道岔作业

考核时间:50 min

操作开始时间: 时 分 操作结束时间: 时 分

项 目	考核内容及评分标准	扣分因素及扣分	得 分
操作程序 (40分)	1. 工具、材料准备齐全,检查工具状态是否良好。必要工具缺一件扣2分		
	2. 校核轨距尺,水平误差不超过 1 mm		
	3. 确定标准股,导曲线以外股为标准股		
	4. 目测轨向和高低。站在交分道岔外方,先看方向,后看前后高低,必要时用弦线量		

项 目	考核内容及评分标准	扣分因素及扣分	得 分
操作程序 (40分)	5. 检查轨距、水平。按"先轨距、后水平"的顺序在规定的检查点上测量,将与规定标准的偏差值写在记录本或答题卡上		
	6. 检查支距和道岔爬行。用支距尺或方尺在顺坡终点接头处检查两接头的相错量,在尖轨尖端检查尖轨的直角相错量,用支距尺在规定检查点上逐点检查支距		
	7. 检查轮缘槽、动程、尖轨尖端是否密贴		
	8. 交分道岔要注意检查前后锐角、钝角辙叉的叉前叉后的轨距、水平,叉中的轨距,查照间隔、护背距离,曲中内、外矢距等		
	9. 在检查过程中,随时检查道岔各主要部位的有关尺寸和其他病害		
	10. 按给定标准勾画超限处所		
	11. 作业结束,清点工具		
	程序不对扣10分,每漏一项扣5分;每缺少一个数据扣3分		
作业质量 (40分)	1. 站名、道岔编号、道岔型号、检查日期、检查人员姓名等要素应记录齐全,每漏一项扣3分		
	2. 记录填写不清、有涂改,每处扣3分		
	3. 检查水平时符号写反(不含误差范围内正负),每处扣10分		
	4. 高低、轨向、轨距、水平及其他病害等检查记录有误,测量数据误差超过±1 mm,每处扣3分		
	5. 错勾,每处扣5分		
工具使用 (10分)	1. 损坏工具,每件扣5分		
	2. 摆放工具不整齐,扣5分		
作业安全 (10分)	1. 未按规定穿戴、使用劳保用品,扣5分		
	2. 检查尖轨中时轨距尺未拿起而记录,扣5分		
	3. 手脚伸入尖轨与基本轨间,扣10分		
	4. 脚踏尖轨、钢轨及拉杆,每次扣2分		
	5. 下道后未撤除防护,扣10分		
考核时间	作业在50 min内完成。每超时1 min扣5分,超过5 min停止考核。 用时 min		
合计得分			

考评员签名:　　　　　　　　　　被认定人:　　　　　　　　　　年　月　日

S19　使用经纬仪进行单开道岔定位作业

一、考场准备

选择视野开阔、无遮挡物、规模不小于100 m×100 m的场地一块。在场地适当位置测设一条直线,并在直线两端埋设两个桩,以标记直线位置,并标明公里数。按规定设置防护。配合人员1人。

二、材料工具准备

序　号	名　　称	规　格	数　量	备　注
1	记录本		1本	
2	小钉、木桩		若干	
3	钢钎		1个	
4	大锤		1把	
5	计算纸	A4	5张	
6	测量伞		1把	
7	经纬仪	DJ6级以上	1台	
8	三脚架		1个	
9	工具袋、平板夹		各1个	
10	测钎		根据需要	
11	钢卷尺	50 m	1把	
12	对讲机		2台	
13	垂球		2个	配套线绳1根
14	计算器		1部	

三、考核要求

1. 被认定人入场后,首先由考评员告知题目和工作量,其次由被认定人检查准备工具,当被认定人告知考评员可以开始时,由考评员开始计时。考核时间为 40 min。

2. 工作量:使用经纬仪定位单开道岔 1 组。

3. 考核过程中被认定人出现未设防护上道、严重磕碰手脚以及其他不安全因素时终止考试,成绩为零。

4. 配合人员除在被认定人的指挥下协助完成测设作业以外,不得从事其他作业。

四、考核评分

1. 考评人员 3 名以上。

2. 评分程序及规则:考评员根据被认定人操作情况对照计分标准在评分表上记录评分。

3. 算分方法:采用百分制,满分 100 分,60 分及以上为及格。

五、铁道行业职业技能认定铁路线路工高级技师实作技能考核评分记录表

单位:＿＿＿＿ 姓名:＿＿＿＿ 性别:＿＿＿＿ 准考证号:＿＿＿＿ 工种:＿＿＿＿ 级别:＿＿＿＿

试题名称:使用经纬仪进行单开道岔定位作业

考核时间:40 min

操作开始时间: 时 分 操作结束时间: 时 分

项 目	考核内容及评分标准	扣分因素及扣分	得 分
操作程序 (40分)	1. 工具、材料准备齐全,检查工具状态是否良好。必要工具缺一件扣2分		
	2. 测设道岔。(1)按设计里程在主线中线上定出岔心位置钉桩。(2)确定岔头位置及直股岔尾位置。(3)在道岔中心位置安置经纬仪		
	3. 测设辙叉角。(1)望远镜对准主线中线方向(水平度盘调至 0°00′00″)水平制动。(2)松开水平制动螺旋,向侧线方向拨动辙叉角度 α,水平制动,此时望远镜视线方向为侧线方向。确定侧线岔尾位置		
	4. 钉桩位固定后,复测距离。复核水平角度值,使之满足精度要求		
	5. 作业结束,清点工具		
	程序不对扣10分,每漏一项扣5分		
作业质量 (40分)	1. 测设道岔、测设辙叉角、道岔位置不正确,每项扣10分		
	2. 水平角每差 10″,扣10分。距离每差 5 mm,扣5分。涂改,每处扣5分		
	3. 钢轨轨腰标记不全、位置不对、不清,每处扣5分		
工具使用 (10分)	1. 损坏工具,每件扣5分		
	2. 摆放工具不整齐,扣5分		
作业安全 (10分)	1. 未按规定穿戴、使用劳保用品,扣5分		
	2. 磕碰仪器,每次扣5分		
	3. 下道后未撤除防护,扣10分		
考核时间	作业在 40 min 内完成。每超时 1 min 扣5分,超过 5 min 停止考核。 用时　　min		
合计得分			

考评员签名:　　　　　　　　　　被认定人:　　　　　　　　　　年　　月　　日

S20　识读轨检车波形图

一、考场准备

教室一间。

二、材料工具准备

序　号	名　　称	规　格	数　量	备　注
1	铅笔		1支	
2	直尺或三角板		1把	
3	计算器		1部	
4	轨检车波形图		1份	

三、考核要求

1. 被认定人入场后,由考评员告知题目和工作量,当被认定人告知考评员可以开始时,由考评员开始计时。考核时间为 45 min。

2. 工作量:识读轨检车波形图 1 km。

3. 考核过程中被认定人出现携带电子通信设备或与考试有关的学习资料进入考场等作弊行为时终止考试,成绩为零。

4. 考核完毕后,由被认定人在评分表上签字确认。

四、考核评分

1. 考评人员 3 名以上。

2. 评分程序及规则:考评员根据被认定人操作情况对照计分标准在评分表上记录评分。

3. 算分方法:采用百分制,满分 100 分,60 分及以上为及格。

五、铁道行业职业技能认定线路工高级技师实作技能考核评分记录表

单位:_____ 姓名:_____ 性别:_____ 准考证号:_____ 工种:_____ 级别:_____

试题名称:识读轨检车波形图

考核时间:45 min

操作开始时间:　　时　　分　　　　　　　　操作结束时间:　　时　　分

项　　目	考核内容及评分标准	扣分因素及扣分	得　分
操作程序 (50分)	1. 找出图纸中高低峰值最大 1 处,标出其位置、峰值、超限等级、超限长度		
	2. 找出图纸中轨向峰值最大 1 处,标出其位置、峰值、超限等级、超限长度		
	3. 找出图纸中水平峰值最大 1 处,标出其位置、峰值、超限等级、超限长度		
	4. 找出图纸中三角坑峰值最大 1 处,标出其位置、峰值、超限等级、超限长度		
	5. 找出图纸中轨距峰值最大 1 处,标出其位置、峰值、超限等级、超限长度		

项　　目	考核内容及评分标准	扣分因素及扣分	得　分
操作程序 (50分)	6. 在高低、轨向、水平加速度或垂直加速度检查项目中找出连续多波不平顺1处(连续多波病害的特点应是连续的变化并有一定幅度的波形,可定义为至少有一波峰值达到一级及以上),标出其位置、峰值、超限等级、超限长度		
	7. 根据图纸里程与给定的台账里程,计算里程差		
	8. 针对分析的各项病害,制定整修方案		
	图纸中高低、轨向、水平、三角坑、轨距峰值最大1处及多波不平顺每漏找1处,扣8分。漏里程差计算,扣10分。漏制定整修方案,每项扣8分		
作业质量 (50分)	1. 病害处所,每错1处扣8分。病害的位置、峰值、超限等级、超限长度,每错1项扣2分(位置误差±5 m范围,峰值误差±0.5格内正确)		
	2. 里程差＝台账里程－图纸里程,计算错误(偏差超过±5 m)扣10分		
	3. 整修方案(标明作业项目、作业长度、最大作业量)合理即可。不符合要求,每项扣8分		
	4. 记录填写不清、有涂改,每处扣2分		
考核时间	作业在45 min内完成。每超时1 min扣5分,超过5 min停止考核。 用时　　min		
合计得分			

考评员签名：　　　　　　　　　　被认定人：　　　　　　　　年　　月　　日